梁纪十八　高祖武皇帝十八
太清三年（己巳、549 年）

春，正月，丁巳朔，柳仲礼自新亭徙营大桁。会大雾，韦粲军迷失道，比及青塘，夜已过半，立栅未合，侯景望见之，亟帅锐卒攻粲。粲使军主郑逸逆击之，命刘叔胤以舟师截其后，叔胤畏懦不敢进，逸遂败，景乘胜入粲营，左右牵粲避贼，粲不动，叱子弟力战，遂与子尼及三弟助、警、构、从弟昂皆战死，亲戚死者数百人。仲礼方食，投箸被甲，与其麾下百骑驰往救之，与景战于青塘，大破之，斩首数百级，沈淮水死者千余人。仲礼稍将及景，而贼将支伯仁自后斫仲礼中肩，马陷于淖，贼聚稍刺之，骑将郭山石救之，得免。仲礼被重疮，会稽人惠𩦠吮疮断血，故得不死。自是景不敢复济南岸，仲礼亦气索，不复言战矣。

邵陵王纶复收散卒，与东扬州刺史临城公大连、新淦公大成等自东道并至；庚申，列营于桁南，亦推柳仲礼为大都督。大连，大临之弟也。

朝野以侯景之祸共尤朱异，异慙愤发疾，庚申，卒。

己巳，太子迁居永福省。高州刺史李迁仕、天门太守樊文皎将援兵万余人至城下。台城与援军信命久绝，有羊车儿献策，作纸鸱，系以长绳，写敕于内，放以从风，冀达众军，题云："得鸱送援军，赏银百两。"太子自出太极殿前乘西北风纵之，贼怪之，以为厌胜，射而下之。援军募人能入城送启者，鄱阳世子嗣左右李朗请先受鞭，诈为得罪，叛投贼，因得入城，城中方知援兵四集，举城鼓噪。上以朗为直阁将军，赐金遣之。朗缘钟山之后，宵行昼伏，积日乃达。

癸未，鄱阳世子嗣、永安侯确、庄铁、羊鸦仁、柳敬礼、李迁仕、樊文皎将兵度淮，攻东府前栅，焚之；侯景退。众军营于青溪之东，迁仕、文皎帅锐率五千独进深入，所向摧靡。至菰首桥东，景将宋子仙伏兵击之，文皎战死，迁仕遁还。敬礼，仲礼之弟也。

仲礼神情傲狠，陵蔑诸将，邵陵王纶每日执鞭至门，亦移时弗见，由是与纶及临城公大连深相仇怨。大连又与永安侯确有隙，诸军互相猜阻，莫有战心。援军初至，建康士民扶老携幼以俟之，才过淮，即纵兵剽掠。由是士民失望，贼中有谋应官军者，闻之，亦止。

初，台城之闭也，公卿以食为念，男女贵贱并出负米，得四十万斛，收诸府藏钱帛五十万亿，并聚德阳堂，而不备薪刍、鱼盐。至是，坏尚书省为薪。撤荐，剉以饲马，荐尽，又食以饭。军士无膆，或煮铠、熏鼠、捕雀而食之。御甘露厨有乾苔，味酸碱，分给战士。军人屠马于殿省间，杂以人肉，食者必病。侯景众亦饥，抄掠无所获；东城有米，可支一年，援军断其路。又闻荆州兵将至，景甚患之。王伟曰："今台城不可猝拔，援兵日盛，吾军乏食，若伪求和以缓其势，东城之米，足支一年，因求和之际，运米入石头，援军必不得动，然后休士息马，缮修器械，伺其懈怠击之，一举可取也。"景从之，遣其将任约、于子悦至城下，拜表求和。乞复先镇。太子以城中穷困，白上，请许之。上怒曰："和不如死！"太子固请曰："侯景围逼已久，援军相仗不战，宜且许其和，更为后图。"上迟回久之，乃曰："汝自图之，勿令取笑千载。"遂报许之。景乞割江右四州之地，并求宣城王大器出送，然后济江。中领军傅岐固争曰："岂有贼举兵围宫阙而更与之和乎！此特欲援军耳。戎狄兽心，必不可信。且宣城嫡嗣之重，国命所系，岂可为质！"上乃以大器之弟石城公大款为待中，出质于景。又敕诸军不得复进，下诏曰："善兵不战，止戈为武。可以景为大丞相，都督江西四州诸军事，豫州牧，河南王如故。"己亥，设坛于西华门外，遣仆射王克、上甲侯韶、吏部郎萧鉴与于子悦、任约、王伟登坛共盟。太子詹事柳津出西华门，景出栅门，遥相对，更杀牲歃血为盟。既盟，而景长围不解，专修铠仗，托云"无船，不得即发"，又云"恐南军见蹑"，遣石城公还台，求宣城王出送；邀求稍广，了无去志。太子知其诈言，犹羁縻不绝，韶，懿之孙也。

庚子，前南兖州刺史南康王会理、前青、冀二州刺史湘潭侯退、西昌侯世子彧众合三万，至于马印洲，景虑其自白下而上，启云："请敕北军聚还南岸，不尔，妨臣济江。"太子即勒会理自白下城移军江潭苑。退，恢之子也。

庚戌，景又启曰："永安侯确、直阁赵威方频隔栅见诟云：'天子自与汝盟，我终当破汝。'乞召侯及威方入，即当引路。"上遣吏部尚书张绾召确，辛亥，以确为广州刺史，威方为盱眙太守。确累启固辞，不入，上不许，确先遣威方入城，因欲南奔。邵陵王纶泣谓确曰："围城既久，圣上忧危，臣"

子之情，切于汤火，故欲且盟而遣之，更申后计。成命已决，何得拒违！"时台使周石珍、东宫主书左法生在纶所，确谓之曰："侯景虽云欲去而不解长围，意可见也。今召仆入城，何益于事！"石珍曰："敕旨如此，郎那得辞！"确意尚坚，纶大怒，谓赵伯超曰："谯州为我斩之！持其首去！"伯超挥刃晒确曰："伯超识君侯，刀不识也。"确乃流涕入城。

上常蔬食，及围城日久，上厨蔬茹皆绝，乃食鸡子。纶因使者蹔通，上鸡子数百枚，上手自料简，歔欷哽咽。

湘东王绎军于郢州之武城，湘州刺史河东王誉军于青草湖，信州刺史桂阳王慥军于西峡口，托云俟四方援兵，淹留不进。中记室参军萧贲，骨鲠士也，以绎不早下，心非之，尝与绎双六，食子未下，贲曰："殿下都无下意。"绎深衔之。及得上敕，绎欲旋师，贲曰："景以人臣举兵向阙，今若放兵，未及度江，童子能斩之矣，必不为也。大王以十万之众，未见贼而退，奈何！"绎不悦，未几，因事杀之。慥，懿之孙也。

东魏河内民四千余家，以魏北徐州刺史司马裔，其乡里也，相帅归之。丞相泰欲封裔，裔固辞曰："士大夫远归皇化，裔岂能帅之！卖义士以求荣，非所愿也。"

侯景运东府米入石头，既毕，王伟闻荆州军退，援军虽多，不相统壹，乃说景曰："王以人臣举兵，围守宫阙，逼辱妃主，残秽宗庙，擢王之髪，不足数罪。今日持此，欲安所容身乎！背盟而捷，自古多矣，愿且观其变。"临贺王正德亦谓景曰："大功垂就，岂可弃去！"景遂上启，陈帝十失，且曰："臣方事睽违，所以冒陈谠直。陛下崇饰虚诞，恶闻实录，以祅怪为嘉祯，以天谴为无咎。敷演六艺，排摈前儒，王莽之法也。以铁为货，轻重无常，公孙之制也。烂羊镂印，朝章鄙杂，更始、赵伦之化也。豫章以所天为血仇，邵陵以父存而冠布，石虎之风也。修建浮图，百度糜费，使四民饥馁，笮融、姚兴之代也。"又言："建康宫室崇侈，陛下唯与主书参断万机，政以贿成，诸阉豪盛，众僧殷实。皇太子珠玉是好，酒色是耽，吐言止于轻薄，赋咏不出《桑中》；邵陵所在残破；湘东群下贪纵；南康、定襄之属，皆如沐猴而冠耳。亲为孙侄，位则藩屏，臣至百日，谁肯勤王！此而灵长，未之有也。昔鬻拳兵谏，王卒改善，今日之举，复奚罪乎！伏愿陛下小惩大戒，放逸纳忠，使臣无再举之忧，陛下无婴城之辱，则万姓幸甚！"

上览启，且惭且怒。三月，丙辰朔，立坛于太极殿前，告天地，以景违盟，举烽鼓噪。初，闭城之日，男女十余万，擐甲者二万余人；被围既久，人多身肿气急，死者什八九，乘城者不满四千人，率皆羸喘。横尸满路，不可瘗埋，烂汗满沟。而众心犹望外援。柳仲礼唯聚妓妾、置酒作乐，诸将日往请战，仲礼不许。

安南侯骏说邵陵王纶曰："城危如此，而都督不救，若万一不虞，殿下何颜自立于世！今宜分军为三道，出贼不意攻之，可以得志。"纶不从。柳津登诚谓仲礼曰："汝君父在难，不能竭力，百世之后，谓汝为何！"仲礼亦不以为意。上问策于津，对曰："陛下有邵陵，臣有仲礼，不忠不孝，贼何由平！"

戊午，南康王会理与羊鸦仁、赵伯超等进营于东府城北，约夜度军。既而鸦仁等晓犹未至，景众觉之，营未立，景使宋子仙击之，赵伯超望风退走。会理等兵大败，战及溺死者五千人。景积其首于阙下，以示城中。

景又使于子悦求和，上使御史中丞沈浚至景所。景实无去志，谓浚曰："今天时方热，军未可动，乞且留京师立效。"浚发愤责之，景不对，横刀叱之。浚曰："负恩忘义，违弃诅盟，固天地所不容！沈浚五十之年，常恐不得死所，何为以死相惧邪！"因径去不顾。景以其忠直，舍之。

于是景决石阙前水，百道攻城，昼夜不息。邵陵世子坚屯太阳门，终日蒲饮，不恤吏士，其书佐董勋、熊昙朗恨之。丁卯，夜向晓，勋、昙朗于城西北楼引景众登城，永安侯确力战，不能却，乃排闼入启上云："城已陷。"上安卧不动，曰："犹可一战乎？"对曰："不可。"上叹曰："自我得之，自我失之，亦复何恨！"因谓确曰："汝速去，语汝父：勿以二宫为念。"因使慰劳在外诸军。

俄而景遣王伟入文德殿奉谒，上命褰帘开户引伟入，伟拜呈景启，称："为奸佞所蔽，领众入朝，惊动圣躬，今诣阙待罪。"上问："景何在？可召来。"景入见于太极东堂，以甲士五百人自卫。景稽颡殿下，典仪引就三公榻。上神色不变，问曰："卿在军中日久，无乃为劳！"景不敢仰视，汗流被面。又曰："卿何州人，而敢至此，妻子犹在北邪？"景皆不能对。任约从旁代对曰："臣景妻子皆为高氏所屠，唯以一身归陛下。"上又问："初度江有几人？"景曰："千人。""围台城几人？"曰："十万。""今有几人？"曰："率土之内，莫非己有。"上俛首不言。

景复至永福省见太子，太子亦无惧容。待卫皆惊散，唯中庶子徐摛、通事舍人陈郡殷不害侧侍。摛谓景曰："侯王当以礼见，何得如此！"景乃拜。太子与言，又不能对。

景退，谓其厢公王僧贵曰："吾常跨鞍对陈，矢刃交下，而意气安缓，了无怖心；今见萧公，使人自慑，岂非天威难犯！吾不可以再见之。"于是悉撤两宫侍卫，纵兵掠乘舆、服御、宫人皆尽。收朝士、王侯送永福省，使王伟守武德殿，于子悦屯太极东堂。矫诏大赦，自加大都督中外诸军、录尚书事。

建康士民逃难四出。太子洗马萧允至京口，端居不行，曰："死生有命，如何可逃！祸之所来，皆生于利；苟不求利，祸从何生！"

己巳，景遣石城公大款以诏命解外援军。柳仲礼召诸将议之，邵陵王纶曰："今日之命，委之将军。"仲礼熟视不对。裴之高、王僧辩曰："将军拥众百万，致宫阙沦没，正当悉力决战，何所多言！"仲礼竟无一言，诸军乃随方各散。南兖州刺史临成公大连、湘东世子方等、鄱阳世子嗣、北兖州刺史湘潭侯退、吴郡太守袁君正、晋陵太守陆经等各还本镇。君正，昂之子也。邵陵王纶奔会稽。仲礼及弟敬礼、羊鸦仁、王僧辩、赵伯超并开营降，军士莫不叹愤。仲礼等入城，先拜景而后见上；上不与言。仲礼见父津，津恸哭曰："汝非我子，何劳相见！"

庚午，诏征镇牧守可复本任。景留柳敬礼羊鸦仁，而遣柳仲礼归司州，王僧辩归竟陵。初，临贺王正德与景约，平城之日，不得全二宫。及城开，正德帅众挥刀欲入，景先使其徒守门，故正德不果入。景更以正德为侍中、大司马，百官皆复归职。正德入见上，拜且泣。上曰："啜其泣矣，何嗟及矣！"

东徐州刺史湛海珍、北青州刺史王奉伯并以地降东魏。青州刺史明少遐、山阳太守萧邻弃城走，东魏据其地。

初，上以河东王誉为湘州刺史，徙湘州刺史张缵为雍州刺史，代岳阳王詧。缵恃其才望，轻誉少年，迎候有阙。誉至，检括州府付度事，留缵不遣；闻侯景作乱，颇陵蹙缵。缵恐为所害，轻舟夜遁，将之雍部，复虑詧拒之。缵与湘东王绎有旧，欲因之以杀誉兄弟，乃如江陵。及台城陷，诸王各还州镇,誉自湖口归湘州。桂阳王慥以荆州督府留军江陵,欲待绎至拜谒,乃还信州。缵遗绎书曰:"河东戴楯上水,欲袭江陵,岳阳在雍,共谋不逞。"江陵游军主朱荣亦遣使告绎云:"桂阳留此,欲应誉、誊。"绎惧,凿船,沉米,斩缆,自蛮中步道驰归江陵,囚慥,杀之。

湘州刺史张缵像

侯景以前临江太守董绍先为江北行台,使赍上手敕,召南兖州刺史南康王会理。壬午,绍先至广陵,众不满二百,皆积日饥疲,会理士马甚盛,僚佐说会理曰:"景已陷京邑,欲先除诸藩,然后篡位。若四方拒绝,立当溃败,奈何委全州之地以资寇手!不如杀绍先,发兵固守,与魏连和,以待其变。"会理素懦,即以城授之。

湘潭侯退与北兖州刺史定襄侯祇出奔东魏。侯景以萧弄璋为北兖州刺史,州民发兵拒之;景遣直阁将军羊海将兵助之,海以其众降东魏,东魏遂据淮阴。祇,伟之子也。

癸未,侯景遣于子悦等将羸兵数百东略吴郡。新城戍主戴僧逷有精甲五千,说太守袁君正曰:"贼今乏食,台中所得,不支一旬,若闭关拒守,立可饿死。"土豪陆映公恐不能胜而资产被掠,皆劝君正迎之。君正素怯,载米及牛酒郊迎。子悦执君正,掠夺财物、子女,东人皆立堡拒之。景又以任约为南道行台,镇姑孰。

东魏高岳等攻魏颍川,不克。大将军澄益兵助之,道路相继,逾年犹不下。山鹿忠武公刘丰生建策,堰洧水以灌之,城多崩颓,岳悉众分休迭进。王思政身当矢石,与士卒同劳苦,城中泉涌,悬釜而炊。太师泰遣大将军赵贵督东南诸州兵救之,自长社以北,皆为陂泽,兵至穰,不得前。东魏人使善射者乘大舰临城射之,城垂陷;燕郡景惠公慕容绍宗与刘丰生临堰视之,见东北尘起,同入舰坐避之。俄而暴风至,远近晦冥,缆断,飘船径向城;城上人以长钩牵船,弓弩乱发,绍宗赴水溺死,丰生游上,向土山,城上人射杀之。

甲辰,东魏进大将军勃海王澄位相国,封齐王,加殊礼。丁未,澄入朝于邺,固辞;不许。澄召将佐密议之,皆劝澄宜膺朝命;独散骑常侍陈元康以为未可,澄由是嫌之,崔暹乃荐陆元规为大行台郎以分元康之权。

湘东王绎之入援也,令所督诸州皆发兵,雍州刺史岳阳王詧遣府司马刘方贵将兵出汉口;绎召詧使自行,詧不从。方贵潜与绎相知,谋袭襄阳,未发;会詧以他事召方贵,方贵以为谋泄,遂据樊城拒命,詧遣军攻之。绎厚资遣张缵使赴镇,缵至大堤,詧已拔樊城,斩方贵。缵至襄阳,詧推迁未去,但以城西白马寺处之;詧犹总军府之政,闻台城陷,遂不受代。助防杜岸给缵曰:"观岳阳势不容使君,不如且往西山以避祸。"岸既襄阳豪族,兄弟九人,皆以骁勇著名。缵乃与岸结盟,著妇人衣,乘青布舆,逃入西山。詧使岸将兵追擒之,缵乞为沙门,更名法缵,詧许之。

上虽外为侯景所制,而内甚不平。景欲以宋子仙为司空,上曰:"调和阴阳,安用此物!"景又请以其党二人为便殿主帅,上不许。景不能强,心甚惮之。太子入,泣谏,上曰:"谁令汝来!若社稷有灵,犹当克复;如其不然,何事流涕!"景使其军士入直省中,或驱驴马,带弓刀,出入宫庭,上怪而问之,直阁将军周石珍对曰:"侯丞相甲士。"上大怒,叱石珍曰:"是侯景,何谓丞相!"左右皆惧。是后上所求多不遂志,饮膳亦为所裁节,忧愤成疾。太子以幼子大圜属湘东王绎,并剪爪髪以寄之。五月,丙辰,上卧净居殿,口苦,索密不得,再曰:"荷!荷!"遂殂。年八十六。景秘不发丧,迁殡于昭阳殿,迎太子于永福省,使如常入朝。王伟、陈庆皆侍太子,太子呜咽流涕,不敢泄声,殿外文武皆莫之知。

东魏高岳既失慕容绍宗等,志气沮丧,不敢复逼长社城。陈元康言于大将军澄曰:"王自辅政以来,未有殊功,虽破侯景,本非外贼。今颍川垂陷,愿王自以为功。"澄从之。戊寅,自将步骑十万攻长社,亲临作堰,堰三决,澄怒,推负土者及囊并塞之。

辛巳,发高祖丧,升梓宫于太极殿。是日,太子即皇帝位,大赦,侯景出屯朝堂,分兵守卫。

壬午，诏北人在南为奴婢者，皆免之，所免万计；景或更加超擢，冀收其力。

高祖之末，建康士民服食、器用，争尚豪华，粮无半年之储，常资四方委输。自景作乱，道路断绝，数月之间，人至相食，犹不免饿死，存者百无一二。贵戚、豪族皆自出采稆，填委沟壑，不可胜纪。

癸未，景遣仪同三司来亮入宛陵，宣城太守杨白华诱而斩之。甲申，景遣其将李贤明攻之，不克。景又遣中军侯子鉴入吴郡，以厢公苏单于为吴郡太守，遣仪同宋子仙等将兵东屯钱塘，新城戍主戴僧逿拒之。御史中丞沈浚避难东归，至吴兴，太守张嵊与之合谋，举兵讨景。嵊，稷之子也。东扬州刺史临城公大连，亦据州不受景命。景号令所行，唯吴郡以西、南陵以北而已。

魏诏；"太和中代人改姓者皆复其旧。"

丁亥，立宣城王大器为皇太子。

初，侯景将使太常卿南阳刘之遴授临贺王正德玺绶，之遴剃发僧服而逃之。之遴博学能文，尝为湘东王绎长史；将归江陵，绎素嫉其才，己丑，之遴至夏口，绎密送药杀之，而自为志铭，厚其赗赠。

壬辰，封皇子大心为寻阳王，大款为江陵王，大临为南海王，大连为南郡王，大春为安陆王，大成为山阳王，大封为宜都王。

长社城中无盐，人病挛肿，死者什八九。大风从西北起，吹水入城，城坏。东魏大将军澄令城中曰："有能生致王大将军者封侯；若大将军身有损伤，亲近左右皆斩。"王思政帅众据土山，告之曰："吾力屈计穷，唯当死谢国。"因仰天大哭，西向再拜，欲自刎，都督骆训曰："公常语训等：'汝赍我头出降，非但得富贵，亦完一城人。'今高相既有此令，公独不哀士卒之死乎！"众共执之，不得引决。澄遣通直散骑赵彦深就土山遗以白羽扇，执手申意，牵之以下。澄不令拜，延而礼之。思政初入颍川，将士八千人，及城陷，才三千人，卒无叛者。澄悉散配其将卒于远方，改颍州为郑州，礼遇思政甚重。西阁祭酒卢潜曰："思政不能死节，何足可重！"澄谓左右曰："我有卢潜，乃是更得一王思政。"潜，度世之曾孙也。

初，思政屯襄城，欲以长社为行台治所，遣使者魏仲启陈于太师泰，并致书于浙州刺史崔猷。猷复书曰："襄城控带京、洛，实当今之要地，如有动静，易相应接。颍川既邻寇境，又无山川之固，贼若潜来，径至城下。莫若屯兵襄城，为行台之所；颍川置州，遣良将镇守，则表里胶固，人心易安，纵有不虞，岂能为患！"仲见泰，具以启闻。泰令依献策。思政固请，且约："贼水攻期年、陆攻三年之内，朝廷不烦赴救。"泰乃许之。及长社不守，泰深悔之。献，孝芬之子也。

上甲侯韶自建康出奔江陵，称受高祖密诏征兵，以湘东王绎为侍中、假黄钺、大都督中外诸军事、司徒、承制，自余藩镇并加位号。

临贺王正德怨侯景卖己，密书召鄱阳王范使以兵入；景邀得其书，癸丑，缢杀正德。景以仪同三司郭元建为尚书仆射、北道行台、总江北诸军事，镇新秦；封元罗等诸元十余人皆为王。景爱永安侯确之勇，常置左右。邵陵王纶潜遣人呼之，确曰："景轻佻，一夫力耳，我欲手刃之，正恨未得其便，卿还启家王，勿以确为念。"景与确游钟山，引弓射鸟，因欲射景，弦断，不发，景觉而杀之。

湘东王绎娶徐孝嗣孙女为妃，生世子方等。妃丑而妒，又多失行，绎二三年一至其室。妃闻绎当至，以绎目眇，为半面妆以待之，绎怒而出，故方等亦无宠。及自建康还江陵，绎见其御军和整，始叹其能，入告徐妃，妃不对，垂泣而退。绎怒，疏其秽行，榜于大阁，方等见之，益惧。湘州刺史河东王誉，骁勇得士心，绎将讨侯景，遣使督其粮众，誉曰："各自军府，何忽隶人！"使者三返，誉不与。方等请讨之，绎乃以少子安南侯方矩为湘州刺史，使方等将精卒二万送之。方等将行，谓所亲曰："是行也，吾必死之；死得其所，吾复奚恨！"

湘东世子方等军至麻溪，河东王誉将七千人击之，方等军败，溺死。安南侯方矩收余众还江陵，湘东王绎无戚容。绎宠妃王氏，生子方诸。王氏卒，绎疑徐妃为之，逼令自杀，妃赴井死，葬以庶人礼，不听诸子制服。

西江督护陈霸先欲起兵讨侯景，景使人诱广州刺史元景仲，许奉以为主，景仲由是附景，阴图霸先。霸先知之，与成州刺史王怀明等集兵南海，驰檄以讨景仲曰："元景仲与贼合从，朝廷遣曲阳侯勃为刺史，军已顿朝亭。"景仲所部闻之，皆弃景仲而散。秋，七月，甲寅，景仲缢于阁下。霸先迎定州刺史萧勃镇广州。

前高州刺史兰裕，钦之弟也，与其诸弟扇诱始兴等十郡，攻监衡州事欧阳颔。勃使霸先救之，悉擒裕等，勃因以霸先监始兴郡事。

湘东王绎遣竟陵太守王僧辩、信州刺史东海鲍泉击湘州，分给兵粮，刻日就道。僧辩以竟陵部下未尽至，欲俟众集然后行，与泉入白绎，求申期日。绎疑僧辩观望，按剑厉声曰："卿惮行拒命，欲同贼邪？今日唯有死耳！"因斫僧辩，中其左髀，闷绝，久之方苏，即送狱。泉震怖，不敢言。僧辩母徒行流涕入谢，自陈无驯，绎意解，赐以良药，故得不死。丁卯，鲍泉独将兵伐湘州。

鄱阳王范闻建康不守，戒严，欲入，僚佐或说之曰："今魏人已据寿阳，大王移足，则虏骑必窥合肥。前贼未平，后城失守，将若之何！不如待四方兵集，使良将将精卒赴之，进不失勤王，退可固本根。"范乃止。会东魏大将军澄遣西兖州刺史李伯穆逼合肥，又使魏收为书谕范。范方谋讨侯景，藉东魏为援，乃帅战士二万出东关，以合州输伯穆，并遣咨议刘灵议送二子勤、广为质于东魏以乞帅。范屯濡须以待上游之军，遣世子嗣将千余人守安乐栅，上游诸军皆不下，范粮乏，采苤稗、菱藕以自给。勤、广至邺，东魏人竟不为出师。范进退无计，乃泝流西上，军于枞阳。景出屯姑孰，范将裴之悌以众降之。之悌，之高之弟也。

东魏大将军澄诣邺，辞爵位殊礼，且请立太子。澄谓济阴王晖业曰："比读何书？"晖业曰："数寻伊、霍之传，不读曹、马之书。"

勃海文襄王澄以其弟太原公洋次长，意常忌之。洋深自晦匿，言不出口，常自贬退，与澄言，无不顺从。澄轻之，常曰："此人亦得富贵，相书亦何可解！"洋为其夫人赵郡李氏营服玩小佳，澄辄夺取之；夫人或恚未与，洋笑曰："此物犹应可求，兄须何容吝惜！"澄或愧不取，洋即受之，亦无饰让。每退朝还第，辄闭阁静坐，虽对妻子，能竟日不言。或时袒跣奔跃，夫人问其故，洋曰："为尔漫戏。"其实盖欲习劳也。

澄获徐州刺史兰钦子京，以为膳奴，钦请赎之，不许；京屡自诉，澄杖之，曰："更诉，当杀汝！"京与其党六人谋作乱。澄在邺，居北城东柏堂，嬖琅邪公主，欲其往来无间，侍卫者常遣出外。辛卯，澄与散骑常侍陈元康、吏部尚书侍中杨愔、黄门侍郎崔季舒屏左右，谋受魏禅，署拟百官。兰京进食，澄却之，谓诸人曰："昨夜梦此奴斫我，当急杀之。"京闻之，置刀盘下，冒言进食，澄怒曰："我未索食，何为遽来！"京挥刀曰："来杀汝！"

澄自投伤足，入于床下，贼去床，弑之。愔狼狈走，遗一靴；季舒匿于厕中；元康以身蔽澄，与贼争刀被伤，肠出；库直王纮冒刃御贼；纥奚舍乐斗死。时变起仓猝，内外震骇。太原公洋在城东双堂，闻之，神色不变，指挥部分，入讨群贼，斩而脔之，徐出，曰："奴反，大将军被伤，无大苦也。"内外莫不惊异。洋秘不发丧。陈元康手书辞母，口占使功曹参军祖珽作书陈便宜，至夜而卒；洋殡之第中，诈云出使，虚除元康中书令。以王纮为领左右都督。纮，基之子也。

勋贵以重兵皆在并州，劝洋早如晋阳，洋从之。夜，召大将军督护太原唐邕，使部分将士，镇遏四方；邕支配须臾而毕，洋由是重之。

癸巳，洋讽东魏主以立太子大赦。澄死问渐露，东魏主窃谓左右曰："大将军今死，似是天意，威权当复归帝室矣！"洋留太尉高岳、太保高隆之、开府仪同三司司马子如、侍中杨愔守邺，余勋贵皆自随。甲午，入谒东魏主于昭阳殿，从甲士八千人，登阶者二百余人，皆攘袂扣刃，若对严敌。令主者传奏曰："臣有家事，须诣晋阳。"再拜而出。东魏主失色，目送之曰："此人又似不相容，朕不知死在何日！"晋阳旧臣、宿将素轻洋；及至，大会文武，神彩英畅，言辞敏洽，众皆大惊。澄政令有不便者，洋皆改之。高隆之、司马子如等恶度支尚书崔暹，奏暹及崔季舒过恶，鞭二百，徙边。

侯景以宋子仙为司徒、郭元建为尚书左仆射，与领军任约等四十人并开府仪同三司，仍诏："自今开府仪同不须更加将军。"是后开府仪同至多，不可复记矣。

鄱阳王范自枞阳遣信告江州刺史寻阳王大心，大心遣信邀之。范引兵诣江州，大心以湓城处之。

吴兴兵力寡弱，张嵊书生，不闲军旅；或劝嵊效袁君正以郡迎侯子鉴。嵊叹曰："袁氏世济忠贞，不意君正一旦隳之。吾岂不知吴郡既没，吴兴势难久全；但以身许国，有死无贰耳！"九月，癸丑朔，子鉴军至吴兴，嵊战败，还府，整服安坐，子鉴执送建康，侯景嘉其守节，欲活之，嵊曰："吾忝任专城，朝廷倾危，不能匡复，今日速死为幸。"景犹欲全其一子，嵊曰："吾一门已在鬼录，不就尔虏求恩！"景怒，尽杀之；并杀沈浚。

河东王誉告急于岳阳王詧，詧留咨议参军济阳蔡大宝守襄阳，帅众二万、骑二千伐江陵以救湘州。湘东王绎大惧，遣左右就狱中问计于王僧辩，僧辩具陈方略，绎乃赦之，以为城中都督。乙卯，詧至江陵，作十三营以攻之；会大雨，平地水深四尺，詧军气沮。绎与新兴太守杜崱有旧，密邀之。乙丑，崱与兄岌、岸、弟幼安、兄子龛各帅所部降于绎。岸请以五百骑袭襄阳，昼夜兼行；去襄阳三十里，城中觉之，蔡大宝奉詧母龚保林登城拒战。詧闻之，夜遁，弃粮食、金帛、铠仗于涟水，不可胜纪。张缵病足，詧载以随军；及败走，守者恐为追兵所及，杀之，弃尸而去。詧至襄阳，岸奔广平，依其兄南阳太守巚。

湘东王绎以鲍泉围长沙久不克，怒之，以平南将军王僧辩代为都督，数泉十罪，命舍人罗重欢与僧辩偕行。泉闻僧辩来，愕然曰："得王竟陵来助我，贼不足平。"拂席待之。僧辩入，背泉而坐，曰："鲍郎，卿有罪，令旨使我锁卿，卿勿以故意见期。"使重欢宣令，锁之床侧。泉为启自申，且谢淹缓之罪，绎怒解，遂释之。

初，历阳太守庄铁帅众归寻阳王大心，大心以为豫章内史。铁至郡即叛，推观宁侯永为主。永，范之弟也。丁酉，铁引兵袭寻阳，大心遣其将黎嗣徽逆击，破之。铁走，至建昌，光远将军韦构邀击之，铁失其母弟妻子，单骑还南昌，大心遣构将兵追讨之。

宋子仙自吴郡趣钱塘。刘神茂自吴兴趣富阳，前武州刺史富阳孙国恩以城降之。

壬戌，宋子仙急攻钱塘，戴僧逷降之。

詧既与湘东王绎为敌，恐不能自存，遣使求援于魏，请为附庸。丞相泰令东阁祭酒荣权使于襄阳，绎使司州刺史柳仲礼镇竟陵以图詧，詧惧，遣其妃王氏及世子𮆥为质于魏。丞相泰欲经略江、汉，以开府仪同三司杨忠都督三荆等十五州诸军事，镇穰城。仲礼至安陆，安陆太守柳勰以城降之。仲礼留长史马岫与其弟子礼守之，帅众一万趣襄阳，泰遣杨忠及行台仆射长孙俭将兵击仲礼以救詧。

宋子仙乘胜度浙江，至会稽。邵陵王纶闻钱塘已败，出奔鄱阳，鄱阳内史开建侯蕃以兵拒之，范进击蕃，破之。

南郡王大连为东扬州刺史。时会稽丰沃，胜兵数万，粮仗山积，东土人惩侯景残虐，咸乐为用，而大连朝夕酣饮，不恤军事；司马东阳留异，凶狡残暴，为众所患，大连悉以军事委之。十二月，庚寅，宋子仙攻会稽，大连弃城走，异奔还乡里，寻以其众降于子仙。大连欲奔鄱阳，异为子仙乡导，追及大连于信安，执送建康，大连犹醉不之知。帝闻之，引帷自蔽，掩袂而泣。于是三吴尽没于景，公侯在会稽者，俱南度岭。景以留异为东阳太守，收其妻子为质。

始兴太守陈霸先结郡中豪杰，欲讨侯景，郡人侯安都、张偲等各帅众千余人归之。霸先遣主帅杜僧明将二千人顿于岭上，广州刺史萧勃遣人止之曰："侯景骁雄，天下无敌，前者授军十万，士马精强，犹不能克，君以区区之众，将何所之！如闻岭北王侯又皆鼎沸，亲寻干戈，以君疏外，讵可暗投！未若且留始兴，遥张声势，保太山之安也。"霸先曰："仆荷国恩，往闻侯景度江，即欲赴援，遭值元、兰，梗我中道。今京都覆没，君辱臣死，谁敢爱命！君侯体则皇枝，任重方岳，遣仆一军，犹贤乎已，乃更止之乎！"乃遣使间道诣江陵，受湘东王绎节度。时南康土豪蔡路养起兵据郡，勃乃以腹心谭世远为曲江令，与路养相结，同遏霸先。

始兴太守陈霸先像

【译文】

太清三年（己巳、549年）

春，正月，初一，柳仲礼从新亭把营房迁到大桁。刚好遇到大雾，韦粲的军队在路上迷失了方向，等到了青塘，已经过了半夜，树立的栅门还没关起来。侯景看到后，立刻带领精锐士卒去攻击韦粲。韦粲派军主郑逸从反面夹击他们，命令刘叔胤用船载兵丁从后面去拦截，叔胤担心软弱不敢前进，郑逸于是失败了。侯景趁胜攻进韦粲营区，左右的人拉着韦粲逃避贼兵，但是韦粲却站立不动，怒吼着让着子弟全力应战，于是和儿子尼还有3个弟弟助、警、构，堂弟昂统统战死了，亲戚中死去的也有好几百人。仲礼正好在吃饭，一听到消息，把筷子一丢马上披起战甲，和他的部下100名骑兵奔驰去救援，和侯景在青塘交战，大破侯景的军队，斩下敌人首级数百个，淹死在淮水中的有1000多人。仲礼的长矛快刺到侯景时，而贼将支伯仁却从后面砍中仲礼的肩膀，他的马陷进了泥淖里，贼兵聚矛一起刚要刺他时，骑将郭山石及时救起了他，得以幸免。仲礼被重重地刺伤成肿疮，会稽人惠𫘤用嘴去吸吮疮脓，让血不再流出，所以没有死掉。从此，侯景不敢再渡过南岸了，仲礼的军队也士意气萎靡，不再提打仗的事了。

邵陵王纶又纠集散失的士卒，和东扬州刺史临城公大连、新淦公大成等从东边道路一起来。初四，在大桁南边布置营垒，公推柳仲礼做大都督。大连，是大临的弟弟。

全国上下都认为侯景的祸乱起源于朱异，所以共同责怪他。朱异羞愧愤怒，因而发病，初四，去世了。

十三日，太子迁居到永福省。高州刺史李迁仕，天门太守樊文皎带领救援兵1000多人到了城下。台城和援军信件命令早已切断，有一个叫羊车儿的人献了一个计策，教人制作纸鸢，用长绳绑着，把敕令写在里面，放它随风飘去，期望能送到各路军队中，写着："能得到这个纸鸢，并送交给救兵的，赏银子百两。"太子自己出去到太极殿前，趁着西北风把它放出去，贼兵觉得很惊奇，以为是来压服人的诅咒妖术，就把它射下来了。援军征召能进城去送启奏的人，翻阳世子嗣的左右侍从李朗央求先接受鞭打，蒙蔽贼人以为得罪受刑，所以反叛投靠贼人，因此得以趁机进城，城里才知道原来援兵已经四面八方集结过来了，全城都高兴地打鼓欢庆。皇上任命李朗为直阁将军，赐给他金钱，再派他回去。李朗沿着钟山的后面，晚上行走，白天隐伏，几天后才回到营里。

二十七日，鄱阳世子嗣、永安侯确、庄铁、羊鸦仁、柳敬礼、李迁仕、樊文皎统领军队渡过淮水，攻打东府前栅栏，把它烧掉，侯景只好退兵。众军在青溪的东边扎营，迁仕、文皎带领精锐步卒5000名独自前进深入敌人阵地，所到的地方都被摧毁掉。到了菰首桥东边，侯景的大将宋子仙埋伏兵士攻击他们，文皎战死了，迁仕逃回来。敬礼，是仲礼的弟弟。

仲礼性情高傲阴狠，欺凌、轻视各将领。邵陵王纶每天执鞭为礼到门口求见，也总是暂时不肯相见，因此和纶还有临城公大连互相深深地怀着深仇大恨。大连又和永安侯确有点摩擦，各路军互相怀疑，没有心情打仗。援兵刚刚来时，建康的士人、百姓扶老携幼等待迎接。大军刚渡过淮水，就放纵军队剽窃掠夺百姓,因此士民非常失望。贼兵中有人谋划想要响应官军的,听到这种消息,也打都消了念头。

起初,台城刚刚关闭城门时,公卿都系念着粮食,不分男女贵贱都出来扛米,取得米共40万斛,集结各府库所藏钱帛50万亿,一起集合在德阳堂,因此没有准备薪柴、草料、鱼盐。现在,只好把尚书省拆坏拿来作为柴火用。把草席拆开,割断来喂马,草席吃光了,又喂它们吃饭。军队士卒没有肉可吃,有的煮铠甲的皮饰、熏老鼠、捕麻雀来吃的。天子的甘露厨有干苔,味酸咸,也都被拿来分给战士们吃。军人在殿省间杀马,掺杂着人肉,吃了的都会生病。侯景的军队也闹饥荒,搜寻强掠不到东西吃;东府城还有米粮,可支持一年,但是援军切断了通路。又听说荆州兵快要来了,侯景更加忧虑。王伟说:"现在台城没办法立即攻下,援兵又一天比一天多,我们军队里粮食短缺。如果佯装求和,来缓和一下局势,东城的米,还足够食用一年,趁着讲和的时候,运米进入石头。援军必定不会有动静,然后我们可以使战士马匹休息,再安装兵器准备作战,等到他们松懈没有防备时,再去攻击,一次出击就可以取得他们的土地了。"侯景依从他的意见,派他的大将任约、于子悦到城下,拜表请求谈和,乞请再把守寿阳。太子以为城中穷苦,告诉皇上,请求应允他的请和。皇上很生气地说:"与其这样,还不如死!"太子坚持说:"侯景围困逼迫已经那么久了,援军互相对峙而不作战,应该允许他们请和的要求,以后再作打算。"皇上犹豫了好久,才说:"你自己去谋划吧!不要千百年后让人取笑就好。"于是回报应允侯景请和。侯景央求割让江右四州的地方,并且恳请要宣城王大器出来相送,然后才渡江。中领军傅岐极力争辩说:"那有贼人自己先发兵来包围宫阙而又和他们讲和的事呢?这只不过是想用缓兵计罢了。他们就像戎狄一样,具有野兽般的贪欲,他们的话一定不可以信赖。而且宣城王是负担承嗣王位重责的人,国家命运所维系的中坚,怎么可以教他做人质去相送!"皇上就派宣城王大器的弟弟石城公大款做侍中,到侯景那儿做人质。又命令各路军队停止前进,下诏命说:"好的兵是不轻言作战的,能停息干戈才是武。可派侯景做大丞相,都督江西南豫、西豫、合州、光州诸军事,豫州牧,和以前一样做河南王。"十三日,在西华门外设祭坛,派仆射王克、上甲侯韶、吏部郎萧鉴和于子悦、任约、王伟登上祭坛共同订下盟约。太子詹事柳津离开西华门,侯景离开栅门,两个远远相对,再杀牲畜歃血为盟立誓。盟约订完后，而侯景的包围还是没有消除，专心修理铠甲兵仗，推托说："没有船，不能马上出发。"又说："唯恐驻守在秦淮南岸的援兵追赶。"请求遣送石城公回到台城，让宣城公来做人质相送，要求又多了一些，但一点都没有离开的意向。太子知道他的话都是在欺骗，仍然被牵制住，不能做出了断。侯韶，是侯懿的孙子。

二十四日，侯景又启奏说："永安侯确，直阁赵威方常常隔着栅栏骂说：'天子自己和你订盟约，我终究是要打败你的。'请诏令永安侯和威方入城，我就即刻带兵上路回到北方去。"皇上派遣吏部尚书张绾召回永安侯确，二十五日，任命确为广州刺史，威方任盱眙太守。确多次启奏坚持辞谢，不肯进城，皇上没有允许。确先派遣威方进城，自己想趁机往南投奔到荆、江二镇。邵陵王纶流着眼泪对确说："城被包围已经很久了，圣上担心危惧，臣子的心情，急切有如身在汤火中，所以只想暂时订盟来遣散他们，延缓局势，更为他日计谋打算。命令都已经下来了，为什么还要拒绝违抗呢？"当时台使周石珍，东宫主书左法物都在纶那儿，确对他们说："侯景虽然口口声声说要撤兵，却不肯消除长期对台城的包围，他的意图是能够知道的。现在把我召唤进城，对事情又有什么帮助呢？"石珍说："皇帝的命令就是这样，您怎么能不听呢？"确意志坚定不肯屈服，纶很生气地对赵伯超说："谯州你去替我杀掉他，把他的头带进城去！"伯超挥舞着刀斜视着确说："我伯超识别君侯，但是刀子却不识别啊！"确只好流着眼泪进城去。

皇上常年吃素食，等到城被包围，时日一久，厨房里蔬菜都没有了，就只好吃鸡蛋。纶请托使者暂且通融呈上几百个鸡蛋，皇上亲手料理检点时，泣不成声。

湘东王绎驻军在郢州的武城，湘州刺史河东王誉驻军在青草湖，信州刺史桂阳王慥驻军在西峡口，他们都推辞说等待四方援兵，所以停滞而不肯前进。中记室参军萧贲是一位性情正直的人士，认为绎不早点下去援助，心里对他非常不满。曾经和绎下双六的棋子，当中食子可以下而绎没有下，萧贲说："殿下一点都没有下的意愿。"绎深深地怀恨在心。等到接到敕令，绎想要回师，贲说："侯景以一个为人臣子的身份却出兵去冒犯君王宫阙，现在如果把兵卒放走，还没有渡过江，连小孩都能杀死他们，所以他一定不会这样做。大王拥有10万名部众，但是，连贼兵都没有见到，就想退走，为什么要这样呢？"绎很不愉快，没多久，就借着其他事故把他杀了。愷，是懿的孙子。

东魏在河内有老百姓四千多户，因为是西魏北徐州刺史司马裔的乡里，所以就互相率领着去归降他。丞相宇文泰想封爵给裔，裔坚持道谢说："士大夫从老远地方来归顺圣朝皇恩的教化，裔怎么能统率他们呢？靠出卖那些义士，来求得自身的荣誉，这不是我心愿。"

侯景把东府的米运往石头，运完后，王伟听说荆州的军队已经退走了，其他救兵虽然很多，但都不相统一。就对侯景说："王以人臣的身份发动战争，围困宫阙，逼迫凌辱了妃子，践踏污淖了宗庙，王的罪过就是擢发难数。今天守在这里，想要求得安定容身处吗？背弃了盟约却能打胜仗的，自古以来例子很多，希望暂且观察动向。"临贺王正德也对侯景说："大功业马上就要告成了，怎么可以就这样丢弃呢？"侯景于是呈上启奏，陈述皇上的十条过失，且说："臣刚事奉君主离开没有多久，所以敢冒昧直言叙述。陛下崇尚修饰，虚妄而荒诞，不好的声誉都据实记载着，把妖魔鬼怪当成福祉祥瑞，把上天惩罚的罪人，当成没有过错的人。敷陈演述六艺，而排斥摈除前儒，这是王莽的作为啊！用铁钱来交换货物，轻重、价值没有常规可循，这是公孙述的制度啊！滥授官爵，朝廷规章鄙陋无序，这是汉时更始皇帝、晋时王伦夺位等那种不好的教化啊！豫章王把国君当成深仇大恨的人，邵陵王纶喜怒无常，父亲还活着，遇到丧车，却把孝子的丧服抢来穿上，这是石虎的作风。建造佛寺，百般地浪费，使得百姓饥饿，这是笮融、姚兴那批鼠辈的行为。"又说："建康宫廷里崇尚奢侈，陛下只和主书参议决断一切事务，政事因为贿赂才得以完成，每个宦官势大而蛮横，僧尼也都很富裕。皇太子喜欢珠玉，沉迷酒色，说话轻薄，咏诵诗赋也都离不开淫乱的词句；邵陵的住处现在已经破旧不堪；湘东的群豪变成贪婪放纵；南康王、定襄侯那批人都像那些只具衣冠而没有人性的猕猴一样。像孙侄这样的亲戚，却处在互相攻评防备，如果我一旦去世了，谁还肯为王室效忠？在这种形势下，却希望国家能够绵长延续，是不可能的。以前鬻拳强谏楚子不听，用军队来威胁楚子，最后楚王才听从改过，今天我这种举动，又有什么过错呢？恳请陛下能因这种小小惩罚以警诫大过，遗弃逸邪的小人而接纳忠臣的进言，使臣没有再举兵的忧虑，而陛下也不会有被包围城池的耻辱，这将是天下百姓最幸运的事了！"

皇上看了他的启奏，又惭愧又愤怒。三月，初一，在太极殿前设立祭坛，祭告天地，因侯景违反盟约，而点燃烽火，大伙一起鼓噪。起初，刚关闭城门的时候，男女十几万人中，穿着铠甲的有2万多人；城被围攻了那么久，大部分的人都患了水肿气喘，死了十分之八九，能登城的不满4000人，大部分都体弱气喘。横在路上的尸体到处都是，因为没办法掩埋，腐烂的污水流满了水沟。然而众人却盼望外来的救助。柳仲礼只知聚合歌妓侍妾，备酒享乐，各将领每天去请求出战，仲礼都不应允。安南侯骏劝说邵陵王纶说："台城危险到这个地步，然而都督却不去救援，万一有不能预测的事，殿下又有何面目活在世上！现在应该分兵为三路，让贼兵在没有防备的情况下去攻击他们，这样一定可以成功。"纶不肯服从。柳津登上城对仲礼说："你的君王正在危难中，你却不肯竭尽心力去搭救，百年以后，后人会怎样评价你呢？"仲礼也不在意。皇上向柳津问如何应付的计策，柳津回答说："陛下有邵陵王，臣有仲礼，这两个人一个不忠一个不孝，怎能打败贼兵呢？"

初三，南康王会理和羊鸦仁、赵伯超等把营地推进到东府城北，约好晚上把军队引渡过去。接着鸦仁等到了天明还没有到齐，侯景部众发现了，军营还没立好，侯景就派宋子仙去迎战他们，赵伯超听到消息赶快退走。会理等的军队大败，战死和淹死的有5000人。侯景把那些首级堆在宫阙下，向城中的人展示。

侯景又派于子悦去求和，皇上派御史中丞沈浚到侯景的居所。侯景实在没有离开的意愿，所以对沈浚说："现在天气正热，军队不可以调动，乞求暂时留在京师为朝廷效劳。"沈浚发怒责骂他，侯景不回答，反倒横起刀来骂他。沈浚说："背弃恩德，忘记道义，违背誓约，本就是天地所不允许的！我沈浚以50岁的年纪，常常担心的是死得不是所在，何必用死来恐吓我呢！"于是掉头直走，再也不回头。侯景认为他很忠直，于是就放了他。

这时，侯景掘开了玄武湖的堤防，引湖水分百条通道灌进城里，白天晚上不停地灌输。邵陵世子坚驻守在太阳门，整天掷骰子赌博、喝酒，不关心官吏士卒，他的书佐董勋、熊昙朗很恨他。十二日，晚上快天亮时，董勋、熊昙朗在城西北楼带领侯景的军队登上城，永安侯确极力交战，不能打退他们，于是推门进去启奏皇上说："台城已经失陷了。"皇上听后却安然卧着，没有动作，说："还可以再打一仗吗？"确说："不可以。"皇上感叹地说："天下是我努力得到的，也是我自己丢失的；又有什么好悔恨的呢？"就对确说："你立刻离开，告诉你的父亲，不要牵挂二宫了。"顺便教他去慰劳在外面的各路军。

不久，侯景派王伟进入文德殿拜谒皇上，皇上命令打起门帘开门领王伟进来，王伟致谢并呈上侯景的启奏，说："被奸邪佞臣所蒙蔽，率领部众进入朝廷，惊动了圣上，现在到阙下等待惩罚。"皇上问："侯景在那里？可以召唤他来。"侯景进入太极东堂觐见，带了武装部队500人护卫着。侯景在殿下致礼叩头，典朝仪的人引他到三公的席位。皇上神色如常，问他说："卿在军中时日很长，岂不是很劳苦？"侯景不敢抬头看前面，背上流满了汗水。又说："卿是那一州的人？却敢来到这个地方，妻子还在北方吗？"侯景都不知道怎么回答。任约在旁边替换他回答说："臣侯景的妻子、儿女都被高家的人杀死了，只有留下自己一个人来归顺陛下。"皇上又问："开始渡江时，带了多少人。"侯景说："1000人。""围台城时，有多少军队？"侯景说："10万士兵。""现在你有多少人呢？"侯景说："本国领土以内的，没有不是属于我的。"皇上低头不语。

侯景又到永福省去见太子，太子也没有害怕的神色。侍卫都恐慌地逃散了，只有中庶子徐摛，通事舍人陈郡人殷不害在旁侍奉。徐摛对侯景说："侯王应当以礼来见太子，怎么可以这样呢？"侯景这才叩拜。太子和他说话，侯景又不知道怎么应答。

侯景退下后，对他左右厢公王僧贵说："我常上马带兵和敌人对阵，箭、刀交锋下，而意气仍然安定缓和，一点也没有害怕的心，今天见了萧公，使我内心觉得很害怕，难道说天威真的不可侵犯吗？我不愿意再看见了。"于是把

南朝末陶器

两宫的侍卫统统撤开，纵容兵士去强夺车子、衣服车马，宫人都跑光了。将朝士、王侯一起送到永福省，派王伟镇守武德殿，于子悦驻扎在太极东堂。假传诏令，大赦天下，自己加封大都督中外诸军，录尚书事。

建康士民到处逃难。太子洗马萧允，到了京口，住下来不走了，说："死生有命，那里可以躲避得了呢？祸患所以会来，都是因为人们贪利的缘由；如果不求利，祸患又会从哪里产生呢？"

十四日，侯景派石城公大款用皇帝诏令去解除外援。柳仲礼召请各将领商议，邵陵王纶说："今天的命运，都托付给你这位将军了。"仲礼一直看着他没有应答。裴之高、王僧辩说："将军拥有百万的部众，致使宫阙沦陷，正是应当奋力一决死战的时候，何必我们多说什么？"仲礼始终一句话也没说，各路军于是各随所来方向分散回去了。南兖州刺史临成公大连、湘东世子方等，鄱阳世子嗣、北兖州刺史湘潭侯退，吴郡太守袁君正、晋陵太守陆经等各自回到以前的城镇。袁君正，是袁昂的儿子。邵陵王纶投靠到会稽。仲礼和他的弟弟敬礼、羊鸦仁、王僧辩、赵伯超都打开营门投降，军士没有不感叹气愤的。等进了台城，仲礼先去见侯景，再去觐见皇上，皇上不跟他说话。仲礼去看他的父亲津，津悲痛哭泣地说："你不是我的儿子，又何必屈尊来看我？"

十五日，诏令征镇牧守可以恢复原来的职位。侯景留下柳敬礼、羊鸦仁，而派柳仲礼回到司州，王僧辩回到竟陵。起初，临贺王正德和侯景有约定，平定台城那天，不能再保全二宫。等到城门初打开后，正德带领部众挥舞着刀想要进城，侯景先派他的徒众守着城门，所以正德没办法进来。侯景再派正德做侍中、大司马，百官都复原旧有的职位。正德入宫看到皇上，叩拜又哭泣。皇上说："哭了又哭，不停地哭，何必这样悲伤呢？现在就是后悔也来不及了。"

东徐州刺史湛海珍、北青州刺史王奉伯都用属地去归顺东魏。青州刺史明少遐、山阳太守萧邻弃城逃走了，东魏占领了他的属地。

起初，皇上派河东王誉做湘州刺史，把湘州刺史张缵迁调做雍州刺史，替代岳阳王詧。张缵倚仗着自己的才能名望，看不起王誉这个毛头小子，所以在招待上非常懈怠。誉到任后，检括州府里交接时的事物，留着缵不让他走，听说侯景作乱，对缵颇多欺侮窘迫。缵唯恐被他陷害，所以趁着晚上用轻便小船逃走了，将要到雍部，又考虑到詧会谢绝他。缵和湘东王绎从前是好朋友，所以想借用他来铲除誉兄弟，于是到江陵去了。等到台城被攻占，各王都回到自己的州镇，誉从湖口回到湘州，桂阳王蚰为荆州督府留兵在江陵，想等到绎回来时去拜访谒见，才回信州。缵给绎的信说："河东王誉想乘船溯水而上来偷袭江陵，岳阳王在雍，图谋不轨，不可让他们如愿以偿。"江陵游军的将领朱荣也派使者去劝告绎说："桂阳王慥留在这里，想要和誉、詧接应。"绎很恐惧，把船凿破，把米沉到水里，把系船的绳索砍断，从蛮中路道奔回江陵，拘捕了慥，又把他杀掉。

侯景派前任临江太守董绍先做江北行台，教他拿着皇上的敕令去召集南兖州刺史南康王会理。二十七日，绍先到了广陵，部众还不到200人，都因为几天的饥饿疲劳不堪，会理的士气旺盛，马匹健壮。僚佐游说会理说："侯景已经攻陷了京邑，想先除掉各藩镇，然后篡夺王位。假使四方诸侯都拒绝，他一定会溃败，为何要遗弃全州的土地去援助匪寇，送给他呢？不如先杀掉绍先，举兵坚守城池，和魏联合起来，等待未来的变动。"会理平素很软弱，就把城整个交给绍先。

湘潭侯退和北兖州刺史定襄侯祇出奔东魏。侯景派萧弄璋做北兖州刺史，州民出兵谢绝他，侯景派直縫将军羊海率领军队去援助他，羊海带着他的部众去投降东魏，东魏于是占据了淮阴。祇，是伟的儿子。

二十八日，侯景派遣于子悦等带领着体弱的数百名士兵向东去侵略吴郡。新城戍主戴僧逖有精锐甲兵5000人，去说服太守袁君正说："贼人现在粮食短缺，在台中所领到的，也不过能撑10天罢了，我们如果关闭关口固守拒敌，他们立刻会饿死。"当地的土豪陆映公担心如果打不胜，资产一定会被强夺去，就劝太守袁君正去迎战他们。君正一向软弱胆小，就备了米、牛肉和酒到近郊去迎接他们。子悦把君正捉去，掠夺了财物、子女，东边的百姓都树立堡垒抵抗他们。侯景又派任约做南道行台，把守姑孰。

东魏高岳等进攻西魏的颍川，攻不下来。大将军高澄再增加兵力去救援他们。在道路上军队连绵不断，可是经过了一年，还是攻不下来。山鹿忠武公刘丰生提出一个策略，即用洧水的堤坝决堤去灌水，于是城大多崩溃颓坏。高岳把部众分成十几部，分批轮流休息多次进攻，王思政自己冒着箭矢和石头，和士卒们同甘苦，城中到处都是水，锅釜驾在半空中才能煮饭。太师宇文泰派大将军赵贵指挥东南各州的军队去援助，从长社以北，都被水淹，军队到了穰城，就不能再前进了。东魏派善于射箭的弓箭手乘坐大军舰对着城射杀，城即将被攻占；燕郡景惠公慕容绍宗和刘丰生隔着堤坝观看，看见东北方向尘埃飞扬，赶快一起进入船内藏起来。不多时暴风来了，远近昏暗一片，船索被风吹断了，船飘向城里；城上的人用长钩钩住船，并且用弓箭乱射，绍宗跳到水里淹死了，丰生游泳上岸，奔向土山，城上的人用箭射杀了他。

十九日，东魏进升大将军勃海王高澄的职位为相国，封为齐王，特许他参拜时不必报上姓名，入朝不必趋行，可以佩履上殿等特殊礼遇。二十二日，澄到邺去朝觐，坚决辞谢；没有被许可。高澄召请将佐悄悄商议，大家都劝高澄应该顺从朝廷的命令；只有散骑常侍陈元康认为不可以，高澄因此不喜欢他，崔暹趁此推荐陆元规做大行台来削弱陈元康的权力。

湘东王绎入城援助时，派各州出兵，雍州刺史岳阳王詧派府司马刘方贵率兵从汉口出发，绎召见詧，教他自己带兵出发，詧不肯顺从。方贵暗地里和绎相会，商谋袭击襄阳，还没发动，刚好詧有别的事召见方贵，方贵认为谋划的事情败露，于是据守樊城违抗命令，詧派兵去攻伐他。绎用很贵重的资财派张缵奔赴去压镇，张缵到了大堤，詧已经攻下了樊城，杀掉了方贵。张缵到襄阳，詧推故迁延还没有离开，只是在城西白马寺居住着，詧还分管军府的政务，听到台城攻陷，于是不接受代理。助防杜岸蒙蔽张缵说："看岳阳王詧的样子他是容不下你，你不如暂且到西山去避一避。"杜岸是襄阳有名望的豪族，兄弟9个人都因为勇武刚健而出名。张缵于是和杜岸结盟约，穿上妇人的衣服，乘坐青布幔的车子，逃到西山去了。詧派杜岸带领军队去捉拿他，张缵乞求遁入佛门，改名为法缵，詧应允了他。

皇上虽然表面上似乎被侯景所控制，但是内心里却气愤不平。侯景想用宋子仙做司空，皇上说："三

白马寺

公是调利阴阳的人,怎么可用这个人呢?"侯景又请求用他的另外两个同党担当便殿的主帅,皇上还是不肯。侯景不敢勉强,心里很恐惧。太子入见,流着泪向皇上进言,皇上说:"是谁教你来的?如果国家有灵的话,就会帮助我们克服困难,如果不是这样的话,又有什么值得流泪的呢?"侯景派他的军队进到省中镇守,有的赶着驴、马,带着弓箭、刀,随便出入宫廷,皇上很惊奇,就问他们。直阁将军周石珍回答说:"这是侯丞相的装甲卫士。"皇上大发脾气,怒骂石珍说:"是侯景,谁说是丞相!"左右的人都害怕万分。从此以后皇上所要求的,大部分都无法如愿,饮食菜肴也被缩减限制,因此忧郁愤怒而生病了。太子把幼子大圜移交给湘东王绎,并且剪下指甲、头发寄存在那儿。五月,初二,皇上躺在净居殿,嘴巴苦涩,要求食蜂蜜,得不到,又一再地说:"荷!荷!"就去世了。享年86岁。侯景保密,不愿发讣告,把灵柩迁到自己住的昭阳殿,把太子接到永福省,教他像平常一样入朝觐见。王伟、陈庆都侍候着太子,太子呜咽着流眼泪,不敢哭出声,殿外的文武官员都没有人知道。

自从慕容绍宗死了以后,东魏高岳意志非常消沉,不敢再进逼长社城。陈元康对大将军高澄说:"王从辅政以来,也没有为国家立什么特殊大功,虽然曾经破侯景的军队,但侯景本来就是东魏人,也不是什么外来的贼寇,现在颍川非常紧急,希望王能够利用这个机会为自己立点战功。"高澄采纳了他的意见。二十四日,自己率领步卒骑兵10万进攻长社,亲自督导筑垒堤坝,堤坝三次崩溃。高澄很生气,把挑土的人和他们的提篮都推进去填在里面。

二十七日,为皇上发讣闻,把皇上的棺木放于太极殿。这一天,太子即皇帝位,大赦天下,侯景出来驻守在朝堂,分别派军队在左右驻守。

二十八日,下诏令凡是北方人在南方做奴婢的都可以免除差役,不必再受罪,一共免除的奴婢数以万计。侯景又更加跨越权限,希望收集他们的力量。

高祖末年,建康的士民在穿衣、饮食、器皿上都争着崇尚华丽,因为过分浪费,所以粮食的准备不满半年的食用,常常借助四方委输供给。自从侯景作乱以后,道路断绝,数月间,因为没有食物,甚至到了人相食的地步,尚且还免不了要饿死,而活着的也不到百分之一二而已。贵戚、富豪家族也都自己出来采食野禾、野菜，因为饿死而被丢弃在水沟山壑中的，不计其数。

二十九日，侯景派仪同三司来亮进入宛陵县，宣城太守杨白华诱杀他。三十日，侯景派他的大将军李贤明去进攻，没有攻下来。侯景又派中军侯子鉴进入吴郡，派厢公苏单于做吴郡太守，派仪同宋子仙等带领军队东边镇守在钱塘，新城戍主戴僧逖抵抗他。御史中丞沈浚避难回到东边去，到了吴兴，太守张嵊和他共同计谋，发兵征讨侯景。张嵊，是张稷的儿子。东扬州刺史临城公大连也占领扬州，不肯接受侯景的命令。所以侯景的号令可以指使的只有吴郡以西，南陵以北的地方罢了。

西魏诏令说："太和中代人改姓的，都可以恢复以前的姓。"

初三，立宣城王大器做皇太子。

起初，侯景将派太常卿南阳人刘之遴颁授给临贺王正德天子的印玺和组绶，之遴剃掉头发穿上出家人的衣服逃走了。之遴博学能文，以前做过湘东王绎的长史；当他将要回到江陵时，绎秘密把毒药送去害死他，然而却自己写墓志铭，给他的赙仪非常厚重。

初八，封皇太子大心做寻阳王，大款做江陵王，大临做海南王，大连做南郡王，大春做安陆王，大成做山阳王，大封做宜都王。

长社城中没有盐，人民都生病了，手脚弯曲肿胀，十人中有八九个人都死了。大风从西北边吹起来，把水吹进城里，城坏了。东魏大将军高澄发令给城中的人说："如果能生擒王大将军的就给他封侯，要是大将军身体有受到伤害，和他亲近左右的人都要杀头。"王思政带领部众占领土山，告诉高澄说："我现在已经是力屈计穷，只有用死来效忠国家的恩惠。"于是仰天大哭，向西边行再拜之礼，想要用剑自杀，都督骆训说："公不是常告诉我们说：'你们拿我的头去归降，不但能得到富贵，而且可以保全了整个城的人。'现在高澄相国既然有这样的命令，公难道就不悲叹士卒的死吗？"众人共同抓着他，不让他自杀，高澄派通直散骑赵彦深到土山去送给他白羽扇，握着他的手，陈述澄的意思，再牵他下山。高澄没有教他下拜，非常尊重他。王思政起初刚进入颍川时，有将士8000人，等到城沦陷后，仅剩下3000人，士卒都没有叛变他的。高澄把将卒都遣散分配到远方，把颍川改为郑州，对王思政非常优厚。西阁祭酒卢潜说："王思政没有以身殉国，有什么值得尊重的！"高澄对手下的人说："我有卢潜为我做事，就像再得到一个王思政一样。"卢潜，是卢度世的曾孙。

当初，王思政镇守在襄城，想要用长社作为大行台的所在地，派使者魏仲去向太师宇文泰启奏陈述，并且写信给浙州刺史崔猷。猷回信说："襄城掌管着京、洛一带，实在是当今的要地，如果有什么事情，也很容易互相响应。颍川和贼寇为邻，又没有山川的险固，贼兵如果潜进来，就直接到城下了。倒不如屯兵在襄城，作为大行台的所在地；把颍川安置为州，派良将在那里把守，那么里外都坚固，人心就比较容易稳定，即使有不能预料的灾患，怎么会危害到他呢？"魏仲去见宇文泰，把这些事奏报给宇文泰。宇文泰发令叫他按照崔猷的谋略行事。王思政又坚持请示，而且约定说："贼兵如用水攻一年，陆攻三年以内，朝廷要不停地来援助。"宇文泰才答应他。等到长社无法守住的时候，宇文泰深表后悔。崔猷，是崔孝芬的儿子。

上甲侯韶从建康投奔江陵，说是受到高祖秘密诏令征兵，派湘东王绎做侍中、假黄钺、大都督中外诸军事、司徒、承制，其余藩镇都加上位号。

临贺王正德抱怨侯景出卖了自己，秘密写信去召请鄱阳王范，教他带兵进来，侯景拦截到他的信。二十九日，用绳索勒死了正德。侯景派任仪同三司郭元建做尚书仆射、北道行台、总领江北各军事，驻守在新泰，册封元罗等姓元的十几个人都称王。侯景很喜好永安侯确的英勇，常常安排他在左右近身。邵陵王纶暗地里派人去招引他，确说："侯景举止放荡，只是一个莽夫的本事罢了，我想亲手杀死他，正恨找不出适当时机，你回去禀告你的家主，不要以确为念。"侯景和确到锺山去游玩，确拉开弓要射鸟，却趁机把箭对准侯景，不料弦断了，箭没有发出去，侯景发现后，就把确杀掉了。

湘东王绎娶了徐孝嗣的孙女做王妃，生了世子方等。王妃长得很丑又爱妒忌别人，行为上常常有无礼的时候，绎两三年才去她的宫室一次。王妃听到绎要来，因为绎瞎了一只眼睛，于是就用半面妆扮期待他来，绎一看很生气就出去了，所以方等也没有受到宠幸。等到他从建康回到江陵的时候，绎看到他统御军队军容严整，才称赞他的才能，进入后告诉了徐妃，徐妃没有答复他，低下头来流着眼泪退下。绎很生气，把她平日污秽淫乱行为一条条地陈述出来，张贴在大门上。方等看了，更加畏惧。湘东刺史河东王誉，刚健勇敢、很得士卒的心。绎将要去攻打侯景，派使者催促他运出军粮、部众，誉说："各人有各人的幕府，何必鄙视这些贱役？"使者三次回来，誉都不给他。方等请求攻打他，绎就派小儿子安南侯方矩做湘州刺史，教方等统领精锐士卒2万名送去。

要出发时，方等对左右亲信说："这一次出行，我一定会死，不过如果死在该死的地方，我还有什么好悔恨的呢？"

湘东世子方等的军队到达麻溪，河东王誉率军7000去攻击他，方等的军队战败，他淹死了。安南侯方矩收拾剩余的军队回到江陵，湘东王绎知道方等死后，没有一点悲戚的表情。绎宠爱的姬妾王氏，生了儿子方诸。王氏突然死了，绎猜疑是徐妃害死的，就逼她自杀，徐妃跳井死了，绎用老百姓的丧礼把她埋葬，不理会各儿子为母亲应穿的丧服。

西江督护陈霸先起兵征讨侯景，侯景派人去诱骗广州刺史元景仲，应允奉他做主子，元景仲因此归顺了侯景，暗地里偷袭陈霸先。陈霸先知道后，和成州刺史王怀明等集合兵力在南海郡，迅速传送檄文征讨元景仲，说："元景仲已和贼兵联合，朝廷派曲阳侯勃做刺史了，军队已经镇守在朝亭。"景仲所领的部属听到后，都背弃景仲逃散了。秋，七月，初一，元景仲在楼阁下上吊自杀。陈霸先迎接定州刺史萧勃把守广州。

以前的高州刺史兰裕，是兰钦的弟弟，他和几个弟弟煽惑引诱始兴等10个郡，去攻击督率衡州事的欧阳頠。萧勃派陈霸先去救援，把兰裕等一批人都抓起来了。萧勃于是派陈霸先去掌管始兴郡的政事。

湘东王绎派竟陵太守王僧辩、信州刺史东海人鲍泉去攻打湘州，分配给他们军队粮草，并且要求在规定的时间内启程。王僧辩认为竟陵的部下还没有到齐，想等大家到齐了再出发，于是和鲍泉入内告诉绎，央求延期出发。绎猜疑王僧辩借故观望拖延，按着剑大声地骂道："你害怕出征抗拒命令，想勾结贼兵吗？今天你只有死路一条！"于是砍向王僧辩，刺中了他的左边脾脏，昏死过去，很久才醒过来，随即把他送到监狱里。鲍泉非常惊恐，不敢说话。王僧辩的母亲徒步流着眼泪入内去向绎谢罪，陈述没有好好教训他的过失，绎才放下心来，赐给王僧辩好的伤药，因此使他得以活了下来。十四日，鲍泉单独率兵去攻伐湘州。

鄱阳王范听说建康没法守住，已经行戒严令，想进去，僚佐里有人就劝他说："现在魏人已经占领了寿阳，如果大王离开了这里，那么那些虏骑一定会去侵占合肥。前一个贼寇还没有平定，下一个城又要失去防守，这样下来怎么办呢？不如等到四方的军队集结过来后，派良将带领精锐的部众去，这样的话，进既不失救助王室、平定乱事的职责，退也可以巩固根本。"范于是取消了进兵的念头。刚好东魏大将军高澄派西兖州刺史李伯穆进逼合肥,又派魏收写信去向范说明。范正好想谋划计征讨侯景,趁此借用东魏的援助,就带领 2 万名战士从东关出来,并且把合州转让伯穆,又派谘议参军刘灵商议派送两个儿子勤、广作为人质到东魏去以便请求派兵援助。范驻守濡须期盼上游的军队下来,派世子嗣带领 1000 多人守在安乐栅,上游各路军队都不下来,范的粮食已经缺乏了,只好采食菰米、稗、菱、藕来维持生活。勤、广到了邺,东魏人竟不为他们出兵。范进退不得,于是只好逆流而上,驻兵在枞阳。侯景出兵驻守在姑孰,范的大将裴之悌带领部众去归降他。裴之悌,是裴之高的弟弟。

东魏大将军高澄到了邺,辞谢赏赐给他的爵位及特殊礼遇,并且央求立太子。高澄对济阴王晖业说:"最近你读些什么书?"晖业说:"数次探览伊尹、霍光的传记,不读曹氏、司马氏的书。"

八月,初一,侯景派他的中军都督侯子鉴等进攻吴兴。

十六日,鲍泉驻军在石榉寺,河东王誉迎战却打败了;十八日,又在橘洲打败仗,战死和淹死的有 10000 多人,誉退回去保住长沙,鲍泉又领兵包围他。

初八,东魏立皇子长仁做太子。

勃文襄王澄因为他的弟弟太原公洋在兄弟的排行上是居于第二位,心里常常忌恨他。高洋也深深觉得自己应该隐晦自匿,所以很少开口说话,常常自己贬抑退却,和高澄说话,没有不应从的。高澄很轻视他,常常说:"这样的人也能得富贵,相书还有什么可以解释的?"高洋为他的夫人赵郡李氏购买服饰玩物,澄就掠夺过去,夫人有时生气不肯给,高洋就笑着说:"这种东西还可以再去买来,哥哥需要的,何必要吝啬不给予呢?"高澄有时就羞恼不敢拿,高洋就拿给他,他也不会谦让。每次退朝回到家里,就闭双目静静地坐着养神,即使面对着妻子也整天不开口说话。有时会把鞋子脱掉打着赤脚跑跳,夫人问他为什么这样,高洋说:"为随你意跳跳戏玩罢了!"其实他是在锻炼身体。

高澄逮捕了徐州刺史兰钦的儿子兰京,安排他作为掌膳食的奴仆。兰钦想赎回儿子,高澄不应允;京常常自请申诉,高澄就用杖打他,说:"如果再申辩,就把你杀掉。"兰京和他的同党 6 个人图谋作乱。高澄在邺,住在北城东的柏堂,他所宠爱的人是琅邪公主,他想跟她来往而不遭别人搅扰,所以常常把侍卫派到外面去。初八，高澄和散骑常侍陈元康、吏部尚书侍中杨愔、黄门侍郎崔季舒，摒除了左右的人，密谋接受魏主禅位，签署制订百官事宜。兰京送饭食来，高澄斥退下去，然后对那些人说："昨天晚上我梦见这个奴仆拿刀杀我，应该赶快把他杀掉。"兰京听到了，把刀子放在盘子底下，又突然地说来送饭食，高澄很生气地说："我又没有要你送饭来，为什么突然间送来？"兰京挥动着刀说："来杀你！"高澄自己撞伤了脚，躲到床下，贼人兰京挪开床，把他杀了。杨愔狼狈不堪地逃走，掉了一只靴子；崔

杨愔像

季舒躲到厕所里；陈元康用身体去挡住高澄，和贼人争夺刀子被砍伤，肠子都流出来了；库直王纮冒着生命的危险抵抗贼人；纥奚舍乐在争斗中死了。当时变故发生得很突然，里里外外都很震惊。太原公洋在城东双堂，听到后，态度自若，脸色不变地指挥部署军队，进去讨平了那些贼人，把他们杀掉，并且割他们的肉，然后慢慢地走出来，说："奴仆造反，大将军被杀伤了，没有什么大痛，还可以保住生命。"大家都很惊奇他的镇定。高澄死了，高洋密不发丧。陈元康写信辞别母亲，并且罗列很多事情教功曹参军祖珽一件件写下来，到了晚上就死了。高洋密为棺殓，把他放在府第内，骗人家说他已经执行任务去了，用假令除掉陈元康的中书令。派王纮做率领左右的都督。王纮，是王基的儿子。

功勋贵戚认为重要的军队都在并州，所以规劝高洋早一点到晋阳，高洋听从了他们的建议。晚上，召请大将军保护太原人唐邕，部署分配将士镇压四境，唐邕支配布置，一下子就做好了，高洋因此很重视他。

初十，高洋讽谏东魏主因为立太子而大赦境内。高澄去世的消息渐渐传开了。东魏主悄悄地对左右说："大将军今天会死，这好像是天意，威严

权势应该再回到王室来了！"高洋留着太尉高岳、太保高隆之、开府仪同三司司马子如、侍中杨愔镇守在邺，其他的勋贵功臣都顺从着他。十一日，在昭阳殿进谒东魏主，随从的装甲兵士有8000人，上到殿阶上的有200多人，各个都捋起袖子，伸出胳膊手按着刀柄，好像面对着劲敌一样。教主朝仪的人传话启奏说："臣家里有事要办，必须回到晋阳。"行再拜礼而后出去。东魏主害怕得脸色都变了，目送着他出殿，说："这个人看起来好像不好相处，朕不知道又要死在那一天了！"晋阳的旧臣、老将一向都很鄙视高洋；等到他一回到晋阳，大会文武百官，神采飞扬，说起话来敏捷妥帖，大家都非常奇怪。高澄的政令有不妥的地方，高洋就都加以修改。高隆之、司马子如等很厌倦度支尚书崔暹，于是上奏陈述崔暹和崔季舒的过失，下令鞭打300下后，罢黜到边疆去。

侯景派宋子仙做司徒，郭子建做尚书左仆射，和领军任约等40人一起为开府仪同三司，于是下诏令说："从今以后开府仪同不须再加上将军号。"以后开府仪同增加了很多，都没办法再登记了。

鄱阳王范从枞阳送信告急于江州刺史寻阳王大心，大心也派人送信去邀请他。范领着军队到江州，大心把他安排在湓城。

吴兴的兵力又少又弱，张嵊是个读书人，不懂得打仗带兵的事；有人就劝张嵊模仿袁君正用郡去迎候侯子鉴来。张嵊说："袁家的人世世代代以忠贞相传，可是没料到袁君正一下子就毁坏了名节。我怎么会不知道，吴郡如果沦陷了，吴兴势必难以保全；我只是为国家尽心尽力，把生命交付出去，就是死也不会有二心的！"九月，初一，侯子鉴的军队到了吴兴，张嵊战败了，回到郡府，穿着整齐的衣服，悠闲地坐着，子鉴把他捉起来送到建康。侯景欣赏他为国家守死节的忠心，想放过他。张嵊说："我有辱担任专守城池的职务，在朝廷倾覆危险的时候，我又不能成就大业，今天还是赶快让我死吧！"侯景想保全他一个儿子的性命，张嵊说："我们一家都已经被登记在鬼名簿上了，不会屈就在你的俘兵下而求得恩德！"侯景很生气，就把他们全家都杀掉了。并且把沈浚也杀了。

河东王誉向岳阳王詧告急，詧留着谘议参军济阳人蔡大宝守住襄阳，带领部众20000名，骑兵2000攻伐江陵以便救助湘州。湘东王绎很害怕，派左右的人到监狱中向王僧辩请教计谋，王僧辩把方法谋略一个个地陈述明白，绎才赦免了他，派他做城中都督。初三，詧到了江陵，分别编了13营去攻打，刚好下大雨，平地上水涨高了四尺，詧的军队气势因此沮丧不堪。绎和新兴太守杜崱曾经是老朋友，秘密去邀请他来。十三日，杜崱和他的哥哥岌、岸、弟弟幼安，哥哥的儿子龛各人带领所领属的军队来向绎投降。岸央求带领五百名骑兵去袭击襄阳，早晚赶路，当他们距襄阳城还有30里的时候，被城中的守卫发现了，蔡大宝拥戴着詧的母亲龚保林，登城惧怕作战。詧听到消息后，连夜逃走，把粮食、金帛、铠甲兵器都丢到漾水河中，数不清有多少。张缵脚有毛病，詧载在车上随侍军中，等到战败逃亡的时候，守护他的人害怕被追兵追上了，所以把他杀掉，丢弃尸体自行离去了。詧到了襄阳，杜岸逃奔到广平，投奔他的哥哥南阳太守巘。

湘东王绎因为鲍泉围困长沙很久也攻不下来，所以很生气，派平南将军王僧辩替换都督，陈述鲍泉的十条罪状，命令舍人罗重锸和王僧辩一起同行。鲍泉一听到王僧辩来，很惊讶地说："让王竟陵来救助我，贼兵是很容易平定的。"拂拭座席等待他。王僧辩进来后，背着鲍泉坐下，说："鲍郎，你有罪，王命令我把你锁起来，希望你不要认为我是老朋友而希望我能袒护你。"教重锸宣读命令，然后把他锁在床边。鲍泉为自己启奏申述，并且为军队的稽留不速进而自行道歉，绎才消除怒气，于是放了他。

起初，历阳太守庄铁率部众去归附寻阳王大心，大心派他做豫章内史，庄铁到了郡内就叛变了，又推奉观宁侯永为主。侯永，是范的弟弟。十五日，庄铁领兵去袭击寻阳，大心派大将徐嗣徽去反击，把他打败了。庄铁逃走，到了建昌时，光远将军韦构阻止攻击他，在战争中，庄铁失去了他的母亲、弟弟、妻子，于是单骑回到南昌，大心派韦构率兵去追讨他。

宋子仙从吴郡趋往钱塘。刘神茂从吴兴趋往富阳，以前的武州刺史富阳人孙国恩开城归降了。

十一日，宋子仙急切进攻钱塘，戴僧逷归顺了他。

詧已经和湘东王绎结为死敌，担心不能自求生存，所以派使者去向西魏求援，央作作为西魏的附庸国。西魏丞相宇文泰命令东阁祭酒荣权出使到襄阳，绎派司州刺史柳仲礼据守竟陵以谋取詧，詧很恐惧，派他的妃子王氏和世子㪍到魏去做人质。丞相宇文泰想经营谋取江、汉地方，所以派开府仪同三司杨忠督办三荆等15州的各军事，据守在穰城。仲礼到了安陆，安陆太守柳勰开城投降。仲礼留着长史马岫和他的弟弟子礼守城，自己带领部众10000名趋往襄阳，宇文泰派杨忠和行台仆射长孙俭率领军队攻击仲礼以便救援誉。

宋子仙趁着胜势渡过浙江到了会稽。邵陵王纶听说钱塘方面已经失败了，所以就溃逃到鄱阳，鄱阳内史开建侯蕃率兵去谢绝他，纶向蕃攻击，把蕃的军队击破了。

南郡王大连做东扬州刺史。当时会稽土地肥沃、物产丰盛，能打仗的兵有好几万，粮食、兵器堆积如山。为了惩罚侯景的残酷暴虐，东土人都愿意把东西供给他们使用，然而大连却早晚都沉迷在饮酒享乐中，不料理军政事务。司马东阳人留异，凶狠狡猾残酷暴虐，大家都很害怕厌烦他。但大连却把全部的军事委托给他。十二月，初九，宋子仙进攻会稽，大连弃城逃走，留异奔回他的故乡，不久又率领他的军队去投降宋子仙。大连想投奔到鄱阳，留异为子仙做向导，在信安追到了大连，把他捉住送回建康，皇帝听到了，拉起帷幕自己躲避起来，用衣袖遮住脸暗暗地流下眼泪，暗自哭泣。于是三吴统统被侯景消灭，在会稽的那些公侯都回到南方来了。侯景派留异做东阳太守，把他的妻子留下做人质。

始兴太守陈霸先联合郡中贤豪俊杰想征讨侯景，郡人侯安都、张偲等各率领部众千余人去顺从他。陈霸先派遣主帅杜僧明率军2000驻扎在大庾岭上，广州刺史萧勃派人去阻止说："侯景是刚强勇猛的枭雄，在下没有人能敌得过他，上次搬兵10万名，兵卒马匹都很精良强悍，还没有办法打败他。你们只是小小的部众，又能做什么呢？最近听说岭北那些王侯又都开始声势荡大，亲自发动战事，你是把守梁的外郡，怎么可以暗地里和他们勾结？不如暂时留在始兴，远远地虚张声势，保存太山的安宁。"陈霸先说;"我蒙受国家大恩，以前听说侯景渡江了，就想去救援他们，但却遭到元景仲和兰裕在中途梗阻，使得京都沦陷了。国君受辱，臣子遇难，这种情况下谁还敢珍惜自己的生命呢？君侯是皇族支系，责任重大，专制一方，如果能派我的军队去援助，总比不派军队要好，怎么还要阻止呢？"于是派遣使者从小路绕道到江陵，接受湘东王绎的调度。当时，南康土豪蔡路养起兵占据了整个郡，萧勃就派他的心腹谭世远做曲江令，和蔡路养相联合，一同阻止陈霸先。

梁纪十九　太宗简文皇帝上
大宝元年（庚午、550年）

陈霸先发始兴，至大庾岭，蔡路养将二万人军于南野以拒之。路养妻侄兰陵萧摩诃，年十三，单骑出战，无敢当者。杜僧明马被伤，陈霸先救之，授以所乘马；僧明上马复战，众军因而乘之，路养大败，脱身走。霸先进军南康，湘东王绎承制授霸先明威将军、交州刺史。

魏杨忠围安陆，柳仲礼驰归救之。诸将恐仲礼至则安陆难下，请急攻之，忠曰："攻守势殊，未可猝拔；若引日劳师，表里受敌，非计也。南人多习水军，不闲野战，仲礼师在近路，吾出其不意，以奇兵袭之，彼怠我奋，一举可克。克仲礼，则安陆不攻自拔，诸城可传檄定也。"乃选骑二千，衔枚夜进，败仲礼于漴头，获仲礼及其弟子礼，尽俘其众。马岫以安陆，别将王叔孙以竟陵，皆降于忠。于是汉东之地尽入于魏。

广陵人来嶷说前广陵太守祖皓曰："董绍先轻而无谋，人情不附，袭而杀之，此壮士之任也。今欲纠帅义勇，奉戴府君。若其克捷，可立桓、文之勋，必天未悔祸，犹足为梁室忠臣。"皓曰："此仆所愿也。"乃相与纠合勇士，得百余人。癸酉，袭广陵，斩南兖州刺史董绍先；据城，驰檄远近，推前太子舍人萧勔为刺史，仍结东魏为援。皓，暅之子；勔，勃之兄也。乙亥，景遣郭元建帅众奄至，皓婴城固守。

二月，魏杨忠乘胜至石城，欲进逼江陵，湘东王绎遣舍人庾恪说忠曰："誓来伐叔而魏助之，何以使天下归心！"忠遂停滦北。绎遣舍人王孝祀等送子方略为质以求和，魏人许之。绎与忠盟曰：

大庾岭

"魏以石城为封，梁以安陆为界，请同附庸，并送质子，贸迁有无，永敦邻睦。"忠乃还。

侯景纳上女溧阳公主，甚爱之。上闻丝竹，凄然泣下。

时江南连年旱蝗，江、扬尤甚，百姓流亡，相与入山谷、江湖，采草根、木叶、菱芡而食之，所在皆尽，死者蔽野。富室无食，皆鸟面鹄形，衣罗绮，怀珠玉，俯伏床帐，待命听终。千里绝烟，人迹罕见，白骨成聚，如丘陇焉。

景性残酷，于石头立大碓，有犯法者捣杀之。常戒诸将曰："破栅平城，当净杀之，使天下知吾威名。"故诸将每战胜，专以焚掠为事，斩刈人如草芥，以资戏笑。由是百姓虽死，终不附之。又禁人偶语，犯者刑及外族。为其将帅者，悉称刑台，来降附者，悉称开府，其亲寄隆重者曰左右厢公，勇力兼人者曰库直都督。

王僧辩急攻长沙，辛巳，克之。执河东王誉，斩之，传首江陵，湘东王绎反其首而葬之。初，世子方等之死，临蒸周铁虎功最多，誉委遇甚重。僧辩得铁虎，命烹之，呼曰："侯景未灭，奈何杀壮士！"僧辩奇其言而释之，还其麾下。绎以僧辩为左卫将军，加侍中、镇西长史。

绎自去岁闻高祖之丧，以长沙未下，故匿之。壬寅，始发丧，刻檀为高祖像，置于百福殿，事之甚谨，动静必咨焉。绎以为天子制于贼臣，不肯从大宝之号，犹称太清四年。丙午，绎下令大举讨侯景，移檄远近。

鄱阳王范至湓城，以晋熙为晋州，遣其世子嗣为刺史，江州郡县多辄改易。寻阳王大心，政令所行，不出一郡。大心遣兵击庄铁，嗣与铁素善，请发兵救之，范遣侯瑱帅精甲五千助铁。由是二镇互相猜忌，无复讨贼之志。大心使徐嗣徽帅众二千人，筑垒稽亭以备范，市籴不通，范数万之众，无所得食，多饿死。范愤恚，疽发于背，五月，乙卯，卒。范众秘不发丧，奉范弟安南侯恬为主，有众数千人。

东魏齐王洋之为开府也，勃海高德政为管记，由是亲昵，言无不尽。金紫光禄大夫丹扬徐之才、北平太守广宗宋景业，皆善图谶，以为太岁在午，当有革命，因德政以白洋，劝之受禅。洋以告娄太妃，太妃曰："汝父如龙，兄如虎，犹以天位不可妄据，终身北面，汝独何人，欲行舜、禹之事乎！"洋以告之才，之才曰："正为不及父兄，故宜早升尊位耳。"洋铸像卜之而成，乃使开府仪同三司段韶问肆州刺史斛律金，金来见洋，固言不可，以宋景业首陈符命，请杀之。洋与诸贵议于太妃前，太妃曰："吾儿懦直，必无此心，高德政乐祸，教之耳。"洋以人心不一，遣高德政如邺察公卿之意，未还；洋拥兵而东，至平都城，召诸勋贵议之，莫敢对。长史杜弼曰："关西，国之劲敌，若受魏禅，恐彼挟天子，自称义兵而东向，王何以待之！"徐之才曰："今与王争天下者，彼亦欲为王所为，纵其屈强，不过随我称帝耳。"弼无以应。高德政至邺，讽公卿，莫有应者。司马子如逆洋于辽阳，固言未可。洋欲还，仓丞李集曰："王来为何事，而今欲还？"洋伪使于东门杀之，而别令赐绢十匹，遂还晋阳。自是居常不悦。徐之才、宋景业等日陈阴阳杂占，云宜早受命。高德政亦敦劝不已。洋使术士李密卜之，遇《大横》，曰："汉文之卦也。"又使宋景业筮之，遇《乾》之《鼎》，曰："《乾》，君也。《鼎》，五月卦也。宜以仲夏受禅。"或曰："五月不可入官，犯之，终于其位。"景业曰："王为天子，无复下期，岂得不终于其位乎！"洋大悦，乃发晋阳。

高德政录在邺诸事，条进于洋，洋令左右陈山提驰驿赍事条，并密书与杨愔。是月，山提至邺，杨愔即召太常卿邢邵议造仪注，秘书监魏收草九锡、禅让、劝进诸文；引魏宗室诸王入北宫，留于东斋。甲寅，东魏进洋位相国，总百揆，备九锡。洋行至前亭，所乘马忽倒，意甚恶之，至平都城，不复肯进。高德政、徐之才苦请曰："山提先去，恐其漏泄。"即命司马子如、杜弼驰驿续入，观察物情。子如等至邺，众人以事势已决，无敢异言。洋至邺，召夫赍筑具集城南。高隆之请曰："用此何为？"洋作色曰："我自有事，君何问为！欲族灭邪！"隆之谢而退。于是作圜丘，备法物。

丙辰，司空潘乐、侍中张亮、黄门郎赵彦深等求入启事，东魏孝静帝在昭阳殿见之。亮曰："五行递运，有始有终，齐王圣德钦明，万方归仰，愿陛下远法尧、舜。"帝敛容曰："此事推挹已久，谨当逊避。"又曰："若尔，须作制书。"中书郎崔劼、裴让之曰："制已作讫。"使侍中杨愔进之。东魏主既署，曰："居朕何所？"愔对曰："北城别有馆宇。"乃下御坐，步就东廊，咏范蔚宗《后汉书·赞》曰："献生不辰，身播国屯，终我四百，永作虞宾。"所司请发，帝曰："古人念遗簪弊履，朕欲与六宫别，可乎？"高隆之曰："今日天下犹陛下之天下，况在六宫。"帝步入，与妃嫔已下别，举宫皆哭。赵国李嫔诵陈思王诗云："王其爱玉体，俱享黄髪期。"直长赵道德以故犊车一乘侯于东阁，帝登车，道德超上抱之，帝叱之曰："朕自畏天顺人，何物奴敢逼人如此！"道德犹不下。出云龙门，王公百僚拜辞，高隆之洒泣。遂入北城，居司马子如南宅，遣太尉彭城王韶等奉玺绶，禅位于齐。

戊午，齐王即皇帝位于南郊，大赦，改元天保。自魏敬宗以来，百官绝禄，至是始复给之。己未，封东魏主为中山王，待以不臣之礼。追尊齐献武王为献武皇帝，庙号太祖，后改为高祖；文襄王为文襄皇帝，庙号世宗。辛酉，尊王太后娄氏为皇太后。乙丑，降魏朝封爵有差，其宣力霸朝及西、南投化者，不在降限。

是时，唯荆、益所部尚完实，太尉、益州刺史武陵王纪移告征、镇，使世子圆照帅兵三万受湘东王节度。圆照军至巴水，绎授以信州刺史，令屯白帝，未许东下。

齐主娶赵郡李希宗之女，生子殷及绍德；又纳段韶之妹。及将建中宫，高隆之、高德政欲结勋贵之援，乃言："汉妇人不可为天下母，宜更择美配。"帝不从。丁亥，立李氏为皇后，以段氏为昭仪，子殷为皇太子。

魏人欲令岳阳王詧发哀嗣位，詧辞，不受。丞相泰使荣权册命詧为梁王，始建台，置百官。

初，燕昭成帝奔高丽，使其族人冯业以三百人浮海奔宋，因留新会。自业至孙融，世为罗州刺史，融子宝为高凉太守。高凉洗氏，世为蛮酋，部落十余万家，有女，多筹略，善用兵，诸洞皆服其信义；融聘以为宝妇。融虽累世为方伯，非其土人，号令不行；洗氏约束本宗，使从民礼，每与宝参决辞讼，首领有犯，虽亲戚无所纵舍，由是冯氏始得行其政。

高州刺史李迁仕据大皋口，遣使召宝，宝欲往，洗氏止之曰："刺史无故不应召太守，必欲诈君共反耳。"宝曰："何以知之？"洗氏曰："刺史被召援台，乃称有疾，铸兵聚众而后召君；此必欲质君以发君之兵也，愿且无往以观其变。"数日，迁仕果反，遣主帅杜平虏将兵入灨石，城鱼梁以逼南康，陈霸先使周文育击之。洗氏谓宝曰："平虏，骁将也，今入灨石与官军相拒，势未得还，迁仕在州，无能为也。君若自往，必有战斗，宜遣使卑辞厚礼告之曰：'身未敢出，欲遣妇参。'彼闻之，必喜而无备。我将千余人，步担杂物，唱言输赕，得至栅下，破之必矣。"宝从之。迁仕果不设备，洗氏袭击，大破之，迁仕走保宁都。文育亦击走平虏，据其城。冼氏与霸先会于灨石，还，谓宝曰："陈都督非常人也，甚得众心，必能平贼，君宜厚资之。"

初，东魏遣仪同武威牒云洛等迎鄱阳世子嗣，使镇皖城。嗣未及行，任约军至，洛等引去；嗣遂失援，出战，败死。约遂略地至湓城，寻阳王大心遣司马韦质出战而败，帐下犹有战士千余人，咸劝大心走保建州；大心不能用，戊辰，以江州降约。先是，大心使太子洗马韦臧镇建昌，有甲士五千，闻寻阳不守，欲帅众奔江陵，未发，为麾下所杀。臧，粲之子也。

于庆略地至豫章，侯瑱力屈，降之，庆送瑱于建康。景以瑱同姓，待之甚厚，留其妻子及弟为质，遣瑱随庆徇蠡南诸郡，以瑱为湘州刺史。

初，巴山人黄法氍，有勇力，侯景之乱，合徒众保乡里。太守贺诩下江州，命法氍监郡事。法氍屯新淦，于庆自豫章分兵袭新淦，法氍败之。陈霸先使周文育进军击庆，法氍引兵会之。

邵陵王纶大修铠仗，将讨侯景。湘东王绎恶之，八月，甲午，遣左卫将军王僧辩、信州刺史鲍泉等帅舟师一万东趣江、郢。声言拒任约，且云迎邵陵王还江陵，授以湘州。

齐主初立，励精为治。赵道德以事属黎阳太守清河房超，超不发书，棓杀其使；齐主善之，命守宰各设棓以诛属请之使。久之，都官中郎宋轨奏曰："若受使请赇，犹致大戮，身为枉法，何以加罪！"乃罢之。

司都功曹张老上书请定齐律，诏右仆射薛琡等取魏《麟趾格》，更讨论损益之。

齐主简练六坊之人，每一人必当百人，任其临陈必死，然后取之，谓之"百保鲜卑"。又简华人之勇力绝伦者，谓之"勇士"，以备边要。

始立九等之户，富者税其钱，贫者役其力。

九月，丁巳，魏军发长安。

王僧辩军至鹦鹉洲，郢州司马刘龙虎等潜送质于僧辩，邵陵王纶闻之，遣其子威正侯硕将兵击之，龙虎败，奔于僧辩。纶以书责僧辩曰："将军前年杀人之侄，今岁伐人之兄，以此求荣，恐天下不许！"僧辩送书于湘东王绎，绎命进军。辛酉，纶集其麾下于西园，涕泣言曰："我本无他，志在灭贼，湘东常谓与之争帝，遂尔见伐。今日欲守则交绝粮储，欲战则取笑千载，不容无事受缚，当于下流避之。"麾下壮士争请出战，纶不从，与硕自仓门登舟北出。僧辩入据郢州。绎以南平王恪为尚书令、开府仪同三司，世子方诸为郢州刺史，王僧辩为领军将军。

纶遇镇东将军裴之高于道，之高之子畿掠其军器，纶与左右轻舟奔武昌涧饮寺，僧法馨匿纶于岩穴之下。纶长史韦质、司马姜律等闻纶尚存，驰往迎之，说七栅流民以求粮仗。纶出营巴水，流民八九千人附之，稍收散卒，屯于齐昌。遣使请和于齐，齐以纶为梁王。

任约进寇西阳、武昌。初，宁州刺史彭城徐文盛募兵数万人讨侯景，湘东王绎以为秦州刺史，使将兵东下，与约遇于武昌。绎以庐陵王应为江州刺史，以文盛为长史行府州事，督诸将拒之。应，续之子也。邵陵王纶引齐兵未至，移营马栅，距西阳八十里，任约闻之，遣仪同叱罗子通等将铁骑二百袭之，纶不为备，策马亡走。时湘东王绎亦与齐连和，故齐人观望，不助纶。定州刺史田祖龙迎纶，纶以祖龙为绎所厚，惧为所执，复归齐昌。行至汝南，魏所署汝南城主李素，纶之故吏也，开城纳之，任约遂据西阳、武昌。

乙未，侯景自加宇宙大将军，都督六合诸军事，以诏文呈上。上惊曰："将军乃有宇宙之号乎！"

魏丞相泰自弘农为桥，济河，至建州。丙寅，齐主自将出顿东城。泰闻其军容严盛，叹曰："高欢不死矣！"会久雨，自秋及冬，魏军畜产多死，乃自蒲阪还。于是河南自洛阳，河北自平阳已东，皆入于齐。

丁卯，徐文盛军贝矶，任约帅水军逆战，文盛大破之，斩叱罗子通、赵威方，仍进军大举口。侯景遣宋子仙等将兵二万助约，以约守西阳，久不能进，自出屯晋熙。

南康王会理以建康空虚，与太子左卫将军柳敬礼、西乡侯劝、东乡侯勔谋起兵诛王伟。安乐侯乂理出奔长芦，集众得千余人。建安侯贲、中宿世子子邕知其谋，以告伟。伟收会理、敬礼、劝、勔及会理弟祁阳侯通理，俱杀之。乂理为左右所杀。钱塘褚冕，以会理故旧，捶掠千计，终无异言。会理隔壁谓之曰："褚郎，卿岂不为我致此？卿虽忍死明我，我心实欲杀贼！"冕竟不服，景乃宥之。劝，昺之子；贲，正德之弟子；子邕，憺之孙也。

帝自即位以来，景防卫甚严，外人莫得进见，唯武林侯咨及仆射王克、舍人殷不害，并以文弱得出入卧内，帝与之讲论而已。及会理死，克、不害惧祸，稍自疏。咨独不离帝，朝请无绝；景恶之，使其仇人刁戍刺杀咨于广莫门外。

初，魏敬宗以尔朱荣为柱国大将军，位在丞相上；荣败，此官遂废。大统三年，文帝复以丞相泰为之。其后功参佐命，望实俱重者，亦居此官，凡八人，曰安定公宇文泰，广陵王欣，赵郡公李弼，陇西公李虎，河内公独孤信，南阳公赵贵，常山公于谨，彭城公侯莫陈崇，谓之八柱国。泰始籍民之才力者为府兵，身租庸调，一切蠲之，以农隙讲阅战陈，马畜粮备，六家供之；合为百府，每府一郎将主之，分属二十四军。泰任总百揆，督中外诸军；欣以宗室宿望，从容禁闼而已。余六人各督二大将军，凡十二大将军，每大将军各统开府二人，开府各领一军。是后功臣位至柱国大将军、开府仪同三司、仪同三司者甚众，率为散官，无所统御，虽有继掌其事者，闻望皆出诸公之下云。

齐主命散骑侍郎宋景业造《天保历》，行之。

【译文】

大宝元年（庚午、550年）

陈霸先从始兴发兵，到了大庾岭，蔡路养带领20000名士兵驻守在南野抵抗他。路养妻子的侄子兰陵人萧摩诃，年龄才13岁，单独骑着马出去作战，没有人能够战胜他。杜僧明的马受伤了，陈霸先去救他，并且把自己所骑的马给他，杜僧明跨上马又去应战，众军因此乘势追杀，路养大败，脱身逃走了。陈霸先向南康进军，湘东王绎承奉制命颁授陈霸先为明威将军、交州刺史。

西魏杨忠率兵包围安陆，柳仲礼奔驰回去营救。各将领都惧怕，如果柳仲礼一来，那么安陆一定很难攻下，众将央求赶快进攻。杨忠说："攻和守的形势不同，不可能立刻攻下城；如果我们统领这些日益疲劳的军队，里外又要对付敌人，这不是好计策。南方的军队大多熟悉在水上作战，不太习惯在野地里作战，柳仲礼的军队就在附近道上，我们趁他没有注意时，出其不意派兵去偷袭，他们士气低落而我们正是振奋的时候，一发动就可以制服他们。打败了仲礼，安陵那边不必再攻，自然就会归降，其他各城可以传送文书去平定他们。"于是选了2000名骑兵，教他们把像筷子的东西横衔在口中，以防止吵闹，趁夜晚前进，在漴头把柳仲礼打败了，抓获了柳仲礼和他的弟弟柳子礼，把他们的部众也都俘虏了。马岫在安陆，别将王叔孙在竟陵，都归降了杨忠，这时候汉东的土地都被划到西魏的范围内。

广陵人来嶷游说前广陵太守祖皓说："董绍先是一个浮躁而没有谋略的人，不能得到人们的拥戴，偷袭而攻杀他，这本来就是壮士的责任。现在我们想要集合率领义勇的军队，一起来拥戴府君。如果能够成功，可以建立像齐桓公、晋文公的功绩，老天必定也不会责怪我们的行为，而且还足以成为梁室的忠臣。"祖皓说："这正是我的心愿啊！"就和他们一起集合了一批勇士，共100多人。二十三日，袭击广陵，斩掉了南兖州刺史董绍先。占领了城池，快马奔驰到远近各城镇传送文书，推前太子舍人萧勔做刺史，仍然联合东魏做援军。祖皓，是祖晅的儿子；萧勔，是萧勃的哥哥。二十五日，侯景派郭元建率领部众突然来袭，祖皓全城坚固防守。

二月，西魏杨忠趁着胜势到了石城，想进攻逼近江陵。湘东王绎派舍人庾恪游说杨忠说："詧来攻伐我这个叔叔，然而西魏却要来援助他，这怎么能使天下人归顺呢！"杨忠因此停军在㵐水北。绎派遣舍人王孝祀等把儿子方略送去做人质请求谈和，西魏人应允了。绎和杨忠订盟约说："魏以石城做疆界，梁以安陆做疆界，请同时互相为附属，并且互相送儿子做人质，互相贸易往来，永远敦厚睦邻。"杨忠于是回去了。

侯景娶了皇上的女儿溧阳公主，很疼爱她。皇上听到乐声，悲凄地流下眼泪。

当时江南地方连年都是旱灾、蝗灾。江州、扬州更厉害，百姓到处迁移逃亡，只有靠互相结伴到山谷、江湖，采草根、木叶和菱、苋实来果腹。所住的地方，都没东西了，死了的人太多了，遮盖了原野。有钱人家没有东西吃，各个饿得都瘦成鸟般的尖脸鹄般的样子，只好穿起罗绮的衣服，身上带着珠宝，躺在床上，等死亡来临。千里之内没有煮饭的烟火，很少看得见人的足迹，一堆堆死人的白骨，好像丘陵、山陇一样堆着。

侯景性情暴烈，在石头地方树立了一个大的舂米的石杵，有违反法律的就用石杵舂死他。常常告诉各将领说："把敌人的栅门沦陷或平定了城镇，就要把那里的人都杀掉，让天下的人都知道我的英名。"所以他的将领们每次打胜仗，就专门做焚烧掠夺的事，杀人、砍人就像在砍草一样，甚至有用此当做游戏玩耍的。因此，百姓们即使死路一条，也不归顺他。又禁止人家互相交谈，违犯的坐罪要累及到外族。做他的将帅的，一律称作行台，来投降归顺的，一律称作开府，他们的亲族地位尊贵的就称左右厢公，比一般人勇猛刚强的称库直都督。

王僧辩急切地进攻长沙，初二，攻下了长沙。抓获了河东王誉，并杀掉了他。把头颅传送到江陵，湘东王绎又把首级送回长沙和身体同葬。起初，世子方等的战死，临蒸人周铁虎的功劳最大，誉委命给他荣誉而且很尊重他。王僧辩抓到了周铁虎，命令部属把他烹杀掉，他大叫说："侯景还没有消灭，为什么要杀壮士！"王僧辩对他说的话很惊奇，就放了他，把他的部下也还给他。绎任命王僧辩做左卫将军，加侍中、镇西长史。

绎从去年听到高祖驾崩的消息后，因为长沙还没有攻下来，所以就把这消息隐瞒起来。二十三日，才发丧，用檀木雕刻了高祖的肖像，安置在百福殿，非常恭敬地供奉着，稍微有一点动静，就要询问清楚。绎认为天子被贼臣侯景所控制，所以不肯承认大宝的年号，仍然称作太清四年。二十七日，绎下命令大举出兵去讨伐侯景，并且用檄文通知远近各地。

鄱阳王范到了湓城，把晋熙郡改为晋州，派他的世子嗣做刺史，江州的很多郡县经常改易守令。寻阳王大心，他的政令施行范围只在寻阳一郡而已。大心派兵去攻击庄铁。嗣和庄铁平素交情很好，所以庄铁请求他们派兵来援助。范派侯瑱带领精锐甲兵5000去帮助庄铁，因此两镇互相怀疑忌恨，再也没有讨伐叛贼侯景的心思了。大心教徐嗣徽率领部众2000名，在稽亭建造堡垒以防备范的军队。当时市面上买不到米粮，范有数万名部众，没有办法得到粮食充饥，大多饿死了。范气愤，怨恨，背上毒疮发作。五月，初七，去世了。范的军队守秘不发讣闻，共推范的弟弟安南侯恬做领袖，有部众数千名。

东魏齐王高洋开建府署的时候，勃海人高德政做记室参军，因此两人关系非常好，无所不谈。金紫光禄大夫丹杨人徐之才、北平太守广宗人宋景业对河图洛书都有精到的研究，认为当太岁星运行在午年的时候，一定会有变革发生，于是由高德政向高洋报告，劝高洋早点接受禅让的地位。高洋把这件事告诉娄太妃。太妃说："你的父亲像一条龙一样，你的哥哥也像一头猛虎，他们都还认为天位是不可以随便妄想占有的，而一辈子仍然北面称臣，你是什么人，还贪心想去做像舜、禹那等伟大的事吗？"高洋把这些话告诉徐之才。徐之才回答说:"就是因为你比不上你的父兄,所以应该早点升到这显达的地位啊!"高洋铸造铜像卜问可否成功,就派开府仪同三司段韶去询问肆州刺史斛律金。金来谒见高洋,坚持主张不可以如此,认为宋景业首先陈述接受天命的符命,所以央求先把他杀掉。高洋和各权贵就在太妃面前商量。太妃说:"我的儿子个性非常软弱直爽,一定不会有僭位的想法。高德政喜欢惹祸,肯定是他教我儿子这么做的。"高洋认为人心无法一致,派高德政到邺去探明公卿的心意,尚未回来;高洋拥兵东来,到了平

徐之才像

都城召集各功勋贵戚商讨,大家都不敢回答。长史杜弼说:"关西宇文泰,是我们国家面临的实力雄厚的敌人,如果我们接纳东魏主的禅让,唯恐他们要挟持西魏主,自称是义兵而向东进兵,王打算拿什么来对付他们呢?"徐之才说:"今天和我们争夺天下的那些人,他们也想做王所想做的事,纵使他们倔强不肯听从,也不过是任凭我们称帝罢了。"杜弼没话可以回答。高德政到了邺,劝谏公卿,没有人附和他。

司马子如在辽阳迎候高洋,坚持主张不可受禅。高洋想回去,仓丞李集说:"王来是为了什么事呢?现在却急着要回去?"高洋伴装使者在东门把他杀掉了,又另外命人犒赏丝织物10匹,于是回到晋阳。从此以后,常常很不高兴。徐之才、宋景业等每天都在讲述阴阳卜占的道理,告诉高洋说应该早点接受禅的天命。高德政也不停地催促劝说。高洋教术士李密占卜看看,卜到《大横》的卦,说:"这是汉文帝为代王时教人卜得的卦啊!"又教宋景业用蓍草筮问,遇到《乾》卦变至《鼎》卦,说:"《乾》,是国君。《鼎》是五月的卦。应该在仲夏五月受禅。"有人说:"五月做官不可以赴任,如果犯了忌,将终于在这个位置上。"宋景业说:"王当了天子,就不必有下一次的升职了,怎么还要

晋升呢！"高洋很高兴，于是从晋阳出发。

高德政把在邺的各种事件记录下来，分条向高洋汇报。高洋命令左右陈山提由各驿站快速奔驰，将条陈的文件和机密书信送给杨愔。这个月，山提到了邺，杨愔立即召集太常卿邢邵商讨拟定各种礼节，秘书监魏收草拟九锡、禅让、劝进等各种文稿；引领魏的宗室诸王进入北宫，留在东斋。初六，东魏进升高洋为宰相，总领百官，并预备给他车马、衣服、乐器、朱户、纳陛、虎贲、弓矢、铁钺等九种赐礼。高洋行到前亭时，他所乘坐的马忽然倒下，好像很气愤的样子；到了平都城，马就不肯再前进。高德政、徐之才极力央求说："山提先到那里，恐怕他会把消息败露出去。"随即命司马子如、杜弼由驿站换马飞奔进入邺城，以便观察人心。子如等到了邺，大家以为形势已经决定，无可挽回了，所以不敢有其他的评论。高洋到了邺，召集民夫拿着建筑用具在城南集合。高隆之向他请教说："用这些做什么？"高洋厉声说："我自有我的事，你问什么？想全族都被砍头是不是？"高隆之谢罪退下，因此修造了圜丘，预备了典礼用的东西。

初八，司空潘乐、侍中张亮、黄门郎赵彦深等央求进殿奏事，东魏孝静帝在昭阳殿接见他们。张亮说："朝代的更换，就像五行的运转，有始有终，齐王高洋圣德钦明，万方归顺景仰，希望陛下能模仿以前圣君尧、舜禅让贤的美德。"孝静帝收敛仪容庄严地说："这件事我已经推让很久，谨当逊位避让。"又说："如果这样的话，我应该要写制书。"中书郎崔劼、裴让之说："制书已经写好了。"教侍中杨愔递交上来。东魏主签署完后，说："你们要把朕迁到那里呢？"杨愔回答说："北城另外有一个馆舍。"于是下了宝座，走到东廊，朗诵着范晔《后汉书》《汉献帝纪》里的赞辞说："汉献帝生不逢时，身遭播迁，国家又遭变难，汉有天下四百年而终，永远只能像尧的儿子丹朱一样做虞的宾客。"执掌禅代的官请孝静帝离开宫到别的馆舍去，孝静帝说："古人对自己不要的发簪，破烂的鞋子都还会留念，朕想和六宫的妃嫔告别，可以吗？"高隆之说："现在的天下仍然是陛下的天下，更何况是六宫。"孝静帝走进宫，和妃嫔以下的人一一道别，整个宫廷的人都哭起来。赵国人李嫔吟诵陈思王的诗："王要珍惜自己的福体，希望和王共享有长寿。"直长赵道德准备一辆车在东釾门等待。孝静帝登上车，道德越过前面去抱他上去，帝很生气地骂道："朕敬畏上天，依从民心，那个不是东西的奴仆敢这样子逼迫人！"道德还是没有放下。走出云龙门，王公百官都拜别辞行，高隆之流泪哭泣。于是进入北城，住在司马子如在邺城的南宅，派太尉彭城王韶等捧着玺绶，让位给齐王高洋。

初十，齐王在南郊即皇帝位，大赦境内，改年号为天保。从魏敬宗以后，百官中有断绝俸禄的，从现在开始又复原供职了。十一日，封东魏孝静帝为中山王，特别承允他不必以臣礼相待。追尊齐献武王为献武皇帝，庙号为太祖，后改为高祖；文襄王为文襄皇帝，庙号为世宗。十三日，尊王太后娄氏为皇太后。十七日，降魏朝的封爵各有差别，好些高欢起兵以来的功勋贵戚，还有关西及江南等地来投奔的，没有在控制之中。

这时候，只有荆、益所属的地方还算完整充实，太尉、益州刺史武陵王纪转告各征镇，派世子圆照带领兵卒30000名，受湘东王节度。圆照的军队到了巴水，绎授给他信州刺史的职位，命令他镇守白帝城，他没有应允继续东下。

齐主高洋娶了赵郡人李希宗的女儿，生了两个儿子殷和绍德，又娶了段韶的妹妹。等到将要建立中宫时，高隆之、高德政想结交功勋贵戚，就说："这些汉族的女人，不配做天下人的母亲，应该再挑选更好的对象婚配。"帝不肯听从。初九，立李氏做皇后，任段氏为昭仪，儿子殷为皇太子。

西魏人想教岳阳王詧发丧并继承王位，詧予以辞谢，不肯接纳。丞相宇文泰派荣权册命詧做梁王，才开始建立台署，设置百官。

起初，燕昭成帝投奔高丽，教他的族人冯业带300个人用舟筏渡海投靠宋，于是留在新会。从冯业到他的孙子融，世代做罗州刺史，到融的儿子宝做高凉太守。高凉冼氏，世代为蛮族酋长，部落有十几万户，有个女儿，擅长筹略谋划，也很会用兵，每个蛮獠所在地的人都信服于她；冯融迎聘她做冯宝的妻子，融虽然世代为一方霸主，但是不是当地的土著，他的号令没办法执行；冼氏约束本宗的人，使他们顺从老百姓应守的礼仪，每次和宝互相参与决定诉讼的事，如果有首领犯罪，即便是亲戚也秉公处理，没有丝毫的纵容，因此冯氏才得以实行他的政令。

高州刺史李迁仕镇守大皋口，派使者去召请冯宝，冯宝想去，冼氏制止他说："刺史不应该无缘无故召唤太守，一定是想诈骗你共同反叛。"冯宝说："你怎么会知道呢？"冼氏说："刺史被召唤去救援朝廷的军队时，就以有病在身而推托了，铸造了武器又聚合了部众，然后才召唤你，这一定是想把你当人质，而令你出动军队。希望暂时不要去，观察一下动静再说。"几天后，李迁仕果然造反，派主帅杜平虏统领军队进到赣石，在鱼梁筑城而进逼南康。陈霸先派周文育去平叛。冼氏对冯宝说："杜平虏是一位刚健勇猛的骁将，现在进入赣石和官方的军队相对抗，依形势看还不能回来，李迁仕在高州，现在也没办法做什么。你如果自行前往，必定有一场恶战，所以应该派使者用谦逊的言辞和厚重的礼物去告诉他说：'我不敢自己前来，所以想派我的妇人前往晋谒。'他一听，一定很高兴而没有戒心。我带领1000多人，一边走路挑着杂物，一边唱扬着说，要用财物来赎罪，能靠近到栅栏下，攻破他们是必然的事了。"冯宝听从了她的意见。李迁仕果然不设防备，冼氏突然袭击，大破他们的军队，李迁仕逃走依附宁都。文育也把平虏赶走，占领了他的城镇。冼氏和陈霸先在赣石会合，回来后，冼氏对冯宝说："陈都督不是普通人才，很得士众的拥戴，一定能平定贼兵，你应该要厚厚地倚重他。"

湘东王绎任命陈霸先为豫州刺史，并领豫章内史。

二十三日，裴之横进攻稽亭，徐嗣徽攻击并赶走了他。

秋，七月，初三，齐立世宗的妃子元氏为文襄皇后，宫室名为静德。又封世宗的儿子孝琬为河间王、孝瑜为河南王。初七，派尚书令封隆之录尚书事，尚书左仆射平阳王淹为尚书令。

十三日，梁王詧到西魏朝廷去觐见。

起初，东魏派仪同武威人牒云洛等去迎接鄱阳世子嗣，派他驻守皖城。嗣还没来得及出发，任约的军队就来了。洛等领兵离去，嗣于是失去了救援，出去和敌人打仗，战败而死。任约因此侵略土地到湓城，寻阳王大心派司马韦质出去应战，失败，帐下还有战士1000多人，都劝大心退走保卫建州，大心不肯听从，二十日，以江州向任约投降。以前大心派太子洗马韦臧驻守建昌，有武装兵士5000名。听说寻阳已经失守，想带领部众投奔江陵，还没出发，就被部下杀掉了。韦臧，是韦粲的儿子。

于庆侵犯土地到了豫章，侯瑱兵力不足，归降了，于庆送侯瑱到建康。侯景因为和侯瑱同姓，所以待他非常优厚，把他的妻子和弟弟留下来做人质，派瑱跟随于庆去慰问彭蠡湖以南的各郡，任侯瑱为湘州刺史。

起初，巴山人黄法氍，英勇善战，当侯景叛变的时候，联合群众保卫乡里。太守贺诩顺水下行到江州，命令黄法氍监督巴山郡里的事，黄法氍镇守在新淦，于庆从豫章分派军队偷袭新淦，黄法氍失败了，陈霸先派周文育进军攻击于庆，黄法氍领兵去和他会合。

邵陵王纶听说任约将会来，派司马蒋思安带领精锐士卒 5000 名去袭击，任约的部众溃散；蒋思安没有再防范，任约收拾军队袭击他，蒋思安打败逃走了。

湘东王绎把宜都改为宜州，任命王琳为刺史。

这个月，派南郡王大连任江州刺史。

西魏丞相宇文泰因为齐主称帝，统领各路军队去征讨他。派齐王廓驻守陇右，征调秦州刺史宇文导做大将军，统领 23 个州的军事，驻扎咸阳，以固守关中。

益州沙门孙天英率领徒众几千人趁夜里攻击州城。武陵王纪出城迎战，把他杀了。

邵陵王纶全面整修铠甲、兵器，将要讨伐侯景。湘东王绎讨厌纶，怕因此兵力会更强，对自己不利，八月，十七日，派左卫将军王僧辩，信州刺史鲍泉等带领舟师 10000 名，向东直奔江、郢。声称是去抗拒任约，而且还说要迎接邵陵王回江陵，把湘州给他。

齐主高洋刚刚即位，励精图治。赵道德将事情吩咐给黎阳太守清河人房超，房超不把文书发出去，用大杖打死了使者；齐主很嘉许，于是命令守宰各自设置大杖来杀嘱咐请求的使者。经过很久后，都官中郎宋轨上奏章说："如果派使者央求人因而贿赂他人，还要导致杀身的大刑，如果自身触犯了法令，那还有什么刑罚可以加上去的呢？"才取消了这种刑法。

司州的功曹张老上书恳求制定齐的法律，齐主下令右仆射薛琡等人把以前东魏《麟趾格》的法令制度，再拿来讨论删减修改。

齐主简选六军宿卫里的兵士，必须一个人能应付 100 个人，保证他一到阵地必能抱定誓死决心的，然后挑选他们组合而成，叫着"百保鲜卑"，又选了华人里面勇敢有力冠绝人伦的，号称"勇士"，去防范边防要害的之地。

又开始把户口制定为九等级，有上、中、下三等，每等又分上、中、下，有钱的就课税钱财，没钱的就服徭役苦力。

九月，初十，西魏军从长安出发向东去攻打齐。

王僧辩的军队到了鹦鹉洲，郢州司马刘龙虎等悄悄地派人送礼物给王僧辩，邵陵王纶听到后，派他的儿子威正侯碛带领军队去攻击他，刘龙虎失败，投靠王僧辩。纶写信去责备王僧辩说："将军前年杀了人家的侄子，今年又攻伐人家的哥哥，用这种方法求得显达，恐怕是天下人所不允许的事。"王僧辩写信给湘东王绎，绎命令他继续进兵。十四日，纶把部下集中在西园，哭泣着对他们说："我本来没有其他的野心，只是立志想把贼兵消灭掉而已，可是湘东王绎常常说我是想跟他争帝位，所以多次讨伐我。现在如果我想据守

王僧辩像

下去，就会互相断绝粮运储备，如果想开战，又怕会让千年后的人耻笑，又不允许无缘无故就被抓去，所以决定到下游的地方去避一避难。"部下壮士都争着央求出战，纶不肯顺从，和他的儿子碻从仓门乘船出去。王僧辩进城镇守郢州。绎派南平王恪任尚书令，开府仪同三司，世子方诸任郢州刺史，王僧辩任领军将军。

纶在路上遇到镇东将军裴之高，裴之高的儿子畿掠夺了他的军用装备，纶和左右的人驾着轻便的船只投靠到武昌涧饮寺，僧人法馨把纶藏在岩穴的下面。纶的长史韦质、司马姜律等听说纶还活着，迅速去迎候他，说服了北江州七栅的流亡百姓，取得了粮食和兵器。纶出来在巴水地方扎营，流民中有八九千人都去依附他，渐渐收集了溃散的士卒，镇守在齐昌。派使者去向齐请和，齐主任命纶为梁王。

任约进兵侵犯西阳、武昌。起初，宁州刺史彭城人徐文盛等招募了军队好几万人去讨伐侯景，湘东王绎任命他为秦州刺史，命他统率军队东下，和任约在武昌会合。绎任命庐陵王应为江州刺史，任文盛为长史兼办府州事，掌管各将领抗拒敌人。应，是续的儿子。邵陵王纶领的齐兵尚未来，把营地移到马栅，距离西阳80里，任约听到后，派遣仪同叱罗子通等率领精强的兵马200

名去袭击他，纶没有防范，策马逃走了。当时湘东王绎也和齐联络讲和，所以齐人只在旁边观望，不去援助纶。定州刺史田祖龙去迎接纶，但是纶认为祖龙和绎的交情深厚，怕去了后反被他抓住，又回到齐昌。当他们走到汝南时，魏所领属汝南城主李素，是纶以前的下属，把城门打开收留了他，任约因此占据了西阳、武昌。

十九日，侯景自己加封为宇宙大将军、都督六合各军事，用诏文呈递给皇上。皇上惊讶地说："将军竟有宇宙的称号啊！"

魏丞相宇文泰从弘农建桥，过河，到建州。二十日，齐主自己率领军队出来驻守在东城。宇文泰听说他的军队阵容严整，感叹地说："高欢不会死啊！"刚好雨下个不停，从秋天到冬天，魏军的牲畜大都死了，就从蒲阪回来。这时候，从河南到洛阳，从河北到平阳以东的地域，都并入齐的疆界。

二十一日，徐文盛驻军在贝矶，任约率领水军迎战，文盛大破他的军队，斩杀叱罗子通、赵威方，并且进军大举口。侯景派遣宋子仙等率领军队2万名去协助任约，因为任约把守西阳，很久不能前进，只好自己出来驻守在晋熙。

南康王会理认为建康地方空虚无人，所以想和太子左卫将军柳敬礼、西乡侯劝、东乡侯勔计划起兵杀死王伟。安乐侯乂理逃出投奔长芦，召集士众共得到一千多人。建安侯贲、中宿世子子邕知道了他们的计策，就将此事告诉王伟。王伟拘捕了会理、敬礼、劝、勔和会理的弟弟祁阳侯通理，把他们全都杀掉了。乂理被左右的人杀掉。钱塘人褚冕，因为是会理的老朋友，虽然千方百计地加以拷打讯问，也没有说一句话。会理隔着墙壁对他说："褚郎，卿难道不是因为我而导致如此吗？卿虽然忍着死以向我表明，但我的志向实在是想把贼人杀死。"褚冕终究不肯屈服，侯景只好宽恕他。劝，是幂的儿子；贲，是正德的弟弟；子邕，是憺的孙子。

以前，魏敬宗任命尔朱荣担任柱国大将军，职位在丞相以上；尔朱荣败以后，这个官衔就被取消了。大统三年，魏文帝又派丞相宇文泰担任这个官职。以后功业可以和协助天子创业功劳相比的，名望和实绩并重的大臣，也有担当此官的，一共有8个人。这8个人分别是安定公宇文泰，广陵王欣，赵郡公李弼，陇西公李虎，河内公独孤信，南阳公赵贵，常山公子谨，彭城公侯莫陈崇，称作八柱国。宇文泰开始按簿籍上登记的六等民中有才智能力的编组为府兵，他们自身的租、庸、调一切课税都豁免，利用农闲的时候，教他们排兵布阵，马畜粮草装束，由六家来供应，合为百府，每府由一郎将带领，分属二十四军。宇文泰担当总领百官的职位，督查中外各军；欣因为是宗室年高德望的人，所以只在禁宫中轻闲地进出罢了。其余的6人每人分别督导二大将军，共有12大将军，每大将军又各统领开府2人，开府各统领一军。从此以后，功臣中官位到柱国大将军、开府仪同三司、仪同三司的很多，大多是闲散的官，没有统御的军队，虽然也有继续管辖别的职事的，但是名声威望都在诸公的下面。

齐主命令散骑侍郎宋景业修造《天保历》，并采用了它。

梁纪二十　太宗简文皇帝下
大宝二年（辛未、551年）

魏杨忠围汝南，李素战死。二月，乙亥，城陷，执邵陵携王纶，杀之，投尸江岸；岳阳王詧取而葬之。

李迁仕收众还击南康，陈霸先遣其将杜僧明等拒之，生擒迁仕，斩之。湘东王绎使霸先进兵取江州，以为江州刺史。

三月，庚戌，魏文帝殂，太子钦立。

任约告急，侯景自帅众西上，携太子大器从军以为质，留王伟居守。闰月，景发建康，自石头至新林，舳舻相接。约分兵袭破定州刺史田龙祖于齐安。壬寅，景军至西阳，与徐文盛夹江筑垒。癸卯，文盛击破之，射其右丞库狄式和坠水死，景遁走还营。

夏，四月，甲辰，魏葬文帝于永陵。

郢州刺史萧方诸，年十五，以行事鲍泉和弱，常侮易之，或使伏床，骑背为马；恃徐文盛军在近，不复设备，日以蒲酒为乐。侯景闻江夏空虚，乙巳，使宋子仙、任约帅精骑四百，由淮内袭郢州。丙午，大风疾雨，天色晦冥，有登陴望见贼者，告泉曰："虏骑至矣！"泉曰："徐文盛大军在下，贼何因得至！当是王珣军人还耳。"既而走告者稍众，始命闭门，子仙等已入城。方诸方踞泉腹，以五色彩辫其髯；见子仙至，方诸迎拜，泉匿于床下；子仙俯窥见泉素髯间彩，惊愕，遂擒之，及司马虞豫，送于景所。景因便风，中江举帆，遂越文盛等军，丁未，入江夏。文盛众惧而溃，与长沙王韶等逃归江陵。王珣、杜幼安以家在江夏，遂降于景。

湘东王绎以王僧辩为大都督，帅巴州刺史丹杨淳于量、定州刺史杜㝢、宜州刺史王琳、郴州刺史裴之横东击景，徐文盛以下并受节度。戊申，僧辩等军至巴陵，闻郢州已陷，因留戍之。绎遗僧辩书曰："贼既乘胜，必将西下，不劳远击；但守巴丘，以逸待劳，无虑不克。"又谓将佐曰："贼若水步两道，直指江陵，此上策也。据夏首，积兵粮，中策也。悉力攻巴陵，下策也。巴陵城小而固，僧辩足可委任。景攻城不拔，野无所掠，暑疫时起，食尽兵疲，破之必矣。"乃命罗州刺史徐嗣徽自岳阳，武州刺史杜崱自武陵引兵会僧辩。

景使丁和将兵五千守夏首，宋子仙将兵一万为前驱，趣巴陵，分遣任约直指江陵，景帅大兵水步继进。于是缘江戍逻，望风请服，景拓逻至于隐矶。僧辩乘城固守，偃旗卧鼓，安若无人。壬戌，景众济江，遣轻骑至城下，问："城内为谁？"答曰："王领军。"骑曰："何不早降？"僧辩曰："大军但向荆州，此城自当非碍。"骑去。顷之，执王珣等至城下，使说其弟琳。琳曰："兄受命讨贼，不能死难，曾不内惭，翻欲赐诱！"取弓射之，珣惭而退。景肉薄百道攻城，城中鼓噪，矢石雨下，景士卒死者甚众，乃退。僧辩遣轻兵出战，凡十余返，皆捷。景被甲在城下督战，僧辩著绛、乘舆、奏鼓吹巡城，景望之，服其胆勇。

侯景昼夜攻巴陵，不克，军中食尽，疾疫死伤大半。湘东王绎遣晋州刺史萧惠正将兵援巴陵，惠正辞不堪，举胡僧祐自代。僧祐时坐谋议忤旨系狱，绎即出之，拜武猛将军，令赴援，戒之曰："贼若水战，但以大舰临之，必克。若欲步战，自可鼓棹直就巴丘，不须交锋也。"僧祐至湘浦，景遣任约帅锐卒五千据白崿以待之。僧祐由他路西上，约谓其畏己，急追上，及于芊口，呼僧祐曰："吴儿，何不早降，走何所之！"僧祐不应，潜引兵至赤沙亭；会信州刺史陆法和至，与之合军。法和有异术，先隐于江陵百里洲，衣食居处，一如苦行沙门，或豫言吉凶，多中，人莫能测。侯景之围台城也，或问之曰："事将何如？"法和曰："凡人取果，宜待熟时，不撩自落。"固问之，法和曰："亦克亦不克。"及任约向江陵，法和自请击之，绎许之。

壬寅，约至赤亭。六月，甲辰，僧祐、法和纵兵击之，约兵大溃，杀溺死者甚众，擒约送江陵。景闻之，乙巳，焚营宵遁。以丁和为郢州刺史，留宋子仙等，众号二万，戍郢城；别将支化仁镇鲁山，范希荣行江州事，仪同三司任廷和、晋州刺史夏侯威生守晋州。景与麾下兵数千，顺流而下。丁和以大石磕杀鲍泉及虞预，沈于黄鹤矶。任约至江陵，绎赦之。徐文盛坐怨望，下狱死。巴州刺史余孝顷遣兄子僧重将兵救鄱阳，于庆退走。

绎以王僧辩为征东将军、尚书令，胡僧祐等皆进位号，使引兵东下。陆法和请还，既至，谓绎曰："侯景自然平矣，蜀贼将至，请守险以待之。"乃引兵屯峡口。庚申，王僧辩至汉口，先攻鲁山，擒支化仁送江陵。辛酉，攻郢州，克其罗城，斩首千级。宋子仙退据金城，僧辩四面起土山，攻之。

豫州刺史荀朗自巢湖出濡须邀景，破其后军，景奔归，船前后相失。太子船入枞阳浦，船中腹心皆劝太子因此入北，太子曰："自国家丧败，志不图生，主上蒙尘，宁忍违离左右！吾今若去，是乃叛父，非避贼也。"因涕泗呜咽，即命前进。

甲子，宋子仙等困蹙，乞输郢城，身还就景；王僧辩伪许之，命给船百艘以安其意。子仙谓为信然，浮舟将发，僧辩命杜龛帅精勇千人攀堞而上，鼓噪奋进，水军主宋遥帅楼船，暗江云合。子仙且战且走，至白杨浦，大破之，周铁虎生擒子仙及丁和，送江陵，杀之。

江安侯圆正为西阳太守，宽和好施，归附者众，有兵一万。湘东王绎欲图之，署为平南将军。及至，弗见，使南平王恪与之饮，醉，因囚之内省，分其部曲，使人告其罪。荆、益之衅自此起矣。

铁勒将伐柔然，突厥酋长土门邀击，破之，尽降其众五万余落。土门恃其强盛，求婚于柔然，柔然头兵可汗大怒，使人詈辱之曰："尔，我之锻奴也，何敢发是言！"土门亦怒，杀其使者，遂与之绝，而求婚于魏；魏丞相泰以长乐公主妻之。

辛丑，王僧辩乘胜下湓城，陈霸先帅所部三万人将会之，屯于巴丘。西军乏食，霸先有粮五十万石，分三十万石以资之。八月，壬寅朔，王僧辩前军袭于庆，庆弃郭默城走，范希荣亦弃寻阳城走。晋熙王僧振等起兵围郡城，僧辩遣沙州刺史丁道贵助之，任延和等弃城走。湘东王绎命僧辩且顿寻阳以待诸军之集。

初，景既克建康，常言吴儿怯弱，易以掩取，当须拓定中原，然后为帝。景尚帝女溧阳公主，嬖之，妨于政事，王伟屡谏景，景以告主，主有恶言，伟恐为所谮，因说景除帝。及景自巴陵败归，猛将多死，自恐不能久存，欲早登大位。王伟曰："自古移鼎，必须废立，既示我威权，且绝彼民望。"景从之。使前寿光殿学士谢昊为诏书，以为"弟侄争立，星辰失次，皆由朕非正绪，召乱致灾，宜禅位于豫章王栋。"使吕季略赍入，逼帝书之。栋，欢之子也。

戊午，景遣卫尉卿彭隽等帅兵入殿，废帝为晋安王，幽于永福省，悉撤内外侍卫，使突骑左右守之，墙垣悉布枳棘。庚申，下诏迎豫章王栋。栋时幽拘，廪饩甚薄，仰蔬茹为食。方与妃张氏鉏葵，法驾奄至，栋惊，不知所为，泣而升辇。

景杀哀太子大器、寻阳王大心、西阳王大钧、建平王大球、义安王大昕及王侯在建康者二十余人。太子神明端嶷，于景党未尝屈意，所亲窃问之，太子曰："贼若于事义，未须见杀，吾虽陵慢呵叱，终不敢言。若见杀时至，虽一日百拜，亦无所益。"又曰："殿下今居困厄，而神貌怡然，不贬平日，何也？"太子曰："吾自度死日必在贼前，若诸叔能灭贼，贼必先见杀。然后就死。若其不然，贼亦杀我以取富贵，安能以必死之命为无益之愁乎！"及难，太子颜色不变。徐曰："久知此事，嗟其晚耳！"刑者将以衣带绞之，太子曰："此不能见杀，"命取帐绳绞之而绝。

壬戌，栋即帝位。大赦，改元天正。太尉郭元建闻之，自秦郡驰还，谓景曰："主上先帝太子，既无愆失，何得废之！"景曰："王伟劝吾，云'早除民望'。吾故从之以安天下。"元建曰："吾挟天子，令诸侯，犹惧不济，无故废之，乃所以自危，何安之有！"景欲迎帝复位，以栋为太孙。王伟曰："废立大事，岂可数改邪！"乃止。

乙丑，景又使杀南海王大临于吴郡，南郡王大连于姑孰，安陆王大春于会稽，高唐王大壮于京口。以太子妃赐郭元建，元建曰："岂有皇太子妃乃为人妾乎！"竟不与相见，听使入道。

王伟说侯景弑太宗以绝众心，景从之。冬，十月，壬寅夜，伟与左卫将军彭隽、王修纂进酒于太宗曰："丞相以陛下幽忧既久，使臣等来上寿。"太宗笑曰："已禅帝位，何得言陛下！此寿酒，将不尽此乎！"于是隽等赍曲项琵琶，与太宗极饮。太宗知将见杀，因尽醉，曰："不图为乐之至于斯也！"

既醉而寝。伟乃出，隽进土囊，修纂坐其上而殂。

侯景之逼江陵也，湘东王绎求援于魏，命梁、秦二州刺史宜丰侯循以南郑与魏，召循还江陵。循以无故输城，非忠臣之节，报曰："请待改命。"魏太师泰遣大将军达奚武将兵三万取汉中，又遣大将军王雄出子午谷，攻上津。循遣记室参军沛人刘璠求援于武陵王纪，纪遣潼州刺史杨乾运救之。循，恢之子也。

司空、东道行台刘神茂闻侯景自巴丘败还，阴谋叛景，吴中士大夫咸劝之；乃与仪同三司尹思合、刘归义、王晔、云麾将军元頵等据东阳以应江陵，遣頵及别将李占下据建德江口。张彪攻永嘉，克之。新安民程灵洗起兵据郡以应神茂。于是浙江以东皆附江陵。湘东王绎以灵洗为谯州刺史，领新安太守。

侯景像

己卯，加侯景九锡，汉国置丞相以下官。己丑，豫章王栋禅位于景，景即皇帝位于南郊。还，登太极殿，其党数万，皆吹唇呼噪而上。大赦，改元太始。封栋为淮阴王，并其二弟桥、湜同锁于密室。

景之作相也，以西州为府，文武无尊卑皆引接；及居禁中，非故旧不得见，由是诸将多怨望。

齐主每出入，常以中山王自随，王妃太原公主恒为之饮食，护视之。是月，齐主鸩公主酒，使人鸩中山王，杀之，并其三子，谥王曰魏孝静皇帝，葬于邺西漳北。其后齐主忽掘其陵，投梓宫于漳水。齐主初受禅，魏神主悉寄于七帝寺，至是，亦取焚之。

彭城公元韶以高氏婿，宠遇异于诸元。开府仪同三司美阳公元晖业以位望隆重，又志气不伦，尤为齐主所忌，从齐主在晋阳。晖业于宫门外骂韶曰："尔不及一老妪，负玺与人。何不击碎之！我出此言，知即死，尔亦讵得几时！"齐主闻而杀之，及临淮公元孝友，皆凿汾水冰，沉其尸。

【译文】

大宝二年（辛未、551年）

西魏杨忠围攻汝南，李素在战乱中战死了。二月，初一，城被攻陷，擒获邵陵携王纶，把他杀了，将尸体丢到江边；岳阳王詧上收取了尸体将他埋葬了。

李迁仕收拾部众回去攻击南康，陈霸先派他的大将杜僧明等抵抗他，活捉李迁仕，杀了他。湘东王绎派陈霸先进兵取得江州，任命他为江州刺史。

三月，初六，魏文帝驾崩，太子钦继位。

任约报告形势紧迫，侯景自己统领部众向西而上，带着太子大器跟随军中同行，作为人质，留着王伟居守宫中。闰月，侯景由建康出兵，从石头到新林，船和船相连接应。任约分派军队在齐安袭击，攻取了定州刺史田龙祖。二十九日，侯景的军队到了西阳，和徐文盛的军队隔着江对垒。三十日，文盛攻击，大破侯景的军队，射中他的右丞库狄式和，掉到水中淹死，侯景逃回到军营中去了。

夏，四月，初一，魏把文帝的灵柩埋葬在永陵。

郢州刺史萧方诸，15岁，认为行事鲍泉为人和顺懦弱，常常欺负他，有时教他匍匐在座席上，把他的背当马骑，依恃着徐文盛的军队就驻守在附近，便不再设置防范，每天玩一种类似掷骰子的游戏，饮酒作乐。侯景听说江夏空虚，没有防备，初二，派宋子仙、任约率领精锐骑兵400名，从淮内偷袭郢州。初三，天空刮着大风，下着大雨，天色昏暗，有人登上墙头看见贼兵，告诉鲍泉说："贼虏的骑兵来了！"鲍泉说："徐文盛的大军就在下方，贼兵能从什么地方闯进来呢！一定是王珣军队里的人回来了。"不久，前来禀告的人愈来愈多，才命令把城门关闭，宋子仙他们已经进城了。方诸正坐在鲍泉的肚子上，用五色彩带在给他的胡子扎辫子；看到宋子仙到，方诸即刻迎接拜礼，鲍泉隐藏到床下；宋子仙俯身从小缝里看到鲍泉白色的胡子杂着彩带，很纳闷，于是捉住了他，还有司马虞豫，一起送到侯景那儿。侯景因为顺风，在航行长江中途张开船帆，所以速度超过了徐文盛等的军队，初四，进入江夏。

徐文盛的部众一害怕就溃逃了，和长沙王韶等逃回江陵。王珣、杜幼安因为家乡就在江夏，所以投靠了侯景。

　　湘东王绎任命王僧辩为大都督，率领巴州刺史丹杨人淳于量、定州刺史杜龛、宜州刺史王琳、郴州刺史裴之横向东攻击侯景，徐文盛以下的军队都受他的节度。初五，王僧辩等的军队到了巴陵，听说郢州已经沦陷，于是据守在那里。绎写信给王僧辩说："敌兵已经打胜了，一定会趁着胜利的形势继续西下，不辞辛劳地向远地攻击；你们只要固守在巴丘，以逸待劳，不用担心不能退敌。"又对将佐说："贼兵如果从水路、陆路分两路前进，直接指向江陵，这是最好的办法。据守夏首，积蓄兵粮，这是中策。全心全力进攻巴陵，这是最坏的办法。巴陵城小但坚固，王僧辩足可以承担这份责任。侯景攻城如果攻不下来，野外又没有什么东西可以掠夺，大热天瘟疫随时都会发生，粮食吃完了，军队士卒疲劳，必定可以打败他了。"于是就命令罗州刺史徐嗣徽从岳阳，武州刺史杜崱从武陵领兵去和王僧辩会合。

　　侯景派丁和统领士兵5000名守在夏首，宋子仙带领10000名军队做先锋，直趋巴陵，分别派任约直接指向江陵，侯景带领大军水路、陆路继续前进。于是沿着长江守卫巡逻的，看到他的威势都纷纷请求投降，侯景又广布哨逻到隐矶来张大兵势。王僧辩趁着城池坚固防守的时候，暂时放倒军旗，暂停打鼓以隐藏军势，表面上看平静得像没有人一样。十九日，侯景的部众渡过长江，派遣轻便的骑兵到了城下，问道："城里是谁在那儿？"回答的人说："王领军。"骑兵说："为什么不早点归降？"王僧辩说："大队人马如果只向荆州去的话，这个城自然不敢阻碍你们。"骑兵就离开了。不久，把王珣捉到城下，教他劝说他的弟弟王琳。王琳说："哥哥受命征讨贼兵，却不能为国难而牺牲生命，不是内心会很惭愧吗？反而想要诱骗我！"拿了弓就射他，王珣很羞愧地退走了。侯景的军队用短兵分成百道攻城，准备肉搏战，城中鼓声响起；弓箭、石头像雨般纷纷飘下，侯景士卒死了好多人，于是撤退。王僧辩派轻便骑兵出去应战，一共十几个回合，都打了胜仗。侯景穿着铠甲在城下督促作战，王僧辩却佩着绶带，乘着车，奏着鼓乐巡视城中，侯景望见后，很欣赏他的胆识和勇气。

　　侯景昼夜不停地攻打巴陵，攻不下来。军队里的粮食已经吃完了，疾病瘟疫使兵力损失大半。湘东王绎派晋州刺史萧惠正率领军队去援助巴陵，惠正推辞不能承命，推举胡僧祐顶换自己。胡僧祐当时正因谋议忤逆圣旨被连累而关在监狱中，绎随即释放了他，拜他为武猛将军，命令他去援救，警告他说："贼兵如果用水战，只要用大战舰对付他，一定可以战胜。如果用陆战，自可以打着船桨直接到巴丘，不必迎战他们。"僧祐到了湘浦，侯景派任约统率精锐士卒5000名据守在白蟨等着他们。僧祐从另一条路往西边上去，任约以为他害怕自己了，赶紧追赶他，到了芊口，大叫僧祐说："吴地小儿，怎么不早点归降，逃到哪里去！"僧祐不回答，暗地里领兵到赤沙亭，刚好信州刺史陆法和到了，和他一起会合。陆法和有奇异的法术，隐居在江陵百里洲，衣食和住处都和佛门中清苦守戒的行者一样，有时预测吉凶的事，多被言中，人家无法了解他。侯景围攻台城的时候，有人问他说："事态的演变会怎么样呢？"陆法和说："大凡人家采果实的时候，总要等待成熟时，不要采摘，自然会落下来。"再三地请问他，陆法和说："可能攻下来也可能攻不下来。"等到任约往江陵来时，陆法和自行请求攻击他，绎答应了。

三十日，任约到了赤亭。六月，初二，僧祐、陆法和联合军队攻击他，任约的军队溃败逃散，被杀死、溺死的很多，把任约捉拿了送到江陵。侯景听到后，初三，放火把营地烧了，趁着夜色逃走。丁和被派任做郢州刺史，留住宋子仙等，部众号称二万，戍守在郢城；别将支化仁镇守在鲁山，范希荣担任江州政事，仪同三司任延和，晋州刺史夏侯威生固守晋州。侯景和部下士兵几千名，顺流而下。丁和用大石头击杀鲍泉和虞预，淹死在黄鹤矶里。任约到了江陵，绎宽赦了他。徐文盛因为怨恨得罪，在监狱里死了。巴州刺史余孝顷派他哥哥的儿子僧重统领军队去援助鄱阳，于庆退走了。

绎用王僧辩做征东将军、尚书令，胡僧祐等都加上新职位、称号，派他们领兵东下。陆法和请求回师，回来后，对绎说："侯景的叛乱自然会安定，但是蜀方面的贼兵又快来了，请守住险要等待他们。"于是领兵驻守在峡口。十八日，王僧辩到了汉口，先进攻鲁山，擒拿了支化仁送到江陵。十九日，进攻郢州，占据了他们那些罗列的城池，杀掉上千人。宋子仙撤退逃走，据守在金城，王僧辩四面修建土山，攻伐他。

豫州刺史荀朗从巢湖离开濡须阻挡侯景，攻破他的后军，侯景逃脱，船队前后都脱离失散了。太子的船驶入枞阳浦，船中心腹的臣子都力谏太子趁这个时候到北方去。太子说："自从国家丧乱败亡后，本来立志不想苟且偷生，现在主上又蒙受耻辱，怎么忍心违离左右的人呢？现在如果我离去，就是背叛父亲的人，而不只是躲避敌兵而已。"于是哭泣流泪，随即命令向前出发。

二十二日，宋子仙等被包围逼迫，请求把郢城送给他们，允许他回去投靠侯景；王僧辩佯称允许，并且命令属下给他百艘船只来安定他的心。子仙以为他们很值得信赖，放下船只将要出发时，王僧辩命令杜龛统领精锐勇士1000名攀缘着城上短墙上去，击鼓呐喊，快速前进，水军主帅宋遥率领楼船，楼船四合如云，江上一片昏暗。宋子仙一边应战一边退走，到了白杨浦，终于被打败了。周铁虎活捉宋子仙和丁和，送到江陵，把他们杀掉了。

江安侯圆正做西阳太守。宽厚仁慈好施与，顺服他的人很多，拥有10000名部众。湘东王绎想图谋占有，签署他为平南将军，等他来的时候，又不见他，教南平王恪和他喝酒，喝醉了以后，就把他囚禁在内省，瓜分他的军队，教人告发他的罪状，荆州、益州的仇隙从此引发了。

铁勒将要攻占柔然，突厥酋长土门阻挡袭击，打败了他的军队，把他的部众50000多个部落都降服了。土门依恃着他的强大，向柔然求婚，柔然头兵可汗大为恼怒，教人去责骂污辱他说："你，是我的铁工，怎么还敢说这种话！"土门也发怒，杀掉了他的使者，于是和他们断交，转而向魏求婚，魏丞相宇文泰把长乐公主嫁给他。

三十日，王僧辩趁着胜利攻下湓城，陈霸先率领所领属的30000名兵丁要去和他会合，镇守在巴丘。王僧辩的军队从荆州来，缺乏粮食，陈霸先有粮食50万石，分了30万石去援救他。八月，初一，王僧辩的先锋袭击于庆，于庆放弃了郭默城逃走了，范希荣也放弃了寻阳城逃走。晋熙人王僧振等起兵围攻郡城，王僧辩派沙州刺史丁道贵前去协助他，任延和放弃城池逃走了。湘东王绎命令王僧辩暂停在寻阳，等待各路军队聚集过来。

起初，侯景攻克建康时，常常嘲笑皇上胆怯软弱，很容易被偷袭夺取，应当开拓疆土安定中原，然后称帝。侯景娶了皇上的女儿溧阳公主，很喜欢她，所以妨碍了政事，王伟屡次劝谏侯景，侯景去告诉皇上，皇上有怒骂的话，王伟恐怕侯景听了他的话，因此游说侯景除掉皇上。等到侯景从巴陵失败回来时，勇猛的将士大多殉国，自己害怕不能长久生存下去，想要早点登上帝位。王伟说："从古以来，想要改朝换代，就必须先除掉旧主，另立新主，表示我们的威势声望，而且可以断绝百姓的幻想。"侯景听从了他的建议。派前任寿光殿学士谢昊写诏书，认为"弟侄争着要继承王位，一时搅乱了常规，失去了纲常秩序，这都是因为朕不是法定的继承人，所以会导致祸乱灾害，应该让位给豫章王栋。"派吕季略拿进去，逼迫梁简文帝写下来。栋，是欢的儿子。

十七日，侯景派卫尉卿彭㒞等统领军队进入重云殿，废皇帝为晋安王，软禁在永福省，把里外的侍卫全部撤除，教那些能冲锋陷阵的骑兵在左右看守着，四面墙头上都种植着有刺的荆藤。十九日，下诏令迎接豫章王栋。栋当时正被拘留软禁着，分配的粮食很少，只有仰赖着蔬菜生活。正在和他的妃子张氏在田里锄挖着葵菜，天子的车驾忽然间来到，栋很惊奇，不知道要做什么？流着眼泪哭泣着上车。

侯景杀掉哀太子大器、寻阳王大心、西阳王大钧、建平王大球、义安王大昕和在建康的王侯共20多人。太子的神色庄重，对于侯景的党羽一点也没有屈服的意念，他的亲近左右偷偷地问他，太子说："贼兵如果行事是合乎情理的，就不必要被杀，即使我侮辱谩骂态度傲慢，他们也不敢说话。如果被杀的时机到了，即使一天里一百次向他们跪拜，也是没什么用处的。"又问说："殿下今天处在困难危险中，而容貌态度却怡然自得，和平常没有两样，是什么缘由呢？"太子说："我自己猜想，自己的死期一定是在侯景这贼人的前面，如果我的叔父们能把贼人杀掉的话，贼人一定会先来杀我，然后他才会去死。如果不能杀贼人，他也会杀掉我而取得富贵，又何必用必定会死的生命去担忧那些没什么用处的忧愁呢？"等到遇难时，太子的脸色仍然没有变。坦然地说："我早都知道会发生的事，悲叹它来得太晚了！"上刑的人想用衣带绞死他，太子说："这样怎么能杀死我！"命令他们拿来帐绳来绞脖子才绞死了他。

二十一日，栋就皇帝位。大赦天下，改年号为天正。太尉郭元建听到后，从秦郡奔驰回来，对侯景说："主上先帝和太子，既然没有什么过错，为什么要废掉他们呢？"侯景说："王伟劝告我，说：'早点废除，可以断绝百姓对他们的幻想。'我因此采纳他的话来安定民心。"元建说："我挟天子，号令诸侯，还担心事情无法成功，你无缘无故废掉皇帝，这是自找危机，有什么安心可言！"侯景想再迎接梁简文帝恢复他的帝位，以栋为太孙。王伟说："废掉帝王和另立新主都是国家大事，怎么可以改来改去呢！"只好作罢。

二十四日，侯景又派人到吴郡杀掉南海王大临，到姑孰杀掉南郡王大连，到会稽杀掉安陆王大春，到京口杀掉高唐王大壮。把太子妃嫁给郭元建。元建说："哪里有皇太子妃还做人家的妾的！"竟不和她相见，听由她去修道。

王伟游说侯景把太宗杀掉,以断绝众人的幻想,侯景采纳了他的建议。冬,十月,初二晚上,王伟和左卫将军彭儁、王修纂向太宗进酒说:"丞相认为陛下软禁在这儿,忧心已经很久了,特地叫臣等来这里为陛下敬酒祝寿。"太宗笑着说:"我已经把帝位让出来了,怎么还能叫陛下呢?这杯寿酒表示我的寿命就将到此为止了!"于是彭儁等拿着曲项琵琶等乐器,和太宗痛快喝酒。太宗知道自己将被杀死,所以喝得酩酊大醉,说:"没料到会快乐到这个地步!"醉了就大睡。王伟就出去了,彭儁拿进来装土的袋囊,堆在太宗身上,修纂坐在土囊上面,太宗就断气了。

当侯景向江陵逼近时,湘东王绎向魏求援,命令梁州、秦州两州的刺史宜丰侯循把南郑给魏,召唤循回到江陵。循认为无缘无故把城池赠送别人,不是忠臣应有的气节,报告说:"请求等待改变命令。"魏太师宇文泰派大将军达奚武率领30000名军队攻取汉中,又派大将军王雄从子午谷出兵,进攻上津。循派记室参军沛人刘璠向武陵王纪求援,纪派潼州刺史杨乾运去援救他。循,是鄱阳王恢的儿子。

司空、东道行台刘神茂听说侯景从巴丘失败回来,暗暗谋划想反叛侯景,吴中的士大夫都奉劝他;他就和仪同三司尹思合、刘归义、王晔、云麾将军元𫐐等据守东阳以便接应江陵,派𫐐和别将李占下去镇守建德、江口。张彪进攻永嘉,攻下来了。新安的百姓程灵洗起兵据守郡以接应神茂。于是浙江以东的地方都降服江陵。湘东王绎派灵洗做谯州刺史,领新安太守。

初九,加给侯景九锡,汉国安置丞相以下官。十九日,豫章王栋让位给侯景,侯景在南郊就皇帝位。回来后,登上太极殿,他的手下有好几万名,都吹起口哨大声欢呼拥上去。大赦天下,改年号为太始。封栋为淮阴王,和他的两个弟弟桥、湜一起被锁在密室里。

侯景做丞相的时候,在西州做相府,文武官员不管尊贵卑贱都会接见;等到做了皇帝,住在宫中,不是以前的旧朋友他就不接见,因此很多将领都有怨声。

齐主每次出入,常常带中山王在自己身边相随,王妃太原公主常常为他先尝饮食,以便保护窥探。这个月,齐主敬公主喝酒,教人用毒酒给中山王喝,趁机害死他和他的3个儿子。给中山王的谥号为魏孝静皇帝,埋葬在邺西漳水的北边。后来齐主忽然又去挖他的坟墓,把棺木丢进漳河。齐主开始受禅位时，魏的神主都寄放在七帝寺，到这时候，也都拿来烧掉了。

彭城公元韶是高欢的女婿，受赏识和其他元氏不同。开府仪同三司美阳公元晖业，因为位望隆重，而且志气不平常，尤其让齐主高洋所怨恨，他跟随着齐主在晋阳。晖业在宫门外面骂元韶说："你还不如一个老妇人，捧着玉玺去送给别人，你为什么不把它摔碎呢？我敢说这些话，知道我马上要死了，你的生命也能料想到还有多久！"齐主听到后就把他杀了，还有临淮公元孝友，随后凿开汾河的冰层，把尸体沉到水里。

承圣三年（甲戌、554 年）

春，正月，癸巳，齐主自离石道讨山胡，遣斛律金从显州道，常山王演从晋州道夹攻，大破之，男子十三以上皆斩，女子及幼弱以赏军，遂平石楼。石楼绝险，自魏世所不能至，于是远近山胡莫不慑服。有都督战伤，其什长路晖礼不能救，帝命刳其五藏，令九人食之，肉及秽恶皆尽。自是始为威虐。

陈霸先自丹徒济江，围齐广陵，秦州刺史严超达自秦郡进围泾州，南豫州刺史侯瑱、吴郡太守张彪皆出石梁，为之声援。辛丑，使晋陵太守杜僧明帅三千人助东方白额。

魏太师泰始作九命之典，以叙内外官爵，改流外品为九秩。

魏主自元烈之死，有怨言，密谋诛太师泰；临淮王育、广平王赞垂涕切谏，不听。泰诸子皆幼，兄子章武公导、中山公护皆出镇，唯以诸婿为心膂，大都督清河公李基、义城公李晖、常山公于翼俱为武卫将军，分掌禁兵。基，远之子；晖，弼之子；翼，谨之子也。由是魏主谋泄，泰废魏主，置之雍州，立其弟齐王廓，去年号，称元年，复姓拓跋氏，九十九姓改为单者，皆复其旧。魏初统国三十六，大姓九十九，后多灭绝。泰乃以诸将功高者为三十六国，次者为九十九姓，所将士卒亦改从其姓。

甲辰，以王僧辩为太尉、车骑大将军。

郢州刺史陆法和上启自称司徒，上怪之。王褒曰："法和既有道术，容或先知。"戊申，上就拜法和为司徒。

己酉，魏侍中宇文仁恕来聘。会齐使者亦至江陵，帝接仁恕不及齐使，仁恕归，以告太师泰。帝又请据旧图定疆境，辞颇不逊，泰曰："古人有言，'天之所弃，谁能兴之，'其萧绎之谓乎！"荆州刺史长孙俭屡陈攻取之策，泰征俭入朝，问以经略，复命还镇，密为之备。马伯符密使告帝，帝弗之信。

齐中书令魏收撰《魏书》，颇用爱憎为褒贬，每谓人曰："何物小子，敢与魏收作色！举之则使升天，按之则使入地！"既成，中书舍人卢潜奏"收诬罔一代，罪当诛。"尚书左丞卢斐、顿丘李庶皆言《魏史》不直。收启齐主云："臣既结怨强宗，将为刺客所杀。"帝怒，于是斐、庶及尚书郎中王松年皆坐谤史，鞭二百，配甲坊。斐、庶死于狱中，潜亦坐系狱。然时人终不服，谓之"秽史"。潜，度世之曾孙；斐，同之子；松年，遵业之子也。

夏，四月，柔然寇齐肆州，齐主自晋阳讨之，至恒州，柔然散走。帝以二千余骑为殿，宿黄瓜堆。柔然别部数万骑奄至，帝安卧，平明乃起，神色自若，指画形势，纵兵奋击；柔然披靡，因溃围而出。柔然走，追击之，伏尸二十余里，获庵罗辰妻子，虏三万余口，令都督善无高阿那肱帅骑数千塞其走路。时柔然军犹盛，阿那肱以兵少，请益，帝更减其半。阿那肱奋击，大破之。庵罗辰超越岩谷，仅以身免。

癸酉，以陈霸先为司空。

庚戌，魏主师泰酖杀废帝。

五月，魏直州人乐炽、洋州人黄国等作乱，开府仪同三司高平田弘、河南贺若敦讨之，不克。太师泰命车骑大将军李迁哲与敦共讨炽等，平之。仍与敦南出，徇地至巴州，巴州刺史牟安民降之，巴、濮之民皆附于魏。蛮酋向五子王陷白帝，迁哲击之，五子王遁去，迁哲追击，破之。泰以迁哲为信州刺史，镇白帝。信州先无储蓄，迁哲与军士共采葛根为粮，时有异味，辄分尝之，军士感悦。屡击叛蛮，破之，群蛮慑服，皆送粮饩，遣子弟入质。由是州境安息，军储亦赡。

广州刺史曲江侯勃，自以非上所授，内不自安；上亦疑之。勃启求入朝；五月，乙巳，上以王琳为广州刺史，勃为晋州刺史。上以琳部众强盛，又得众心，故欲远之。琳与主书广汉李膺厚善，私谓膺曰："琳，小人也，蒙官拔擢至此。今天下未定，迁琳岭南，如有不虞，安得琳力！窃揆官意不过疑琳，琳分望有限，岂与官争为帝乎！何不以琳为雍州刺史、镇武宁，琳自放兵作田，为国御捍。"膺然其言而弗敢启。

散骑郎新野庾季才言于上曰："去年八月丙申，月犯心中星，今月丙戌，赤气干北斗。心为天王，丙主楚分，臣恐建子之月有大兵入江陵，陛下宜留重臣镇江陵，整旆还都以避其患。假令魏虏侵蹙，止失荆、湘，在于社稷，犹得无虑。"上亦晓天文，知楚有灾，叹曰："祸福在天，避之何益！"

六月，壬午，齐步大汗萨将兵四万趣泾州，王僧辩使侯瑱、张彪自石梁引兵助严超达拒之，瑱、彪迟留不进。将军尹令思将万余人谋袭盱眙。齐冀州刺史段韶将兵讨东方白额于宿预，广陵、泾州皆来告急，诸将患之。韶曰："梁氏丧乱，国无定主，人怀去就，强者从之。霸先等外托同德，内有离心，诸君不足忧，吾揣之熟矣！"乃留仪同三司敬显携等围宿预，自引兵倍道趣泾州，涂出盱眙。令思不意齐师猝至，望风退走。韶进击超达，破之，回趣广陵，陈霸先解围走。杜僧明还丹徒，侯瑱、张彪还秦郡。吴明彻围海西，镇将中山郎基固守，削木为箭，剪纸为羽，围之十旬，卒不能克而还。

齐段韶还至宿预，使辩士说东方白额，白额开门请盟，因执而斩之。

齐主之未为魏相也，太保、录尚书事平原王高隆之常侮之，及将受禅，隆之复以为不可，齐主由是衔之。崔季舒谮"隆之每见诉讼者辄加哀矜之意，以示非己能裁。"帝禁之尚书省。隆之尝与元旭饮，谓旭曰："与王交，当生死不相负。"人有密言之者，帝由是发怒，令壮士筑百余拳而舍之，辛巳，卒于路。久之，帝追忿隆之，执其子慧登等二十人于前，帝以鞭叩鞍，一时头绝，并投尸漳水；又发隆之冢，出其尸，斩截骸骨焚之，弃于漳水。

齐主使常山王演、上党王涣、清可王岳、平原王段韶帅众于洛阳西南筑伐恶城、新城、严城、河南城。九月，齐王巡四城，欲以致魏师，魏师不出，乃如晋阳。

帝好玄谈，辛卯，于龙光殿讲《老子》。

乙巳，魏遣柱国常山公于谨、中山公宇文护、大将军杨忠将兵五万入寇，冬，十月，壬戌，发长安。长孙俭问谨曰："为萧绎之计，将如何？"谨曰："耀兵汉、沔，席卷度江，直据丹杨，上策也；移郭内居民退保子城，峻其陴堞，以待援军，中策也；若难于移动，据守罗郭，下策也。"俭曰："揣绎定出何策？"谨曰"下策。"俭曰："何故？"谨曰："萧氏保据江南，绵历数纪，属中原多故，未遑外略，又以我有齐氏之患，必谓力不能分。且绎懦而无谋，多疑少断，愚民难与虑始，皆恋邑居，所以知其用下策也！"

癸亥，武宁太守宗均告魏兵且至，帝召公卿议之。领军胡僧祐、太府卿黄罗汉曰："二国通好，未有嫌隙，必应不尔。"侍中王琛曰："臣揣宇文容色，必无此理。"乃复使琛使魏。丙寅，于谨至樊、邓，梁王詧帅众会之。辛卯，帝停讲，内外戒严。王琛至石梵，未见魏军，驰书报黄罗汉曰："吾至石梵，境上帖然，前言皆儿戏耳。"帝闻而疑之。庚午，复讲，百官戎服以听。

辛未，帝使主书李膺至建康，征王僧辩为大都督、荆州刺史，命陈霸先徙镇杨州。僧辩遣豫州刺史侯瑱帅程灵洗等为前军，兖州刺史杜僧明帅吴明彻等为后军。甲戌，帝夜登凤皇阁，徙倚叹息曰："客星入翼、轸，今必败矣！"嫔御皆泣。

陆法和闻魏师至，自郢州入汉口，将赴江陵。帝使逆之曰："此自能破贼，但镇郢州，不须动也！"法和还州，垩其城门，著衰绖，坐苇席，终日，乃脱之。

十一月，帝大阅于津阳门外，遇北风暴雨，轻辇还宫。癸未，魏军济汉，于谨令宇文护、杨忠帅精骑先据江津，断东路。甲申，护克武宁，执宗钧。是日，帝乘马出城行栅，插木为之，周围六十余里。以领军将军胡僧祐都督城东诸军事，尚书右仆射张绾为之副，左仆射王褒都督城西诸军事，四厢领直元景亮为之副；王公已下各有所守。丙戌。命太子巡行城楼，令居人助运木石。夜，魏军至黄华，去江陵四十里，丁亥，至栅下。戊子，巂州刺史裴畿、畿弟新兴太守机、武昌太守朱买臣、衡阳太守谢答仁开枇杷门出战，裴机杀魏仪同三司胡文伐。畿，之高之子也。

帝徵广州刺史王琳为湘东刺史，使引兵入援。丁酉，栅内火，焚数千家及城楼二十五，帝临所焚楼，望魏军济江，四顾叹息。是夜，遂止宫外，宿民家，己亥，移居祗洹寺。于谨令筑长围，中外信命始绝。

庚子，信州刺史徐世谱、晋安王司马任约等筑垒于马头，遥为声援。是夜，帝巡城，犹口占为诗，群臣亦有和者。帝裂帛为书，趣王僧辩曰："吾忍死待公，可以至矣！"壬寅，还宫；癸卯，出长沙寺。戊申，王褒、胡僧祐、朱买臣、谢答仁等开门出战，皆败还。己酉，帝移居天居寺；癸丑，移居长沙寺。朱买臣按剑进曰："唯斩宗懔、黄罗汉，可以谢天下！"帝曰："曩实吾意，宗、黄何罪！"二人退入众中。

王琳军至长沙，镇南府长史裴政请间道先报江陵，至百里洲，为魏人所获。梁王詧谓政曰："我，武皇帝之孙也，不可为尔君乎？若从我计，贵及子孙；如或不然，腰领分矣。"政诡对曰："唯命。"詧锁之至城下，使言曰："王僧辩闻台城被围，已自为帝。王琳孤弱，不能复来。"政告城中曰："援兵大至，各思自勉。吾以间使被擒，当碎身报国。"监者击其口，詧怒，使速杀之。西中郎参军蔡大业谏曰："此民望也，杀之，则荆州不可下矣。"乃释之。政，之礼之子；大业，大宝之弟也。

时征兵四方，皆未至。甲寅，魏人百道攻城，城中负户蒙楯，胡僧祐亲当矢石，昼夜督战，奖励将士，明行赏罚，众咸致死，所向摧殄，魏不得前。俄而僧祐中流矢死，内外大骇。魏悉众攻栅，反者开西门纳魏师，帝与太子、王褒、谢答仁、朱买臣退保金城，令汝南王大封、晋熙王大圆质於于谨以请和。魏军之初至也，众以王僧辩子侍中颛可为都督，帝不用，更夺其兵，使与左右十人入守殿中；及胡僧祐死，乃用为都督城中诸军事。裴畿、裴机、历阳侯峻皆出降。于谨以机手杀胡文伐，并畿杀之。峻，渊猷之子也。时城南虽破，而城北诸将犹苦战，日暝，闻城陷，乃散。

帝入东阁竹殿，命舍人高善宝焚古今图书十四万卷，将自赴火，宫人左右共止之。又以宝剑斫柱令折，叹曰："文武之道，今夜尽矣！"乃使御史中丞王孝祀作降文。谢答仁、朱买臣谏曰："城中兵众犹强，乘闇突围而出，贼必惊，因而薄之，可渡江就任约。"帝素不便走马，曰："事必无成，只增辱耳！"答仁求自扶，帝以问王褒，褒曰："答仁，侯景之党，岂足可信！成彼之勋，不如降也。"答仁又请守子城，收兵可得五千人，帝然之，即授城中大都督，配以公主。既而召王褒谋之，以为不可。答仁请入不得，欧血而去。于谨征太子为质，帝使王褒送之。谨子以褒善书，给之纸笔，褒乃书曰：

"柱国常山公家奴王褒。"有顷，黄门郎裴政犯门而出。帝遂去羽仪文物，白马素衣出东门，抽剑击阖曰："萧世诚一至此乎！"魏军士度堑牵其辔，至白马寺北，夺其所乘骏马，以驽马代之，遣长壮胡人手扼其背以行，逢于谨，胡人牵帝使拜。梁王詧使铁骑拥帝入营，囚于乌幔之下，甚为詧所诘辱。乙卯，于谨令开府仪同三司长孙俭入据金城。帝绐俭云："城中埋金千斤，欲以相赠。"俭乃将帝入城。帝因述詧见辱之状，谓俭曰："向聊相绐，欲言此耳，岂有天子自埋金乎！"俭乃留帝于主衣库。

帝性残忍，且惩高祖宽纵之弊，故为政尚严。及魏师围城。狱中死囚且数千人，有司请释之以充战士；帝不许，悉令棓杀之，事未成而城陷。

中书郎殷不害先于别所督战，城陷，失其母，时冰雪交积，冻死者填满沟堑，不害行哭于道，求其母尸，无所不至，见沟中死人，辄投下捧视，举体冻湿，水浆不入口，号哭不辍声，如是七日，乃得之。

十二月，丙辰，徐世谱、任约退戍巴陵。于谨逼帝使为书召王僧辩，帝不可。使者曰："王今岂得自由？"帝曰："我既不自由，僧辩亦不由我。"又从长孙俭求宫人王氏、荀氏及幼子犀首，俭并还之。或问："何意焚书？"帝曰："读书万卷，犹有今日，故焚之！"

辛未，帝为魏人所杀。梁王詧遣尚书傅准监刑，以土囊陨之。詧使以布帊缠尸，敛以蒲席，束以白茅，葬于津阳门外。并杀愍怀太子元良、始安王方略、桂阳王大成等。世祖性好书，常令左右读书，昼夜不绝，虽熟睡，卷犹不释，或差误及欺之，帝辄惊寤。作文章，援笔立就。常言："我韬于文士，愧于武夫。"论者以为得言。

魏立梁王詧为梁主，资以荆州之地，延袤三百里，仍取其雍州之地。詧居江陵东城，魏置防主，将兵居西城，名曰助防，外示助詧备御，内实防之。以前仪同三司王悦留镇江陵。于谨收府库珍宝及宋浑天仪、梁铜晷表、大玉径四尺及诸法物；尽俘王公以下及选百姓男女数万口为奴婢，分赏三军，驱归长安，小弱者皆杀之。得免者三百余家，而人马所践及冻死者什二三。

魏师之在江陵也，梁王詧将尹德毅说詧曰："魏虏贪惏，肆其残忍，杀掠士民，不可胜纪。江东之人涂炭至此，咸谓殿下为之。殿下既杀人父兄，孤人子弟，人尽仇也，谁与为国！今魏之精锐尽萃于此，若殿下为设享会，请于谨等为欢，预伏武士，因而毙之，分命诸将，掩其营垒，大歼群丑，俾无遗类。收江陵百姓，抚而安之，文武群寮，随材铨授。魏人慑息，未敢送死，王僧辩之徒，折简可致。然后朝服济江，入践皇极，晷刻之间，大功可立。古人云：'天与不取，反受其咎。'愿殿下恢弘远略，勿怀匹夫之行。"詧曰："卿此策非不善也，然魏人待我厚，未可背德。若遽为卿计，人将不食吾余。"既而阖城长幼被虏，又失襄阳，詧乃叹曰："恨不用尹德毅之言！"

王僧辩、陈霸先等共奉江州刺史晋安王方智为太宰，承制。

王褒、王克、刘毂、宗懔、殷不害及尚书右丞吴兴沈炯至长安，太师泰皆厚礼之。泰亲至于谨第，宴劳极欢，赏谨奴婢千口及梁之宝物并雅乐一部，别封新野公；谨固辞，不许。谨自以久居重任，功名既立，欲保优闲，乃上先所乘骏马及所著铠甲等。泰识其意，曰："今巨猾未平，公岂得遽尔独善！"遂不受。

魏加益州刺史尉迟迥督六州，通前十八州，自剑阁以南，得承制封拜及黜陟。迥明赏罚，布威恩，绥辑新民，经略未附，华、夷怀之。

【译文】

三　年（甲戌、554年）

春，正月，初六，齐主从离石道去征伐山胡，派遣斛律金从显州道，常山王演从晋州道两面夹击，大破他们的军队、男孩子13岁以上的都杀掉，女孩子和幼小瘦弱的就犒劳给军士，于是平定了石楼。石楼绝壁险峻，从北魏以来人迹罕至，于是远近的山胡人没有不害怕降服的。有都督作战受伤了，他的什长路晖礼没办法营救，帝命令割开他的心、肝、胆、肺、肾五脏叫9个人去吃，肉和肮脏都被吃光，从此开始用威势压迫人。

陈霸先从丹徒渡江，围攻齐的广陵，秦州刺史严超达从秦郡进兵围攻泾州，南豫州刺史侯瑱、吴郡太守张彪都从石梁出兵，作为他们的救援。十四日，皇上派晋陵太守杜僧明领兵3000去援助东方白额。

魏太师宇文泰开始作九命的文典，来叙述朝廷内外的官爵，改革流放外地的官品为9个层级。

魏主元烈死了后,就有怨恨的话,于是秘密商量想杀死太师宇文泰;临淮王育、广平王赞流着眼泪悲切地劝谏,魏主不肯应从。宇文泰的儿子都还小,哥哥的儿子章武公导、中山公护都出外守镇,只有女婿是心腹的人,大都督清河公李基、义城公李晖、常山公于翼都做武卫将军,分别管辖禁军。李基,是李远的儿子;李晖,是李弼的儿子;于翼,是于谨的儿子。因此魏主密谋的事败露出去,宇文泰废掉了魏主,把他安置在雍州,立他的弟弟齐王廓,去掉年号,重新改称元年,恢复拓跋氏姓,99姓改成单姓的,都恢复原来的姓氏。魏最初统有36个大国,大姓有99个,后来大多灭亡绝种了。宇文泰仍旧用各将领中功劳高的为36姓,次高的为99姓,所统领的士卒也改随他们的姓氏。

宇文泰像

十八日,皇上任命王僧辩做太尉、车骑大将军。

郢州刺史陆法和向皇上启奏自己称司徒,皇上觉得很惊奇。王褒说:"陆法和既然是有神仙法术的人,他一定有预先知道事情的本事。"二十二日,皇上任命陆法和为司徒。

二十三日,魏侍中宇文仁恕来访问。刚好齐的使者也到江陵,皇上接见仁恕没有齐的使者那样隆重热烈。仁恕回去后,就禀告了太师宇文泰。皇上又请求凭借旧有的地图来规划疆界,用词很不礼貌,宇文泰说:"古人曾说,'老天所弃绝的,又有谁能够再让他兴起呢!'这就是萧绎的处境啊!"荆州刺史长孙俭多次上陈进攻夺取敌人的对策,宇文泰征召他到朝廷来,问他征求谋划的策略,又教他回去据守,暗暗地做准备。马伯府秘密遣使者去禀告皇上,皇上不相信。

齐的中书令魏收撰写《魏书》,很喜欢凭爱憎来评价,每次就对人说:"什么小东西,敢跟我魏收脸色看!我推举他,他就可以升天。我压制他,他就要入地!"书完成后,中书舍人卢潜上奏说:"魏收欺骗罔误了这一代人,罪该斩。"尚书左丞卢斐,顿丘人李庶也都说魏史不真实。魏收启奏齐主说:"我和这些望族结了怨仇,一定会被刺客杀掉。"齐主很生气,于是卢斐、李庶和尚书郎中王松年都因诽谤史书而连累坐罪,鞭打200下,流放到造兵器铠甲的地方。卢斐、李庶都死在监狱中,卢潜也被关在监狱里。然而当时的人终究不相信这部史书,叫它作"秽史"。卢潜,是度世的曾孙;卢斐,是卢同的儿子;王松年,是王遵业的儿子。

夏,四月,柔然侵略齐的肆州,齐主从晋阳去征讨他们,到了恒州,柔然分散跑走了。齐主用2000多名骑兵殿后,投宿在黄瓜堆。柔然的另一支军队几万名骑兵忽然到来,齐主安然地睡着,天亮才起来,神情平静自如,指挥调度,画定形势,然后发兵奋勇攻打;柔然溃败逃散,冲破重围逃出。柔然败走,齐兵追击他们,倒地的尸体连接20多里远,俘获了庵罗辰的妻子,捉到了3万多人,教都督善无高阿那肱带领几千名骑兵堵住他们逃走的路,当时柔然的军力仍然很强盛,阿那肱以为兵卒很少,请求增援,齐帝再减少他的一半军队。阿那肱只好奋勇作战,大胜柔然的军队。庵罗辰越过了岩谷逃走,仅能保住生命免于一死而已。

十八日,皇上任命陈霸先为司空。

魏太师宇文泰用毒酒害死废帝。

五月,魏直州百姓乐炽,洋州百姓黄国等作乱,开府仪同三司高平人田弘,河南人贺若敦去平叛,没有打胜。太师宇文泰命令车骑大将军李迁哲和贺若敦共同讨伐乐炽等,平定了他们。以后屡次和贺若敦向南出巡,安抚各地直到巴州,巴州刺史牟安民归降了他们,巴、濮的百姓都归附于魏,蛮族的酋长向五子王攻陷了白帝城,迁哲去袭击他们,五子王逃走了,迁哲从后面追杀,打败了他们。宇文泰任命迁哲做信州刺史,据守白帝城。信州起先没有储备粮食,迁哲和军士们共同采集野菜根做粮食,偶然有好的食物,往往分给军士共尝,所以军士都很感动。数次攻击叛逆的蛮族,都打败了他们,那些蛮族很害怕都归降了,也都送来粮食,并且派他们的子弟去做人质。从此州境平安无事,军备储粮也很丰富。

广州刺史曲江侯萧勃,自己认为官位并不是当今皇上所授予,内心忿忿不平,皇上也有点不相信他。勃启奏请求入朝;五月,二十日,皇上任命王琳做广州刺史，勃做晋州刺史。因为王琳部队兵强马壮，又很得士卒的拥戴，所以皇上想把他迁官到远一点的地方去。王琳和主书广汉人李膺交情很深，所以王琳私底下对李膺说："我，实在是一个下贱的小人，蒙受提拔而能有今天的地位。现在天下还没有太平，把琳迁官到岭南，如果万一朝廷有什么不安定的事，如何能用到琳的力量呢？琳私自估量主上的心意也只不过是怀疑怕琳叛乱罢了。琳知道自己的本分声望，实在不敢怀有非分的想法；怎么可能和官家争着做皇帝呢？不如让琳做雍州刺史，据守武宁，琳自会放兵屯田，为国家防守捍卫。"李膺深深信服王琳的话，然而却一时也不敢向上启奏。

散骑郎新野人庾季才对皇上说："去年八月初六，月犯了心中星；今年，赤气又犯北斗。心是表示天王，丙是主楚的分野，臣恐怕是夏历十一月，会有大兵进入江陵，陛下应留重臣把守江陵，整饬军队回到建康去避避祸患！若使魏方面的敌虏侵略逼迫，也只限于荆州、湘州，对于整个国家来说，还是没什么好忧虑的。"皇上也通晓天文，知道南方楚地有灾祸，叹息地说："祸福都是天意，躲避他又有什么好处呢！"

六月，二十七日，北齐的步大汗萨率领4万名精兵趋往泾州，王僧辩派侯瑱、张彪从石梁领兵去增援严超达抗击北齐军，侯瑱、张彪迟迟留兵不肯前进。将军尹令思率军队1万多人计划偷袭盱眙。齐济州刺史段韶率领军队到宿预去征讨东方白额，广陵、泾州都来告诉说情况紧急，各将领也很担忧。段韶说："梁氏丧亡乱国，国家没有一定的国主，人人心中都有背离的意愿，强者就会跟随着起来。陈霸先表面上佯装着同心同德，而内心却有背离的意愿，诸君不必担心，我估计得非常审慎明白！"于是留仪同三司敬显俊等围攻宿预，自己领着军队加快速度趋往泾州，半途转往盱眙。令思没想到齐的军队会突然到来，听到风声后赶快退走。段韶进兵攻打超达，打败了他的军队，回兵趋往广陵，陈霸先解围退走。杜僧明回到丹徒，侯瑱、张彪回到秦郡。吴明彻围攻海西，镇守的将军中山人郎基稳固防守，削木头制成箭，剪纸片当成羽，围攻了100天，终究还是攻不下了，才带兵回去。

齐段韶回到宿预，派辩士去说服东方白额。白额打开城门请订盟约，于是趁机把他抓起来杀掉。

齐主还没有当东魏丞相的时候，太保、录尚书事平原王高隆之常常凌辱他。等到将要接受禅位时，隆之又认为不可以这样，齐主因此怀恨在心。崔季舒诽谤他说："隆之每次看到有诉讼的事，就会显出哀怜的样子，表示这不是他所能定夺的。"齐主因此禁止他到尚书省。隆之曾经和元旭一起饮酒，对元旭说："和王交往，应当生死与共，不可有相辜负的地方。"有人就把这句话暗报上去，齐主因此更加气愤，命壮士击打他100多拳，然后把他抛弃在外头，二十七日，他就死在路上。经过很久，齐主又追想起隆之而气愤起来，抓了他的儿子慧登等20个人到面前，齐主用马鞭敲击马鞍，马一飞奔时所有的头都断了，一起把他们的尸体投到漳河；又把隆之的坟墓挖开，取出他的尸体，砍断肢体遗骨，然后用火烧掉，丢弃到漳河里。

齐主派常山王演、上党王涣，清河王岳、平原王段韶领部众到洛阳西南建造伐恶城、新城、严城、河南城。九月，齐主巡察这4座城，想用它们引来魏的军队。魏军不肯出来，于是回到晋阳。

皇上喜爱玄谈，初八，在龙光殿讲解《老子》。

十二日，魏派柱国常山公于谨、中山公宇文护、大将军杨忠领兵5万来侵犯，冬，十月，初九，从长安发兵。长孙俭问于谨说："为萧绎用兵作计划，他将如何对付呢？"于谨说："在汉、沔地方夸耀兵威，席卷一切而渡过长江，直接镇守丹杨，这是最上策；迁徙外城的老百姓退保到内城去，加高他的城墙，来等待救援军队的到来，这是中等策略；如果难于移动，镇守在罗城，这是最下策。"长孙俭说："据你的揣测萧绎会用那种策略呢？"于谨说："他会用最坏的办法。"长孙俭说："什么缘故呢？"于谨说："萧氏保有镇守江南，已经过了好几十个年头了，适逢中原又发生了许多变故，根本没有闲工夫向外谋略，又因为我们东边有齐的骚扰忧患，他必定会以为我们的兵力无法分散。而且萧绎软弱而没有谋略，疑心很重，缺乏决断，那些蠢笨百姓很难一开始就和他的想法相同的，都是思恋着乡邑居处而已，所以我知道他会用下策！"

初十，武宁太守宗均禀告：魏兵快要来了，皇上召集公卿商议。领事胡僧祐、太府卿黄罗汉说："两国已经沟通和好了，而且也没有什么摩擦的地方，一定不会这样吧！"侍中王琛说："臣估量宇文泰的态度，也必定不会有进兵的道理。"于是又教王琛出使魏国。十三日，于谨到了樊州邓州，梁王督率领部众去和他会合。皇上停止讲授《老子》，里外加以戒严。王琛到了石梵，没有看见魏的军队，派人带信飞奔回去报告黄罗汉说："我到了石梵，边境上一切正常，上次的报告都是儿戏罢了。"皇上听了后，有点怀疑。十七日，又开始讲授《老子》，不过百官都穿着军服在听讲。

十八日，皇上派主书李膺到建康，征召王僧辩做大都督、荆州刺史、命令陈霸先迁徙去镇守扬州。王僧辩派遣豫州刺史侯瑱统领程灵洗做前军，兖州刺史杜僧明带领吴明彻等做后军。二十一日晚上，皇上登上凤皇阁，低声叹息说："客星进入翼、轸，如今必定会失败了！"侍奉的嫔妃都哭泣了。

陆法和听说魏的军队到了，他从郢州进入汉口，将要到江陵，皇上派人去迎接说："这样自然能破敌人军队，只要据守在郢州，没必要有行动。"陆法和回到郢州，用白土涂在城门上，表示有丧事，穿着丧服，坐在草席上，一整天，才脱下来。

十一月，皇上在津阳门外大阅兵，遇到北风暴雨，乘着轻便的辇车回到宫里。初一，魏军渡过汉水，于谨命令宇文护、杨忠，统领精锐骑兵先据守江津，切断东边的去路。初二，宇文护克服了武宁，抓住了宗均。这一天，梁帝乘马出城巡视栅栏。栅栏是插木桩围成的，方圆有60多里。任命领军将军胡僧祐都督城东的各军事，尚书右仆射张绾做副手，左仆射王褒都督城西的各军事，四厢领直元景亮做副手，王公以下各有每个人的职责。初四，命令太子巡行城楼，命令居住的百姓帮助运送木材、石头。晚上，魏军到了黄华，距离江陵四十里路，初五，到了栅栏下。初六，鄀州刺史裴畿，畿的弟弟新兴太守机，武昌太守朱买臣、衡阳太守谢答仁打开枇杷门与之交战。裴机杀死了魏的仪同三司胡文伐。裴畿，是裴之高的儿子。

皇上征召广州刺史王琳做湘东刺史，教他领兵入城援助。十五日，栅内着火了，烧掉了居民好几千家和25座城楼。皇上驾临视察被烧掉的那些城楼，远望魏军已经渡过江了，四顾叹息。这天晚上，于是皇上留在宫外，寄宿在百姓家；十七日，搬到只洹寺。于谨命令建造很长的围墙，江陵内外的消息、命令开始断绝了。

十八日，信州刺史徐世谱、晋安王司马任约等在马头修筑堡垒，遥遥地作为声援。这天晚上，皇上巡视城池，口中还念着诗句，群臣也有和他和韵相答的。皇上撕了一块布帛写信，催促王僧辩说："我忍着不死期望你来，现在你可以来了吧！"二十日，回到宫殿；二十一日，离开长沙寺。二十六日，王褒、胡僧祐、朱买臣、谢答仁等开城门出去应战，都打了败仗回来。初三，皇上迁移到天居寺去住。十二月初一，移到长沙寺去住。朱买臣按着剑鞘进谏说：

"只有杀掉宗懔、黄罗汉两个人，才可以向天下人谢罪。"皇上说："以前要留下来实在是我自己的意思，宗懔、黄罗汉二人有什么罪呢？"二人退下到众人中去了。

王琳的军队到了长沙，镇南府长史裴政恳请走小路先通报江陵，到了百里洲，被魏人抓到了。梁王詧对裴政说："我，是武皇帝的孙子，不可以做你的国君吗？如果听从我的计策，富贵会到达你的子孙身上，如果不肯的话，将会身首异处！"裴政佯装同意，回答

长沙寺佛像

说："谨遵命令。"詧把他锁在城墙的下面，教他说："王僧辩听到台城被包围，已经自立为帝。王琳羸弱，不能再来救援。"裴政却告诉城里的人说："大量的救兵已经来了，你们自己要奋勉，我因为从小路偷偷进来，结果被抓了，必当牺牲生命，效忠国家。"监督他的人打他的嘴，詧很生气，教人赶快把他杀掉。西中郎参军蔡大业劝谏说："这是老百姓所期望的人，杀掉他，荆州就不可能攻下了。"于是释放了他。裴政，是裴之礼的儿子；大业，是大宝的弟弟。

当时到各地去征召的兵，都还没来。十二月初二，魏人分成多道向城里进攻，城中居家靠着门户，蒙着木盾，以备战争的来临。胡僧祐亲自冒着箭、石，早晚督促作战，鼓励将帅士卒，明确地执行犒劳和惩罚，部众都为国效劳牺牲，所到地方都被摧折灭绝，所以魏兵也没办法前进。不久，胡僧祐就中了流箭死了，里外都非常吃惊。魏军全部攻向栅门，叛乱的人就开了西边的门让魏的军队进来。皇上和太子、王褒、谢答仁、朱买臣后退保住金城，派汝南王大封、晋熙王大圆在于谨那儿当人质央求讲和。当魏军刚刚来攻时，众人都认为王僧辩的儿子侍中颙可以做都督，可是皇上不肯任用他，又夺走了他的军队，叫他和左右的10个人进来守住殿中。等到胡僧祐一死，才用他来都督城中

的各军事。裴畿、裴机、历阳侯峻都出来归降了。于谨借裴畿的手杀掉了胡文伐,最后连裴畿也被杀掉了。峻,是渊猷的儿子。当时城南虽然被攻占了,然而城北的各将领还在和魏兵苦战,到天暗下来后,听说城南已经被攻下了,才溃逃。

皇上进入东阁竹殿,命令舍人高善宝烧掉古今图书14万卷,自己要引火自焚,左右的人阻止他。又用宝剑去砍断柱子,悲叹说:"文武的大道,今天晚上已经全完了!"于是教御史中丞王孝祀作降文。谢答仁、朱买臣劝谏说:"城中的士兵部众还很英勇,趁着夜色突破重围逃出去,敌人一定很诧异,因而逼近他们,就可以渡过江去投靠任约了。"皇上平常也不熟悉骑马奔驰,说:"事情一定不会成功,只是徒然增加侮辱罢了!"答仁请求亲自扶持皇上,皇上问王褒。王褒说:"答仁是侯景的余党,怎么可以信赖!成全他的功勋,倒不如投降算了。"答仁又恳请守住内城,收拾士卒,还可以获得5000人,皇上认为可以,即刻授予给他城中大都督的职位,并把公主许配给他。接着召唤王褒来商量。王褒认为不妥当,皇上又收回成命。答仁又请求入见而不能,气得吐血而离开。于谨征求用太子做人质,皇上教王褒送太子去。于谨的儿子因为知道王褒很能写,就拿了纸和笔给他,于是王褒写着:"柱国常山公家奴王褒。"一会儿,黄门郎裴政冲出门去了。皇上于是拆掉了佩饰的旌旄,身上的纹绣衣物,穿着白色的衣服,骑着白马走出东门,抽出身上的剑,敲打着门扇说:"我萧世诚怎么会落到了这个地步!"魏的军士一看到皇上出来,越过了深坑去牵他的马辔,到了白马寺的北面,就把他所骑的骏马抢过来,换上一匹不好的马给他,派身高壮健的胡人用手去扼住他的背走着,遇到于谨,胡人拉着皇上,叫他下拜。梁王詧派铁骑拥着皇上进入营区,关在黑色的布幔帐棚下,很受詧的责备侮辱。十二月初三,于谨命开府仪同三司长孙俭进去占据金城,皇上欺诈长孙俭说:"城里我埋了千斤的金子,想把它送给你。"俭就带着皇上进城。皇上于是阐述被詧凌辱的情形,对俭说:"以前我只是暂时蒙骗你想告诉你这件事罢了,哪里有天子自己埋金子的事!"俭就把皇上留在江陵金城禁中的主衣库里。

皇上性情非常残暴,而且仇视高祖宽厚放纵的坏处,所以他从政时崇尚严刻。等到魏的军队包围台城时,监狱中被判死刑的囚犯还有几千人,有司请求释放他们充当战士;皇上不应允,命令他们把犯人全部杀掉,事情还没有做,城就被攻占了。

中书郎殷不害原先在别的地方督促战事，等到城沦陷时，找不到他的母亲了，当时冰雪交加，积存很厚，冻死的人填满了山沟。不害一边走，一边在路上哭，想找他母亲的尸首，任何地方都去找，看到山沟中有死人，就下去捧起来看，全身都冻僵湿透了，水、汤也不进口，不停地号哭，这样到第七天，才找到。

十二月，初四，徐世谱、任约退兵守卫巴陵。于谨强迫皇上写信召回王僧辩，皇上不肯。使者说："王今天那里还有自由？"皇上说："我既然没有自由了，僧辩也由不得我了。"又向长孙俭央求把宫中人王氏、荀氏和幼子犀首还给他，长孙俭都还给他了。有人问他："你为什么把书烧掉？"皇上说："读了万卷书，还会有今天的下场，所以把书烧掉算了。"

十九日，皇上被魏人杀掉了。梁王詧派尚书傅准监督行刑，用袋子填满泥土，把萧绎压死。詧教人用布把尸体缠住，外面用蒲席捆起来当棺木，再绑上白茅，埋葬在津阳门外。一并杀死了愍怀太子元良、始安王方略、桂阳王大城等。世祖生来爱书，常常叫左右的人读书，白天晚上都不停止，有时虽然熟睡，书卷还是没有放下来，有人读错或欺骗他，世祖就惊醒过来。写文章，拿起笔来，一下子就写好。常常说："我作为一个文士绰绰有余，做武夫就很羞愧了。"议论的人认为这句话说得很得当。

魏立了梁王詧做梁主，封给他荆州的地方，长宽各为300里，但魏仍然占有雍州的地方。詧住在江陵的东城，魏布置了边防主将，带领军队驻在西城，名义上是助防，外表上是帮助詧防范抵御敌人，而实际上却是在防备监视着詧。派前任的仪同三司王悦留下据守江陵。于谨没收了府库里的珍贵宝物和宋的浑天仪、梁的铜晷表，大的玉直径有4尺和各种法物；把王公以下的官员都俘获了并且简选了百姓男女几万名去当奴婢，分别犒劳给三军，把他们赶回长安，幼小的、瘦弱的都杀掉了。得以免罪的有300多家，然而被人、马践踏和冻死的有百分之二三十。

魏的军队镇守在江陵，梁王詧的将军尹德毅劝詧说："魏人贪婪、肆无忌惮地杀害无辜，掠夺我们的百姓，这种罪行太多了，数也数不完。江东的人民被糟蹋成这个样子，大家都在抱怨是因为殿下做出来的。殿下杀了人家的父亲，使人家的子弟变成孤儿，谁还会援助殿下立国呢？现在魏的精锐军队都集中在这里,如果殿下设宴招待于谨等,让他们在宴席中畅饮,预先埋伏武士,趁机把他们杀掉,再分别命令各将领,去偷袭他们的营垒,消灭所有的敌人,接收江陵的百姓,安抚他们。文武百官,按照每个人的才能叙官授职。魏人一定会害怕屏息,不再来犯。王僧辩那些人,只要写书函就可以叫他们来了。然后可穿起官服渡过江,到建康去登皇帝位,倾刻间,就可以建功。古人说:'老天给你的如果不拿,反而要受到祸患。'央请殿下高瞻远瞩,不要想着匹夫的行径。"詧说:"卿的谋略不是不好,然而魏人对我这么优厚,怎么可以背弃人家的恩情呢?如果突然间用了卿的计谋,人家将会看不起我而唾骂我。"不久全城的长幼都被俘虏去了,襄阳也失守了,詧才感叹地说:"真恨没有采纳尹德毅的意见啊!"

王僧辩、陈霸先等共同推奉江州刺史晋安王方智做太宰,承奉制命。

王褒、王克、刘毂、宗懔、殷不害和尚书右丞吴兴人沈炯到了长安,太师宇文泰用厚礼招待他们。宇文泰亲自到于谨的府第,设宴奖赏他,非常高兴,并且赏赐给于谨奴婢1000名和从梁那儿拿来的宝物以及雅乐一部,另外封他为新野公;于谨坚决拒绝,宇文泰不答应。于谨自己认为长期以来承担要职,现在功名已经建立了,想保持优闲自在的生活,于是呈奉上以前自己所骑的骏马和所穿的铠甲等装束。宇文泰了解他的意思,说:"现在狡诈的大敌还没有安定,公怎么可以就一个人独善其身呢!"于是不肯效纳。

魏加盛州刺史尉迟迥督导6个州,连前面的加起来共有18个州,从剑阁以南,得承受天子的命令封侯拜爵和进退人才。尉迟迥赏罚分明,广布威信恩德,安和亲民,对于尚未降服的区域加以经略,所以华人、夷人都很想念他。

陈纪十　长城公下
至德二年(甲辰、584年)

春,正月,甲子,日有食之。

壬申,梁主入朝于隋,服通天冠、绛纱袍,北面受效劳。

隋前华州刺史张宾、仪同三司刘晖等造《甲子元历》成,奏之。壬辰,诏颁新历。

二月，突厥苏尼部男女万余口降隋。

突厥达头可汗请降于隋。

夏，四月，隋上大将军贺娄子干发五州兵击吐谷浑，杀男女万余口，二旬而还。

帝以陇西频被寇掠，而俗不设村坞，命子干勒民为堡，仍营田积谷。子干上书曰："陇右、河西，土旷民稀，边境未宁，不可广佃。比见屯田之所，获少费多，虚役人功，卒逢践暴；屯田疏远者请皆废省。但陇右之人以畜牧为事，若更屯聚，弥不自安。但使镇戍连接，烽堠相望，民虽散居，必谓无虑。"帝从之。以子干晓习边事，丁巳，以为榆关总管。

五月，以吏部尚书江总为仆射。

隋主以渭水多沙，深浅不常，漕者苦之，六月，壬子，诏太子左庶子宇文恺帅水工凿渠，引渭水，自大兴城东至潼关三百余里，名曰广通渠。漕运通利，关内赖之。

秋，七月，丙寅，遣兼散骑常侍谢泉等聘于隋。

八月，乙卯，将军夏侯苗请降于隋，隋主以通和，不纳。

隋主不喜辞华，诏天下公私文翰并宜实录。泗州刺史司马幼之文表华艳，付所司治罪。治书侍御史赵郡李谔亦以当时属文，体尚轻薄，上书曰："魏之三祖，崇尚文词，忽君人之大道，好雕虫之小艺。下之从上，遂成风俗。江左、齐、梁，其弊弥甚：竞一韵之奇，争一字之巧；连篇累牍，不出月露之形，积案盈箱，唯是风云之状。世俗以此相高，朝廷据兹擢士。禄利之路既开，爱尚之情愈笃。于是闾里童昏，贵游总丱，未窥六甲，先制五言，至如羲皇、舜、禹之典，伊、傅、周、孔之说，不复关心，何尝入耳。以傲诞为清虚，以缘情为勋绩，指儒素为古拙，用词赋为君子。故文笔日繁，其政日乱，良由弃大圣之轨模，构无用以为用也。今朝廷虽有是诏，如闻外州远县，仍踵弊风：躬仁孝之行者，摈落私门，不加收齿；工轻薄之艺者，选充吏职，举送天朝。盖由刺史、县令未遵风教。请普加采察，送台推劾。"又上言："士大夫矜伐干进，无复廉耻，乞明加罪黜，以惩风轨。"诏以谔前后所奏颁示四方。

突厥沙钵略可汗数为隋所败，乃请和亲。千金公主自请改姓杨氏，为隋主女。隋主遣开府仪同三司徐平和使于沙钵略，更封千金公主为大义公主。

晋王广请因衅乘之，隋主不许。

沙钵略遣使致书曰："从天生突厥天下贤圣天子伊利居卢设莫何沙钵略可汗致书大隋皇帝：皇帝，妇父，乃是翁比。此为女夫，乃是儿例。两境虽殊，情义如一。自今子子孙孙，乃至万世，亲好不绝。上天为证，终不违负！此国羊马，皆皇帝之畜。彼之缯彩，皆此国之物。"

帝复书曰："大隋天子贻书大突厥沙钵略可汗：得书，知大有善意。既为沙钵略妇翁，今日视沙钵略与儿子不异。时遣大臣往彼省女，复查沙钵略也。"于是遣尚书右仆射虞庆则使于沙钵略，车骑将军长孙晟副之。

大义公主

沙钵略陈兵列其珍宝，坐见庆则，称病不能起，且曰："我诸父以来，不向人拜。"庆则责而谕之。千金公主私谓庆则曰："可汗豺狼性；过与争，将啮人。"长孙晟谓沙钵略曰："突厥与隋俱大国天子，可汗不起，安敢违意。但可贺敦为帝女，则可汗是大隋女婿，奈何不敬妇翁！"沙钵略笑谓其达官曰："须拜妇翁！"乃起拜顿颡，跪受玺书，以戴于首。既而大惭，与群下相聚恸哭。庆则又遣称臣，沙钵略谓左右曰："何谓臣？"左右曰："隋言臣，犹此云奴耳。"沙钵略曰："得为大隋天子奴，虞仆射之力也。"赠庆则马千匹，并以从妹妻之。

冬，十一月，壬戌，隋主遣兼散骑常侍薛道衡等来聘，戒道衡"当识朕意，勿以言辞相折。"

是岁，上于光昭殿前起临春、结绮、望仙三阁，各高数十丈，连延数十间，其牕窗、壝、壁带、悬楣、栏、槛皆以沈、檀为之，饰以金玉，间以珠翠，外施珠帘，内有宝床、宝帐，其服玩瑰丽，近古所未有。每微风暂至，香闻数里。其下积石为山，引水为池，杂植奇花异卉。

上自居临春阁，张贵妃居结绮阁，龚、孔二贵嫔居望仙阁，并复道交相往来。又有王、李二美人，张、薛二淑媛，袁昭仪、何婕妤、江修容，并有宠，迭游其上。以宫人有文学者袁大舍等女学士。仆射江总虽为宰辅，不亲政务，日与都官尚书孙范、散骑常侍王瑳等文士十余人，侍上游宴后庭，无复尊卑之序，谓之"狎客"。上每饮酒，使诸妃、嫔及学士与狎客共赋诗，互相赠答，采其尤艳丽者，被以新声，选宫女千余人习而歌之，分部迭进。其曲有《玉树后庭花》、《临春乐》等，大略皆美诸妃嫔之容色。君臣酣歌，自夕达旦，以此为常。

张贵妃名丽华，本兵家女，为龚贵嫔侍儿，上见而悦之，得幸，生太子深。贵妃发长七尺其光可鉴，性敏慧，有神彩，进止闲华，每瞻视眄睐，光采溢目，照映左右。善候人主颜色，引荐诸宫女；后宫咸德之，竞言其善。又有厌魅之术，常置淫祀于宫中，聚女巫鼓舞。上怠于政事，百司启奏，并因宦者蔡脱儿、李善度进请；上倚隐囊，置张贵妃于膝上，共决之。李、蔡所不能记者，贵妃并为条疏，无所遗脱。因参访外事，人间有一言一事，贵妃必先知白之；由是益加宠异冠绝后庭。宦官近习，内外连结，援引宗戚，纵横不法，卖官鬻狱，货赂公行；赏罚之命，不出于外。大臣有不从者，因而谮之。于是孔、张之权熏灼四方，大臣执政皆从风诏附。

孔范与孔贵嫔结为兄妹；上恶闻过失，每有恶事，孔范必曲为文饰，称扬赞美，由是宠遇优渥，言听计从。群臣有谏者，辄以罪斥之。中书舍人施文庆，颇涉书史，尝事上于东宫，聪敏强记，明闲吏职，心算口占，应时条理，由是大被亲幸。又荐所善吴兴沈客卿、阳惠朗、徐哲、暨慧景等，云有吏能，上皆擢用之；以客卿为中书舍人。客卿有口辩，颇知朝廷典故，兼掌金帛局。旧制：军人、士人并无关市之税。上盛修宫室，穷极耳目，府库空虚，有所兴造，恒苦不给。客卿奏请不问士庶并责关市之征，而又增重其旧。于是以阳惠朗为太市令，暨慧景为尚书金、仓都令史，二人家本小吏，考校簿领，毫厘不差；然皆不达大体，督责苛碎，聚敛无厌，士民嗟怨。客卿总督之，每岁所入，过于常格数十倍。上大悦，益以施文庆为知人，尤见亲重，小大众事，无不委任；转相汲引，珥貂蝉者五十人。

孔范自谓文武才能，举朝莫及，从容白上曰："外间诸将，起自行伍，匹夫敌耳。深见远虑，岂其所知！"上以问施文庆，文庆畏范，亦以为然；司马申复赞之。自是将帅微有过失，即夺其兵，分配文吏；夺任忠部曲以配范及蔡征。由是文武解体，以至覆灭。

【译文】

至德二年 （甲辰、584年）

正月，甲子日（初一），日蚀。

壬申日（初九），梁主萧岿到长安拜见隋主，头戴通天冠，身穿绛纱袍，在郊外宾馆面朝北接受隋主使者的犒劳。

隋前华州刺史张宾、仪同三司刘晖等编造《甲子元历》完成，启奏隋主。壬辰日（二十九日），下诏颁行新历。

二月，突厥苏尼部男女万余人投降隋国。

庚戌那天，突厥达头可汗上表请愿，表示愿意归降隋国。

夏，四月，隋上大将军贺娄子干派遣河西五州兵，出击吐谷浑，杀死对方男女10000多人，历时20天，凯旋而归。

鉴于陇西屡遭外寇侵扰掠夺，而旧俗又不设村坞以资抵御，隋主于是命贺娄子干督令居民构筑砦堡，并种田积谷，以防非常。贺娄子干上书说："陇西、河右，地广人稀，边境还没有安宁，还无法全面从事耕作。近日，看到屯田的地方，获益少而费力多，徒然耗费人力，最后还是难免遭到践踏劫掠的厄运；目前在偏远的屯田区，请准不要废除。此外，陇西人多以畜牧为业，如果命他们屯结聚集在一处，反而造成更多的不便。只要使镇戍相连，烽火相望，百姓虽然分散居处，却也不必担忧。"隋主同意他的建议。

丁巳日（二十六日），因为贺娄子干明晓熟知边陲攻防事务，所以隋主在这一天下诏，调他为榆关（即今山海关）总管。

五月，戊子日（二十七日），陈后主任命吏部尚书江总为尚书仆射。

由于渭水多流沙，河道深浅不一，督送粮食的人，隋主对它很感头痛，于是在六月壬子日（二十二日）这一天，诏令太子左庶子宇文恺率水工开凿河渠，引导渭水，起自大兴城，东到潼关，长300多里，取名叫广通渠。自此，漕粮运输，通畅便利，关内粮食的补给，都依赖这条运河来输送。

秋，七月，丙寅日（初六），陈后主差建兼散骑常侍谢泉等抵达隋都代表国家互访。

八月，乙卯日（二十六日），陈将军夏侯苗请求降隋，隋主因陈、隋两国通使和好，拒绝他的请求。

隋主不喜欢浮华的辞章，下诏普告天下，嗣后一切公私文书，都应据实摘录，不可浮夸。诏书颁下之后，泗州刺史司马幼之所上的表章，辞藻仍很华丽，隋主下令，将他交给有关机构治罪。治书侍御史、越郡人李谔也因当时一些能文的作家，文体竞相以惊悚浮艳为高，因此上书纠正这种文体说："曹魏时魏武帝曹操、魏文帝曹丕、魏明帝曹睿，崇尚文辞，轻视为人君主的大道。由于在上位的人爱好雕词琢句的小技，结果，上行下效，于是成为社会的风尚。到了江东、齐、梁时代，崇尚美艳文辞的歪风，比起曹魏来更加厉害，竞逐一个韵脚的奇险，争抢一个用字的精巧；连篇累牍，所谈的，不外是月华初露的形状；积案满箱，所描写的，只是风花雪月的景象。世俗的人以这作为较量高下的标准，朝廷也凭此作为拔擢士子的依据。利禄的路子由此而进，一般人爱好崇尚的情绪更加高昂。于是乡村野童，达官子弟，小学还没上，六十花甲还不会数数，便先学作五言诗，至于那些伏羲、虞舜、大禹的经典，伊尹、傅说、周公、孔子的学说，漠不关心，那曾入耳？以怪诞傲慢为清静玄虚，以吟咏情性为勋绩功业，指讲究儒术为朴拙落伍，以擅长辞赋为时髦君子。因为这种风尚，使文翰一天比一天繁多，然而政治却一天比一天紊乱。考究这个症结，实在是由于人们丢弃了儒家大圣人所创立的规范，而倾心尽力去撰写无用的华词艳句，以无用为有用的缘故。如今朝廷虽有摒弃词章浮夸，抑制文书华丽的明诏，但听说外州远县，仍然沿用旧习；亲操仁孝之行的人，被权势之家排挤而不被录用；而擅长写作崇尚浮艳之辞的人，反被选任为官，荐举到朝廷来。这类问题的发生，大都由于刺史、县令不能遵行改革华靡文风的教令。敬请陛下督责主管机关，严加查访，如发现仍有不遵守教令的，务必准备奏章，送交御史台检查核问。"又上奏章说："士大夫矜夸自己的才能，而急于求升，不再存有廉耻的心，祈望陛下对这类人公开加以治罪贬黜，借以惩处败坏风气的人。"隋主将李谔前后所上奏章，下诏颁布四方州郡。

突厥沙钵略可汗数次被隋军打败，于是派人到隋，请求和好结亲。千金公主为形势所逼，也自请改姓杨氏，愿为隋主女儿。隋主就派遣开府仪同三司徐平和出使到突厥沙钵略可汗处，改封千金公主为大义公主，晋王杨广请求乘突厥内部闹分裂的良机，借机出兵讨伐，隋主不答应。

沙钵略可汗派遣使者，送交国书给隋主说："从天生大突厥天下贤圣天子伊利居卢设莫何沙钵略可汗致书大隋皇帝：皇帝，是我妇之父，即我的岳父。

我既为帝女之夫,也就是您的半子。两国习俗虽然有别,然而情义却和一家人一样。从此以后,子子孙孙,甚至于千年万世,友好亲密,永不断绝。上天明鉴,可为见证,自始至终,誓不违背!我国所有羊马,都是皇帝的牲畜;隋国所有的缯彩,也等于是我突厥的用品。"

隋主答复其书说:"大隋皇帝致书大突厥沙钵略可汗:接到国书,知您大有和好亲善的意思。朕既是沙钵略可汗妇翁,自然应当看待沙钵略可汗与儿子一样。此后当不时差遣大臣出塞去看我女儿大义公主,自然也要看我儿子沙钵略。"不多日,隋主便派遣尚书右仆射虞庆则出使到突厥沙钵略可汗处,并命车骑将军长孙晟为副使。

沙钵略可汗在右边布列卫士于右,在旁边陈列珍宝,高坐在帐中,接见虞庆则,谎称有病在身,无法起立,并且狞笑着说:"我父伯以来,从不向人叩头下拜。"虞庆则先正言责怪他不敬,而后晓谕他拜受敕书的礼节。沙钵略可汗不肯听从。千金公主私下对虞庆则说:"可汗豺狼成性,过分跟他争论,恐将吞噬人。"长孙晟伺机对沙钵略说:"突厥可汗跟隋皇帝,都是大国的天子,可汗跟天子地位等同,自可不必下拜,我们怎敢违抗您的意旨,强迫您下拜?然而可贺敦突厥皇后既是大隋皇帝的女儿,那么可汗便是大隋皇帝的女婿,做人女婿的,怎能无礼,不敬岳翁呢?"沙钵略于是装出笑容,对他手下达官说:"听他这么说,我须拜妇翁,只好听从了?"于是起身下拜,叩头顿颡,跪受玺书,将玺书戴在头上,方才起身。等隋使走后,沙钵略大感羞惭,与其群下相聚痛哭。虞庆则又要沙钵略差使向隋称臣,沙钵略问他左右的人说:"'臣'字是什么意思?"左右的人回答他说:"隋国所谓的'臣',就像我国所谓'奴'

突厥人

的意思。"沙钵略说："能成为大隋天子的奴朴，是虞仆射的功劳。"所以赠给虞庆则马千匹，并把他的堂妹嫁给虞庆则为妻。

冬，十一月，壬戌日（初四），隋主派遣兼散骑常侍薛道衡等启程到江南来聘问，薛道衡出发前，隋主告诉他说："当识得朕的意旨，不能用言辞折辱对方。"

这一年，陈后主在光昭殿前建筑临春、结绮、望仙三阁，阁高各数十丈，每阁中各有数十间房，其中窗、牖、壁中横木、悬楣、栏、槛等，全部用沉香或檀香木料制成，又装饰金玉，杂嵌珠翠，外悬珠帘，内设宝床、宝帐，一切服饰赏玩之物，尽是瑰奇珍丽，为近世所未曾有过。每遇微风吹送，香气飘过数里。阁下积石为假山，导水为池，池中、池边，种植奇花异草，备极点缀渲染之能事。

陈后主住临春阁，张贵妃住结绮阁，龚、孔二贵妃住望仙阁，三阁都有架于空中之甬道，互相来往。又有王、李二美人，张、薛二淑媛，袁昭仪、何婕妤、江修容等7人，都得陈后主的宠幸，轮流递游三阁之上。陈后主派宫人中通翰墨、能作诗歌的袁大舍等为女学士。仆射江总，虽为宰相，却不主持朝廷中的政务，整天跟都官尚书孔范、散骑常侍王瑳等文人雅士十多人，入阁陪陈后主在后庭宴饮欢乐，不再分上下尊卑，宫内的人称他们为"狎客"。陈后主每次宴饮，便要一些妃、嫔，以及女学士们，跟狎客共赋新诗，彼此唱对，采其中文辞最为艳丽的，谱上新曲，选宫女姿色较好的，共1000多人，教她们总唱新曲，分成若干部，按次序递进传唱。其中歌曲名有叫《玉树后庭花》、《临春乐》等的，大部分都在赞美诸妃、嫔容色如何的美丽。君臣酣饮痛快地歌唱，通宵达旦，习以为常。

张贵妃名叫丽华，是军人后代，原为龚贵嫔的侍婢，陈后主对她一见钟情。张丽华因得进幸，生下一男，取名为深，就是后来的太子。张贵妃发长7尺，秀发润泽。生性聪敏神慧，脸孔若朝霞，光彩照人端庄华贵，双眸每一流转顾盼，光彩四射，映照左右。她善于伺候人主，引进荐举许多宫女预宴，后宫佳丽都感激她，争相说她的好话。她兼具妇人媚术，常在宫中祀奉一些鬼神，召集诸妖女巫，击鼓跳舞。这时，陈后主贪迷酒色，不太视理朝政，所有百官启奏都由宦官蔡脱儿、李善度递呈。陈后主侧倚隐囊，将张贵妃抱置膝上，共同判断百官奏请的可否。李善度、蔡脱儿二人不能全部记下那么多，张贵妃都为他们逐条记下，无一遗漏。因而参与探访宫外事，民间有一言一事，张贵妃必能比陈后主先知道，然后启奏陈后主，因此更加得到陈后主的欢心，她所受的宠幸，超绝后宫，高居第一。后宫宦官近侍，借她的势力，内外串通，表里为奸，引进宗族亲戚，纵横放肆，不守纲纪，出卖官爵，公然收受钱物；升迁奖惩的命令，不发自中书，而出于后宫。王公大臣如有不从后宫旨意的，只消张贵妃一句话，没有不立遭贬斥的。于是孔贵嫔、张贵妃的权势，气焰之盛，上冲霄汉，执政大臣也都见风使舵，谄媚盲从。都官尚书孔范跟孔贵嫔结为兄妹。陈后主不喜听到旁人批评他的过失，他自己每犯错误，孔范必曲意逢迎，帮他文过饰非，还称赞一番，因此获得陈后主很优厚的礼遇，言听计从。群臣有劝谏的，就乱加罪名，加以斥谪。中书舍人施文庆涉猎众多经书和史书，以前曾在东宫侍奉太子。他很聪明敏捷，记忆力特别好，明晓吏事，心中筹度而用口宣授，应时而发，颇有条理，为此他也大大的受到陈后主的亲近和信任。施文庆又报荐他所亲信的人——吴兴人沈客卿、阳惠朗、徐哲、暨慧景等，推崇他们都有办事的才能，陈后主便都选拔进用他们。任用沈客卿为中书舍人。沈客卿有辩才，很懂朝廷典故，兼掌金帛局。旧制：政府不向军人、士人课征关塞的通行税和市场的营业税。这时，因为陈后主大修宫室，极其耳听目视的享受，搞得府库空虚，所有新的构建工程，经常觉得经费不够。沈客卿便上奏章，建议不管士人或百姓，一律要求他们要缴纳关市的通行费和营业税，并且比旧税加重课征。陈后主批准了。因此任用阳惠朗为太市令，暨慧景为尚书金部、仓部都令史。他二人都从小吏起家，考核稽查管领的簿籍事项，丝毫没有错误；可是他们二人都不识大体，监督苛察烦碎，搜括暴敛，贪得无厌，弄得士大夫和百姓都嗟叹怨恨。沈客卿以中书舍人的身份，统领督导他二人，每年国库的收入，超过通常税收好几十倍。陈后主大喜过望，更加认为施文庆有知人之明，于是陈后主对他倍加信任重用，大小事务都委托他去办理，施文庆等，辗转交相提拔引荐同党，头戴插有貂尾与蝉羽所饰之冠，多达50人。

孔范自恃文才武干，满朝文武，没有能超过他的，曾从容报告陈后主说："外头诸将，出身于行伍，不过是一介武夫罢了。若论深谋远虑，哪是他们所知道的？"陈后主拿这个话去问施文庆，施文庆害怕孔范，不敢得罪他，只好在陈后主面前也说孔范说得对，司马申又从旁附和。陈后主也就信以为真。从此，看见将帅稍有过失，便罢免他的兵权，把部曲分配给文吏。连战功卓著的任忠，部曲（军队）也被剥夺，分配给孔范和蔡征统领。于是文武官员，众心离散，终于导致陈的灭亡。

隋纪一　高祖文皇帝上之上
开皇九年（己酉、589年）

春，正月，乙丑朔，陈主朝会群臣，大雾四塞，入人鼻，皆辛酸，陈主昏睡，至晡时乃寤。

是日，贺若弼自广陵引兵济江。先是弼以老马多买陈船而匿之，买弊船五六十艘，置于渎内。陈人觇之，以为内国无船。弼又请缘江防人每交代之际，必集广陵，于是大列旗帜，营幕被野，陈人以为隋兵大至，急发兵为备，既知防人交代，其众复散；后以为常，不复设备。又使兵缘江时猎，人马喧噪。故弼之济江，陈人不觉。韩擒虎将五百人自横江宵济采石，守者皆醉，遂克之。晋王广帅大军屯六合镇桃叶山。

丙寅，采石戍主徐子建驰启告变；丁卯，召公卿入议军旅。戊辰，陈主下诏曰："犬羊陵纵，侵窃郊畿，蜂虿有毒，宜时扫定。朕当亲御六师，廓清八表，内外并可戒严。"以骠骑将军萧摩诃、护军将军樊毅、中领军鲁广达并为督督，司空司马消难、湘州刺史施文庆并为大监军，遣南豫州刺史樊猛帅舟师出白下，散骑常侍皋文奏将兵镇南豫州。重立赏格，僧、尼、道士，尽令执役。

庚午，贺若弼攻拔京口，执南徐州刺史黄恪。弼军令严肃，秋毫不犯，有军士于民间酤酒者，弼立斩之。所俘获六千余人，弼皆释之，给粮劳遣，付以敕书，令分道宣谕。于是所至风靡。

樊猛在建康，其子巡摄行南豫州事。辛未，韩擒虎进攻姑孰，半日，拔之，执巡及其家口。皋文奏败还。江南父老素闻擒虎威信，来谒军门者昼夜不绝。

鲁广达之子世真在新蔡，与其弟世雄及所部降于擒虎，遣使致书招广达。广达时屯建康，自劾，诣廷尉请罪；陈主慰劳之，加赐黄金，遣还营。

樊猛与左卫将军蒋元逊将青龙八十艘于白下游弈，以御六合兵；陈主以猛妻子在隋军，惧有异志，欲使镇东大将军任忠代之，令萧摩诃徐谕猛，猛不悦，陈主重伤其意而止。

于是贺若弼自北道，韩擒虎自南道并进，缘江诸戍，望风尽走；弼分兵断曲河之冲而入。陈主命司徒豫章王叔英屯朝堂，萧摩诃屯乐游苑，樊毅屯耆阇寺，鲁广达屯白土冈，忠武将军孔范屯宝田寺，己卯，任忠自吴兴入赴，仍屯朱雀门。

辛未，贺若弼进据钟山，顿白土冈之东。晋王广遣总管杜彦与韩擒虎合军，步骑二万屯于新林。蕲州总管王世积以舟师出九江，破陈将纪瑱于蕲口，陈人大骇，降者相继。晋王广上状，帝大悦，宴赐群臣。

时建康甲士尚十余万人，陈主素怯懦，不达军士，唯日夜啼泣，台内处分，一以委施文庆。文庆既知诸将疾己，恐其有功，乃奏曰："此辈怏怏，素不伏官，迫此事机，那可专信！"由是诸将凡有启请，率皆不行。

贺若弼之攻京口也，萧摩诃请将兵逆战，陈主不许。及弼至钟山，摩诃又曰："弼悬军深入，垒堑未坚，出兵掩袭，可以必克。"又不许。陈主召摩诃、任忠于内殿议军事，忠曰："兵法：客贵速战，主贵持重。今国家足兵足食，宜固守台城，缘淮立栅，北军虽来，勿与交战；分兵断江路，无令彼信得通。给臣精兵一万，金翅三百艘，下江径掩六合；彼大军必谓其度江将士已被俘获，自然挫气。淮南土人与臣旧相知悉，今闻臣往，必皆景从。臣复扬声欲往徐州，断彼归路，则诸军不击自去。待春水既涨，上江周罗睺等众军必沿流赴援。此良策也。"陈主不能从。明日，欻然曰："兵久不决，令人腹烦，可呼萧郎一出击之。"任忠叩头苦请勿战。孔范又奏："请作一决，当为官勒石燕然。"陈主从之，谓摩诃曰："公可为我一决！"摩诃曰："从来行陈，为国为身；今日之事，兼为妻子。"陈主多出金帛赋诸军以充赏。甲申，使鲁广达陈于白土冈，居诸军之南，任忠次之，樊毅、孔范又次之，萧摩诃军最在北。诸军南北亘二十里，首尾进退不相知。

贺若弼将轻骑登山，望见众军，因驰下，与所部七总管杨牙、员明等甲士凡八千，勒陈以待之。陈主通于萧摩诃之妻，故摩诃初无战意，唯鲁广达以其徒力战，与弼相当。隋师退走者数回，弼麾下死者二百七十三人，弼纵烟以自隐，窘而复振。陈兵得人头，皆走献陈主求赏，弼知其骄惰，更引兵趣孔范；范兵暂交即走，陈诸军顾之，骑卒乱溃，不可复止，死者五千人。员明擒萧摩诃，送于弼，弼命牵斩之，摩诃颜色自若，弼乃释而礼之。

任忠驰入台，见陈主言败状，曰："官好住，臣无所用力矣！"陈主与之金两縢，使募人出战，忠曰："陛下唯当具舟楫，就上流众军，臣以死奉卫。"陈主信之，敕忠出部分，令宫人装束以待之，怪其久不至。时韩擒虎自新林进军，忠已帅数骑迎降于石子冈。领军蔡征守朱雀航，闻擒虎将至，众惧而溃。忠引擒虎军直入朱雀门，陈人欲战，忠挥之曰："老夫尚降，诸军何事！"众皆散走。于是城内文武百司皆遁，唯尚书仆射袁宪在殿中，尚书令江总等数人居省中。陈主谓袁宪曰："我从来接遇卿不胜余人，今日但以追愧。非唯朕无德，亦是江东冠道尽。"

陈主遑遽，将避匿，宪正色曰："北兵之入，必无所犯。大事如此，陛下去欲安之！臣愿陛下正衣冠，御正殿，依梁武帝见侯景故事。"陈主不从，下榻驰去，曰："锋刃之下，未可交当，吾自有计！"从宫人十余出后堂景阳殿，将自投于井，宪苦谏不从；后阁舍人夏侯公韵以身毕井，陈主与争，久之，乃得入。既而军人窥井，呼之，不应，欲下石，乃闻叫声；以绳引之，惊其太重，及出，乃与张贵妃、孔贵妃同束而上。沈后居处如常。太子深年十五，闭阁而坐，舍人孔伯鱼侍侧，军士叩阁而入，深安坐，劳之曰："戎旅在途，不至劳也！"军士咸致敬焉。时陈人宗室王侯在建康者百余人，陈主恐其为变，皆召入，令屯朝堂，使豫章王叔英总督之，又阴为之备，及台城失守，相帅出降。

贺若弼乘胜至乐游苑，鲁广达犹督余兵苦战不息，所杀获数百人，会日暮，乃解甲，面台再拜恸哭，谓众曰："我身不能救国，负罪深矣！"士卒皆流涕歔欷，遂就擒。诸门卫皆走，弼夜烧北掖门入，闻韩擒虎已得陈叔宝，呼视之，叔宝惶惧，流汗股栗，向弼再拜。弼谓之曰："小国之君当大国之卿，拜乃礼也。入朝不失作归命侯，无劳恐惧。"既而耻功在韩擒虎后，与擒虎相訽，挺刃而出；欲令蔡征为叔宝作降笺，命乘骡车归己，事不果。弼置叔宝于德教殿，以兵卫守。

高颎先入建康，颎子德弘为晋王广记室，广使德弘驰诣颎所，令留张丽华，颎曰："昔太公蒙面以斩妲己，今岂可留丽华！"乃斩之于青溪。德弘还报，广变色曰："昔人云，'无德不报'，我必有以报高公矣！"由是恨颎。

丙戌，晋王广入建康，以施文庆受委不忠，曲为谄佞以蔽耳目，沈客卿重赋厚敛以悦其上，与太市令阳慧朗、刑法监徐析、尚书都令史暨慧皆为民害，斩于石阙下，以谢三吴。使高颎与元帅府记室裴矩收图籍，封府库，资财一无所取，天下皆称广，以为贤。矩，让之之弟子也。

广以贺若弼先期决战，违军令，收以属吏。上驿召之，诏广曰："平定江表，弼与韩擒虎之力也。"赐物万段；又赐弼与擒虎诏，美其功。

贺若弼像

开府仪同三司王颁，僧辩之子也，夜，发陈高祖陵，焚骨取灰，投水而饮之。既而自缚，归罪于晋王广；广以闻，上命赦之。诏陈高祖、世祖、高宗陵，总给五户分守之。

上遣使以陈亡告许善心，善心衰服号哭于西阶之下，藉草东向坐三日；敕书唁焉。明日，有诏就馆，拜通直散骑常侍，赐衣一袭。善心哭尽哀，入房改服，复出，北面立，垂泣，再拜受诏，明日乃朝，伏泣于殿下，悲不能兴。上顾左右曰："我平陈国，唯获此人。既能怀其旧君，即我之诚臣也。"敕以本官直门下省。

陈水军都督周罗睺与郢州刺史荀法尚守江夏，秦王俊督三十总管水陆十余万屯汉口，不得进，相持逾月。陈荆州刺史陈慧纪遣南康内史吕忠肃屯岐亭，据巫峡，于北岸凿岩，缀铁锁三条，横截上流以遏隋船，忠肃竭其私财以充军用。杨素、刘仁恩奋兵击之，四十余战，忠肃守险力争，隋兵死者五千余人，陈人尽取其鼻以求功赏。既而隋师屡捷，获陈之士卒，三纵之。忠肃弃栅而遁，素徐去其锁；忠肃复据荆门之延洲，素遣巴蜑千人，乘五牙四艘，以拍竿碎其十余舰，遂大破之，俘甲士二千余人，忠肃仅以身免。陈信州刺史顾觉屯安蜀城，弃城走。陈慧纪屯公安，悉烧其储蓄，引兵东下，于是巴陵以东无复城守者。陈慧纪帅将士三万人，楼船千余艘，沿江而下，欲入援建康，为秦王俊所拒，不得前。是时，陈晋熙王叔文罢湘州，还，至巴州，慧纪推叔文为盟主。而叔文已帅巴州刺史毕宝等致书请降于俊，俊遣使迎劳之。会建康平，晋王广命陈叔宝手书招上江诸将，使樊毅诣周罗睺，陈慧纪子正业诣慧纪谕指。时诸城皆解甲，罗睺乃与诸将大临三日，放兵散，然后诣俊降，陈慧纪亦降，上江皆平。杨素下至汉口，与俊会。王世积在蕲口，闻陈已亡，告谕江南诸郡，于是江州司马黄偲弃城走，豫章诸郡太守皆诣世积降。

苏威奏请五百家置乡正，使治民，简辞讼。李德林以为："本废乡官判事，为其里闾亲识，剖断不平，今令乡正专治五百家，恐为害更甚。且要荒小县，有不至五百家者，岂可使两县共管一乡！"帝不听，丙申，制："五百家为乡，置乡正一人；百家为里，置里长一人。"

陈吴州刺史萧巘能得物情，陈亡，吴人推巘为主，右卫大将军武川宇文述帅行军总管元契、张默言等讨之，落丛公燕荣以舟师自东海至，陈永新侯陈君范自晋陵奔巘，并军拒述。述军且至，巘立栅于晋陵城东，留兵拒述，遣其将王褒守吴州，自义兴入太湖，欲掩述后。述进破其栅，回兵击巘，大破之；又遣兵别道袭吴州，王褒衣道士服弃城走。巘以余众保包山，燕荣击破之。巘将左右数人匿民家，为人所执。述进至奉公埭，陈东杨州刺史萧岩以会稽降，与巘皆送长安，斩之。

杨素之下荆门也，遣别将庞晖将兵略地，南至湘州，城中将士，莫有固志，刻日请降。刺史岳阳王叔慎，年十八，置酒会文武僚吏。酒酣，叔慎叹曰："君臣之义，尽于此乎！"长史谢基伏而流涕。湘州助防遂兴侯正理在坐，乃起曰："主辱臣死。诸君独非陈国之臣乎！今天下有难，实致命之秋也；纵其无成，犹见臣节，青门之外，有死不能！今日之机，不可犹豫，后应者斩！"众咸许诺。乃刑牲结盟，仍遣人诈奉降书于庞晖。晖信之，克期入城，叔慎伏甲待之，晖至，执之以徇，并其众皆斩之。叔慎坐于射堂，招合士众，数日之中，得五千人。衡阳太守樊通、武州刺史邬居业皆请举兵助之。隋所除湘州刺史薛胄将兵适至，与行军总管刘仁恩共击之；叔慎遣其将陈正理与樊通拒战，兵败。胄乘胜入城，禽叔慎，仁恩破邬居业于横桥，亦擒之，俱送秦王俊，斩于汉口。

岭南未有所附，数郡共奉高凉郡太夫人冼氏为主，号圣母，保境拒守。诏遣柱国韦洸等安抚岭外，陈豫章太守徐璒据南康拒之，洸等不得进。晋王广遣陈叔宝遗夫人书，谕以国亡，使之归隋。夫人集首领数千人，尽日恸哭，遣其孙冯魂帅众迎洸。洸击斩徐璒，入，至广州，说谕岭南诸州皆定；表冯魂为仪同三司，册冼氏为宋康郡夫人。

于是陈国皆平，得州三十，郡一百，县四百。诏建康城邑宫室，并平荡耕垦，更于石头置蒋州。

晋王广班师，留王韶镇石头城，委以后事。三月，己巳，陈叔宝与其王公百司发建康，诣长安，大小在路，五百里累累不绝。帝命权分长安士民宅以俟之，内外修整，遣使迎劳；陈人至者如归。夏，四月，辛亥，帝幸骊山，亲劳旋师。乙巳，诸军凯入，献俘于太庙，陈叔宝及诸王侯将相并乘舆服御、天文图籍等以次行列，仍以铁骑围之，从晋王广、秦王俊入，列于殿庭。拜广为太尉，赐辂车、乘马、衮冕之服、玄圭、白璧。丙午，帝坐广阳门观，引陈叔宝于前，及太子、诸王二十八人，司空司马消难以下至尚书郎凡二百余人，帝使纳言宣诏劳之；次使内史令宣诏，责以君臣不能相辅，乃至灭亡。叔宝及其群臣并愧惧伏地，屏息不能对。既而宥之。

庚戌，帝御广阳门宴将士，自门外夹道列布帛之积，达于南郭，班赐各有差，凡用三百余万段。故陈之境内，给复十年，余州免其年租赋。

辛酉，进杨素爵为越公，以其子玄感为仪同三司，玄奖为清河郡公；赐物万段，粟万石。命贺若弼登御坐，赐物八千段，加位上柱国，进爵宋公。仍各加赐金宝及陈叔宝妹为妾。

贺若弼、朝擒虎争功于帝前。弼曰："臣在蒋山死战，破其锐卒，擒其骁将，震扬威武，遂平陈国；韩擒虎略不交陈，岂臣之比！"擒虎曰："本奉明旨，令臣与弼同时合势以取伪都，弼乃敢先朝，逢贼遂战，致令将士伤死甚多。臣以轻骑五百，兵不血刃，直取金陵，降任蛮奴，执陈叔宝，据其府库，倾其巢穴。弼至夕方扣北掖门，臣启关而纳之，斯乃救罪不暇，安得与臣相比！"帝曰："二将俱为上勋。"于是进擒虎位上柱国，赐物八千段。有司劾擒虎放纵士卒，淫污陈宫；坐此不加爵邑。

加高颎上柱国，进爵齐公，赐物九千段。帝劳之曰："公伐陈后，人言公反，朕已斩之。君臣道合，非青蝇所能间也。"帝从容命颎与贺若弼论平陈事，颎曰："贺若弼先献十策，后于蒋山苦战破贼。臣文吏耳，焉敢与大将论功！"帝大笑，嘉其有让。

帝之伐陈也，使高颎问方略于上仪同三司李德林，以授晋王广；至是，帝赏其功，授柱国，封郡公，赏物三千段。已宣敕讫，或说高颎曰："今归功于李德林，诸将必当愤惋，且后世观公有若虚行。"颎入言之，乃止。

晋王广之戮陈五佞也，未知都官尚书孔范、散骑常侍王瑳、王仪、御史中丞沈瓘之罪，故得免；及至长安，事并露，乙未，帝暴其过恶，投之边裔，以谢吴、越之人。瑳刻薄贪鄙，忌害才能；仪倾巧侧媚，献二女以求亲昵；瓘险惨苛酷，发言邪谄，故同罪焉。

帝给赐陈叔宝甚厚，数得引见，班同三品；每预宴，恐致伤心，为不奏吴音。后监守者奏言："叔宝云，'既无秩位，每预朝集，愿得一官号。'"帝曰："叔宝全无心肝！"监者又言："叔宝常醉，罕有醒时。"帝问："饮酒几何！"对曰："与其子弟日饮一石。"帝大惊，使节其酒，既而曰："任其性；不尔，何以过日！"帝以陈氏子弟既多，恐其在京城为非，乃分置边州，给田业使为生，岁时赐衣服以安全之。

诏以陈尚书令江总为上开府仪同三司，仆射袁宪、骠骑萧摩诃、领军任忠皆为开府仪同三司，吏部尚书吴兴姚察为秘书丞。上嘉袁宪雅操，下诏，以为江表称首，授昌州刺史。闻陈散骑常侍袁元友数直言于陈叔宝，擢拜主爵侍郎。谓群臣曰："平陈之初，我悔不杀任蛮奴。受人荣禄，兼当重寄，不能横尸徇国，乃云无所用力，与弘演纳肝何其远也！"

帝见周罗睺，慰谕之，许以富贵。罗睺垂泣对曰："臣荷陈氏厚遇，本朝沦亡，无节可纪。得免于死，陛下之赐也，何富贵之敢望！"贺若弼谓罗睺曰："闻公郢、汉捉兵，即知扬州可得。王师利涉，果如所量。"罗睺曰："若得与公周旋，胜负未可知也。"顷之，拜上仪同三司。先是，陈裨将羊翔来降，伐陈之役，使为乡导，位至上开府仪同三司，班在罗睺上。韩擒虎于朝堂戏之曰："不知机变，乃立在羊翔之下，能无愧乎！"罗睺曰："昔在江南，久承令问，谓公天下节士；今日所言，殊非所望。"擒虎有愧色。

初，陈散骑常侍韦鼎聘于周，遇帝而异之，谓帝曰："公当大贵，贵则天下一家，岁一周天，老夫当委质于公。"及至德之初，鼎为太府卿，尽卖田宅，大匠卿毛彪问其故，鼎曰："江东王气，尽于此矣！吾与尔当葬长安。"及陈平，上召鼎为上仪同三司。鼎，叡之孙也。

壬戌，诏曰："今率土大同，含生遂性；太平之法，方可流行。凡我臣民，澡身浴德，家家自修，人人克念。兵可立威，不可不戢；刑可助化，不可专行。禁卫九重之余，镇守四方之外，戎旅军器，皆宜停罢。世路既夷，群方无事，武力之子，俱可学经；民间甲仗，悉皆除毁。颁告天下，咸悉此意。"

贺若弼撰其所画策上之，谓为《御授平陈七策》。帝弗省，曰："公欲发扬我名，我不求名；公宜自载家传。"弼位望隆重，兄弟并封郡公，为刺史、列将，家之珍玩，不可胜计，婢妾曳罗绮者数百，时人荣之。其后突厥来朝，上谓之曰："汝闻江南有陈国天子乎？"对曰："闻之。"上命左右引突厥诣韩擒虎前曰："此是执得陈国天子者。"擒虎厉色顾之，突厥惶恐，不敢仰视。

左卫将军庞晃等短高颎于上，上怒，皆黜之，亲礼逾密。因谓颎曰："独孤公，犹镜也，每被磨莹，皎然益明。"初，颎父宾为独孤信僚佐，赐姓独孤氏，故上常呼为独孤而不名。

乐安公元谐，性豪侠，有气调，少与上同学，甚相爱，及即位，累历显仕。谐好排诋，不能取媚左右。与上柱国王谊善，谊诛，上稍疏忌之。或告谐与从父弟上开府仪同三司滂、临泽侯田鸾、上仪同三司祈绪等谋反，下有司按验，奏"谐谋令祈绪勒党项兵断巴、蜀。又，谐尝与滂同谒上，谐私谓滂曰：'我是主人，殿上者贼也'。因令滂望气，滂曰：'彼云似蹲狗走鹿，不如我辈有福德云。'"上大怒，谐、滂、鸾、绪并伏诛。

闰月，己卯，以吏部尚书苏威为右仆射。六月，乙丑，以荆州总管杨素为纳言。

左卫大将军广平王雄，贵宠特盛，与高颎、虞庆则、苏威称为四贵。雄宽容下士，朝野倾属，上恶其得众，阴忌之，不欲其典兵马；八月，壬戌，以雄为司空，实夺之权。雄既无职务，乃杜门不通宾客。

帝践阼之初，柱国沛公郑译请修正雅乐，诏太常卿牛弘、国子祭酒辛彦之、博士何妥等议之，积年不决。译言："古乐十二律，旋相为宫，各用七声，世莫能通。"译因龟兹人苏祗婆善琵琶，始得其法，推演为十二均、八十四调，以校太乐所奏，例皆乖越。译又于七音之外更立一声，谓之应声，作书宣示朝廷。与邳公世子苏夔议累黍定律。

时人以音律久无通者，非译、夔一朝可定。帝素不悦学，而牛弘不精音律，何妥自耻宿儒反不逮译等，常欲沮坏其事，乃立议，非十二律旋相为宫及七调，竞为异议，各立朋党；或欲令各造乐，待成，择其善者而从之。妥恐乐成善恶易见，乃请帝张乐试之，先白帝云："黄钟象人君之德。"及奏黄钟之调，帝曰："滔滔和雅，甚与我心会。"妥因奏止用黄钟一宫，不假余律。帝悦，从之。

时又有乐工万宝常，妙达钟律。译等为黄钟调成，奏之，帝召问宝常，宝常曰："此亡国之音也。"帝不悦。宝常请以水尺为律，以调乐器，上从之。宝常造诸乐器，其声率下郑译调二律，损益乐器，不可胜纪。其声雅淡，不为时人所好，太常善声者多排毁之。苏夔尤忌宝常，夔父威方用事，凡言乐者皆附之而短宝常，宝常乐竟为威所抑，寝不行。

及平陈，获宋、齐旧乐器，并江左乐工，帝令廷奏之，叹曰："此华夏正声也。"乃调五音为五夏、二舞、登歌、房内十四调，宾祭用之。仍诏太常置清商署以掌之。

时天下既壹，异代器物，皆集乐府，牛弘奏："中国旧音多在江左，前克荆州得梁乐，今平蒋州又得陈乐，史传相承以为合古，请加修缉以备雅乐。其后魏之乐及后周所用，杂有边裔之声，皆不可用，请悉停之。"冬，十二月，诏弘与许善心、姚察及通直郎虞世基参定雅乐。世基，荔之子也。

以驾部侍郎狄道辛公义为岷州刺史。岷州俗畏疫，一人病疫，阖家避之，病者多死。公义命皆舆置己之听事，暑月，病人或至数百，厅廊皆满，公义设榻，昼夜处其间，以秩禄具医药，身自省问。病者既愈，乃召其亲戚谕之曰："死生有命，岂能相染！若相染者，吾死久矣。"皆惭谢而去。其后人有病者，争就使君，其家亲戚固留养之，始相慈爱，风俗遂变。后迁牟州刺史，下车，先至狱中露坐，亲自验问。十余日间。决遣咸尽，方还听事受领新讼。事皆立决；若有未尽，必须禁者，公义即宿厅事，终不还阁。或谏曰："公事有程，使君何自若！"公义曰："刺史无德，不能使民无讼，岂可禁人在狱而安寝于家乎！"罪人闻之，咸自款服。后有讼者，乡闾父老遽晓之曰："此小事，何忍勤劳使君！"讼者多两让而止。

【译文】

开皇九年（己酉、589年）

正月，乙丑朔日（初一），陈朝君主在朝廷会见群臣，大雾四处弥漫，吸入人的鼻里，尽是辛酸的味道，陈朝君主昏沉入睡，到了下午才苏醒过来。

当天，贺若弼从广陵带兵渡过长江。起先贺若弼由于老马太多买了陈朝的船藏起来，又买了五六十艘破旧的船放在水流交汇的地方。陈朝人看了，误认为隋朝已没有船只。贺若弼又请沿着江岸防卫的人，在每次接交的时候，一定要在广陵集合，所以排列了很多旗帜，军营的帐幕遍布原野，陈朝人认为隋朝的军队大举将至；紧急发动军队加以防备，后来知道是防卫的人在交接，随即军队又散开了；后来常常如此，陈朝人便不再设防。又派兵沿着江岸经常打猎，人马的声音非常嘈杂。所以贺若弼这回渡江，陈朝人全没有察觉。韩擒虎带领500人从横江在晚上渡过采石，守卫的人全都喝醉，于是攻下了它。这时晋王杨广率领大军屯守在六合镇的桃叶山。

丙寅日（初二），戍卫采石的将领徐子建派人带着表启，快马到都城，报告有敌人侵入；丁卯日（初三），召令公卿入宫商议军事。戊辰日（初四），陈朝君主诏令说："敌人肆虐骄纵，侵略京畿的郊区，就像有毒的蜂和蝎子，应当尽快扫除干净。朕要亲自率领六军，扫荡八方，京城内外都必须戒备。"就任命骠骑将军萧摩诃、护军将军樊毅、中领军鲁广达等都担任都督，司空司马消难、湘州刺史施文庆等都任大监军，并派遣南豫州刺史樊猛率领水军从白下出发，散骑常侍皋文奏带兵镇守南豫州。并订下优厚的奖赏标准，连僧、尼、道士，都得服兵役。

庚午日（初六），贺若弼攻陷京口，抓住南徐州刺史黄恪。贺若弼的军纪非常严明，一点都不侵犯人民，有军士到民间去沽酒喝，贺若弼便马上把他杀了。所俘虏的6000多人，贺若弼全都释放，并送粮食慰劳他们，然后发放回去，又交给他们敕令的文书，命令分路去宣扬晓谕，所以所到的地方都归向他们。

樊猛在建康，让他的儿子樊巡代理南豫州的政事。辛未日（初七），韩擒虎进兵攻打姑孰，半天就拿下了，抓住樊巡和他的家人。皋文奏战败而归。江南父老平时就听说韩擒虎的信誉和威名，来到军营大门拜见的人，日夜不绝。

鲁广达的儿子鲁世真在新蔡，带着他的弟弟鲁世雄和所属部队归降韩擒虎，并派使者捎信招降鲁广达。鲁广达当时屯守建康，伏首认罪，到廷尉那里请求判刑；陈朝君主慰劳他，赠送给他黄金，遣他回营。樊猛和左卫将军蒋元逊带领80艘青龙船在白下巡逻，以抵御六合的军队；陈朝君主由于樊猛的妻子儿女在隋军，担心他有叛逆之心，想要叫镇东大将军任忠代替他，于是命令萧摩诃委婉地劝谕樊猛。樊猛不悦，陈朝君主不肯轻易去伤他的心意，也就算了。

因此贺若弼从北路，韩擒虎从南路，同时进兵，沿江的戍守将领都闻风逃走。贺若弼分派军队阻断曲阿的要冲攻进，陈朝君主命令司徒豫章王叔英屯守朝堂，萧摩诃屯守乐游苑，樊毅屯守耆阇寺，鲁广达屯守白土冈，忠武将军孔范屯守宝田寺。己卯日（十五日），任忠从吴兴赶来，依旧戍守朱雀门。

韩擒虎像

辛未日（初七），贺若弼进兵据守钟山，驻扎在白土冈的东边。晋王杨广派遣总管杜彦和韩擒虎联合兵众，共得2万名步兵和骑兵，守卫在新林。蕲州总管王世积带领水军从九江出发，在蕲口打败陈朝的将军纪瑱，陈朝人大为惊恐，投降的人陆续不断。晋王杨广奏报经过情形，皇上非常喜悦，便赐宴群臣。

那时建康的军队还有10多万人，陈朝君主平时就很胆怯懦弱，不懂军事，只会日夜哭泣，台省内所要处理的事情，全部委托给施文庆。施文庆由于知道众将都嫉恨自己，怕他们立下功劳，对己不利，就上奏说："他们这些人内心不满，平时就不听服君命，在这个危急的时机，怎么可以如此信任他们呢？"因此众将凡是有奏请求，大都不能通过。

贺若弼攻打京口的时候，萧摩诃请求带兵迎战。陈朝君主没有同意。等到贺若弼到达钟山，萧摩诃又说："贺若弼率军深入，营垒战壕还没有建筑坚固，出兵突袭，一定可以成功。"又不答应。陈朝君主召见萧摩诃、任忠在内殿商议军事，任忠说："兵法上说：'客军以速战速决为贵，主军以坚持稳重为贵。'如今国家的军队和粮食都很充足，应当固守台城，沿着淮河设立栅栏，北方的军队即使前来进攻，我们也不要和他们交战。我们应该分派军队阻断江路，不要使他们的信息流通。并给臣1万名精兵，300艘好船，直下长江，袭击六合；他们的大军必定会认为他们渡江的将士已经被俘虏，气势自然就会受挫。淮南地方的人民和臣以前都很熟悉，现在听说臣前往，一定会如影随形，来听从臣。而臣又声称要前往徐州，断绝他们的后路，则各路军队不待攻打就会自然离去。等到春天江水涨高的时候，上江周罗睺等各军必定会沿着江流前往援助，这是好计策。"陈朝君主不肯采纳他的意见。第二天，忽然说："战争的胜负长期不能决定，令人心烦意乱，可以叫萧摩诃出兵攻击。"任忠叩头苦苦请求不要作战。而孔范却又上奏说："请决一战，我要为官府在燕然山刻石记功。"陈朝君主听从了他的意见，告诉萧摩诃说："您可以为我一决胜负。"萧摩诃说："我历来作战，都是为了国家、为了自己，今天的事情，同样也为我的妻子儿女。"陈朝君主拿出很多金子、丝帛给各军充当奖赏。甲申日（二十日），派遣鲁广达在白土冈布阵，守在各军的南方，任忠在其次，樊毅、孔范又在其次，萧摩诃的军队在最北方。各军南北排列20里长，前后的进退调度，都互不知道。

贺若弼带领轻快的骑兵登上山头，看到大军，因此快骑而下，和所带领的七个总管杨牙、员明等人，一共8000名战士，部勒阵势等待。因为陈朝君主私通萧摩诃的妻子，所以萧摩诃本来就没有作战的意念，只有鲁广达带他的部属奋力作战，和贺若弼的军队抵抗。隋朝的军队退走的人很多，贺若弼的部下死了272人，贺若弼放火生烟来隐藏自己，使自己濒于困窘而又有再度振作的机会。陈朝官兵拿到人头，就跑到献给陈朝君主那请求奖赏，贺若弼知道他们十分骄傲，便又带领军队进击孔范，孔范的守兵稍微交接就战败逃走，陈朝其他的军队看了，骑兵士卒全部散乱溃败，无法制止，共死了五千人。员明捉住萧摩诃，送交贺若弼，贺若弼命令牵出去斩头，萧摩诃脸色不变，贺若弼便释放他，而且以礼相待。

任忠快骑进入台省，朝见陈朝君主说明战败的情形，说："皇上快想办法吧，臣已经无能为力了！"陈朝君主给他两束金子，让他募兵出战，任忠说："陛下只有准备舟船，往就上流的大军，臣一定冒死奉卫乘舆。"陈朝君主相信他的话，便敕令任忠出去安排，并命令宫人搬运行李等待，奇怪的是任忠很久都不见回来。当时韩擒虎从新林进军，任忠已经带领数名骑兵在石子冈迎降了。领军蔡征守护朱雀航，听说韩擒虎将要到达，大家都因恐惧而溃散了。任忠带领韩擒虎的军队直接进入朱雀门，陈朝人想要作战，任忠挥散他们说："老夫尚且投降，其他的军队还想做什么呢？"大家听说，全都散走了。于是城里的文武百官全都逃走，只有尚书仆射袁宪留在殿里，尚书令江总等几个人留在台省。陈朝君主告诉袁宪说："我对你从来就不比别人好，现在只能后悔惭愧而已。这不只表示朕没有德业，也是表示江东士绅的道义行为全部扫地了。"

  陈朝君主在仓皇之中，想要躲藏起来。袁宪严厉地说："北方的军队入侵，一定不会有所欺凌。大局已经是这样，陛下离开以后要到哪里去？臣希望陛下穿正衣冠，坐在正殿，像梁武帝见侯景的时候一样。"陈朝君主不依，离开床，快骑而走，说："刀锋底下，不能和它相对，我自然有对策！"于是带着10几个宫人离开后堂的景阳殿，准备自行投井，袁宪苦苦劝谏，都不听从；后阁舍人夏侯公韵以身体遮挡井口，陈朝君主和他争论，争了很久，终于跳进去。后来军队窥视井口，呼叫，没有回应，想要丢下石头，才听到叫声；便用绳子拉了上来，奇怪怎么会那么重，等到出来以后，才知是和张贵妃、孔贵嫔同一条绳子吊上来的。沈后生活跟平时同样。太子深年仅15岁，关闭阁门而坐，舍人孔伯鱼在旁边侍候，军士敲阁门进去，太子深坐着没起来，慰劳他们说："在军旅途中，不是很劳苦吗？"军士都表示了敬意。当时陈朝的宗室王侯在建康的有100多人，陈朝君主唯恐他们变乱，都命令入殿，命令他们集居朝堂，派遣豫章王陈叔英总管，又暗中加以戒备。等到台城失守的时候，却争相出去投降。

  贺若弼乘着胜利的气势到达乐游苑，鲁广达还督领残余的军队苦战不停，所杀死、俘获的有数百人，刚巧天黑了，才解下战甲，面对台省再拜痛哭，告诉众人说："我一人不能救国家，背负的罪过是多么深啊！"士兵们都流泪叹气，于是全被俘虏。其他的门卫都逃掉了，贺若弼夜晚烧毁北掖门而入，听说韩擒虎已经抓到陈叔宝，便叫来看看。陈叔宝十分惊惶畏惧，流汗发抖，不由得向贺若弼拜了又拜。贺若弼对他说："小国的国君相当于大国的卿大夫，拜是合乎礼的。进朝以后，少不了作归命侯，不必害怕。"后来为了自己的功劳在韩擒虎之下而感到耻辱，便和韩擒虎对骂，抽剑走出室门，想要命令蔡征替陈叔宝作投降的表启，命令他乘坐骡车归属自己，结果事情没有成功。因而贺若弼把陈叔宝安置在德教殿，并派兵加以守卫。

高颎先进入建康。高颎的儿子高德弘是晋王杨广的记室，晋王杨广派高德弘快马到高颎住的地方，命令留置张丽华，高颎说："从前太公蒙面杀了妲己，如今怎么可以留下张丽华呢？"于是在青溪把她杀了。高德弘回去报告，晋王杨广变了脸色说："从前的人说：'没有一个恩德是不回报的。'，我一定要回报高公呀！"从这以后怨恨高颎。

丙戌日（二十二日），晋王杨广到达建康，由于施文庆接受委托而又不忠心，想尽方法来诬陷谄媚，以蔽君主的耳目，沈客卿加重赋税，任意征敛，以取悦皇上，和太市令阳慧朗、刑法监徐析、尚书都令史暨慧都是百姓的祸害，都在石阙下被杀了头，以向三吴的百姓谢罪。派高颎和元帅府记室裴矩搜集图籍，封锁府库，钱财都一文不取，天下的人都赞扬晋王杨广很贤明。裴矩是裴让之的弟弟。

晋王杨广由于贺若弼提前作战，违抗军令，送交刑吏治罪，皇上快车下了诏令，诏命晋王杨广说："安定江表是贺若弼和韩擒虎的力量。"赏赐许多财物，又赐贺若弼和韩擒虎诏书，赞扬他们的功劳。

开府仪同三司王颁的儿子王僧辩，在一个晚上，打开陈高祖的陵墓，焚烧尸骨，拿了骨灰丢进水里喝下。接着把自己捆缚起来，向晋王杨广认罪；晋王杨广把他的事情上奏皇上；皇上命令宽赦他。诏命将陈高祖、世祖，高宗的陵墓，全部分给五户，分别加以看护。

皇上派遣使者把陈朝灭亡的消息告诉许善心，许善心穿着丧服在西边阶下痛哭，在铺有干草的地上向东坐了3天；皇上敕书告慰。第二天，诏命他到客馆，任他为通直散骑常侍，赏赐他一套衣服。许善心哭得很悲伤，进入房里把丧服脱下，改穿赐服，向北而立，流着眼泪，再拜，接受诏命，到了第二天才上朝，伏在殿下哭泣，悲伤得站不起来。皇上回头看左右的人说："我平定陈朝，只获得这个人。他既然能够感怀他的旧君，一定会是我忠诚的臣子。"敕令以通直散骑常侍属门下省。

陈朝水军都督周罗睺和郢州刺史荀法尚守护江夏，秦王杨俊督领30个总管水陆军十多万人，屯守汉口，无法前进，相持了1个多月。陈朝荆州刺史陈慧纪派遣南康内史吕忠肃屯守岐亭，占据巫峡，在北岸穿凿山岩，连结3条铁锁，横截在上游以拦截隋朝的船只，吕忠肃就这样用尽他私人的财富去充当军饷。杨素、刘仁恩带兵奋勇出击，经过40多次战役，吕忠肃守住险要的地方，努力争战，隋朝的士兵死了5000多人，陈朝人把他们的鼻子都割下来，用来要求记功行赏。后来隋朝军队经常获胜，俘获陈朝的士兵，又数次放走。最后吕忠肃抛弃栅栏逃走，杨素便慢慢地拆除锁链；吕忠肃又占据荆门的延洲，杨素派遣1000名巴䍐人，乘坐4艘五牙船，用拍竿击碎了10余艘吕忠肃的船，就把吕忠肃打得大败，俘获2000多名战士，唯有吕忠肃一人脱逃。陈朝信州刺史顾觉屯守安蜀城，弃城逃走。陈慧纪屯守公安，把他储蓄的粮食全部烧掉，带兵向东而下，于是巴陵以东的地方不再有守城的人。陈慧纪带领3万名将士，1000多艘楼船，沿着长江而下，想要进入建康救援，却被秦王杨俊截住，不能前进。正在这时，陈朝晋熙王陈叔文罢除湘州的官职回来，到达巴州，陈慧纪推荐陈叔文为盟主。可是陈叔文已经率领巴州刺史毕宝等人，送信向秦王杨俊请降，秦王杨俊派使者去迎接安慰。适逢已平定，晋王杨广便命令陈叔宝亲手写信招降上江众将，派遣樊毅去拜访周罗睺、陈慧纪的儿子陈正业去看陈慧纪，告谕旨意。当时各城都解除武装，周罗睺就和众将一同哭了3天，把军队解散，然后向秦王杨俊归降，接着陈慧纪也投降，于是上江都整个平定了。杨素来到汉口，和秦王杨俊会合。王世积在蕲口，听说陈朝已经灭亡，告谕江南各郡，因此江州司马黄偲弃城逃走，豫章各郡太守都向王世积投降。

苏威上奏请求500家设置乡正，让乡正治理人民，审理公案。李德林认为："本来废除乡官判事，是由于住在里间的都是亲戚或相识的人，裁断不能公平，现在下令乡正专门治理500家，恐怕危害更严重。而且偏荒的小县，有不到500家的，怎么可以让两个县共同管辖一个乡呢！"皇上没有采纳他的意见。丙申日（初二），制令："500家为乡，设置乡正一人；百家为里，设置里长一人。"

陈朝吴州刺史萧瓛由于能得人心，在陈亡后，吴地人便推举萧瓛为领袖，右卫大将军武川人宇文述率领行军总管元契、张默言等去讨伐。这个时候落丛公燕荣带着水军从东海攻到，陈朝永新侯陈君范从晋陵投奔萧瓛，联合军力抵抗宇文述。在宇文述的军队就要到达的时候，萧瓛在晋陵城的东边树立栅栏，留守军队抵抗宇文述，又派他的将领王褒防守吴州，从义兴来到太湖，想要掩至宇文述的后面。宇文述进兵攻破他的栅栏，掉转兵力攻打萧瓛，把他打得大败；又派兵从另外一条路偷袭吴州，王褒穿着道士的服装弃城而逃。萧瓛带残余的兵众保卫包山，燕荣又把他打败。萧瓛带领左右的几个人藏在老百姓家里，终于被人抓住了。公孙述进攻奉公埭，陈朝东扬州刺史萧岩献出会稽城投降，和萧瓛一起被送到长安处死。

　　杨素攻陷荆门的时候，派遣部将庞晖带兵进攻湘州。城里的将士全无固守之心。刺史岳阳王叔慎，年仅18岁，摆设酒宴，会齐文武官吏部属。等酒喝得有些酣醉了，王叔慎便叹气说："君臣的道义，到此就结束了吗？"长史谢基伏地而哭。湘州助防遂兴侯陈正理站起来说："人主受辱，臣子效死。诸君难道不是陈朝的臣子吗？现在天下有难，实在是效命的时机，即使不能成功，尚能表现人臣的节操。从前，秦亡的时候，东陵侯召平种瓜于青门外；而如今陈亡，只能效死，不能苟活。今天的时机，不能犹豫不决，最后响应的人要被杀头。"大家都答应了。于是杀牲畜歃血，共订盟誓，仍然派人给庞晖奉上投降书诈降。庞晖相信他们的话，约期要进城，王叔慎便埋伏甲兵等候他。等庞晖到了的时候，立刻把他抓起来示众，连同他的部属都杀了。王叔慎坐在射堂，聚集士众，几天之内，得到5000人。衡阳太守樊通、武州刺史邬居业都请求起兵援助他。隋朝所委任的湘州刺史薛胄带领军队正巧到达，和行军总管刘仁恩一齐加以攻击；王叔慎派他的将军陈正理和樊通奋力抵抗，打了败仗。薛胄乘着胜利进入城里，捉住王叔慎、刘仁恩，并在横桥打败邬居业，也擒住了，全都送交给秦王杨俊，在汉口把他们杀了。

　　岭南还没有归附，几个城郡一致尊奉高凉郡太夫人洗氏为领袖，号称圣母，为保全境内而奋力抵抗。命令派遣柱国韦洸等人安抚岭外，而陈朝豫章太守徐璒据有南康抵抗，使韦洸等人无法进兵。晋王杨广派陈叔宝送信给夫人，

杨素像

告诉她国家已经灭亡了，让她归降隋朝。夫人集合领导的人共几千名，整天大哭，派了她的孙子冯魂率领部属迎接韦洸。韦洸击杀徐璒，入城，来到广州，告谕岭南各州全都平定了；又上表奏请冯魂为仪同三司，册封冼氏为宋康郡夫人。

于是陈朝都平定了，得到30个州，100个郡，400个县，诏令建康的城邑宫室，全都打坏推平，开垦为耕地，另外在石头城设置蒋州。

晋王杨广把军队调回去，留下王韶镇守石头城，委托他处理后事。三月，己巳日（初六），陈叔宝和他的王公百官从建康出发，前往长安，走在路上，共长500里，绵延不断。皇上下令暂时划分出长安士民的住宅等待他们，内外都修理整齐，派遣使者迎接慰劳；陈朝人到达以后就像回到家乡一样。四月，辛亥日（闰三月十八日），皇上驾临骊山，亲自慰劳凯旋的将士。乙巳日（闰三月十二月），各军奏着凯歌入城，把俘虏进献到太庙，陈叔宝和其他王侯将相，都乘坐彩车，穿御服、带天文图籍等，按次序排列，但仍然用精良的骑兵围住，跟随着晋王杨广、秦王杨俊进入，排队在殿庭上。于是拜封晋王杨广为太尉，赏赐辂车、乘马、衮冕的服饰、黑色的圭、白色的璧。丙辰日（闰三月二十三日），皇上坐在广阳门观，让人把陈叔宝带到他面前，还有太子、诸王28人，司空司马消难以下到尚书郎，一共200多人，皇上派纳言宣示诏令慰劳他们，接着派内史令宣布诏令，责备他们君臣不能互相辅助，导致国家灭亡。陈叔宝和他的群臣都感到惭愧害怕，伏在地上，屏住呼吸，不能答话。后来，全都免赦了。

庚戌日（闰三月十七日），皇上临幸广阳门，招待将士，从门外两侧列置堆积的布帛，一直到南边的外城，赏赐各有等差，一共用了300多万段布帛。原来陈朝的境内，免除10年的租赋劳役，其余各州则免除一年租赋。

辛酉日（闰三月二十七日），加封杨素的为越公，任命他的儿子杨玄感为仪同三司、杨玄奖为清河郡公；赏赐绢帛一万段、粟一万石。委任贺若弼登上御坐，赏赐绢帛八千段，加位为上柱国，进封爵位为宋公。另外又各别赏赐金银珍宝，并赐陈叔宝的妹妹为妾。

贺若弼、韩擒虎两人在皇上面前互相争功。贺若弼说："臣在蒋山奋力作战，打败他们精锐的军队，擒住他们骁勇的将领，威名远扬，十分威武，因此平定陈朝；韩擒虎很少交战，那里能和臣相比呢？"韩擒虎说："原本奉了晋王的旨意，要臣和贺若弼同时联合去攻取伪都，贺若弼竟敢先期进兵，碰到贼兵就交战，导致将士死伤很多。臣用500名轻骑兵进攻，敌人丝毫没有抵抗，就直接取得金陵，降伏任蛮奴，抓住陈叔宝，占据他们的府库，颠覆他们的巢穴。贺若弼到了晚上才叩敲北掖门，臣开关门接纳他，他谢罪都嫌来不及，怎么能和臣相比呢？"皇上说："二位将领都有上等的功勋。"因而诏令韩擒虎进位为上柱国。而掌管司法的官员却弹劾韩擒虎放纵士兵，奸污陈宫的妇女；因此坐罪，不加封爵邑。

加封高颎为上柱国，进爵位为齐公，赏赐丝帛9000段。皇上安慰他说："您攻伐陈朝以后，有人说您谋反，朕已把那个人杀了。君臣同道，不是逸言所能离间的。"皇上很坦然地命令高颎和贺若弼评论讨平陈朝的战事。高颎说："贺若弼先进献10个计策，后来在蒋山苦战，打败贼兵。臣只是个文官，怎么敢和大将谈论功劳呢？"皇上大笑，赞赏他的谦让风范。

皇上在攻打陈朝的时候，派高颎向上仪同三司李德林寻问策略，然后将策略授与晋王杨广；这个时候，皇上奖励他的功劳，颁授柱国，册封郡公，赏赐丝帛3000段。就在宣布敕令完以后，有人告诉高颎说："今天把功劳归给李德林，其他将领一定会气愤，而且从后世的人看来，您好像没有功绩一样。"高颎入朝献言，才作罢。

晋王杨广杀死陈朝的5个奸臣施文庆、沈客卿、阳慧朗、徐析、暨慧景的时候，还不知道都官尚书孔范、散骑常侍王鉴、王仪、御史中丞沈瓘的罪过，因此这些人能免于一死；等到到了长安，事情都显露出来，于是在乙未日（闰三月初二），皇帝宣布他们的罪行，把他们流放边区，来向吴、越的人谢罪。王鉴为人刻薄、贪婪鄙吝，常猜忌陷害有才能的人；王仪极尽谄媚，奉献二名女儿以求亲近；沈瓘为人阴险，残忍刻薄，讲话十分偏邪，所以受到同样的处罚。

皇帝赏赐陈叔宝十分丰厚，好几次册封他，官位和三品相同；每次让他参与宴会，怕令他伤心，因而不奏吴地的音乐。后来监守他的人上奏说："陈叔宝：'既然没有爵位品秩，而常常要参加朝廷的集会，希望能得到一个官号。'"皇上说："陈叔宝一点也没有心肝！"监守的人又说："陈叔宝常常酒醉，很少有清醒的时候。"皇上说："他的酒量如何呢？"回答说."和他的子弟一天喝一石酒。"皇上深为惊讶，叫人控制他的饮酒。不久又说："让他随心所欲吧！不然，他怎么过日子呢？"因为陈氏的子弟很多，皇上怕他们在京城做坏事，因此分别安置到边州，给他们田业作为生计，年节和四时都赐给衣服以安定他们的生活。

下诏任命陈朝尚书令江总为上开府仪同三司，仆射袁宪、骠骑萧摩诃、领军任忠都做开府仪同三司，吏部尚书吴兴人姚察为秘书丞。皇上赞赏袁宪操行端正，下道诏令，称赞他是江表最享盛誉的人，授为昌州刺史。又听说陈朝散骑常侍袁元友屡次向陈叔宝进谏，把他提升为主爵侍郎。并且告诉群臣说："平定陈朝的当初，我后悔没有杀死任蛮奴。他接受别人的供禄，同时担当重要的寄托，不能够横尸疆场，以身殉国，却说没有办法卖力，这和弘演剖腹纳卫懿公的肝而死，相差甚远！"

皇上接见周罗睺，勉励安慰他，答应给他富贵。周罗睺哭着回答说："臣接受陈氏优厚的待遇，原来的朝廷已经灭亡，没有节行可述。能够免于死罪，是陛下的恩赐，怎么敢奢望富贵呢？"贺若弼告诉周罗睺说："听说你在郢、汉掌管兵权，就知道扬州可以取得，隋朝军队必然可以顺利渡江，果然如所料的一样。"周罗睺说："如果能够和您作战，胜败还不知道呢！"不久，拜封上仪同三司。开始，陈朝将军羊翔来投降，在攻打陈朝的战役里，派他当向导，位至上开府仪同三司，班秩在周罗睺之上。韩擒虎在朝堂上戏笑他说："不知道应对变化，却站在羊翔的下位，能不惭愧吗？"周罗睺说："从前在江南，久仰你的美誉，认为你是天下的节士；如今听你所说的话，实在不是我所料想得到的。"韩擒虎面露惭色。

起初，陈朝散骑常侍韦鼎到周朝聘问，遇见皇上，觉得他不一般，便告诉皇上说："您应该会大贵，您大贵的时候，则天下统一，岁星周天，老夫将会委身侍奉您。"到了至德初年，韦鼎为太府卿，把田宅全部卖了，大匠卿毛彪问他什么缘故？韦鼎说："江东的气数，到此结束了。我和你将会葬在长安。"等到陈朝灭亡，皇上召命韦鼎为上仪同三司。韦鼎是韦睿的孙子。

壬戌日（闰三月二十九日），诏示说："现在天下已经统一，一切都能顺性生长；太平的法规，正可实行。所有的臣民，要沐浴在德政之中，每家都要修养自身，人人都要立志。武力可以树立威严，但是不能不禁止；刑罚可以有助教化，但是不可以专靠法律。九重以外的禁卫，镇守四方的边区，军旅武器，都要禁止。社会已经平定，四方都没有事情，军人的子女，都要去学经书；民间的武器,全部销毁。公告天下的人,都遵行这个规定。"

贺若弼撰写他所计划的策略,献给皇上,称为《御授平陈七策》。皇上不加重视,说:"你想要称扬我的名声,而我却不追求声名;你应该记录在所修的家传里。"贺若弼的地位名望都很高,他的兄弟都封郡公,做刺史、将领,家里的珍奇古玩,多得无以计数,穿着丝罗的婢妾有数百名,当时的人认为很荣耀。后来,突厥人来进贡,皇上告诉他说:"你听说江南有陈国天子吗?"回答说:"听说过。"皇上命令左右的人带着突厥人到韩擒虎的面前说:"他是抓到陈国天子的人。"韩擒虎用很严肃的脸色看他,突厥人很惊惶,不敢抬头看他。

左卫将军庞晃等人在皇上面前说高颎的坏话,皇上很愤怒,罢除了他们的官职,更亲近并礼遇高颎。于是告诉高颎说:"独孤公就像一面镜子,每次被磨擦光洁,就更为明亮。"当初,高颎的父亲高宾为独孤信的部属,赐姓为独孤,所以皇上常称呼他为独孤,而不叫他的名字。

乐安公元谐,性情很豪爽,讲侠义,有气韵,年少时和皇上同学,彼此十分友爱。等到皇上临位,屡次升任显要的职位。元谐喜欢排斥诋毁别人,不能取得君王左右人的欢心。和上柱国王谊很友善,王谊被杀后,皇上对他就渐渐疏远怀疑。后来有人控告元谐和他的堂弟上开府仪同三司元滂、临泽侯田鸾、上仪同三司祈绪等人阴谋造反,便交给司法的官吏审理,启奏:"元谐计谋命令祈绪率领党项的兵阻断巴、蜀。同时,元谐曾经和元滂一同看见皇上,元谐私下告诉元滂说:'我是主人,在朝殿上的是贼。'所以叫元滂观望形势。元滂说:'君上的云气像狗在蹲着、鹿在走着,不像我们有着福德的云气。'"皇上很生气,元谐、元滂、田鸾、祈绪都被处死。

闰月,己卯日(四月十七日),委任吏部尚书苏威为右仆射。六月,乙丑日(初四),任命荆州总管杨素为纳言。

左卫大将军广平王杨雄最为尊贵荣耀,和高颎、虞庆则、苏威称为四显贵。杨雄为人宽宏,能礼遇贤士,朝野上下都敬仰他,皇上厌恶他得到人心,暗中猜忌他,不想教他掌管兵马。八月,壬戌日(初三),任命杨雄为司空,实际上是夺取他的职权。杨雄既然没有职务,所以关门不和宾客来往。

皇上刚刚登基的时候,柱国沛公郑译请求修正雅乐,诏令太常卿牛弘、国子祭酒辛彦之、博士何妥等人商讨,经过一年还不能决定的。郑译说:"古乐有十二律，转相为宫，分别用七个声，世人没有能通晓的。"郑译由于龟兹人苏祇婆善弹琵琶，才得到它的方法，推演为十二均、八十四调，以校对太乐所演奏的音乐，发现多是乖违不正的。郑译又在七音以外，另立一个声，称为应声，写成文字在朝廷宣示。并和邳公世子苏夔商量累黍定律。

  当时的人以为音律已经很久不能通晓，不是郑译、苏夔一时所能决定的。皇上平时既不爱学习，而牛弘也不精于音律，何妥又自觉羞愧，认为以有名的儒者反而不如郑译等人，常常想要破坏他的事，因而立下决议，反对十二律转相为宫及七调，互相争着提出不同的意见，各有同党的人；有的想要使各别制造乐谱，等到完成的时候，挑选好的来使用。何妥怕乐谱完成，好坏容易看出来，就请求皇上设乐试验，并先告诉皇上说："黄钟像人君的德业。"等到演奏黄钟的乐调，皇上说："流畅舒缓，和顺雅致，和我的心意十分契合。"何妥于是奏请只用黄钟一宫，不用其他的律。皇上很高兴，听从了他的意见。

  当时又有乐工万宝常，十分通达钟律。郑译等人做黄钟调完成的时候，加以演奏，皇上便召万宝常来问，万宝常说："这是亡国的音乐。"皇上很不高兴。万宝常要求以水尺为律，以调正乐器，皇上听从他的意见。万宝常制作各种乐器，声音大多比郑译的调低二律，用这来调正乐器，数量多得算不清楚。这些乐器的声音轻雅，不被当时的人所喜欢，太常中懂得声律的多加以诋毁排斥。苏夔最猜忌万宝常，苏夔的父亲苏威正当专权，因此凡是谈乐律的都是顺从他而批评万宝常。万宝常的乐谱最后被苏威所压抑，始终无法流行。

  等到平定陈朝，俘获宋、齐旧时的乐器，以及江左的乐工，皇上便下令在廷上演奏，叹说："这真是华夏的正声啊！"就调整五音为五夏、二舞、登歌、房内十四调，宴宾祭祀的时候都加采用。而且仍然诏令太常设置清商署掌管。

大晟钟

那时天下既已统一，历代的乐器用品，都集中在乐府。牛弘上奏："中国古老的音乐都留存在江左，以前攻下荆州，获取梁朝的音乐，如今平定蒋州，又取得陈朝的音乐，史册书传相承，都认为合于古乐，要求加以整理编辑，以充实雅乐。至于后魏的音乐和后周所使用的，夹杂有边邑的声律，都不能使用，请求全部停用。"冬，十二月，下诏牛弘与许善心、姚察和通直郎虞世基参酌制定雅乐。虞世基是虞荔的儿子。

委任驾部侍郎狄道人辛公义为岷州刺史。岷州的习俗，害怕瘟疫，只要有一个人感染瘟疫，全家人都避开，所以生病的人大都死亡。辛公义特意命令把病人用车舆安置在自己办公的地方，因为正值署热的月份，病人多达数百人，把办公地方的走廊都挤满了。辛公义安排卧榻，日夜守在那里，用自己的俸禄购买药品，亲自询问病情。病人病好以后，便召集他们的亲戚，告诉他们说："一个人的生死是有命数的，怎么会互相传染疾病呢？如果会互相传染，我早就死了。"他们全都惭愧地道谢回去。后来有生病的人，争着要去刺史那里，他们的亲戚都坚持要他们留下来休养，才开始相互慈爱关心，风俗因而改变。后来升迁为并州刺史，下车的时候，先到牢狱中，让犯人露天坐着，亲自审查他们的罪行。十几天之中，全部判决遣放完毕，才再听事，受领新的讼案。案件都马上审结；如果有还没审完，必须押禁的，辛公义就留宿在办公的地方，整天不回他居住的地方。有人劝他说："公事有一定的程序，刺史何必这样辛苦呢？"辛公义说："刺史没有德业，不能使人民没有诉讼，怎么可以把人囚禁在牢狱，而自己在家里安心地睡觉呢？"犯人听了以后，都由衷地佩服。后来有讼争的，乡里的父老立即通告他们说："这是小事，怎么忍心劳动刺史呢！"从此，有讼争的人都彼此退让作罢。

隋纪三　高祖文皇帝中
开皇二十年（庚申、600年）

贺若弼复坐事下狱，上数之曰："公有三太猛：嫉妒心太猛，自是、非人心太猛，无上心太猛。"既而释之。他日，上谓侍臣曰："弼将伐陈，谓高颎曰：'陈叔宝可平也。不作高鸟尽，良弓藏邪？'颎云：'必不然'。及平陈，遽素内史，又索仆射。我语颎曰：'功臣正宜授勋官，不可预朝政。'弼后语颎：'皇太子于己，出口入耳，无所不尽。公终久何必不得弼力，何脉脉邪！'意图广陵，又图荆州，皆作乱之地，意终不改也。"

夏，四月，壬戌，突厥达头可汗犯塞，诏命晋王广、杨素出灵武道，汉王谅、史万岁出马邑道以击之。

长孙晟帅降人为秦州行军总管，受晋王节度。晟以突厥饮泉，易可行毒，因取诸药毒水上流，突厥人畜饮之多死，于是大惊曰："天雨恶水，其亡我乎！"因夜遁。晟追之，斩首千余级。

史万岁出塞，至大斤山，与虏相遇。达头遣使问："隋将为谁？"候骑报："史万岁也。"突厥复问："得非敦煌戍卒乎？"候骑曰："是也。"达头惧而引去。万岁驰追百余里，纵击，大破之，斩数千级；逐北，入碛数百里，虏远遁而还。诏遣长孙晟复还大利城，安抚新附。

秦孝王俊久疾未能起，遣使奉表陈谢。上谓其使者曰："我戮力创兹大业，作训垂范，庶臣下守之；汝为吾子而欲败之，不知何以责汝！"俊惭怖，疾遂笃，乃复拜俊上柱国；六月丁丑，俊薨。上哭之，数声而已；俊所为侈丽之物，悉命焚之。王府僚佐请立碑，上曰："欲求名，一卷史书足矣，何用碑为！若子孙不能保家，徒与人作镇石耳。"俊子浩，崔妃所生也；庶子曰湛。群臣希旨，奏："汉之栗姬子荣、郭后子强皆随母废，今秦王二子，母皆有罪，不合承嗣。"上从之，以秦国官为丧主。

初，上使太子勇参决军国政事，时有损益；上皆纳之。勇性宽厚，率意任情，无矫饰之行。上性节俭，勇尝文饰蜀铠，上见而不悦，戒之曰："自古帝王未有好奢侈而能久长者。汝为储后，当以俭约为先，乃能奉承宗庙。吾昔日衣服，各留一物，时复观之以自警戒。恐汝以今日皇太子之心忘昔时之事，故赐汝以我旧所带刀一枚，并葅酱一合，汝昔作上士时常所食也。若存记前事，应知我心。"

后遇冬至，百官皆诣勇，勇张乐受贺。上知之，问朝臣曰："近闻至日内外百官相帅朝东宫，此何礼也？"太常少卿辛亶对曰："于东宫，乃贺也，不得言朝。"上曰："贺者正可三数十人，随情各去，何乃有司征召，一时普集！太子法服设乐以待之，可乎？"因下诏曰："礼有等差，君臣不杂。皇太子虽居上嗣，义兼臣子，而诸方岳牧正冬朝贺，任土作贡，别上东宫；事非典则，宜悉停断。"自是恩宠始衰，渐生猜阻。

勇多内宠，昭训云氏尤幸。其妃元氏无宠，遇心疾，二日而薨，独孤后意有他故，甚责望勇。自是云昭训专内政，生长宁王俨，平原王裕，安成王筠；高良娣生安平王嶷，襄城王恪；王良媛生高阳王该，建安王韶；成姬生颍川王鍸；后宫生孝实、孝范。后弥不平，颇遣人伺察，求勇过恶。

晋王广弥自矫饰，唯与萧妃居处，后庭有子皆不育，后由是数称广贤。大臣用事者，广皆倾心与交。上及后每遣左右至广所，无贵贱，广必与萧妃迎门接引，为设美馔，申以厚礼；婢仆往来者，无不称其仁孝。上与后尝幸其第，广悉屏匿美姬于别室，唯留老丑者，衣以缦彩，给事左右；屏帐改用缣素；故绝乐器之弦，不令拂去尘埃。上见之，以为不好声色，还宫，以语侍臣，意甚喜，侍臣皆称庆，由是爱之特异诸子。

上密令善相者来和遍视诸子，对曰："晋王眉上双骨隆起，贵不可言。"上又问上仪同三司韦鼎："我诸儿谁得嗣位？"对曰："至尊、皇后所最爱者当与之，非臣敢预知也。"上笑曰："卿不肯显言邪！"

晋王广美姿仪，性敏慧，沈深严重；好学，善属文；敬接朝士，礼极卑屈；由是声名籍甚，冠于诸王。

广为扬州总管，入朝，将还镇，入宫辞后，伏地流涕，后亦泫然泣下。广曰："臣性识愚下，常守平生昆弟之意，不知何罪失爱东宫，恒蓄盛怒，欲加屠陷。每恐谗谮生子于投杼，鸩毒遇于杯勺，是以勤忧积念，惧履危亡。"后忿然曰："睍地伐渐不可耐，我为之娶元氏女，竟不以夫妇礼待之，专宠阿云，使有如许豚犬。前新妇遇毒而夭，我亦不能穷治，何故复于汝发如此意！我在尚尔，我死后，当鱼肉汝乎！每思东宫竟无正嫡，至尊千秋万岁之后，遣汝等兄弟向阿云儿前再拜问讯，此是几许苦痛邪！"广又拜，呜咽不能止，后亦悲不自胜。自是后决意欲废勇立广矣。

广与安州总管宇文述素善，欲述近己，奏为寿州刺史。广尤亲任总管司马张衡，衡为广画夺宗之策。广问计于述，述曰："皇太子失爱已久，令德不闻于天下。大王仁孝著称，才能盖世，数经将领，频有大功；主上之与内宫，咸所钟爱，四海之望，实归大王。然废立者国家大事，处人父子骨肉之间，诚未易谋也。然能移主上意者，唯杨素耳，素所与谋者唯其弟约。述雅知约，请朝京师，与约相见，共图之。"广大悦，多赍金宝，资述入关。

约时为大理少卿，素凡有所为，皆先筹于约而后行之。述请约，盛陈器玩，与之酣畅，因而共博，每阳不胜，所赍金宝尽输之约。约所得既多，稍以谢述。述因曰："此晋王之赐，令述与公为欢乐耳。"约大惊曰："何为尔？"述因通广意，说之曰："夫守正履道，固人臣之常致；反经合义，亦达者之令图。自古贤人君子，莫不与时消息以避祸患。公之兄弟，功名盖世，当途用事有年矣，朝臣为足下家所屈辱者，可胜数哉！又，储后以所欲不行，每切齿于执政；公虽自结于人主，而欲危公者固亦多矣！主上一旦弃群臣，公亦何以取庇！今皇太子失爱于皇后，主上素有废黜之心，此公所知也。今若请立晋王，在贤兄之口耳。诚能因此时建大功，王必永铭骨髓，斯则去累卵之危，成太山之安也。"约然之，因以白素，素闻之，大喜，抚掌曰："吾之智思殊不及此，赖汝启予。"约知其计行，复谓素曰："今皇后之言，上无不用，宜因机会早自结托，则长保荣禄，传祚子孙，兄若迟疑，一旦有变，令太子用事，恐祸至无日矣！"素从之。

后数日，素入侍宴，微称"晋王孝悌恭俭，有类至尊。"用此揣后意。后泣曰："公言是也！吾儿大孝爱，每闻至尊及我遣内使到，必迎于境首；言及违离，未尝不泣。又其新妇亦大可怜，我使婢去，常与之同寝共食。岂若睍地伐与阿云对坐，终日酣宴，昵近小人，疑阻骨肉！我所以益怜阿麽者，常恐其潜杀之。"素既知后意，因盛言太子不才。后遂遗素金，使赞上废立。

勇颇知其谋，忧惧，计无所出，使新丰人王辅贤造诸厌胜；又于后园作庶人村，室屋卑陋，勇时于中寝息，布衣草褥，冀以当之。上知勇不自安，在仁寿宫，使杨素观勇所为。素至东宫，偃息未入，勇束带待之，素故久不进以激怒勇；勇衔之，形于言色。素还言："勇怨望，恐有他变，愿深防察！"上闻素谮毁，甚疑之。后又遣人伺觇东宫，纤介事皆闻奏，因加诬饰以成其罪。

上遂疏忌勇，乃于玄武门达至德门量置候人，以伺动静，皆随事奏闻。又，东宫宿卫之人，侍官以上，名籍悉令属诸卫府，有勇健者咸屏去之。出左卫率苏孝慈为淅州刺史，勇愈不悦。太史令袁充言于上曰："臣观天文，皇太子当废。"上曰："玄象久见，群臣不敢言耳。"充，君正之子也。

晋王广又令督王府军事姑臧段达私赂东宫幸臣姬威，令伺太子动静，密告杨素；于是内外喧谤，过失日闻。段达因胁姬威曰："东宫过失，主上皆知之矣。已奉密诏，定当废立；君能告之，则大富贵！"威许诺，即上书告之。

秋，九月，壬子，上至自仁寿宫。翌日，御大兴殿，谓侍臣曰："我新还京师，应开怀欢乐；不知何意翻邑然愁然！"吏部尚书牛弘对曰："臣等不称职，故至尊忧劳。"上既数闻谮毁，疑朝臣悉知之，故于众中发问，冀闻太子之过。弘对既失旨，上因作色，谓东宫官属曰："仁寿宫此去不远，而令我每还京师，严备仗卫，如入敌国。我为下痢，不解衣卧。昨夜欲近厕，故在后房，恐有警急，还移就前殿，岂非尔辈欲坏我家国邪！"于是执太子左庶子唐令则等数人付所司讯鞫；命杨素陈东宫事状以告近臣。

素乃显言之曰："臣奉敕向京，令皇太子检校刘居士余党。太子奉诏，作色奋厉，骨肉飞腾，语臣云：'居士党尽伏法，遣我何处穷讨！尔作右仆射，委寄不轻，自检校之，何关我事！'又云：'昔大事不遂，我先被诛，今作太子，竟乃令我不如诸弟，一事以上，不得自遂！'因长叹回视云：'我大觉身妨。'"上曰："此儿不堪承嗣久矣，皇后恒劝我废之。我以布衣时所生，地复居长，望其渐改，隐忍至今。勇尝指皇后侍儿谓人曰：'是皆我物。'此言几许异事！其妇初亡，我深疑其遇毒，尝责之，勇即怼曰：'会杀元孝矩。'此欲害我而迁怒耳。长宁初生，朕与皇后共抱养之，自怀彼此，连遣来索。且云定兴女，在外私合而生，想此由来，何必是其体胤！昔晋太子取屠家女，其儿即好屠割。今俨非类，便乱宗祜。我虽德惭尧、舜，终不以万姓付不肖子！我恒畏其加害，如防大敌；今欲废之以安天下！"

左卫大将军五原公元旻谏曰："废立大事，诏旨若行，后悔无及。谗言罔极，惟陛下察之。"

帝舜像，图出自明·天然《历代古人像赞》。

上不应，命姬威悉陈太子罪恶。威对曰："太子由来与臣语，唯意在骄奢，且云：'若有谏者，正当斩之，不杀百许人，自然永息。'营起台殿，四时不辍。前苏孝慈解左卫率，太子奋髯扬肘曰：'大丈夫会当有一日，终不忘之，决当快意。'又宫内所须，尚书多执法不与，辄怒曰：'仆射以下，吾会戮一二人，使知慢我之祸。'每云：'至尊恶我多侧庶，高纬、陈叔宝岂孽子乎！'尝令师姥卜吉凶，语臣云：'至尊忌在十八年，此期促矣。'"上泫然曰："谁非父母生，乃至于此！朕近览《齐书》，见高欢纵其儿子，不胜忿愤，安可效尤邪！"于是禁勇及诸子，部分收其党与。杨素舞文巧诋，锻炼以成其狱。

居数日，有司承素意，奏元旻常曲事于勇，情存附托，在仁寿宫，勇使所亲裴弘以书与旻，题云"勿令人见"。上曰："朕在仁寿宫，有纤介事，东宫必知，疾于驿马，怪之甚久，岂非此徒邪！"遣武士执旻于仗。右卫大将军元胄时当下直，不去，因奏曰："臣向不下直者，为防元旻耳。"上以旻及裴弘付狱。

先是，勇见老枯槐，问："此堪何用？"或对曰："古槐尤宜取火。"时卫士皆佩火燧，勇命工造数千枚，欲以分赐左右；至是，获于库。又药藏局贮艾数斛，索得之，大以为怪，以问姬威，威曰："太子此意别有所在，至尊在仁寿宫，太子常饲马千匹，云：'径往守城门，自然饿死。'"素以威言诘勇，勇不服，曰："窃闻公家马数万匹，勇忝备太子，马千匹，乃是反乎！"素又发东宫服玩，似加琱饰者，悉陈之于庭，以示文武群臣，为太子之罪。上及皇后迭遣使责问勇，勇不服。

冬，十月，乙丑，上使人召勇，勇见使者惊曰："得无杀我邪？"上戎服陈兵，御武德殿，集百官立于东面，诸亲立于西面，引勇及诸子列于殿庭，命内史侍郎薛道衡宣诏，废勇及其男、女为王、公主者。勇再拜言曰："臣当伏尸都市，为将来鉴戒；幸蒙哀怜，得全性命！"言毕，泣下流襟，既而舞蹈而去，左右莫不闵默。长宁王俨上表乞宿卫，辞情哀切；上览之闵然。杨素进曰："伏望圣心同于螫手，不宜复留意。"

己巳，诏："元旻、唐令则及太子家令邹文腾、左卫率司马夏侯福、典膳监元淹、前吏部侍郎萧子宝、前主玺下士何竦并处斩，妻妾子孙皆没官。车骑将军榆林阎毗、东郡公崔君绰、游骑尉沈福宝、瀛州术士章仇太翼，特免死，各杖一百，身及妻子、资财、田宅皆没官。副将作大匠高龙叉、率更令晋文建、通直散骑侍郎元衡皆处尽。"于是集群官于广阳门外，宣诏戮之。乃移勇于内史省，给五品料食。赐杨素物三千段，元胄、杨约并千段，赏鞫勇之功也。

文林郎杨孝政上书谏曰："皇太子为小人所误，宜加训诲，不宜废黜。"上怒，挞其胸。

初，云昭训父定兴，出入东宫无节，数进奇服异器以求悦媚；左庶子裴政屡谏，勇不听。政谓定兴曰："公所为不合法度。又，元妃暴薨，道路籍籍，此于太子，非令名也。公宜自引退，不然，将及祸。"定兴以告勇，勇益疏政，由是出为襄州总管。唐令则为勇所昵狎，每令以弦歌教内人，右庶子刘行本责之曰："庶子当辅太子以正道，何有取媚于房帷之间哉！"令则甚惭而不能改。时沛国刘臻、平原明克让、魏郡陆爽，并以文学为勇所亲；行本怒其不能调护，每谓三人曰："卿等正解读书耳！"夏侯福尝于阁内与勇戏，福大笑，声闻于外。行本闻之，待其出，数之曰："殿下宽容，赐汝颜色。汝何物小人，敢为亵慢！"因付执法者治之。数日，勇为福致请，乃释之。勇尝得良马，欲令行本乘而观之，行本正色曰："至尊置臣于庶子，欲令辅导殿下，非为殿下作弄臣也。"勇惭而止。及勇败，二人已卒，上叹曰："向使裴政、刘行本在，勇不至此。"

勇尝宴宫臣，唐令则自弹琵琶，歌《妩媚娘》。洗马李纲起白勇曰："令则身为宫卿，职当调护；乃于广坐自比倡优，进淫声，秽视听。事若上闻，令则罪在不测，岂不为殿下之累邪！臣请速治其罪！"勇曰："我欲为乐耳，君勿多事。"纲遂趋出。及勇废，上召东宫官属切责之，皆惶惧无敢对者。纲独曰："废立大事，今文武大臣皆知其不可而莫肯发言，臣何敢畏死，不一为陛下别白言之乎！太子性本中人，可与为善，可与为恶。向使陛下择正人辅之，足以嗣守鸿基。今乃以唐令则为左庶子，邹文腾为家令，二人唯知以弦歌鹰犬娱悦太子，安得不至于是邪！此乃陛下之过，非太子之罪也。"因伏地流涕呜咽。上惨然良久曰："李纲责我，非为无理，然徒知其一，未知其二；我择汝为宫臣，而勇不亲任，虽更得正人，何益哉！"对曰："臣所以不被亲任者，良由奸人在侧故也。陛下但斩令则、文腾，更选贤才以辅太子，安知臣之终见疏弃也。自古国家废立冢嫡，鲜不倾危，愿陛下深留圣思，无贻后悔。"上不悦，罢朝，左右皆为之股栗。会尚书右丞缺，有司请人，上指纲曰："此佳右丞也！"即用之。

太平公史万岁还自大斤山，杨素害其功，言于上曰："突厥本降，初不为寇，来塞上畜牧耳。"遂寝之。万岁数抗表陈状，上未之悟。上废太子，方穷东宫党与。上问万岁所在，万岁实在朝堂，杨素曰："万岁谒东宫矣！"以激怒上。上谓为信然，令召万岁。时所将将士在朝堂称冤者数百人，万岁谓之曰："吾今日为汝极言于上，事当决矣。"既见上，言"将士有功，为朝廷所抑！"词气愤厉。上大怒，令左右扑杀之。既而追之，不及，因下诏陈其罪状，天下共冤惜之。

十一月，戊子，立晋王广为皇太子。天下地震，太子请降章服，宫官不称臣。

帝囚故太子勇于东宫，付太子广掌之，勇自以废非其罪，频请见上申冤，而广遏之不得闻。勇于是升树大叫，声闻帝听，冀得引见。杨素因言勇情志昏乱，为癫鬼所著，不可复收。帝以为然，卒不得见。

初，帝之克陈也，天下皆以为将太平，监察御史房彦谦私谓所亲曰："主上忌刻而苛酷，太子卑弱，诸王擅权，天下虽安，方忧危乱。"其子玄龄亦密言于彦谦曰："主上本无功德，以诈取天下，诸子皆骄奢不仁，必自相诛夷，今虽承平，其亡可翘足待。"彦谦，法寿之玄孙也。

玄龄与杜杲之兄孙如晦皆预选，吏部侍郎高孝基名知人，见玄龄，叹曰："仆阅人多矣，未见如此郎者，异日必为伟器，恨不见其大成耳。"见如晦，谓曰："君有应变之才，必任栋梁之重。"俱以子孙托之。

帝晚年深信佛道鬼神，辛巳，始诏"有盗毁佛及天尊、岳、镇、海、渎神像者，以不道论；沙门毁佛像，道士毁天尊像者，以恶逆论。"

是岁，征同州刺史蔡王智积入朝。智积，帝之弟子也，性修谨，门无私谒，自奉简素，帝甚怜之。智积有五男，止教读《论语》《孝经》，不令交通宾客。或问其故，智积曰："卿非知我者！"其意盖恐诸子有才能以致祸也。

齐州行参军章武王伽送流囚李参等七十余人诣京师，行至荥阳，哀其辛苦，悉呼谓曰："卿辈自犯国刑，身婴缧绁，固其职也；重劳援卒，岂不愧心哉！"参等辞谢。伽乃悉脱其枷锁，停援卒，与约曰："某日当至京师，如致前却，吾当为汝受死。"遂舍之而去。流人感悦，如期而至，一无离叛。

上闻而惊异，召见与语，称善久之。于是悉召流人，令携负妻子俱入，赐宴于殿庭而赦之。因下诏曰："凡在有生，含灵禀性，咸知善恶，并识是非。若临以至诚，明加劝导，则俗必从化，人皆迁善。往以海内乱离，德教废绝，吏无慈爱之心，民怀奸诈之意。朕思遵圣法，以德化民，而伽深识朕意，诚心宣导，参等感寤，自赴宪司；明是率士之人，非为难教。若使官尽王伽之俦，民皆李参之辈，刑厝不用，其何远哉！"乃擢伽为雍令。

太史令袁充表称：隋兴已后，昼日渐长，开皇元年，冬至之景长一丈二尺七寸二分；自尔渐短，至十七年，短于旧三寸七分。日去极近则景短而日长，去极远则景长而日短；行内道则去极近，行外道则去极远。谨按《元命包》云："日月出内道，璇玑得其常。"《京房别对》曰："太平，日行上道；升平，行次道；霸代，行下道。"伏惟大隋启运，上感乾元，景短日长，振古希有。"上临朝，谓百官曰："景长之庆，天之祐也。今太子新立，当须改元，宜取日长之意以为年号。"是后百工作役，并加程课，以日长故也。丁匠苦之。

【译文】

开皇二十年 （庚申、600年）

贺若弼又犯罪被判下狱，皇上责怪他说："你有三样心理太强烈了：嫉妒的心理太强烈，自以为是和批评别人的心理太强烈，目中无君的心理太强烈。"不久，把他放了。有一天，皇上对侍臣说："贺若弼在讨伐陈国的时候，对高颎说：'是可以将陈叔宝讨平的。但能不遭遇高鸟打尽，良弓收藏的下场吗？'高颎说：'肯定不会如此。'等到平定陈国，急着索求内史的官职，又索求仆射的官职。我对高颎说：'功臣只应该授予上柱国等勋官，不可以参与朝政。'后来贺若弼告诉高颎说：'皇太子对我很亲密，即使很私密的事，也无所不谈。您将来怎么知道不会要依仗我的力量呢？为什么有话却不说呢？'他一心想谋得广陵，又谋得荆州，这些都是叛乱的地方，他的心意是始终没有改变的。"

夏，四月，壬戌日（初四），突厥的达头可汗侵扰边塞，下诏命令晋王杨广、杨素从灵武道出兵，汉王杨谅、史万岁从马邑道出兵，加以攻打。

长孙晟率领投降的人做了秦州的行军总管，接受晋王的节制调度。长孙晟因为突厥人惯饮泉水，容易下毒，因此拿许多毒药放在水的上游，突厥人和牲畜喝了水以后，死了许多，因此大惊说："上天降下毒水，难道是要灭亡我们突厥人吗？"于是在夜里逃跑了。长孙晟加以追赶，杀死1000多人。

史万岁离开关塞，到了大斤山，同敌人相遇。达头派使者问："隋朝的将领是谁？"侦察的骑兵报告："是史万岁。"突厥又问："不就是戍守敦煌的那位将军吗？"侦候的骑兵说："是啊！"达头惧怕的带兵离去。史万岁骑快马追赶100多里，出兵攻打，大败他们，杀死了数千人；又向北追赶，进入大漠数百里，待敌人逃到很远的地方才回来。皇上下令派长孙晟再回到大利城，安抚新归附的人。

秦孝王杨俊久病不能起床，派了使者奉上奏表，陈情谢罪。皇上对他的使者说："我努力开创这个大业，制作典法，垂示模范，希望大臣遵守；你是我的儿子，却想要破坏它，不知道要怎样责怪你才好。"杨俊惭愧害怕，病情于是变得严重，结果又拜杨俊为上柱国；六月，丁丑日（二十日），杨俊去世。皇上伤心地哭了几声。命令将杨俊所玩乐的奢侈美丽的东西全都焚毁。王府幕僚的官属请求立碑，皇上说："想要求取声名，有一卷的史书就足够了，何必要有碑呢？假如子孙不能保有家业，只是给别人做镇石而已。"杨俊的儿子杨浩，是崔妃所生的；庶子名叫杨湛。群臣迎合皇上的旨意，奏言："汉代栗姬的儿子刘荣、郭后的儿子刘强，都随着母亲被废除，现在秦王的二个儿子，母亲都有罪，不应该承继嗣位。"皇上听取他们的意见，派秦国的官吏为丧主。

当初，皇上派太子杨勇参与决定军务、朝政的大事，经常有增减修正的意见；皇上全都采纳了。杨勇性情宽厚，顺循情意，十分坦诚，没有虚伪矫饰的行为。皇上生性节俭，杨勇曾把蜀人所作精美的铠甲又加文饰，皇上看了很不高兴，告诫他说："从古以来的帝王，没有喜欢奢侈而能久长的。你是储君，应当以俭约为先，才能奉承宗庙。我从前的衣服，各留下一件，经常拿出来看，以自我警惕。恐怕你以今天皇太子的心，忘记从前的事，所以赏赐给你我旧时所带的刀一把，以及腌菜、豆酱一罐，这是你从前做上士的时候所常吃的东西。如果你记住以前的事，应知晓我的心意。"

后来每年冬至那天，百官都到杨勇那里，杨勇设乐接受道贺。皇上知晓了，问朝臣说："最近听说在冬至那一天，朝廷内外百官带头去朝谒东宫，这是何礼呢？"太常少卿辛亶回答说："在东宫，是祝贺，不能说朝见。"皇上说：

"祝贺的意思,应该是三数十个人,随便各自前去,怎么由有关的官吏征令,同时齐集呢!且太子穿法服,设立音乐,来招待大家,这可以吗?"因而下诏令说:"礼仪是有等级差别的,君臣是不可以违背的。皇太子虽然居处上位,在关系上,兼有臣子的身份,可是朝廷内外的大臣,在冬至前去朝贺,依各地所产,作为贡品,分别送给东宫。这事情不合乎典则,应当全部禁止。"从此对太子的恩宠便开始减弱,渐渐产生了猜疑的心理。

杨勇内宫有很多宠爱的女子,昭训云氏特别受到宠幸。他的妃子元氏不得恩宠,染上心病,两天就死了,独孤后以为有别的原因,便严厉地责备杨勇。从此,云昭训专管内政,生下长宁王杨俨、平原王杨裕、安成王杨筠;高良娣生下安平王杨嶷、襄城王杨恪;王良媛生下高阳王杨该、建安王杨韶;成姬生下颍川王杨煚;后宫生下杨孝实、杨孝范。独孤后更加不高兴,时常派人窥伺察看,找杨勇的过失。

晋王杨广更加小心注意自己的行为,只和萧妃生活一处,后宫有了小孩都不养育,独孤后因此多次称赞杨广贤明。凡是掌权的大臣,杨广都全心全意的和他们交往。皇上和皇后每次派左右的人到杨广的领地,无分贵贱,杨广一定同萧妃在门口迎接招待,为他们备好精美的食物,并赠送厚重的礼物;来往的婢仆都称赞他的仁德和孝心。皇上和皇后曾经临幸他的宅第,杨广把美丽的女子全部屏退,藏匿在其他的房间,只留下老丑的,穿上朴素的丝织品,在左右侍候;屏帐换用白色的丝绢;故意断绝乐器的弦索,不叫人拂去尘埃。皇上见了,认为他不喜欢声乐女色,回到宫里,告诉侍臣,心里很喜欢,侍臣全都称赞庆贺,因此特别爱他,同其他的儿子不一样。

皇上暗地命令会看相的人来和,把所有的儿子都看了,回答说:"晋王眉

独孤后

上两个头骨高起，十分尊贵。"皇上又问上仪同三司韦鼎说："在我的几个儿子中，谁能够继承帝位呢？"回答说："至尊同皇后所最喜欢的人，可以给他继承帝位，这不是臣敢预先测知的。"皇上笑着说："卿不肯明说吗？"

晋王杨广的姿容仪态很优美，秉性聪慧，性格稳重；喜好求学，善于作文；能够恭敬地接待朝臣士人，用礼十分谦和。因此声名很盛，为诸王中第一。

杨广任扬州总管，上了朝，将要回到镇所，便进入内宫向皇后辞别，伏在地上流泪，皇后也伤心地流泪。杨广说："臣的秉性才智，愚昧低下，常守住平常兄弟的情意，不知什么罪使太子不喜欢我，经常怀着很大的怒气，想要加害于我。我常怕逸言谮诬，像曾子的母亲连续听到曾子杀人，便动摇信念，投杼逾墙而走一样，使我在饮酒时不知不觉地遭遇毒害，因此忧劳挂念，深陷蹈履危亡的境地。"皇后生气地说："睨地伐逐渐让人无法忍受，我替他娶元氏的女子，他竟不以夫妇之礼对待她，单单宠幸阿云，以致有了很多的小孩。从前新娶的妇人遭到毒害而死，我也没有深究，为何又在你的身上动这个念头呢！我在的时候，况且如此，我死了以后，要把你当鱼肉吃掉吗？每次想到太子竟然没有嫡生长子，皇上过世以后，要你们兄弟在阿云的儿子面前，行再拜礼问候，这是多么令人痛苦的事啊！"杨广再拜，伤心哭泣而不能自止，皇后也十分悲伤。从此，皇后便决心要废掉杨勇，册立杨广。

杨广和安州总管宇文述平常很友好，想要宇文述接近自己，便奏请任他为寿州刺史。杨广特别亲近信任总管司马张衡，张衡为杨广计划夺取宗室地位的计策。杨广向宇文述问计策，宇文述说："皇太子失去宠爱已经很久了，他的美德，天下无人知道。大王以仁心孝行出名，才华能力，冠盖世人，多次带领军队，立下大功；皇上和皇后，全都非常喜爱你，四海的声望，实在已经归向大王，可是废掉太子，是国家的大事，处在别人父子骨肉之间，实在不容易谋划。但是能够改变皇上的心意的，只有杨素了。而杨素所能商量的人，只有他的弟弟杨约一人。我宇文述十分了解杨约，请让我到京师，同杨约见面，一同商量。"杨广大为高兴，送他很多金宝，作他入关的费用。

杨约当时做大理少卿，杨素凡是要有作为，都先同杨约商量，然后才做。宇文述约请杨约，陈列了很多器玩，和他一起畅饮，同他一起赌博，每次都假装不能赢他，把所带的金宝全部输给杨约。杨约所得的既已很多，很感谢宇文述。宇文述因此说:"这是晋王的赏赐,命令我和您一起欢乐的呀!"杨约大吃一惊,说:"为什么要这么做呢?"然后,宇文述传达杨广的意思,对他说:"守行正道,本来是人臣常要做的事;违反常规,而不失义理,也是通达者的好打算。从古以来的贤人君子,都是随着时机消长,以逃避祸患的。您的兄弟,功名盖过世人,位居要津,执掌政事已许多年了,朝廷的臣子被你府上所屈辱的,能数得清楚吗?同时,皇太子因为所要求的每每做不成,便经常痛恨执政的人;您尽管自己结纳皇上,可是想要危害您的人本来就很多了,皇上一旦驾崩,丢下群臣,您又拿什么来庇护自己呢?现在皇太子失去皇后的宠爱,皇上也一直有废除他的心意,这是您所知道的。现在假如请求册立晋王,就在你哥哥的口上了。假如真的能够利用这个时候建立大功,晋王肯定会永远记在心里,那么就能够免去累卵一般的危险,而成就泰山的安定了。"杨约同意他的看法,因此去告诉杨素。杨素听了,十分高兴,拍着手掌说:"我的智慧谋虑,还没想到要废立太子的事,幸好你来提醒我。"杨约知道他的计谋达成了,又告诉杨素说:"现在皇后说的话,皇上没有不听的,应该利用机会早一点结交托附,就能长保荣华福禄,把禄位传给子孙。哥哥假如犹豫,一旦发生变化,让太子掌握大权,恐怕不久就会遭祸了。"杨素听从了他的意见。

几天以后,杨素入侍酒宴,不经意地称赞说:"晋王孝敬友悌,恭敬节俭,有些似皇上。"借此揣摩皇后的心意。皇后哭着说:"您说的话很对,我的儿子十分孝敬友爱,每次听到皇上同我派遣内使到达,一定到边境迎接;内使说要告别回返,没有不哭泣的。他新娶的媳妇,也很可爱,我派婢女前去,新妇常同她们同寝共食。那里像睍地伐和阿云相对坐着,整日酣饮宴乐,亲近小人,猜忌自己的父子兄弟。我所以更加怜爱阿<g>的原因,是常怕睍地伐会暗杀他啊!"杨素既已明白皇后的意思,便说了很多太子不成才的事情。皇后于是馈赠杨素金子,让他劝说皇上,废立太子。

杨勇知道一些他们的计谋,十分忧虑惧怕,没有什么计策可以想得出来,便派新丰人王辅贤造设许多诅咒,来压服别人;又在后面的园子作庶人村,房子盖得十分简陋,杨勇时常在里面休息,穿着粗布衣服,坐在草编的褥席上,希望以此抵抗。皇上知晓杨勇自感不安,在仁寿宫,派杨素观察杨勇的作为。杨素到了东宫,只坐下休息,而不进入,杨勇衣冠整齐地等待,杨素故意很久不进去,以激怒杨勇;杨勇怀恨在心,便表现在语言脸色上面。杨素于是回报说:"杨勇有怨恨的心意,担心会有其他的变故,希望深倍提防。"皇上听到杨素的诬罔诽谤,非常疑心。而皇后又派人窥伺东宫,连极小的事也都上奏给皇上,而且加以诬陷,以构成他的罪状。

皇上于是疏远并猜忌杨勇,而在玄武门到至德门中间,酌量设立侦查的人,以窥视太子的动静。有事的时候,便及时奏报上闻。又下令在东宫任宿卫的人,凡是侍官以上的,姓名簿籍全部改隶各个衙府,有勇壮雄健的,都被调走。且外放左卫率苏孝慈为浙州刺史,从而杨勇更为不高兴。太史令袁充对皇上说:"臣观看天文,皇太子应当废掉。"皇上说:"天上的气象很久已经出现,只是群臣不敢说罢了。"袁充是袁君正的儿子。

晋王杨广又命令督王府军事姑臧人段达,私下贿赂东宫宠幸的臣子姬威,命令他窥视太子的动静,暗地告诉杨素;因此朝廷内外宣腾谤毁,有关太子的过失,天天都可以听到。段达于是胁迫姬威说:"太子的过失,皇上都知晓了。已经接到秘密的诏令,决定要废立太子;如果你能告发太子的罪过,就能大富大贵。"姬威答应了,就上了奏书告发。

秋,九月,壬子日(二十六日),皇上从仁寿宫回来。第二天,御临大兴殿,告诉侍臣说:"我刚回到京师,应当敞开胸怀欢乐才对。却不知道什么理由反而悒悒愁苦?"吏部尚书牛弘回答说:"臣等没尽到职责,所以使皇上担心劳苦。"皇上既已常常听到诬陷谤毁,料想朝臣都已经知道了,所以在众人中发问,希望得到太子的过失。牛弘的回答没有迎合旨意,皇上因此变了脸色,对东宫的官属说:"仁寿宫离这里没有多远,而让我每次回京师,都要严密准备兵仗护卫,好像进入敌国一样。我由于得了痢疾,没有解衣服睡觉。昨天晚上想到厕所,本来在后房,担心有紧急的事发生,所以又转移到前殿,难道不是你们这些人想弄垮我的国家吗?"因此抓住太子左庶子唐令则等几个人交给司法的官吏查询;命令杨素陈述东宫的各种事情,说给亲近的臣子听。

杨素从而对大众公开说:"臣奉敕令到长安,命令皇太子追查刘居士的余党。太子接到诏令,脸色大变,横眉厉目,全身颤动,告诉臣说:'刘居士的党徒全都受到制裁,派我上哪里穷加讨惩?你作右仆射,所负的责任很重,由你自己去追查好了,这和我又有什么关系?'又说:'从前大事不能成功的时候,我先受到责罚,现在作了太子,居然要我不如其他的弟弟,任何一件事,都不能自主。'因此长声叹息,回头说:'我深觉行动受到限制。'"皇上说:"我很早就看出这个儿子不能承继帝位,皇后经常劝我废掉他。我因为他是我还是平民的时候所生的,排行又最大,总希望他能逐渐改过,所以才忍到今天。杨勇曾经指着皇后的侍女对别人说:'这些都是我的属物。'这句话是说得多么怪异呀!他的老婆元妃刚死的时候,我很怀疑是遭到毒害的,曾经责怪他,他就埋怨地说:'将来要杀元妃的父亲'。这是想要害我,却迁怒别人而已。杨勇的长子杨俨刚出生的时候,朕和皇后一同抱养他,杨勇自已持有彼此分别的生分心理,几次派人来索回。而且云定兴的女儿勇妃云昭训,是在外私自结合而生的,想想这个来历,怎么能断定是他家的血统?以前晋代太子娶屠夫家的女子,他的儿子就喜好屠杀。如今倘若所传非人,便会乱了宗庙主祧。我尽管德行不如尧、舜,终不会把兆民百姓交付给不肖的儿子。我常怕他来伤害,就像防卫大敌一样;现在想要废除他,来安定天下。"

左卫大将军五原公元旻劝谏说:"废立太子是件大事,诏旨一下,后悔就来不及了。逸邪的话太多了,希望陛下详察。"

皇上不回答他的话,命令姬威将太子的罪过都陈述出来。姬威答道:"太子和臣说话,从来只意存骄傲淫奢,而且说:'如果有谏诤的人,应当杀掉,不必杀到100多人,自然永远止息。'营造台楼殿阁,一年四时都没有停止过。从前苏孝慈解除左卫率,太子愤怒地吹须扬臂,说:'大丈夫总会有得意的一天,是终究不会忘记这件事的,肯定要杀死进谗的人,以快心意。'又宫内所需求的,尚书许多依照法规不给,就生气地说:'仆射以下,我要杀一二个人,使人家知晓怠慢我的灾祸。'且每每说:'皇上嫌恶我有太多侧出的庶子,看看高纬和陈叔宝,那个是庶子呢?'又曾命令巫媪占卜吉凶,对臣说:'皇上的死期是在开皇十八年,这个期限很快就到了。'"皇上流泪说:"谁不是父母所生,竟到这地步!朕最近阅览《齐书》,看见高欢放纵他的儿子,便十分气愤,我怎么能效仿他呢?"因此逮捕杨勇和他的几个儿子,并分派人收拿他的党徒。杨素舞文弄法,巧加诋毁,故意加罪,以构成他的狱案。

停了几天,司法的官吏曲承杨素的心意,上奏元旻常常曲意逢迎杨勇,意存攀附巴结,在仁寿宫的时候,杨勇派了亲信裴弘带信给元旻,上署"不要给别人看见"。皇上说:"朕在仁寿宫的时候,发生一点细小的事,东宫肯定知道,速度比驿马还快,很久以来就觉得奇怪,难道不是这些人的缘故吗?"于是派了武装的卫士捉拿元旻交给左卫仗。右卫大将军元胄当时正好下班,没有离去，因而上奏说："臣刚才所以没有下班，是为了防范元旻。"皇上把元旻和裴弘送进监狱。

开始，杨勇看见枯老的槐树，问道："这能做什么用呢？"有人回答："古槐木最适合取火。"当时卫士都佩带取火的木头，杨勇命令工人制造几千枝，想要分赐给左右的人。这时在仓库里都全都寻获了。又贮藏药物的地方贮存艾草数斛，搜寻到了，皇上很奇怪，问姬威。姬威说："太子这样做，是另有目的的，皇上在仁寿宫，太子常饲养1000匹马，说：'直接前去守住城门，皇上自然会饿死。'"杨素拿姬威的话来责问杨勇，杨勇不服，说："我听说你家里有数万匹马，我杨勇身为太子，有1000匹马，算是作乱吗？"杨素又拿出东宫里的服饰珍玩，看起来是雕琢过的，全部陈列在朝廷，给文武百官看，作为太子的罪状。皇上和皇后多次派使者责问杨勇，杨勇全拒不认罪。

冬，十月，乙丑日（初九），皇上派使者召见杨勇。杨勇看见使者害怕地说："岂不是要杀我了吗？"皇上穿上军服，列好兵仗，驾临武德殿，召集百官站在东面，所有的亲族站在西面，令杨勇同他的所有儿子站在殿庭中，命令内史侍郎薛道衡宣布诏令，废掉杨勇和他的儿女被封为王和公主的封号。杨勇再拜说："臣应当陈尸在国都的市集，作为人将来的诫惕；不过还希望能蒙受哀怜，得以保全性命。"说完，流下眼泪，沾湿衣襟，然后行朝拜礼离去，左右的人都沉默地表示悲哀。长宁王杨俨呈上奏表，乞求作为宿卫，辞意十分哀伤恳切，皇上看了十分同情。杨素进前说："希望圣上的心像手被毒蛇咬伤，壮士断腕一样，不应当再有挽留的心意。"

己巳日（十三日），诏令："元旻、唐令则同太子家令邹文腾、左卫率司马夏侯福、典膳监元淹、前吏部侍郎萧子宝、前主玺下士何𫗧，全都处以死刑，妻妾子孙全都没收入官。车骑将军榆林人阎毗、东郡公崔君绰、游骑尉沈福宝、瀛州术士章仇太翼，免掉死罪，各杖罚100下，本身和妻子儿女、家财、田地、住宅，全都没收入官。副将作大匠高龙叉、率更令晋文建、通直散骑侍郎元衡，都判处自尽。"于是集合众官到广阳门外，宣布诏令行刑。然后移送杨勇到内史省，给他五品的官粮。赏赐杨素丝帛3000段，元胄、杨约都1000段，奖赏他们审判杨勇的功劳。

文林郎杨孝政上奏书谏诤说："皇太子被小人所陷害，应当加以训斥教诲，却不应该废掉。"皇上很生气，捶挞他的胸部。

　　开始，云昭训的父亲云定兴，进出东宫，没有礼数，专进奉一些奇怪的衣服器物，以求得崇信；左庶子裴政多次劝谏，杨勇都不听取。裴政告诉云定兴说："您的所作所为，是不合于法度的，而且元妃突然死了，外面议论纷纷，这对太子来说，并不是好名声。您应当自己引退，不然的话，将会遭遇灾祸。"定兴去告诉杨勇，杨勇更加疏远裴政，因而使他出任襄州总管。唐令则一向被杨勇所亲昵狎近，经常命令他教宫人弹琴唱歌，右庶子刘行本责怪他说："庶子应当用正当的方法去辅佐太子，怎么去做取悦内宫的事呢？"唐令则十分惭愧，却不能改过。当时沛国的刘臻、平原的明克让、魏郡的陆爽，都由于擅长文学而被杨勇所亲善；刘行本气他们不能调理护持，经常告诉他们三人说："你们只懂得读死书而已！"夏侯福曾经在内阁和杨勇游戏，夏侯福大笑，声音传到外面。刘行本听到了，等到夏侯福出来，责怪他说："殿下为人宽宏大度，才给你好脸色。你是什么样的小人物？竟敢轻亵怠慢！"因而交付司法的人审理。几天以后，杨勇替夏侯福说情，才释放出来。杨勇曾得到一匹好马，想要命令刘行本骑着来观赏。刘行本端正脸色说："皇上把臣安排在这里，是要臣辅佐殿下，并不是给殿下当戏弄的臣子。"杨勇感到惭愧而作罢。等到杨勇被废除，裴政和刘行本这两人已经死了。皇上叹息说："从前假如裴政、刘行本还在的话，杨勇是不会落到这地步的。"

　　杨勇曾经宴请宫臣，唐令则自己弹奏琵琶，唱《妩媚娘》。洗马李纲站起来对杨勇说："唐令则身为宫卿，职责应该调护太子；竟然在众人列坐的场合自比为倡优，唱出淫荡的歌声，秽乱太子的视听。这件事假如给皇上听到，唐令则的罪是不轻的，这岂不成为殿下的累赘吗？臣请求赶快办他的罪。"杨勇说："我想要作乐，你不要多事。"李纲于是马上的离开。等到杨勇被废，皇上召集东宫的官属，重重的责怪他们，大家都惶恐畏惧，不敢回答。唯独李纲说："废立太子是件大事，现在文武大臣都知晓这件事情是不可以的，却没有人肯说话，臣怎么敢因为怕死，而不替陛下陈言呢？太子的材质，本来是属中等的，可以使他为善，也可以使他为恶。从前假使陛下选择正直的人去辅佐他，就能够嗣承守护国家的基业。如今竟以唐令则为左庶子，邹文腾为家令，这两个人只知晓以声乐、打猎的事来取悦太子，怎么能不到这地步呢？这是陛下的过失，而不是太子的罪过。"于是伏在地上流泪哭泣。皇上难过了很久，说:"李纲责怪我,不能说没有道理,但是只知其一,不知其二。我选择你作宫臣,而杨勇却不信任你,就算另有正直的人,有什么用呢?"回答说:"臣所以不被重用的原因,是因为奸邪的人在太子身边的缘故。陛下只要斩杀唐令则、邹文腾,另外选用贤良的人才来辅佐太子,怎么知道臣会仍旧被疏远弃置呢?从古以来,废立太子,很少不会倾覆危险的,希望陛下保留圣明的思虑,不要留下日后的悔恨才好。"皇上很不高兴退朝,左右的人都为这战栗。恰好尚书右丞出缺,负责的官吏请求派任人选,皇上指着李纲说:"这是好的右丞。"就任用了他。

李纲像

太平公史万岁从大斤山回来,杨素嫉妒他的功劳,告诉皇上说:"突厥本已投降,这回根本不是入寇,只是来塞上畜牧而已。"于是把封赏的事情搁置不理。史万岁几次上表陈述功劳,皇上完全不晓得。皇上要废掉太子,正在穷治东宫的党徒。皇上问史万岁在那里,史万岁实际在朝堂,杨素却说:"史万岁朝谒东宫去了。"以激怒皇上。皇上信以为真,便下令召回史万岁。当时他所率的将士在朝堂声称冤情的有几百人,史万岁告诉他们说:"我今天为你们尽量向皇上说明,事情就会有决断。"见了皇上,说:"将士有功劳,却被朝廷所压抑!"语气十分愤激严厉。皇上很生气,下令左右的人击杀他。后来追赶不及,因此下诏陈述他的罪状,天下的人都为他的冤情惋惜。

十一月,戊子日(初三),册立晋王杨广为皇太子;各地都发生地震。太子要求降减徽章舆服,而宫官见太子时也不必自称为臣。

皇上囚禁旧太子杨勇在东宫,交付太子杨广掌管。杨勇自己认为被废掉不是他的罪,多次请求见皇上申诉冤情,可是杨广阻止他使不能上闻。于是杨勇便爬到树上大叫,声音传到皇上的住所,希望能够得到招见的机会。杨素却因而说杨勇的神儿已昏乱，被癫疯的鬼魔所附身，不能再收为太子。皇上赞同他的看法，始终不让他见面。

开始，皇上攻克陈朝的时候，天下的百姓认为将要太平，监察御史房彦谦私下告诉所亲近的人说："皇上为人嫉忌凉薄，苛刻残酷，太子卑微懦弱，诸王擅自专权，天下尽管安定，我却正担忧着会有危乱。"他的儿子房玄龄也暗地告诉房彦谦说："主上本来没有什么功德，专靠诈骗取得天下，几个儿子都骄傲奢侈，没有仁德，肯定会彼此互相残杀，如今虽然政治清明，它的灭亡是可以很快看得见的。"房彦谦是房法寿的玄孙。

房玄龄和杜果哥哥的孙子杜如晦，都参与吏部的选拔。吏部侍郎高孝基以能知人闻名，看见房玄龄，叹气说："我看过的人很多了，没有见过像你这样的年轻人，将来肯定会成为伟大的人才，只恨不能看见他的大成就。"看见杜如晦，告诉他说："你有应变的才能，肯定会担负国家栋梁的大任。"于是把子孙都托付给他。

皇上晚年很信佛道鬼神，辛巳日（二十六日），开始发布诏令："有毁坏佛像和天尊、山镇、大海、四渎神像的人，都以不守正道论罪；沙门毁损佛像，道士毁损天尊像的，以恶逆论罪。"

这一年，征调同州刺史蔡王杨智积入朝。杨智积是皇上的侄子，性情谨慎，没有公事，不准人私自来谒见自己，生活很简朴，皇上很尊重他。杨智积有5个儿子，只教他们读《论语》，不让他们同宾客交往。有人问他原因，杨智积便说："你是不能了解我的。"他的意思大约是怕几个儿子因为有才能而招惹灾祸吧！

齐州行参军章武人王伽，送流放的囚犯李参等70多人到京师，走到荥阳，可怜他们的辛苦，把所有的人叫来告诉他们说："你们自己触犯了国家的刑法，身体被黑色绳索捆绑，这本是罪有应得。却还要劳动援送的狱卒，内心岂不感到惭愧吗？"李参等人纷纷向他谢罪。王伽于是把他们的枷锁全都解下，停用援送的狱卒，同他们约定说："在某一天应当到达京师，假如不能如期抵达，我将替你们接受死罪。"于是舍下他们而离去。被流放的人感激喜悦，按约定的日期到达，没有一个叛离。皇上听了很惊讶，召见王伽，和他说话，赞美良久。于是把流放的人全部召入，命令带着妻子儿女一起入朝，在殿廷上赐宴，并赦免了他们的罪。因此下诏书说："凡是有生命的人含有灵气，禀受善性,都知晓善恶,也认识是非。假如待以至诚,明加规劝,那么习俗一定能变化,一定能达到至善至美的境界。从前因为海内丧乱离析,道德教化废弛断绝,官吏没有慈爱的心,人民怀着奸邪欺诈的意念。朕想要遵行圣人的方法,用道德教化人民,而王伽很明白朕的心意,诚心宣谕教导,使李参等人感悟,主动前往司法机关投案自首。这说明天下的人民,并不是难以教育。假如所有的官吏都和王伽一样,而人民也都是李参这样的人,那么刑罚废除不用的日子,哪会很远呢?"于是提拔王伽为雍城县令。

太史令袁充上表称:"隋朝兴起以后,白天逐渐增长,开皇元年,冬至的日影长1丈2尺7寸2分,从此逐渐减短,到了十七年,比以前短减3寸7分。太阳离得很近,日影就减短而白天加长,离得很远,日影就增长而白天减短;行走内侧轨道就离得很近,行走外侧轨道就离得很远。谨按《元命包》说:'日月离开内侧轨道,测量天文的玉器璇玑于是正常不偏。'《京房别对》说:'太平的时候,太阳行走上面的轨道;升平的时候,行走其次的轨道;霸权的时代,行走下面的轨道。'我私下想大隋开拓机运,感动上天,日影缩短,白天延长,这是从上古以来所少有的。"皇上莅临朝廷,对百官说:"日影延长的吉庆,是来自上天的福佑。如今太子刚刚册立,应该改年号,可以取用白天延长的意思作为年号。"此后百工的工作时加长,分量加重,是由于白天增长的缘故。官府的工匠都感到烦苦。

炀皇帝上之上
大业元年(乙丑、605年)

春,正月,立妃萧氏为皇后。
废诸州总管府。
丙辰,立晋王昭为皇太子。
高祖之末,群臣有言林邑多奇宝者。时天下无事,刘方新平交州,乃授方驩州道行军总管,经略林邑。
二月,戊辰,敕有司大陈金宝、器物、锦彩、车马,引杨素及诸将讨汉王谅有功者立于前,使奇章公牛弘宣诏,称扬劝伐,赐赏各有差。素等再拜舞蹈而出。己卯，以素为尚书令。

诏天下公除，惟帝服浅色黄衫、铁装带。

三月，丁未，诏杨素与纳言杨达、将作大匠宇文恺营建东京，每月役丁二百万人，徙洛州郭内居民及诸州富商大贾数万户以实之。废二崤道，开蒉册道。

敕宇文恺与内史舍人封德彝等营显仁宫，南接皂涧，北跨洛滨。发大江之南、五岭以北奇材异石，输之洛阳；又求海内嘉木异草，珍禽奇兽，以实园苑。辛亥，命尚书右丞皇甫议发河南、淮北诸郡民，前后百余万，开通济渠。自西苑引谷、洛水达于河；复自板渚引河历荥泽入汴；又自大梁之东引汴水入泗，达于淮；又发淮南民十余万开邗沟，自山阳至杨子入江。渠广四十步，渠旁皆筑御道，树以柳，自长安至江都，置离宫四十余所。庚申，遣黄门侍郎王弘等往江南造龙舟及杂船数万艘。东京官吏督役严急，役丁死者什四五，所司以车载死丁，东至城皋，北至河阳，相望于道。又作天经宫于东京，四时祭高祖。

林邑王梵志遣兵守险，刘方击走之。师度阁黎江，林邑兵乘巨象，四面而至。方战不利，乃多掘小坑，草覆其上，以兵挑之，既战，伪北；林邑逐之，象多陷地颠踬，转相惊骇，军遂乱。方以弩射象，象却走，蹂其陈，因以锐师继之，林邑大败，俘馘万计。方引兵追之，屡战皆捷，过马援铜柱南，八日至其国都。夏，四月，梵志弃城走入海。方入城，获其庙主十八，皆铸金为之；刻石纪功而还。士卒肿足，死者什四五，方亦得疾，卒于道。

初，尚书右丞李纲数以异议忤杨素及苏威，素荐纲于高祖，以为方行军司马。方承素意，屈辱之，几死。军还，久不得调，威复遣纲诣南海应接林邑，久而不召。纲自归奏事，威劾奏纲擅离所职，下吏按问；会赦，免官，屏居于鄠。

五月，筑西苑，周二百里；其内为海，周十余里；为蓬莱、方丈、瀛洲诸山，高出水百余尺，台观殿阁，罗络山上，向背如神。北有龙鳞渠，萦纡注海内。缘渠作十六院，门皆临渠，每院从四品夫人主之，堂殿楼观，穷极华丽。宫树秋冬凋落，则剪彩为华叶，缀于枝条，色渝则易以新者，常如阳春。沼内亦剪彩为荷芰菱芡，乘舆游幸，则去冰而布之。十六院竞以殽羞精丽相高，求市恩宠。上好以月夜从宫女数千骑游西苑，作《清夜游曲》，于马上奏之。

帝待诸王恩薄，多所猜忌；滕王纶、卫王集内自忧惧，呼术者问吉凶及章醮求福。或告其怨望咒诅，有司奏请诛之；秋，七月，丙午，诏除名为民，徙边郡。纶，瓒之子；集，爽之子也。

八月，壬寅，上行幸江都，发显仁宫，王弘遣龙舟奉迎。乙巳，上御小朱航，自漕渠出洛口，御龙舟。龙舟四重，高四十五尺，长二百丈。上重有正殿、内殿、东、西朝堂。中二重有百二十房，皆饰以金玉，下重内侍处之。皇后乘翔螭舟，制度差小，而装饰无异。别有浮景九艘，三重，皆水殿也。又有漾彩、朱鸟、苍螭、白虎、玄武、飞羽、青凫、陵波、五楼、道场、玄坛、板舺、黄篾等数千艘，后宫、诸王、公主、百官、僧、尼、道士、蕃客乘之，及载内外百司供奉之物，共用挽船士八万余人，其挽漾彩以上者九千余人，谓之殿脚，皆以锦彩为袍。又有平乘、青龙、艨艟、艚艓、八棹、艇舸等数千艘，并十二卫兵乘之，并载兵器帐幕，兵士自引，不给夫。舳舻相接二百余里，照耀川陆，骑兵翊两岸而行，旌旗蔽野。所过州县，五百里内皆令献食，多者一州至百轝，极水陆珍奇；后宫厌饫，将发之际，多弃埋之。

契丹寇营州，诏通事谒者韦云起护突厥兵讨之，启民可汗发骑二万，受其处分。云起分为二十营，四道俱引，营相去一里，不得交杂，闻鼓声而行，闻角声而止，自非公使，勿得走马，三令五申，击鼓而发。有纥干犯约，斩之，持首以徇。于是突厥将帅入谒，皆膝行股栗，莫敢仰视。契丹本事突厥，情无猜忌。云起既入其境，使突厥诈云向柳城与高丽交易，敢漏泄事实者斩。契丹不为备，去其营五十里，驰进袭之，尽获其男女四万口，杀其男子，以女子及畜产之半赐突厥，余皆收入以归。帝大喜，集百官曰："云起用突厥平契丹，才兼文武，朕今自举之。"擢为治书侍御史。

初，西突厥阿波可汗为叶护可汗所虏，国人立鞅素特勒之子，是为泥利可汗。泥利卒，子达漫立，号处罗可汗。其母向氏，本中国人，更嫁泥利之弟婆实特勒。开皇末，婆实与向氏入朝，遇达头之乱，遂留长安，舍于鸿胪寺。处罗多居乌孙故地，抚御失道，国人多叛，复为铁勒所困。铁勒者，匈奴之遗种，族类最多，有仆骨、同罗、契苾、薛延陀等部，其酋长皆号俟斤。族姓虽殊，通谓之铁勒，大抵与突厥同俗，以寇抄为生，无大君长，分属东、西两突厥。是岁,处罗引兵击铁勒诸部,厚税其物,又猜忌薛延陀,恐其为变,集其酋长数百人,尽杀之。于是铁勒皆叛,立俟利发俟斤契苾歌楞为莫何可汗,又立薛延陀俟斤字也咥为小可汗,与处罗战,屡破之。莫何勇毅绝伦,甚得众心,为邻国所惮,伊吾、高昌、焉耆皆附之。

【译文】

大业元年 (乙丑、605年)

春,农历一月,册立妃子萧氏为皇后。

废除各州的总管府。

丙辰日(二十五日),册立晋王杨昭为皇太子。

高祖末年,朝臣中有人说林邑有许多奇特的宝物。当时,天下没有什么大事,刘方刚刚平定交州,于是授刘方为驩州道行军总管,经营林邑。

二月,戊辰日(农历初七),敕令有关的官吏大量陈列金银珠宝、器物、锦彩、车马,带领杨素和征讨汉王杨谅有功的众将,站在前面,派奇章公牛弘发布诏令,称扬功劳,赐赏各有差等。杨素等人再拜舞踊行礼,然后出去。己卯日(十八日),任命杨素为尚书令。

诏令天下都脱去国家的丧服,只有皇上服用浅色黄衫、铁装带。

三月,丁未日(十七日),诏令杨素和纳言杨达、将作大匠宇文恺营建东京,每月的役丁有200万人,其他迁徙洛州城里的居民和各州富商、做大买卖的人,有几万家住进来。废除二崤道,开通蒉册道。

敕令宇文恺与内史舍人封德彝等人营造显仁宫,南面连接皂涧,北面跨越洛水之滨。开采大江的南边、五岭以北的奇特木材、珍异石头,运输到洛阳;又寻求海内嘉美的树、珍异的草和珍贵稀奇的禽兽,来充实园囿花苑。辛亥日(二十一日),任命尚书右丞皇甫议发动河南、淮北各郡的百姓,先后100多万,开筑通济渠。从西边的城苑,引谷、洛的河水到黄河;又从板渚引黄河的水,经历荥泽进入汴水;又从大梁的东边引汴水进入泗水,到达淮河;又发动淮南的人民10多万开通邗沟,从山阳到杨子进入长江。渠宽40多步,渠的旁边都建筑御道,种上柳树;从长安到江都,设置了40多个别宫。庚申日(三十日),派遣黄门侍郎王弘等人去江南制造龙舟和杂用的船只数万艘。东京的官吏督导劳役十分严厉急切,役丁死的有百分之四五十,掌管事务的官，用车子装载已死的役丁，东边到城皋，北边到河阳，满路都是。又在东京作天经宫，四时祭拜高祖。

林邑王梵志，派兵防守险要的地方，刘方将他打败赶走。军队渡过阇黎江，林邑的士兵乘坐大象，从四面到来。刘方作战失利，便挖了很多小坑，用草覆盖在上面，用士兵去挑战，等到一交战，便伪装战败；林邑兵去追赶，大象多陷入坑里跌倒，彼此惊慌害怕，军队因而混乱。刘方用箭射大象，使大象退走，蹂躏林邑的阵地，然后用精锐的军队去攻击，林邑因而大败，被俘虏和杀死的有1万人。刘方带兵追赶，多次作战都获得胜利，经过马援所铸铜柱的南方，行军8天就到了他们的国都。夏天，四月，梵志丢弃城池，逃入海中。刘方入城，获得18个庙主，都是铸金做成的；便刻石记述功绩才回去。士兵由于脚肿，死了百分之四五十，刘方也得了疾病，死在路上。

初始，尚书右丞李纲好几次因为意见不同，忤逆了杨素和苏威。杨素推荐李纲给高祖，作为刘方的行军司马。刘方迎合杨素的心意，侮辱他，差不多至死。军队凯旋归来，许久不予迁调，苏威又派李纲到南海做应接林邑的使者，又很久不召他回来。李纲自己回来奏事，苏威便上奏弹劾李纲擅自离开驻所，把他交给司法的官吏审问。最后正逢宽赦，被免除了官职，于是屏绝人事，住在鄠县。

五月，建筑西苑，周围有200里；内部为海，周围有10多里；筑蓬莱、方丈、瀛洲几座山，高出水面100多尺，台观殿阁，好像星罗棋布地建造在山上，三座山的前前后后，都做得像神山一样。北边有龙鳞渠，环绕注入海内。靠着河渠作十六院，大门都临着河渠，每院以四品的夫人负责管理，堂殿楼观，十分奢靡华丽。宫中的树在秋冬凋落了，就剪彩带作为花叶，点缀在枝条上，颜色变了，就换新的，经常像阳春一样。池沼里也剪彩带做成荷叶、菱角，皇上乘车前来游玩，就除去冰凌，而把剪制的荷芰菱芡布在里面。十六院争相以食物的精美比高下，来求得皇上的恩宠。皇上喜欢在有月亮的晚上和数千名宫女骑马游西苑，作《清夜游曲》，在马上演奏。

皇上对待诸王，非常寡恩薄情，颇多猜忌；滕王杨纶、卫王杨集心里感到忧虑畏惧，便唤来术士问凶吉，并设坛祈福。有人就告他们心存怨恨，咒诅别人遭遇凶事掌管，司法的官吏因而奏请处死他们。秋，七月，丙午日（十八日），下令除去他们的官爵，废为平民百姓，迁移到边远的郡城。杨纶是杨瓒的儿子；杨集是杨爽的儿子。

八月，壬寅日（十五日），皇上临幸江都，从显仁宫出发，王弘派龙舟恭迎。乙巳日（十八日），皇上乘坐的红色船，从漕渠离开洛水进入黄河的河口，坐上龙舟。龙舟有4层，高45尺，上层有正殿、内殿、东西朝堂，中间的两层有120房间，全部用金玉装饰，下层是内侍所住的地方。皇后乘坐翔螭舟，规模稍为小一些，而装饰则没有差别。其他有浮影快速船9艘，3层，都是水中宫殿。又有漾彩、朱鸟、苍螭、白虎、玄武、飞羽、青凫、陵波、五楼、玄坛、道场、

契丹人

板舱、黄篾船等数千艘，供后宫、诸王、百官、公主、尼、僧、道士、蕃客等乘坐，也用以装载朝廷内外百官所使用的东西。仅仅用来挽船的人就共有8万多人，其中挽漾彩以上船只的，有9000多人，称为殿脚（挽水殿的脚夫），都用锦彩布为袍。又有平乘、艨艟、青龙、艚艒、八棹、艇舸等数千艘船，都由12名卫兵乘坐，同时装载兵器帐幕，一律由兵士自己挽引，不给脚夫。前后舳舻相接，长达200多里，照耀了整个山川陆地，骑兵在两岸护卫行走，军旗布满原野。所经过的州县，500里以内的地方都命令贡献食物，有的州乃用100辆车来载运，极尽水陆的珍奇物品；等到后宫吃得很饱足了，将要出发的时候，把吃不完的都抛弃埋掉。

契丹入侵营州，诏令通事谒者韦云起监领突厥的兵去讨伐，启民可汗发动骑兵两万人，接受他的控制。韦云起将部队分为20个军营，四路一齐进攻，每营相距一里，不能交相混杂，听到鼓声就前进，听到角声则停止。假如不是因公遣派出去，不能骑马疾行，并再三的叮咛，击鼓即前进。有个突厥的小官违犯约定，就把他杀了，并拿着他的首级到处示众。因而突厥的将帅进入拜见，都跪着前行，两股发抖，不敢抬起头来看。契丹本来是侍奉突厥的，并无猜忌的心

理。韦云起已经进入他们的境内，叫突厥欺骗说是要去柳城，和高丽做生意，假如有人敢泄漏事实的就要斩杀。契丹果真没有加以防备，在距离他们的军营五十里时，即快骑进兵侵袭，俘获了他们的全部男女共四万人，杀了他们的男人，而把女子和畜产的一半赐给突厥，剩下的全拿回来。皇上大为高兴，齐集百官说："韦云起用突厥人平定契丹人，兼备文武才能，朕今天要主动举用他。"便破格提拔为治书侍御史。

起初，西突厥阿波可汗被叶护可汗所俘虏，国人拥立了鞅素特勒的儿子，就是泥利可汗。泥利死了，他的儿子达漫继立，号称处罗可汗。他的母亲向氏，本来是中国人，改嫁给泥利的弟弟婆实特勒。开皇末年，婆实特勒和向氏入朝，遇到达头作乱，便留在长安，住在鸿胪寺。处罗多居留在乌孙的旧地，安抚统御，违失正道，国人有多次起来作乱，又被铁勒所困。铁勒是匈奴的遗种，族类最多，有仆骨、同罗、契苾、薛延陀等部，他们的酋长都号为俟斤。族姓虽然不同，但是通称为铁勒，大抵和突厥人的习俗相同，以寇侵抄略作为生计，没有大君长，分属于东、西两突厥。就是这年，处罗带兵攻击铁勒各部，加重他们的物税，又猜疑薛延陀，怕他发生变故，集合他们的数百名酋长，把他们全部杀了。因而铁勒都一一背叛，拥立俟利发俟斤契苾歌楞为莫何可汗，又拥立薛延陀俟斤字也咥为小可汗，和处罗作战，多次把他打败。莫何勇敢强毅，超过一般人，很得众人的拥戴，使邻国感到畏惧，结果伊吾、高昌、焉耆都先后归附他。

二　年（丙寅、606年）

二月，丙戌，诏吏部尚书牛弘等议定舆服、仪卫制度。以开府仪同三司何稠为太府少卿，使之营造，送江都。稠智思精巧，博览图籍，参会古今，多所损益；衮冕画日、月、星辰，皮弁用漆纱为之。又作黄麾三万六千人仗，及辂辇车舆，皇后卤簿，百官仪服，务为华盛，以称上意。课州县送羽毛，民求捕之，网罗被水陆，禽兽有堪氅毦之用者，殆无遗类。乌程有高树，逾百尺，旁无附枝，上有鹤巢，民欲取之，不可上，乃伐其根；鹤恐杀其子，自拔氅毛投于地，时人或称以为瑞，曰："天子造羽仪，鸟兽自献羽毛。"所役工十万余人，用金银钱帛钜亿计。帝每出游幸，羽仪填衍溢路，亘二十余里。三月，庚午，上发江都，夏，四月，庚戌，自伊阙陈法驾，备千乘万骑入东京。辛亥，御端门，大赦，免天下今年租赋。制五品已上文官乘车，在朝弁服，佩玉；武官马加珂，戴帻，服袴褶。文物之盛，近世莫及也。

六月，壬子，以杨素为司徒；进封豫章王暕为齐王。

秋，七月，庚申，制百官不得计考增级，必有德行、功能灼然显著者进擢之。帝颇惜名位，群臣当进职者，多令兼假而已；虽有阙员，留而不补。时牛弘为吏部尚书，不得专行其职，别敕纳言苏威、左翊卫大将军宇文述、左骁卫大将军张瑾、内史侍郎虞世基、御史大夫裴蕴、黄门侍郎裴矩参掌选事，时人谓之"选曹七贵"。虽七人同在坐，然与夺之笔，虞世基独专之，受纳贿赂，多者超越等伦，无者注色而已。蕴，邃之从曾孙也。

元德太子昭自长安来朝，数月，将还，欲乞少留；帝不许。拜请无数，体素肥，因致劳疾，甲戌，薨。帝哭之，数声而止，寻奏声伎，无异平日。

楚景武公杨素，虽有大功，特为帝所猜忌，外示殊礼，内情甚薄。太史言隋分野有大丧，乃徙素为楚公，意言楚与隋同分，欲以厌之。素寝疾，帝每令名医诊候，赐以上药，然密问医者，恒恐不死。素亦自知名位已极，不肯饵药，亦不将慎，谓其弟约曰："我岂须更活邪！"乙亥，素薨，赠太尉公、弘农等十郡太守，葬送甚盛。

八月，辛卯，封皇孙倓为燕王，侗为越王，侑为代王，皆昭之子也。

置洛口仓于巩东南原上，筑仓城，周回二十余里，穿三千窖，窖容八千石以还，置监官并镇兵千人。十二月，置回洛仓于洛阳北七里，仓城周回十里，穿三百窖。

初，齐温公之世，有鱼龙、山车等戏，谓之散乐，周宣帝时，郑译奏征之。高祖受禅，命牛弘定乐，非正声清商及九部四舞之色，悉放遣之。帝以启民可汗将入朝，欲以富乐夸之。太常少卿裴蕴希旨，奏括天下周、齐、梁、陈乐家子弟皆为乐户；其六品以下至庶人，有善音乐者，皆直太常。帝从之。于是四方散乐，大集东京，阅之于芳华苑积翠池侧。有舍利兽先来跳跃，激水满衢，鼋鼍、龟鳖、水人、虫鱼，遍覆于地。又有鲸鱼喷雾翳日，倏忽化成黄龙，长七八丈，又二人戴竿，上有舞者，倏然腾过，左右易处。又有神鳌负山，幻人吐火，千变万化，伎人皆衣锦绣缯彩，舞者鸣环佩，缀花钿;课京兆、河南制其衣,两京锦彩为之空竭。帝多制艳篇,令乐正白明达造新声播之,音极哀怨。帝甚悦,谓明达曰:"齐氏偏隅,乐工曹妙达犹封王;我今天下大同,方且贵汝,宜自修谨!"

【译文】

二 年（丙寅、606 年）

二月,丙戌日（农历初一）,诏令吏部尚书牛弘等人商议制定舆服、仪卫制度。任命开府仪同三司何稠为太府少卿,让他设计制作,送到江都。何稠的智虑精深细巧,博览图书典籍,参考古今式样,多方面增减;衣衮冠冕画日、月、星、辰,皮弁用漆纱作成。又作朝会所用 3 万 6 千人的黄麾仪仗,和皇上的车驾坐舆、皇后的仪仗、百官的仪服,没有不力求华美隆盛,以满足皇上的心意。而且督贵州县送羽毛,于是百姓设法捕捉禽兽,网罗遍及水陆各地,禽兽有能作为羽毛饰品用途的,都捕捉净尽。乌程有一棵高的树,高度超过 100 尺,周围没有攀附的树枝,树上有鹤巢,百姓想要取得,不能上去,于是砍伐树根,老鹤担心伤了小鹤,自己拔取氅毛丢到地上,那时有人称为吉瑞的征兆,说:"天子造有羽饰的仪仗,连鸟兽都自动奉献羽毛。"参加劳役的工人有 10 万多,用掉的金银钱帛多得以亿来计算。皇上每回出游,仪仗填满街道,连接 20 多里。三月,庚午日（十六日）,皇上从江都出发。夏,四月,庚戌日（二十六日）,从伊阙陈列天子的车驾,备有 1000 辆车乘,1 万名骑兵,进入东京。辛亥日（二十七日）,到达端门,举行大赦,免除天下今年的租税。规定五品以上的文官乘坐车子,上朝时穿弁服,佩戴玉;武官的马勒加白色的海螺作为装饰,戴包头巾,穿骑马专用的衣裤。规模之盛大,堪为近代之最。

六月,壬子日（二十九日）,任命杨素为司徒;进封豫章王杨暕为齐王。

秋,七月,庚申日（农历初八）,制定百官考核制度,只有德行、功业、才能都很显明卓著的,才能晋升等。皇上非常吝惜名分地位,群臣应当升职的,大都命令兼摄代理而已;虽有缺额,却保留而不予补足。当时牛弘是吏部尚书,不可以单独行使他的职权,另外敕令纳言苏威、左翊大将军宇文述、左骁卫大将军张瑾、内史侍郎虞世基、御史大夫裴蕴、黄门侍郎裴矩共同负责选用人才的事情,人称"选用曹官的七贵人"。虽然 7 个人同时在座,但是用与不用的决策权由虞世基独自掌握。他接受贿赂，以纳贿多寡决定能封官职高低。不贿赂的人，只登录他的资格而已，而不予升迁。裴矩是裴邃的堂曾孙。

元德太子杨昭从长安来朝见，过了几个月，要回去了，想要乞求稍作停留，皇上却不答应。他叩拜请求了无数次，由于身体原来就很肥胖，以致过于劳苦而引发疾病，于甲戌日（二十二日）去世。皇上悲哭，只有几声就停了，不久就令女伎演奏音乐，和平日差不多。

楚景武公杨素，虽然立有大的功劳，但也特别受到皇上的疑忌，皇上在外面表示得十分礼遇，其实内心却十分刻薄。太史说隋朝的境内会有大的丧事，因而改任杨素为楚公，意思是说楚和隋同分天下，想要用他来抵挡。杨素生了重病，皇上每回都下令名医去诊治，赏赐上等的药材，而暗中问医生，常怕他不会死。杨素自己也知道名位已到了极点，不肯吃药，也不细心休养，告诉他的弟弟杨约说："我何必再活下去呢？"乙亥日（二十三日），杨素死了，追赠太尉公、弘农等十郡太守，葬送的礼十分隆盛。

八月，辛卯日（农历初九），封皇孙杨倓为燕王，杨侗为越王，杨侑为代王，他们都是杨昭的儿子。

在巩县东南原野上设置洛口仓，建筑仓城，周围20多里，开凿3000个地窖，每个地窖能够容纳8000石以上，并设置监督的官及镇守的官1000人。十二月，在洛阳城北7里设置回洛仓，仓城周围10里，开凿了300个地窖。

起初在齐温公的时代，有鱼龙、山车等戏，称为散乐，周宣帝的时候，郑译奏请征用。高祖接受禅位，命令牛弘制定音乐，不是正声清商和九部、四舞的色调，一律遗弃。由于启民可汗将要入朝，皇上想要向他夸耀富庶安乐。太常少卿裴蕴便逢迎旨意，奏请搜括天下周、济、梁、陈的乐家子弟封为乐户。六品以下的官以至于庶人，有精通音乐的都隶属太常。皇上采纳了他的意见。因此四方的艺人，大量集中东京，在芳华苑积翠池旁边表演让人观赏，有舍利兽先来跳跃，把衢道积满了水，鼋鼍龟鳖，会囚水的人、虫鱼，遍布在地上。又有鲸鱼喷雾蔽天，一下子变为黄龙，长七八丈。又两人头顶竹竿，上面有人跳着舞，很快速地腾跳而过，左右交换地方。又有神鳌背负山丘，魔术师嘴里吐火，真是千变万化，无奇不有。耍把戏的人一律穿着锦绣的彩衣，跳舞的人鸣动环佩，用彩色的羽毛做装饰；并督责京兆、河南的人民制作衣服，两京的丝绸因而用光。皇上写了很多冶艳的篇章,命令乐正白明达编造新的乐曲唱出,声音十分哀怨。皇上十分高兴,告诉白明达说:"齐氏偏处一隅,乐工曹妙达尚且封王;现在天下大同,正要使你显贵,你应当谨慎从事提高修养。"

三　年(丁卯、607 年)

春,正月,朔旦,大陈文物。时突厥启民可汗入朝,见而慕之,请袭冠带,帝不许。明日,又率其属上表固请,帝大悦,谓牛弘等曰:"今衣冠大备,致单于解辫,卿等功也!"各赐帛甚厚。

初,云定兴、阎毗坐媚事太子勇,与妻子皆没官为奴婢。上即位,多所营造,闻其有巧思,召之,使典其事,以毗为朝请郎。对宇文述用事,定兴以明珠络帐赂述,并以奇服新声求媚于述;述大喜,兄事之。上将有事四夷,大作兵器,述荐定兴可使监造,上从之。述谓定兴曰:"兄所作器仗,并合上心,而不得官者,为长宁兄弟犹未死耳。"定兴曰:"此无用物,何不劝上杀之。"述因奏:"房陵诸子年并成立,今欲兴兵征讨,若使之从驾,则守掌为难;若留于一处,又恐不可。进退无用,请早处分。"帝然之,乃鸩杀长宁王俨,分徙其七弟于岭表,仍遣间使于路尽杀之。襄城王恪之妃柳氏自杀以从恪。

夏,四月,牛弘等造新律成,凡十八篇,谓之《大业律》;甲申,始颁行之。民久厌严刻,喜于宽政。其后征役繁兴,民不堪命,有司临时迫胁以求济事,不复用律令矣。旋骑尉刘炫预修律令,弘尝从容问炫曰:"《周礼》士多而府史少,今令史百倍于前,减则不济,其故何也?"炫曰:"古人委任责成,岁终考其殿最,案不重校,文不繁悉,府史之任,掌要目而已。今之文簿,恒虑覆治,若锻炼不密,则万里追证百年旧案。故谚云:'老吏抱案死。'事繁政弊,职此之由也。"弘曰:"魏、齐之时,令史从容而已,今则不遑宁处,何故?"炫曰:"往者州唯置纲纪,郡置守、丞,县置令而已。其余具僚则长官自辟,受诏赴任,每州不过数十,今则不然,大小之官,悉由吏部,纤介之迹,皆属考功。省官不如省事,官事不省而望从容,其可得乎!"弘善其言而不能用。

壬辰,改州为郡;改度量权衡,并依古式。改上柱国以下官为大夫;置殿内省，与尚书、门下、内史、秘书为五省；增谒者、司隶台，与御史为三台；分大府寺置少府监，与长秋、国子、将作、都水为五监；又增改左、右翊卫等为十六府；废伯、子、男爵，唯留王、公、侯三等。

初，高祖受禅，唯立四亲庙，同殿异室而已，帝即位，命有司议七庙之制。礼部侍郎摄太常少卿许善心等奏请为太祖、高祖各立一殿，准周文、武二祧，与始祖而三，余并分室而祭，从迭毁之法。至是，有司请如前议，于东京建宗庙。帝谓秘书监柳䛒曰："今始祖及二祧已具，后世子孙处朕何所？"六月，丁亥，诏为高祖建别庙，仍修月祭礼。既而方事巡幸，竟不果立。

帝过雁门，雁门太守丘和献食甚精；至马邑，马邑太守杨廓独无所献，帝不悦。以和为博陵太守，仍使廓至博陵观和为式。由是所至献食，竟为丰侈。

戊子，车驾顿榆林郡。帝欲出塞耀兵，径突厥中，指于涿郡，恐启民惊惧，先遣武卫将军长孙晟谕旨。启民奉诏，因召所部诸国奚、霫、室韦等酋长数十人咸集。晟见牙帐中草秽，欲令启民亲除之，示诸部落，以明威重，乃指帐前草曰："此根大香。"启民遽嗅之，曰："殊不香也。"晟曰："天子行幸所在，诸侯躬自洒扫，耕除御路，以表至敬之心；今牙内芜秽，谓是留香草耳！"启民乃悟曰："奴之罪也！奴之骨肉皆天子所赐，得效筋力，岂敢有辞。特以边人不知法耳，赖将军教之；此将军之惠，奴之幸也"。遂拔所佩刀，自芟庭草。其贵人及诸部争效之。于是发榆林北境，至其牙，东达于蓟，长三千里，广百步，举国就役，开为御道。帝闻晟策，益嘉之。

丁酉，启民及义成公主来朝行宫。己亥，吐谷浑、高昌并遣使入贡。

甲辰，上御北楼观渔于河，以宴百僚。定襄太守周法尚朝于行宫，太府卿元寿言于帝曰："汉武出关，旌旗千里。今御营之外，请分为二十四军，日别遣

长孙晟突厥汗国骑兵图

一军发，相去三十里，旗帜相望，钲鼓相闻，首尾相属，千里不绝，此亦出师之盛者也。"法尚曰："不然，兵亘千里，动间山川，猝有不虞，四分五裂；腹心有事，首尾未知，道路阻长，难以相救，虽有故事，乃取败之道也。"帝不怿，曰："卿意如何？"法尚曰："结为方陈，四面外拒，六宫及百官家属并在其内；若有变起，所当之面，即令抗拒，内外奇兵，出外奋击，车为壁垒，重设钩陈，此为据城，理亦何异！若战而捷，抽骑追奔，万一不捷，屯营自守，臣谓此万全之策也。"帝曰："善！"因拜法尚左武卫将军。

帝欲夸示突厥，令宇文恺为大帐，其下可坐数千人；甲寅，帝于城东御大帐，备仪卫，宴启民及其部落，作散乐。诸胡骇悦，争献牛羊驼马数千万头。帝赐启民帛二千万段，其下各有差。又赐启民路车乘马，鼓吹幡旗，赞拜不名，位在诸侯王上。

又诏发丁男百余万筑长城，西拒榆林，东至紫河。尚书左仆射苏威谏，上不听，筑之二旬而毕。帝之征散乐也，太常卿高颎谏，不听。颎退，谓太常丞李懿曰："周天元以好乐而亡，殷鉴不远，安可复乐！"颎又以帝遇启民过厚，谓太府卿何稠曰："此虏颇知中国虚实，山川险易，恐为后患。"又谓观王雄曰："近来朝廷殊无纲纪。"礼部尚书宇文弼私谓颎曰："天元之侈，以今方之，不亦甚乎！"又言："长城之役，幸非急务。"光禄大夫贺若弼亦私议宴可汗太侈。并为人所奏。帝以为诽谤朝政，丙子，高颎、宇文弼、贺若弼皆坐诛，颎诸子徙边，弼妻子没官为奴婢。事连苏威，亦坐免官。颎有文武大略，明达世务，自蒙寄任，竭诚尽节，进引贞良，以天下为己任；苏威、杨素、贺若弼、韩擒虎皆颎所推荐，自余立功立事者不可胜数；当朝执政将二十年，朝野推服，物无异议，海内富庶，颎之力也。及死，天下莫不伤之。先是，萧琮以皇后故，甚见亲重，为内史令，改封梁公，宗族缌麻以上，皆随才擢用，诸萧昆弟，布列朝廷。琮性澹雅，不以职务为意，身虽羁旅，见北间豪贵，无所降下。与贺若弼善，弼既诛，又有童谣曰："萧萧亦复起。"帝由是忌之，遂废于家，未几而卒。

八月，壬午，车驾发榆林，历云中，溯金河。时天下承平，百物丰实，甲士五十余万，马十万匹，旌旗辎重，千里不绝。令宇文恺等造观风行殿，上容侍卫者数百人，离合为之，下施轮轴，倏忽推移。又作行城，周二千步，以板为干，衣之以布，饰以丹青，楼橹悉备。胡人惊以为神，每望御营，十里之外，屈膝稽颡，无敢乘马。启民奉庐帐以俟车驾；乙酉，帝幸其帐，启民奉觞上寿，跪伏恭甚，王侯以下袒割于帐前，莫敢仰视。帝大悦，赋诗曰："呼韩顿颡至，屠耆接踵来；何如汉天子，空上单于台！"皇后亦幸义成公主帐。帝赐启民及公主金瓮各一，并衣服被褥锦彩，特勒以下，受赐各有差。帝还，启民从入塞，己丑，遣归国。

癸巳，入楼烦关；壬寅，至太原，诏营晋阳宫。帝谓御史大夫张衡曰："朕欲过公宅，可为朕作主人。"衡乃先驰至河内，具牛酒。帝上太行，开直道九十里，九月，己未，至济源，幸衡宅。帝悦其山泉，留宴三日，赐赉甚厚。衡复献食，帝令颁赐公卿，下至卫士，无不沾洽。己巳，至东都。

壬申，以齐王暕为河南尹；癸酉，以民部尚书杨文思为纳言。

冬，十月，敕河南诸郡送一艺户陪东都三千余家，置十二坊于洛水南以处之。

西域诸胡多至张掖交市，帝使吏部侍郎裴矩掌之。矩知帝好远略，商胡至者，矩诱访诸国山川风俗，王及庶人仪形服饰，撰《西域图记》三卷，合四十四国，入朝奏之。仍别造地图，穷其要害，从西倾以去，纵横所亘，将二万里，发自敦煌，至于西海，凡为三道，北道从伊吾，中道从高昌，南道从鄯善，总凑敦煌。且云："以国家威德，将士骁雄，泛濛汜而越昆仑，易如反掌。但突厥、吐浑分领羌、胡之国，为其壅遏，故朝贡不通。今并因商人密送诚款，引领翘首，愿为臣妾。若服而抚之，务存安辑，皇华遣使，弗动兵车，诸蕃既从，浑、厥可灭，混壹戎、夏，其在兹乎！"帝大悦，赐帛五百段，日引矩于御坐，亲问西域事。矩盛言"胡中多诸珍宝，吐谷浑易可并吞。"帝于是慨然慕秦皇、汉武之功，甘心将通西域；四夷经略，咸以委之。以矩为黄门侍郎，复使至张掖，引致诸胡，啖之以利，劝令入朝。自是西域胡往来相继，所经郡县，疲于送迎，糜费以万万计，卒令中国疲弊以至于亡，皆矩之唱导也。

【译文】

三　年（丁卯、607年）

春，农历一月，朔日（初一）早晨，大量陈列文物。当时突厥启民可汗入朝，看见了，很羡慕，请求袭用冠带，皇上不答应。次日，又率领他的部属上了奏表,坚决请求,皇上大为喜悦,告诉牛弘等人说:"现在衣冠大为完备,以致单于要解开辫子,这是你们这些人的功劳。"于是分别赐给很丰厚的丝帛。

起初,云定兴、阎毗因为极力讨好太子杨勇而连坐受罚,和妻子儿女都没入官府为奴婢。皇上即位以后,大事营建,听说他们有精巧的技艺,便召见他们,让他们负责这些事,并任命阎毗为朝请郎。当时宇文述当权,云定兴拿明珠穿络的帐子贿赂宇文述,而且拿珍奇的衣服、新造的音乐向宇文述讨好;宇文述十分高兴,把他看成哥哥。皇上准备对四夷作战,要大量制造兵器,宇文述便推荐云定兴,说可以由他来监造。皇上答应了这件事。宇文述告诉云定兴说:"大哥所制作的武器兵仗,都符合皇上的心意,而不能得到官职的原因,是由于长宁兄弟还没有死啊!"云定兴说:"这几个没用的东西,何不劝皇上把他们杀了呢?"宇文述因而上奏说:"房陵王的几个儿子,都已成人,现在想要起兵诛讨四夷,假如让他们跟从御驾,则很难加以监视;假如留在一个地方,又怕不妥。进退都不好,请早作处理。"皇上同意他的看法,便毒杀长宁王杨俨,分别派遣他的7个弟弟到岭外,再派密使在路上把他们全杀了。襄城王杨恪的妃子柳氏自杀以追随杨恪。

夏天,四月,牛弘等完成新律制订,一共18篇,称为《大业律》;甲申日(农历初六),正式颁布施行。人民厌恶苛政已久,很喜欢仁宽的政治。后征役变得频繁,人民疲于奔命,无法负担,而有关的官吏临时又加胁迫,以求完成任务,于是不再使用律令了。旅骑尉刘炫参与修订律令的工作,牛弘有一次和缓地问刘炫说:"周朝的礼制是士人多而府史少,如今令史比以前多100倍,减少则事情不可以完成,这是什么缘故呢?"刘炫说:"古人委任官吏,责求成绩,岁末考核他们的优劣,案件不重复检校,公文不烦琐,府史的任职,只是掌理重要的事情而已。现在的文案,经常考虑重复研判,假如审理不周密,虽然地隔万里,也会去追查,时过百年,也要旧案重提。因此谚语说:'老吏抱着案牍而累死。'事情繁多,政治衰弊,主要是由于这个缘故。"牛弘说:"魏、齐的时候,令史常悠闲自在,现在却没有空暇闲居的时间,这是什么原因呢?"刘炫说:"以前州只设置长史、司马,郡设置守、丞,县设置令而已。其余的僚属,则由长官自行征辟,接受诏令,前赴任所,每州仅仅是数十人而已。现在却不这样,大小的官吏,都由吏部尚书加以权衡,很小的事,都要考核功过。减少官吏不如减少事情,官吏的事情不减少,而希望悠闲自在,怎么办得到呢？"牛弘感到他的话很对，却不能采用。

壬辰日（十四日），改州为郡；改革度量衡，都依据古代的方式。改上柱国以下的官为大夫；设置殿内省，和门下、尚书、内史、秘书为五省；增加谒省、司隶台，和御史为三台；分太府寺设置少府监，和长秋、将作、国子、都水为五监；又增改左、右翊卫等为十六府；废除伯、子、男的爵位，仅仅保留王、公、侯三等。

起初，高祖接受禅位，只设立4个亲庙，在同一殿堂而房室不同而已。皇上即位，命令有关的官吏议订七庙的制度。礼部侍郎摄理太常少卿许善心等人，奏请为太祖、高祖各立1个殿，依照周代文、武两个祖庙，再加上始祖成为3个，其余的分开房室来祭，根据更迭毁废的方法，后代每添一主，就把最先的一祖撤去，永保七庙之数。于是有关的官吏请求照着先前的方法，在东京建立宗庙。皇上告诉秘书监柳䛒说："现在始祖和两个祖庙已经有了，子孙把朕放在什么地方呢？"六月，丁亥日（农历初十），诏令为太祖建立别的庙，依旧践行月祭的礼节。后来由于正从事巡幸，结果没有建立。

皇上路过雁门，雁门太守丘和贡献的食物十分精美；到了马邑，马邑太守杨廓唯独没有东西奉献，皇上十分不高兴。于是任命丘和为博陵太守，仍然派杨廓到博陵，各地按照丘和所献的东西为标准进献。因而所到的地方，争相贡献食物，互比丰盛侈靡。

戊子日（十一日），御驾暂停榆林郡。皇上想要出边塞显耀兵力，途径突厥境内，直达涿郡，因为怕启民惊慌畏惧，便先派武卫将军长孙晟宣谕旨意。启民接奉诏令，就征集所领导的各国奚、霫、室韦等酋长数十人齐集在一起。长孙晟看见牙帐里长了许多草，想要命令启民亲自割除，表示给各个部落看，以彰显天子的威势，于是指着帐前的草说："这一根草很香。"启民急忙去闻一闻，说："这一点也不香。"长孙晟说："天子行幸所到的地方，诸侯亲自打扫，清扫天子车驾所经过的道路，以表达非常诚敬的心意，现在牙帐里面的青草芜秽，这不是保留香草以供御用吗？否则为何不除去呢？"启民于是觉悟说："这是奴的罪过！奴的骨肉都是天子所赏赐，有机会报效筋骨体力，那里敢推辞呢？只因边区的人不知道礼数罢了，幸赖将军教导；将军赐予恩惠，是奴的幸运。"便拔出佩刀，亲自割除庭中的杂草。其他贵族和各部酋长争相效仿。于是从榆林北境起，到他的牙帐，东边到达蓟城，长3000里，宽100步，全国发动参加劳役,开通为御驾的车道。皇上听了长孙晟的计策,更加嘉许他。

丁酉日(二十日),启民和义成公主来行宫朝见。己亥日(二十二日),吐谷浑、高昌都派使者入贡。

甲辰日(二十七日),皇上亲临榆林城的北门城楼,观看黄河里的捕鱼情景,以宴请百官。定襄太守周法尚到行宫朝见,太府卿元寿告诉皇上说:"汉武帝出关的时候,旌旗绵亘千里。现在御营之外,请将军队分为20个部分,每天分别派遣一部分官司兵出发,相离30里,旗帜前后相互可以望见,铙鼓的声音互相可以听见,前后遥相连接,千里不断,这也是出师的盛况。"法尚说:"不行!军队绵亘千里,时为山川所阻隔,忽然有预料不到的事发生,则将四分五裂,无法收拾;又中间的地方遭遇攻击,前后都不知道,因而道途险阻漫长,是很难互相援救的,虽有旧例,却是自取败亡的途径啊!"皇上不快地说:"卿的意思如何呢?"法尚说:"结成四方的阵势,四面向外抵挡,六宫和百官的家属都在里面,如果有变乱发生,所面对的一方,就命令抵抗,内部出奇兵,出外奋力攻击,以车辆作为壁垒,再布置像钩子一样的曲阵,这和据守城池,道理有何不同呢?假如作战而获胜,抽调骑兵追赶,万一不能获胜,屯据营地自守,臣以为这是万全的策略。"皇上说:"好极了!"于是拜法尚为左武卫将军。

皇上想要向突厥眩耀,命令宇文恺做大的营帐,营帐里面能够坐几千个人;甲寅日(农历初七),皇上在榆林郡城东的大帐里面,备设仪卫,宴请启民和他的部落,表演各种歌舞节目。各胡族惊骇喜悦,争着贡献牛羊驼马达数千万头。皇上赏赐启民丝帛2000万段,他的部属也有各种赏赐。又赏赐启民路车乘马,鼓吹旗帜,在参拜皇上的时候,不必自呼名字,爵位在诸侯王以上。

又诏令发动丁男100多万人去修筑长城,西边抵榆林,东边到紫河。尚书左仆射苏威进谏,皇上不听,共施工20天而完成。皇上调征百戏玩乐的时候,太常卿高颎劝谏,皇上也不听。高颎退下,告诉太常丞李懿说:"周天元(即周宣帝)由于喜爱玩乐而亡国,这个失败的借鉴为时没有多远,怎能再如此呢?"高颎又因为皇上对待启民太过优厚,告诉太府卿何稠说:"这个奴房颇知道中国的国势虚实、山川的形势险易,唯恐会成为后患。"又告诉观王杨雄说:"近来朝廷十分没有纲纪。"礼部尚书宇文弼暗中告诉高颎说:"拿今天和周天元的奢侈比较,不是更厉害吗?"又说:"长城的劳役,实在不是急要的事务。"光禄大夫贺若弼也私下议论宴请可汗太奢侈。这些议论全都被人上奏。

皇上以为是在诽毁朝政。丙子日（二十九日），高颎、宇文弢、贺若弼都定罪被杀，高颎的几个儿子迁徙到边远的地方，贺若弼的夫人、儿子没入官府为奴婢。事情涉及苏威，也遭株连免除官职。高颎有文武两方面的才略，明晓世务，自从接受重任以后，竭尽诚心，保全节

古代长城

操，进用一些贞干贤良的人，以治理天下为己任；苏威、杨素、贺若弼、韩擒虎都是高颎所举荐的，其他立功立事的人，更得数不清；在朝廷执政将近20年，朝廷上下推重佩服，大家都没有异辞，海内富裕，人口增多，是高颎的功劳。当他死的时候，天下的人没有不哀伤的。起初，萧琮因为皇后的缘故，很受亲近敬重，担任内史令，改封为梁公，宗族近亲，都凭借才能提拔任用，许多萧姓的兄弟，布列于朝廷。萧琮性情高雅，不以职位事务为念，虽长久寄居他乡，发现北方的豪族贵人，毫不卑屈折降。和贺若弼友善，贺若弼被杀后，又有童谣说："姓萧的又要起来了。"皇上因而疑忌，把他废除在家里，不久他就死了。

八月，壬午日（农历初六），御驾从榆林出发，经历云中，由金河逆流而上。当时天下太平，各种货物都很十分充裕，战士有50多万，马10万匹，旗帜车辆，千里不断。命令宇文恺等人制造观赏风景的行殿，上面可以容纳侍卫数百人，它既能够拆开又可以复合，下面施用轮轴，能很快地加以移动。又作活动的城，周围2000步，以木板做支干，用布包裹起来，用丹青藻绘，里面城楼和望远楼一切具备。胡人惊为神工，每次望见御用营帐，在10里以外的地方，便屈膝磕头，无人敢乘马。启民恭奉庐帐以等待车驾；乙酉日（农历初九），皇上临幸他的庐帐，启民恭奉酒杯向皇上祝贺长寿，跪伏在地上，十分恭敬，王侯以下的人，在帐前袒衣割肉，无人敢抬头看。皇上大为喜悦，吟诗说："呼韩邪以头叩地而至，匈奴屠耆接连而来；汉朝天子算什么呢？仅可以上单于台，北望匈奴而已。"皇后也临幸义成公主营帐。皇上赏赐启民和公

主各一个金瓮，和一些衣服被褥锦彩，特勒（官名）以下，也接受不同的赏赐。皇上回去，启民跟从入塞，己丑日（十三日），遣送启民回国。

癸巳日（十七日），入楼烦关；壬寅日（二十六日），抵达太原，诏令驻在晋阳宫。皇上告诉御史大夫张衡说："朕想过访您的宅第，您可作为主人以款待朕。"张衡因此预先快骑到河内，准备接待。皇上直上太行，开道90里，直达张衡所住的地方。九月，己未日（十三日），到达济源，临幸张衡的宅第。皇上喜欢那里的山泉，留下来饮宴3天，赏赐很优厚。张衡又贡献粮食等物品，皇上下令颁赐公卿，下及卫士，没有不沾受好处的。己巳日（二十三日），到达东都。

壬申日（二十六日），任命齐王杨暕为河南尹；癸酉日（二十七日），任命民部尚书杨文思为纳言。

冬天，十月，敕令河南各郡送一户擅长伎艺的人家，加上东都的3000多家，在洛水南方设置12个坊邑以安排他们。

西域的很多胡人到张掖做买卖，皇上派吏部侍郎裴矩管理这件事。裴矩知道皇上喜欢经略远方，每次做生意的胡人到了的时候，裴矩便要他们带路访问各国的山川风俗，君王和庶人的仪表形貌服饰，撰成《西域图记》3卷，总共44国，入朝上奏。同时另外编造地图，穷尽各地的山川险阻，西倾山以西的地方，纵横绵亘，接近2万里，从敦煌出发，到达西海，一共3条道路，北路从伊吾，中路从高昌，南路从鄯善，一同在敦煌聚集。而且说："以国家的威德，将士的骁勇雄壮，渡过濛汜，爬越昆仑，易如反掌。但是突厥、吐谷浑分别领导羌、胡的国家，被他们从中阻拦，所以朝贡不能畅通。现在都利用商人暗中送达诚恳的心意，引颈翘首，殷切地期望成为臣妾。假如使他们归顺，加以抚慰，一定可以保持他们的安定和睦，我中华只要派遣使者，是不须用兵的。等到所有的蕃属都归顺朝廷，吐浑、突厥便能够消灭。要建立统一戎狄华夏的不朽事业，就在这个时候吧！"皇上大为喜悦，赏赐丝帛500段，每次引裴矩到皇上的御坐，亲自问西域的事情。裴矩极言："胡人中间有许多不同的珍宝，吐谷浑不难吞并。"皇上因而很羡慕秦皇、汉武的功业，以能通西域为快事；便把四方夷狄的经营谋略，全都委给他。于是任命裴矩为黄门侍郎，又派他到张掖，诱致各胡族，用利益来满足他们，诱导他们入朝。从此以后，西域的胡人相继来往，所经过的郡县，疲于送往迎来，损耗的财币以亿计算，结果使得国国疲惫资产殆尽，以至于灭亡，这都是裴矩一手造成的。

卷一八一至卷二一〇

隋纪五　炀皇帝上之下
大业八年（壬申、612年）

　　春，正月，帝分西突厥处罗可汗之众为三，使其弟阙度设将羸弱万余口，居于会宁，又使特勒大奈别将余众居于楼烦，命处罗将五百骑常从车驾巡幸，赐号曷婆那可汗，赏赐甚厚。

　　初，嵩高道士潘诞自言三百岁，为帝合炼金丹。帝为之作嵩阳观，华屋数百间，以童男童女各一百二十人充给使，位视三品；常役数千人，所费巨万。云金丹应用石胆、石髓，发石工凿嵩高大石深百尺者数十处。凡六年，丹不成。帝诘之，诞对以："无石胆、石髓，若得童男女胆髓各三斛六斗，可以代之。"帝怒，锁诣涿郡，斩之。且死，语人曰"此乃天子无福，值我兵解时至，我应生梵摩天"云。

　　四方兵皆集涿郡，帝征合水令庾质，问曰："高丽之众不能当我一郡，今朕以此众伐之，卿以为克不？"对曰："伐之可克。然臣窃有愚见，不愿陛下亲行。"帝作色曰："朕今总兵至此，岂可未见贼而先自退邪？"对曰："战而未克，惧损威灵。若车驾留此，命猛将劲卒，指授方略，倍道兼行，出其不意，克之必矣。事机在速，缓则无功。"帝不悦，曰："汝既惮行，自可留此。"右尚方署监事耿询上书切谏，帝大怒，命左右斩之，何稠苦救，得免。

　　壬午，诏左十二军出镂方、长岑、溟海、盖马、建安、南苏、辽东、玄菟、扶余、朝鲜、沃沮、乐浪等道，右十二军出黏蝉、含资、浑弥、临屯、候城、提奚、蹋顿、肃慎、碣石、东䢢、带方、襄平等道，骆驿引途，总集平壤，凡一百一十三万三千八百人，号二百万，其馈运者倍之。宜社于南桑乾水上，类上帝于临朔宫南，祭马祖于蓟城北。帝亲授节度：每军大将、亚将各一人；骑兵四十队，队百人，十队为团，步卒八十队，分为四团，团各有偏将一人；其铠胄、缨拂、旗幡，每团异色；受降使者一人，承诏慰抚，不受大将节制；其辎重散兵等亦为四团，使步卒挟之而行；进止立营，皆有次叙仪法。癸未，第一军发；日遣一军，相去四十里，连营渐进；终四十日，发乃尽，首尾相继，鼓角相闻，旌旗亘九百六十里。御营内合十二卫、三台、五省、九寺，分隶内、外、前、后、左、右六军，次后发，又亘八十里。近古出师之盛，未之有也。

甲辰，内史令元寿薨。

二月，壬戌，观德王雄薨。

北平襄侯段文振为兵部尚书，上表，以为帝"宠待突厥太厚，处之塞内，资以兵食，戎狄之性，无亲而贪，异日必为国患，宜以时谕遣，令出塞外，然后明设烽候，缘边镇防，务令严重，此万岁之长策也。"兵曹郎斛斯政，椿之孙也，以器干明悟，为帝所宠任，使专掌兵事。文振知政险薄，不可委以机要，屡言于帝，帝不从。及征高丽，以文振为左候卫大将军，出南苏道。文振于道中疾笃，上表曰："窃见辽东小丑，未服严刑，远降六师，亲劳万乘。但夷狄多诈，深须防拟，口陈降款，毋宜遽受。水潦方降，不可淹迟。唯愿严勒诸军，星驰速发，水陆俱前，出其不意，则平壤孤城，势可拔也。若倾其本根，余城自克；如不时定，脱遇秋霖，深为艰阻，兵粮既竭，强敌在前，靺鞨出后，迟疑不决，非上策也。"三月，辛卯，文振卒，帝甚惜之。

癸巳，上始御师，进至辽水。众军总会，临水为大陈，高丽兵阻水拒守，隋兵不得济。左屯卫大将军麦铁杖谓人曰："丈夫性命自有所在，岂能然艾灸颏，瓜蒂歕鼻，治黄不差，而卧死儿女手中乎！"乃自请为前锋，谓其三子曰："吾荷国恩，今为死日！我

隋炀帝杨广像

得良杀，汝当富贵。"帝命工部尚书宇文恺造浮桥三道于辽水西岸，既成，引桥趣东岸，桥短不及岸丈余。高丽兵大至，隋兵骁勇者争赴水接战，高丽兵乘高击之，隋兵不得登岸，死者甚众。麦铁杖跃登岸，与虎贲郎将钱士雄、孟叉等皆战死。乃敛兵，引桥复就西岸。诏赠铁杖宿公，使其子孟才袭爵，次子仲才、季才并拜正议大夫。更命少府监何稠接桥，二日而成，诸军相次继进，大战于东岸，高丽兵大败，死者万计。诸军乘胜进围辽东城，即汉之襄平城也。车驾度辽，引曷萨那可汗及高昌王伯雅观战处以慑惮之，因下诏赦天下。命刑部尚书卫文昇、尚书右丞刘士龙抚辽左之民，给复十年，建置郡县，以相统摄。

夏，五月，壬午，纳言杨达薨。

诸将之东下也，帝亲戒之曰："今者吊民伐罪，非为功名。诸将或不识朕意，欲轻兵掩袭，孤军独斗，立一身之名以邀勋赏，非大军行法。公等进写，当分为三道，有所攻击，必三道相知，毋得轻军独进，以致失亡。又，凡军事进止，皆须奏闻待报，毋得专擅。"辽东数出战不利，乃婴城固守，帝命诸军攻之。又敕诸将，高丽若降，即宜抚纳，不得纵兵。辽东城将陷，城中人辄言请降，诸将奉旨不敢赴机，先令驰奏，比报至，城中守御亦备，随出拒战。如此再三，帝终不寤。既而城久不下，六月，己未，帝幸辽东城南，观其城池形势，因召诸将诘责之曰："公等自以官高，又恃家世，欲以暗懦待我邪！在都之日，公等皆不愿我来，恐见病败耳。我今来此，正欲观公等所为，斩公辈耳！公今畏死，莫肯尽力，谓我不能杀公邪！"诸将咸战惧失色。帝因留城西数里，御六合城，高丽诸城各坚守不下。右翊卫大将军来护儿帅江、淮水军，舳舻数百里，浮海先进，入自浿水，去平壤六十里，与高丽相遇，进击，大破之。护儿欲乘胜趣其城，副总管周法尚止之，请俟诸军至俱进。护儿不听，简精甲四万，直造城下。高丽伏兵于罗郭内空寺中，出兵与护儿战而伪败，护儿逐之入城，纵兵俘掠，无复部伍。伏兵发，护儿大败，仅而获免，士卒还者不过数千人。高丽追至船所，周法尚整陈待之，高丽乃退。护儿引兵还屯海浦，不敢复留应接诸军。

左翊卫大将军宇文述出扶余道，右翊卫大将军于仲文出乐浪道，左骁卫大将军荆元恒出辽东道，右翊卫将军薛世雄出沃沮道，左屯卫将军辛世雄出玄菟道，右御卫将军张瑾出襄平道，右武候将军赵孝才出碣石道，涿郡太守检校左武卫将军崔弘昇出遂城道，检校右御卫虎贲郎将卫文昇出增地道，皆会于鸭绿水西。述等兵自泸河、怀远二镇，人马皆给百日粮，又给排甲、枪稍并衣资、戎具、火幕，人别三石已上，重莫能胜致。下令军中："士卒有遗弃米粟者斩！"军士皆于幕下掘坑埋之，才行及中路，粮已将尽。

高丽遣大臣乙支文德诣其营诈降，实欲观虚实。于仲文先奉密旨："若遇高元及文德来者，必擒之。"仲文将执之，尚书右丞刘士龙为慰抚使，固止之。仲文遂听文德还，既而悔之，遣人绐文德曰："更欲有言，可复来。"文德不顾，济鸭绿水而去。仲文与述等既失文德，内不自安，述以粮尽，欲还。仲文议以精锐追文德，可以有功，述固止之，仲文怒曰："将军仗十万之众，不能破小贼，何颜以见帝！且仲文此行，固知无功，何则？古之良将能成功者，军中之事，决在一人，今人各有心，何以胜敌！"时帝以仲文有计画，令诸军谘禀节度，故有此言。由是述等不得已而从之，与诸将渡水追文德。文德见述军士饥色，故欲疲之，每战辄走。述一日之中，七战皆捷，既恃骤胜，又逼群议，于是遂进，东济萨水，去平壤城三十里，因山为营。文德复遣使诈降，请于述曰："若旋师者，当奉高元朝行在所。"述见士卒疲弊，不可复战，又平壤城险固，度难猝拔，遂因其诈而还。述等为方陈而行，高丽四面钞击，述等且战且行。秋，七月，壬寅，至萨水，军半济，高丽自后击其后军，右屯卫将军辛世雄战死。于是诸军俱溃，不可禁止，将士奔还，一日一夜至鸭绿水，行四百五十里。将军天水王仁恭为殿，击高丽，却之。来护儿闻述等败，亦引还。唯卫文升一军独全。

初，九军度辽，凡三十万五千，及还至辽东城，唯二千七百人，资储器械巨万计，失亡荡尽。帝大怒，锁系述等。癸卯，引还。

宇文述素有宠于帝，且其子士及尚帝女南阳公主，故帝不忍诛。甲申，与于仲文等皆除名为民，斩刘士龙以谢天下。萨水之败，高丽追围薛世雄于白石山，世雄奋击，破之，由是独得免官。以卫文昇为金紫光禄大夫。诸将皆委罪于于仲文，帝既释诸将，独系仲文。仲文忧恚，发病困笃，乃出之，卒于家。

是岁，大旱，疫，山东尤甚。

张衡既放废，帝每令亲人觇衡所为。帝还自辽东，衡妾告衡怨望，谤讪朝政，诏赐尽于家。衡临死大言："我为人作何等事，而望久活！"监刑者塞耳，促令杀之。

【译文】

大业八年 （壬申、612年）

春，农历一月，皇上分西突厥处罗可汗的部众为三部分，让他的弟弟阙度设带领羸弱的10000多人，处居会宁，又让特勒（突厥官名）大奈另外带领其余的群众居处楼烦，且命令处罗带领500名骑士经常跟从车驾去巡幸，赏赐名号叫曷婆那可汗，奖赏非常优厚。

初始，嵩高的道士潘诞，自己说已300岁，为皇上合炼金丹。皇上为他作嵩阳观，华丽的屋子有几百间，用童男童女各120人充当差使，地位视同三品官；经常劳役几千人，所耗费的资金有万万之多。他说炼金丹要用石胆、石髓，所以发动石工开凿嵩高的大石，其中深到100尺的，有几十处。一共用6年，金丹却没有炼成。皇上诘问，潘诞回答说："没有石胆、石髓，假如得到童男童女的胆髓各3斛6斗，能够代替。"皇上很生气，将他上了枷锁送往涿郡处死。快要死的时候，告诉人说："这是怪天子没有福分，我兵解的时候到了，我该升天成仙去了！"

四方的军队都集聚涿郡，皇上征召合水令庾质，问他："高丽的兵众抵不过我的一个郡，现在朕动用如此众多的军队去征伐，卿以为能战胜吗？"回答说："攻伐是能够获得胜利的，可是臣私下有愚见，不愿意陛下亲自前行。"皇上变了脸色说："朕现在调集军队到这里，哪里可以没有见到贼兵，自己就先行退走呢？"回答说："作战假如没有成功，害怕会损及皇上的威严。假如车驾留在这里，命令勇猛的将军、强劲的士卒，照着指示的策略，加速前进，趁敌方不注意时攻打，一定是会战胜的。战胜的关键在于快速，慢了就没有功效了。"皇上不高兴，说："你既然害怕前行，自己便留在这里。"右尚方署监事耿询上了奏章切谏攻伐高丽的事，皇上十分生气，命令左右的人把他斩杀，何稠苦苦哀求，才得以幸免。

壬午日（农历初二），诏令左边的十二军从镂方、长岑、溟海、盖马、建安、南苏、辽东、玄菟、扶余、沃沮、朝鲜、乐浪等道出发，右边的十二军从黏蝉、浑弥、含资、临屯、候城、提奚、肃慎、蹋顿、碣石、东暆、带方、襄平等道出发，车乘在道途相继不绝，会集于平壤，共到113万3千8百人，号称200万，担任运输的人数是士兵的2倍。于是在南边桑乾水上举行宜祭，祭祀社主，在临朔宫的南方，举行类祭，祭祀上帝，在蓟城北边祭祀马祖，皇上亲自颁令节度：每军大将、次将各一人；骑兵40队，每队100人，10队为1团；步兵80队，分为四团，每团各有偏将一名；那些铠甲兜鍪、拂尘、旗帜，每团都有各自的颜色；受降的使者一人，承受诏令安抚投降的人，不接受大将的调度；其他的运输军用物资的、散兵等也分4个团，使步兵在两旁夹进；进兵、停留、扎营，都有次序法度。癸未日（农历初三），第一军出发；然后每天派遣一军，前后相距40里，接连军营，渐次前进；一共花了40天，才发兵完毕。各军首尾彼此连接，鼓角相互听闻，旌旗连绵960里。御营内共有十二卫、三台、五省、九寺，分别隶属内、外、前、后、左、右六军，紧接在后面出发，又绵延80里。近代出动军队的盛况，是从没有像这样子的。

甲辰日（二十四日），内史令元寿去世。

二月，壬戌日（十二日），观德王杨雄去世。

北平襄侯段文振任兵部尚书，上奏表，以为皇上"对突厥的恩惠太优厚了，把他们安顿在塞内，供给兵器、食物来帮助他们，而戎狄的本性是没有亲情并且贪婪的，将来必定会成为国家的祸患，应该利用机会加以晓谕，把他们遣回塞外，然后严设烽燧，沿着边区镇守防御，务使严密，这才是万年长远之计。"兵曹郎斛斯政是斛斯椿的孙子，因为有识才干聪明颖悟，受到皇上的宠幸信任，专事掌理兵权。段文振知道斛斯政为人阴险刻薄，不能委交他机密重要的事务，多次向皇上陈说，皇上却不同意。等到征伐高丽的时候，任命段文振为左候卫大将军，从南苏道出发。段文振在路上生了重病，上奏表说："臣私下看见辽东的小丑，未能听服重典，使得六军远伐，并劳驾亲征。但是夷狄大都险诈，须加深预防，即使口中表达投降的诚意，也不要马上就接受。如今大水正在降下，不能够滞留。希望能严厉统领各军，如同流星奔驰一样快速进发，水陆一起挺进，趁他们没有注意时加以袭击，那么平壤一个孤城，是必定可以拔取的。万一倾覆了他们的根本，其余的城市，自然就能攻克了；假如不能掌握时机平定他们，万一遇到秋天的霖雨，遭受重重的艰难险阻，那么兵粮既将竭尽，而强敌就在前面，靺鞨又出现在后面，势必陷入进退两难的困境，这不是上策。"三月，辛卯日（十二日），段文振病死，皇上非常悼惜。

癸巳日（十四日），皇上才统御各军，进兵到隋水。各军会在一起，在河对岸摆好大的阵势，高丽的军队阻断水流，抵抗防守，使隋朝的军队渡不了河。左屯卫大将军麦铁杖告诉人说："男子大丈夫的性命，自有适当的归宿，怎能燃艾草灸鼻鹭，用瓜蒂喷鼻孔，治疗热病无效，而卧死在儿女的手中呢？"于是自己恳请为前锋，并告诉他的三个儿子说："我承蒙国家的恩惠，今天就是报效而死的日子，我能做有意义的牺牲，你们应该可以永享富贵。"皇上命令工部尚书宇文恺在辽河西岸搭造3座浮桥，在完成以后，把它运到东岸，因为桥身太短，距离对岸还有1丈多。此时高丽的军队大量涌到，隋朝的军队比较骁勇，争相前赴水中应战。高丽兵在高处攻击，使隋朝的军队无法登岸，以致死了很多人。麦铁杖跳上对岸，和虎贲郎将钱士雄、孟叉等都战死了。结果收兵，把桥又带到西岸。诏令追赠麦铁杖为宿公，让他的儿子麦孟才承袭爵位，次子仲才、季才，都拜为正议大夫。接着命令少府监何稠衔接浮桥，两天就完成了。各军依次继续前进，在东岸大战，高丽军大败，死了10000多人。各军乘胜追击，围攻辽东城，辽东城就是汉朝的襄平城。车驾渡过辽河，带领曷萨那可汗和高昌王伯雅到观战的地方，使他们心生恐惧，然后下诏令赦免天下的罪人。并命令刑部尚书卫文升、尚书右丞刘士龙安抚辽左的人民，免租赋徭役10年，建置郡县，用以统辖管理。

夏，五月，壬午日（农历初四），纳言杨达去世。

众将向东而下的时候，皇上亲自告诫他们说："今天吊恤人民，攻打有罪，不是为了建立功名。诸将有的不明白朕的心意，想要乘他们不备时偷袭，孤军作战，建立一己的声名，以求取勋爵赏赐，这不是大军征伐的法则。你们进兵，应该分为三路，有所攻击的时候，一定要三路相互联系，不能轻率地孤军独自前进，以致损失败亡。同时，只要进军或停兵，都须要奏闻，以等待回音，不能擅自做主。"辽东军屡次出战，都没有获得胜利，于是据城坚守，皇上命令各军加紧攻打。又敕令众将，高丽如果投降，就应当安抚接纳，不要再派军队攻击。辽东城快要沦陷时，城里的人就说要请求投降；众将奉旨，不想利用这机会攻城，先命令快骑奏报，等到回报的诏书到达，城中的守军又补给充足，随着出城作战。这样的情形重演了好几次，皇上始终不省悟。后来攻城久攻不下，六月，己未日（十一日），皇上临幸辽东城的南方，观察城池的形势，因而召见众将责备他们说："你们自认为官位高，又依恃家世，想要把我看成是昏庸怯懦的人吗？在京师的时候，你们都不愿意我来，担心我发现你们的毛病。我今天来这里，正是要观察你们的作为，斩杀你们这些人！你们今天怕死，不肯全心全意，认为我不能杀你们吗？"众将都战栗恐惧，变了脸色。皇上于是留在城西数里的地方，在六合城指挥。高丽各城都坚守不能攻下。右翊卫大将军来护儿率领江、淮的水军开船，船只首尾连接几百里，渡河先行前进，从浿水进入，离开平壤60里，和高丽军相遇，于是进兵攻击，将他们打得大败。来护儿想要乘胜赶往他们的城堡，副总管周法尚制止他，请他等待各军到达一起前进。来护儿不听，选拔精兵4万人，直接到达城下。高丽埋伏军队在外城的空寺里，出兵和来护儿作战，却装败，来护儿追逐入城，放任士兵俘虏抢掠，打乱了整齐的队伍。埋伏的军队乘机发动攻击，来护儿大败，仅仅保全性命，士兵回来的不超过几千人。高丽兵追赶到停泊船只的地方，周法尚严阵以待，高丽才退兵。来护儿带兵回去屯守海滨，不想再留下来接应各军。

　　左翊卫大将军宇文述从扶余道进发，右翊卫大将军于仲文从乐浪道进发，左骁卫大将军荆元恒从辽东道进发，右翊卫将军薛世雄从沃沮道进发，左屯卫将军辛世雄从玄菟道进发，右御卫将军张瑾从襄平道进发，右武候将军赵孝才从碣石道进发，涿郡太守检校左武卫将军崔弘升从遂城道进发，检校右御卫虎贲郎将卫文升从增地道进发，都会合在鸭绿水的西边。宇文述等的军队，从泸河、怀远二镇前进，人马都给100天的粮食，又供给排甲、枪稍，还有衣物、战具、寝息和作炊事的帐幕，每人所背负的，都在3石以上，因重量不胜负荷，难于运送到目的地。所以向军中下令："士兵有丢弃米粟

薛世雄像

的，就斩杀。"于是军士都在营幕下挖掘坑穴埋藏，才走到半路，粮食已快耗尽了。

高丽派大臣乙支文德到营地假装投降，其真实目的是想要窥看虚实。于仲文事先接奉密旨："假如遇到高元和文德来的话，必须要擒拿下来。"于仲文正要执行奉旨捉拿他时，因为担任慰抚使的尚书右丞刘士龙，坚决制止，于是于仲文就听任乙支文德回去。后来后悔了，派人欺骗乙支文德说："还有其他话说，请再回来。"乙支文德不肯回头，渡过鸭绿水而去。于仲文和宇文述等人既已失去乙支文德，内心甚感不安，而宇文述又由于粮食已尽，想要回去。于仲文便建议以精锐的军队追赶乙支文德，能够建立功绩，但宇文述却坚决阻止，于是于仲文生气说："将军带领10万名兵丁，不能击败小贼兵，那有颜面见皇上呢？而且仲文这一次出来，本来就知道不会有功绩，这是什么原因呢？由于古代的良将能成就功业，是由于军队里的事情，全由他一个人来决定，而现在却人人都有意见，如此，如何能够克敌制胜呢？"当时皇上因为于仲文富有计谋，命令各军要向于仲文咨询禀商行军的计划，因而会这么说。因此宇文述等人在不得已的情况下听从了他的意见，和其他的将军渡河去追击乙支文德。乙支文德看见宇文述的军士带有饥饿的脸色，故意想要使他们疲乏，因而每次一接战就逃走。宇文述在一天之中，作战7次都获得胜利，这时既依恃多次的胜利，又迫于群体的议论，于是就进军，向东渡过萨水，到离平壤城30里的地方，依山扎营。乙支文德又派使者假装投降，请求宇文述说："假如把军队调回去，就派遣高元到天子出巡所居的地方去朝见。"宇文述看见士兵疲惫，不能再作战，并且平壤城艰险巩固，预料很难一下子拔取，于是借着他的诈骗回师。宇文述等人采用四方形的阵势退行，高丽从四面包抄围歼，宇文述等人一面作战一面退走。秋天，七月，壬寅日（二十四日），到达萨水，军队渡过一半时，高丽从后面偷袭他的后军，右屯卫将军辛世雄战败身死。于是各军都溃败，不能制止，将士逃奔回来，一天一夜到达鸭绿江，共走了450里的路。将军天水人王仁恭殿后，攻打高丽，把他们打退。来护儿听说宇文述等人战败，也带兵回来。仅仅卫文升一个军独自保全。

起初，9个军渡辽河，一共有30万5千人，等到回到辽东城，只剩2700人，而财物器械损失殆尽。皇上十分生气，用枷锁锁住宇文述等人。于癸卯日（二十五日），带兵回来。

宇文述平常得到皇上的宠幸，而且他的儿子宇文士及和皇上的女儿南阳公主结婚，因此皇上不忍心把他杀掉。甲申日（农历初八），和于仲文等人都废除爵名，成为普通百姓，而斩杀刘士龙，以向天下谢罪。萨水之役被打败，高丽在白石山追围薛世雄，薛世雄奋力作战，把他们打败，因而唯独薛世雄能够免去除官的处罚。另外，任命卫文升为金紫光禄大夫。又由于众将都把罪过推诿给于仲文，皇上便开释众将，仅仅囚禁于仲文一人。于仲文因为心情忧愁和愤恨，得了重病，被释放出来后，就死在家里。

这一年，发生大干旱与流行病，山东特别厉害。

张衡既被放还田里，皇上常常命令亲近的人去窥探张衡的所作所为。皇上从辽东回来，张衡的一名姬妾告发张衡平素有怨恨之心，并诽毁朝廷政事。于是诏令赐他在家中自尽。张衡快死的时候，大声地说："我为人做的是什么样的事，可以希望长久活命吗！"监刑的人堵塞耳朵，不愿听见，连忙下令把他杀死。

隋纪六 炀皇帝中
大业九年（癸酉、613年）

春，正月，丁丑，诏征天下兵集涿郡。始募民为骁果，修辽东古城以贮军粮。

灵武贼帅白瑜娑劫掠牧马，北连突厥，陇右多被其患，谓之"奴贼。"

己亥，命刑部尚书卫文昇等辅代王侑留守西京。

二月，壬午，诏："宇文述以兵粮不继，遂陷王师；乃军吏失于支料，非述之罪，宜复其官爵。"寻又加开府仪同三司。

帝谓侍臣曰："高丽小虏，侮慢上国；今拔海移山，犹望克果，况此虏乎！"乃复议伐高丽。左光禄大夫郭荣谏曰："戎狄失礼，臣下之事；千钧之弩，不为鼷鼠发机，奈何亲辱万乘以敌小寇乎！"帝不听。

三月，丙子，济阴孟海公起为盗，保据周桥，众至数万，见人称引书史，辄杀之。

时所在盗起：齐郡王薄、孟让、北海郭方预、清河张金称、平原敫孝德、河间格谦、勃海孙宣雅各聚众攻剽，多者十余万，少者数万人，山东苦之。天下承平日久，人不习战，郡县吏每与贼战，望风沮败。唯齐郡丞阌乡张须陀得士众心，勇决善战。将郡兵击王薄于泰山下，薄恃其聚胜，不设备；须陀掩击，大破之。薄收余兵北度河，须陀追击于临邑，又破之。薄北连孙宣雅、郝孝德等十余万攻章丘，须陀帅步骑二万击之，贼众大败。贼帅裴长才等众二万掩至城下，大掠，须陀未暇集兵，帅五骑与战，贼竞赴之，围百余重，身中数创，勇气弥厉。会城中兵至，贼稍退却，须陀督众击之，长才等败走。庚子，郭方预等合军攻陷北海，大掠而去。须陀谓官属曰："贼恃其强，谓我不能救，吾今速行，破之必矣。"乃简精兵倍道进击，大破之，斩数万级，前后获贼辎重不可胜计。

历城罗士信，年十四，从须陀击贼于潍水上，贼始布陈，士信驰至陈前，刺杀数人，斩一人首，掷空中，以矟盛之，揭以略陈；贼徒愕眙，莫敢近。须陀因引兵奋击，贼众大溃。士信逐北，每杀一人，劓其鼻怀之，还，以验杀贼之数；须陀叹赏，引置左右。每战，须陀先登，士信为副。帝遣使慰谕，并画须陀、士信战陈之状而观之。

夏，四月，庚午，车驾度辽。壬申，遣宇文述与上大将军杨义臣趣平壤。

左光禄大夫王仁恭出扶余道。仁恭进军至新城，高丽兵数万拒战，仁恭帅劲骑一千击破之，高丽婴城固守。帝命诸将攻辽东，听以便宜从事。飞楼、橦、云梯、地道四面俱进，昼夜不息，而高丽应变拒之，二十余日不拔，主客死者甚众。

礼部尚书杨玄感，骁勇，便骑射，好读书，喜宾客，海内知名之士多与之游。与蒲山公李密善，密，弼之曾孙也，少有才略，志气雄远，轻财好士，为左亲侍。帝见之，谓宇文述曰："向者左仗下黑色小儿，瞻视异常，勿令宿卫！"述乃讽密使称病自免，密遂屏人事，专务读书。尝乘黄牛读汉书，杨素遇而异之，因召至家，与语，大悦，谓其子玄感等曰："李密识度如此，汝等不及也！"由是玄感与为深交。时或侮之，密曰："人言当指实，宁可面谀！若决机两陈之间，喑呜咄嗟，使敌人震慑，密不如公；驱策天下贤俊，各申其用，公不如密；岂可以阶级稍崇而轻天下士大夫邪！"玄感笑而服之。

素恃功骄倨，朝宴之际，或失臣礼，帝心衔而不言，素亦觉之。及素薨，帝谓近臣曰："使素不死，终当夷族。"玄感颇知之。且自以累世贵显，在朝文武多父之故吏，见朝政日紊，而帝多猜忌，内不自安，乃与诸弟潜谋作乱。帝方事征伐，玄感自言："世荷国恩，愿为将领。"帝喜曰："将门必有将，相门必有相，固不虚也。"由是宠遇日隆，颇预朝政。

帝伐高丽，命玄感于黎阳督运，遂与虎贲郎将王仲伯、汲郡赞治赵怀义等谋，故逗留漕运，不时进发，欲令度辽诸军乏食；帝遣使者促之，玄感扬言水路多盗，不可前后而发。玄感弟虎贲郎将玄纵，鹰扬郎将万石，并从幸辽东，玄感潜遣人召之，二人皆亡还。万石至高阳，为监事许华所执，斩于涿郡。

时右骁卫大将军来护儿以舟师自东莱将入海趣平壤，玄感遣家奴伪为使者从东方来，诈称护儿反。六月，乙巳，玄感入黎阳，闭城，大索男夫，取帆布为牟、甲，署官属，皆准开皇之旧。移书傍郡，以讨护儿为名，各令发兵会于仓所。郡县官有干用者，玄感皆以运粮追集之，以赵怀义为卫州刺史，东兴尉元务本为黎州刺史，河内郡主薄唐祎为怀州刺史。

治书侍御史游元，督运在黎阳，玄感谓曰："独夫肆虐，陷身绝域，此灭亡之时也。我今亲帅义兵以诛无道，卿意如何？"元正色曰："尊公荷国宠灵，近古无比，公之弟兄，青紫交映，当谓竭诚尽节，上答鸿恩。岂意坟土未干，亲图反噬！仆有死而已，不敢闻命！"玄感怒而囚之，屡胁以兵，不能屈，乃杀之。元，明根之孙也。

玄感选运夫少壮者得五千余人，丹阳、宣城篙梢三千余人，刑三牲誓众，且谕之曰："主上无道，不以百姓为念，天下骚扰，死辽东者以万计。今与君等起兵以救兆民之弊，何如？"众皆踊跃称万岁。乃勒兵部分。唐祎自玄感所逃归河内。

先是玄感阴遣家僮至长安，召李密及弟玄挺赴黎阳。及举兵，密适至，玄感大喜，以为谋主，谓密曰："子常以济物为己任，今其时矣！计将安出？"密曰："天子出征，远在辽外，去幽州犹隔千里。南有巨海，北有强胡，中间一道，理极艰危。公拥兵出其不意，长驱入蓟，据临渝之险，扼其咽喉。归路既绝，高丽闻之，必蹑其后，不过旬月，资粮皆尽，其众不降则溃，可不战而擒，此上计也。"玄感曰："更言其次。"密曰："关中四塞，天府之国，虽有卫文升，不足为意。今帅众鼓行而西，经城勿攻，直取长安，收其豪杰，抚其士民，据险而守之。天子虽还，失其根本，可徐图也。"玄感曰："更言其次。"密曰："简精锐，昼夜倍道，袭取东都，以号令四方。但恐唐祎告之，先已固守。若引兵攻之，百日不克，天下之兵四面而至，非仆所知也。"玄感曰："不然，今百官家口并在东都，若先取之，足以动其心。且经城不拔，何以示威！公之下计，乃上策也。"遂引兵向洛阳，遣杨玄挺将骁勇千人为前锋，先取河内。唐祎据城拒守，玄挺无所获。

李密像

　　祎又使人告东都越王侗与樊子盖等勒兵为备，修武民相帅守临清关。玄感不得度，乃于汲郡南度河，从之者如市。使弟积善将兵三千自偃师南缘洛水西入，玄挺自白司马坂逾邙山南入，玄感将三千余人随其后，相去十里许，自称大军。其兵皆执单刀柳楯，无弓矢甲胄。东都遣河南令达奚善意将精兵五千人拒积善，将作监、河南赞治裴弘策将八千人拒玄挺。善意度洛南，营于汉王寺；明日，积善兵至，不战自溃，铠仗皆为积善所取。弘策出至白司马坂，一战，败走，弃铠仗者太半，玄挺亦不追。弘策退三四里，收散兵，复结陈以待之；玄挺徐至，坐息良久，忽起击之，弘策又败，如是五战。丙辰，玄挺直抵太阳门，弘策将十余骑驰入宫城，自余无一人返者，皆归于玄感。

　　玄感屯上春门，每誓众曰："我身为上柱国，家累钜万金，至于富贵，无所求也。今不顾灭族者，但为天下解倒悬之急耳！"众皆悦。父老急献牛酒，子弟诣军门请自效者，日以千数。

　　内史舍人韦福嗣，洸之兄子也，从军出拒玄感，为玄感所获；玄感厚礼之，使与其党胡师耽共掌文翰。玄感令福嗣为书遗樊子盖，数帝罪恶，云：

"今欲废昏立明，愿勿拘小礼，自贻伊戚。"樊子盖新自外藩入为京官，东都旧官多慢之，至于部分军事，未甚承禀。裴弘策与子盖同班，前出讨贼失利，子盖更使出战，不肯行，子盖命引出斩之以徇。国子祭酒河东杨汪，小有不恭，子盖又将斩之；汪顿首流血，乃得免。于是将吏震肃，无敢仰视，令行禁止。玄感尽锐攻城，子盖随方拒守，玄感不能克。然达官子弟应募从军者，闻弘策死，皆不敢入城。韩擒虎子世咢、观王雄子恭道、虞世基子柔、来护儿子渊、裴蕴子爽、大理卿郑善果子俨，周罗睺子仲等四十余人皆降于玄感，玄感悉以亲重要任委之。善果，译之兄子也。

玄感收兵得五万余人，发五千守慈磵道，五千守伊阙道，遣朝世咢将三千人围荥阳，顾觉将五千人取虎牢。虎牢降，以觉为郑州刺史，镇虎牢。

代王侑使刑部尚书卫文升帅兵四万救东都，文升至华阴，掘杨素冢，焚其骸骨，示士卒以必死，遂鼓行出崤、渑，直趋东都城北。玄感逆拒之；文升且战且行，屯于金谷。

辽东城久不拔，帝遣造布囊百余万口，满贮土，欲积为鱼梁大道，阔三十步，高与城齐，使战士登而攻之，又作八轮楼车，高出于城，夹鱼梁道，欲俯射城内，指期将攻，城内危蹙。会杨玄感反书至，帝大惧，引纳言苏威入帐中，谓曰："此儿聪明，得无为患？"威曰："夫识是非，审成败，乃谓之聪明，玄感粗疏，必无所虑。但恐因此浸成乱阶耳。"帝又闻达官子弟皆在玄感所，益忧之。兵部侍郎斛斯政素与玄感善，玄感之反，政与之通谋，玄纵兄弟亡归，政潜遣之。帝将穷治玄纵等党与，政内不自安，戊辰，亡奔高丽。庚午，夜二更，帝密召诸将，使引军还，军资、器械、攻具，积如丘山，营垒、帐幕，按堵不动，皆弃之而去。众心恟惧，无复部分，诸道分散。高丽即时觉之，然不敢出，但于城内鼓噪。至来日午时，方渐出外，四远觇侦，犹疑隋军诈之。经二日，乃出数千兵追蹑，畏隋兵之众，不敢逼，常相去八九十里；将至辽水，知御营毕度，乃敢逼后军。时后军犹数万人，高丽随而抄击，最后羸弱数千人为所杀略。

初，帝再征高丽，复问太史令庾质曰："今段何如？"对曰："臣实愚迷，犹执前见，陛下若亲动万乘，劳费实多。"帝怒曰："我自行犹不克，直遣人去，安得有功！"及还，谓质曰："卿前不欲我行，当为此耳。玄感其有成乎？"质曰："玄感地势虽隆，素非人望，因百姓之劳，冀幸成功。今天下一家，未易可动。"

帝遣虎贲郎将陈棱攻元务本于黎阳，又遣左翊卫大将军宇文述、右候卫将军屈突通乘传发兵以讨玄感。来护儿至东莱，闻玄感围东都，召诸将议旋军救之。诸将咸以无敕，不宜擅还，固执不从，护儿厉声曰："洛阳被围，心腹之疾；高丽逆命，犹疥癣耳。公家之事，知无不为，专擅在吾，不关诸人，有沮议者，军法从事！"即日回军。令子弘、整驰驿奏闻。帝时还至涿郡，已敕护儿救东都，见弘、整，甚悦，赐护儿玺书曰："公旋师之时，是朕敕公之日，君臣意合，远同符契。"

先是，右武候大将军李子雄坐事除名，令从军自效，从来护儿在东莱，帝疑之，诏锁子雄送行在所。子雄杀使者，逃奔玄感。卫文升以步骑二万度瀍水，与玄感战，玄感屡破之。玄感每战，身先士卒，所向摧陷，又善抚其下，皆乐为致死，由是每战多捷，众益盛，至十万人。文昇众寡不敌，死伤大半且尽，乃更进屯邙山之阳，与玄感决战，一日十余合。会杨玄挺中流矢死，玄感军乃稍却。

秋，七月，癸未，余杭民刘元进起兵以应玄感。元进手长尺余，臂垂过膝，自以相表非常，阴有异志。会帝再发三吴兵征高丽，三吴兵皆相谓曰："往岁天下全盛，吾辈父兄征高丽者犹太半不返；今已罢弊，复为此行，吾属无遗类矣！"由是多亡命。郡县捕之急，闻元进举兵，亡命者云集，旬月间，众至数万。

始，杨玄感至东都，自谓天下响应，功在朝夕。得韦福嗣，委以心膂，不复专任李密。福嗣每画策，皆持两端；密揣知其意，谓玄感曰："福嗣元非同盟，实怀观望；明公初起大事而奸人在侧，听其是非，必为所误，请斩之！"玄感曰："何至于此！"密退，谓所亲曰："楚公好反而不欲胜，吾属今为虏矣！"

李子雄劝玄感速称尊号，玄感以问密，密曰："昔陈胜自欲称王，张耳谏而被外；魏武将求九锡，荀彧止而见诛。今者密欲正言，还恐追踪二子；阿谀顺意，又非密之本图。何者？兵起以来，虽复频捷，至于郡县，未有从者；东都守御尚强，天下救兵益至，公当挺身力战，早定关中，乃亟欲自尊，何示人不广也！"玄感笑而止。

屈突通引兵屯河阳，宇文述继之，玄感问计于李子雄，子雄曰："通晓习兵事，若一得度河，则胜负难决，不如分兵拒之。通不能济，则樊、卫失援。"玄感然之，将拒通；樊子盖知其谋，数击其营，玄感不得往。通济河，军于破陵。玄感分为二军，西抗文升，东拒通。子盖复出兵大战，玄感军屡败，与其党谋之，李子雄曰："东都援军益至，我军数败，不可久留，不如直入关中，开永丰仓以振贫乏，三辅可指麾而定，据有府库，东面而争天下，亦霸王之业也。"李密曰："弘化留守元弘嗣握强兵在陇右，可声言其反，遣使迎公，因此入关，可以给众。"

会华阴诸杨请为向导，壬辰，玄感解东都围，引兵西趣潼关，宣言："我已破东都，取关西矣！"宇文述等诸军蹑之。至弘农宫，父老遮说玄感曰："宫城空虚，又多积粟，攻之易下。"玄感以为然。弘农太守蔡王智积谓官属曰："玄感闻大军将至，欲西图关中，若成其计，则难克也；当以计縻之，使不得进，不出一旬，可以成擒。"及玄感军至城下，智积登陴罾之；玄感怒，留攻之。李密谏曰："公今诈众西入，军事贵速，况乃追兵将至，安可稽留！若前不得据关，退无所守，大众一散，何以自全！"玄感不从，遂攻之，烧其城门，智积于内益火，玄感兵不得入。三日不拔，乃引而西。至闵乡，宇文述、卫文升、来护儿、屈突通等军追及于皇天原。玄感上槃豆，布陈亘五十里，且战且行，玄感一日三败。八月，壬寅，玄感陈于董杜原，诸军击之，玄感大败，独与十余骑奔上洛。追骑至，玄感叱之，皆反走。至葭芦戍，独与弟积善徒步走，自度不免，谓积善曰："我不能受人戮辱，汝可杀我！"积善抽刀斫杀之，因自刺，不死，为追兵所执，与玄感首俱送行在所。磔玄感尸于东都市，三日，复脔而焚之。玄感弟玄奖为义阳太守，将赴玄感，为郡丞周旋玉所杀；仁行为朝请大夫，伏诛于长安。

帝以元弘嗣，斛斯政之亲也，留守弘化郡，遣卫尉少卿李渊驰往执之，因代为留守，关右十三郡兵皆受征发。渊御众宽简，人多附之。帝以渊相表奇异，又名应图谶，忌之。未几，征诣行在所，渊遇疾未谒，其甥王氏在后宫，帝问曰："汝舅来何迟？"王氏以疾对，帝曰："可得死否？"渊闻之，惧，因纵酒纳赂以自晦。

癸卯，吴郡朱燮、晋陵管崇聚众寇掠江左。燮本还俗道人，涉猎经史，颇知兵法，形容眇小，为昆山县博士，与数十学生起兵，民苦役者赴之如归。崇长大，美姿容，志气倜傥，隐居常熟，自言有王者相，故群盗相与奉之。时帝在涿郡，命虎牙郎将赵六儿将兵万人屯扬子，分为五营以备南贼。

崇遣其将陆颉度江，夜，袭六儿，破其两营，收其器械军资而去，众益盛，至十万。

辛酉，司农卿云阳赵元淑坐杨玄感党伏诛。帝使大理卿郑善果、御史大夫裴蕴、刑部侍郎骨仪、与留守樊子盖推玄感党与。仪，本天竺胡人也。帝谓蕴曰："玄感一呼而从者十万，益知天下人不欲多，多则相聚为盗耳。不尽加诛，无以惩后。"子盖性既残酷，蕴复受此旨，由是峻法治之，所杀三万余人，皆籍没其家，枉死者太半，流徙者六千余人。玄感之围东都也，开仓赈给百姓。凡受米者，皆坑之于都城之南。玄感所善文士会稽虞绰、琅邪王胄俱坐徙边，绰、胄亡命，捕得，诛之。

帝善属文，不欲人出其右。薛道衡死，帝曰："更能作'空梁落燕泥'否！"王胄死，帝诵其佳句曰："'庭草无人随意绿'复能作此语邪！"帝自负才学，每骄天下之士，尝谓侍臣曰："天下皆谓朕承藉绪余而有四海，设令朕与士大夫高选，亦当为天子矣。"

帝从容谓秘书郎虞世南曰："我性不喜人谏，若位望通显而谏以求名，弥所不耐。至于卑贱之士，虽少宽假，然卒不置之地上。汝其知之！"世南，世基之弟也。

刘元进帅其众将度江，会杨玄感败，朱燮、管崇共迎元进，推以为主，据吴郡，称天子，燮、崇俱为尚书仆射，署置百官，毗陵、东阳、会稽、建安豪杰多执长吏以应之。帝遣左屯卫大将军代人吐万绪、光禄大夫下邳鱼俱罗将兵讨之。

十一月，己酉，右候卫将军冯孝慈讨张金称于清河，孝慈败死。

杨玄感之西也，韦福嗣亡诣东都归首，是时如其比者皆不问。樊子盖收玄感文簿，得其书草，封以呈帝；帝命执送行在。李密亡命，为人所获，亦送东都。樊子盖锁送福嗣、密及杨积善、王仲伯等十余人诣高阳，密与王仲伯等窃谋亡去，悉使出其所赍金以示使者曰："吾等死日，此金并留付公，幸用相瘗，其余即皆报德。"使者利其金，许诺，防禁渐弛。密请通市酒食，每宴饮，喧哗竟夕，使者不以为意，行至魏郡石梁驿，饮防守者皆醉，穿墙而逸。密呼韦福嗣同去，福嗣曰："我无罪，天子不过一面责我耳。"至高阳，帝以书草示福嗣，收付大理。宇文述奏："凶逆之徒，臣下所当同疾，若不为重法，无以肃将来。"帝曰："听公所为。"十二月，甲申，述就野外，缚诸应刑者于格上，以车轮括其颈，使文武九品以上皆持兵斫射，乱发矢如猬毛，支体糜碎，犹在车轮中。积善、福嗣仍加车裂，皆焚而扬之。积善自言手杀玄感，冀得免死。帝曰："然则枭类耳！"因更其胜曰枭氏。

扶风桑门向海明亦自称弥勒出世，人有归心者，辄获吉梦，由是三辅人翕然奉之，因举兵反，众至数万。丁亥，海明自称皇帝，改元白乌。诏太仆卿杨义臣击破之。

刘元进攻丹阳，吐万绪济江击破之，元进解围去，绪进屯曲阿。元进结栅拒绪，相持百余日；绪击之，贼众大溃，死者以万数。元进挺身夜遁，保其垒。朱燮、管崇等屯毗陵，连营百余里，绪乘胜进击，复破之。贼退保黄山，绪围之，元进、燮仅以身免，于陈斩崇及其将卒五千余人，收其子女三万余口，进解会稽围。鱼俱罗与绪偕行，战无不捷，然百姓从乱者如归市，贼败而复聚，其势益盛。

元进退据建安，帝令绪进讨，绪以士卒疲弊，请息甲待来春；帝不悦。俱罗亦以贼非岁月可平，诸子在洛京，潜遣家仆迎之；帝怒，有司希旨，奏绪怯懦，俱罗败衄，俱罗坐斩，征绪诣行在，绪忧愤，道卒。

帝更遣江都丞王世充发淮南兵数万人讨元进。世充度江，频战皆捷，元进、燮败死于吴，其余众或降或散。世充召先降者于通玄寺瑞像前焚香为誓，约降者不杀。散者始欲入海为盗，闻之，旬月之间，归首略尽，世充悉坑之于黄亭涧，死者三万余人。由是余党复相聚为盗，官军不能讨，以至隋亡。帝以世充有将帅才，益加宠任。

是岁，诏为盗者籍没其家。时群盗所在皆满，郡县官因之各专威福，生杀任情矣。

章丘杜伏威与临济辅公祏为刎颈交，俱亡命为群盗。伏威年十六，每出则居前，入则殿后，由是其徒推以为帅。下邳苗海潮亦聚众为盗，伏威使公祏谓之曰："今我与君同苦隋政，各举大义，力分势弱，常恐被擒，若合为一，则足以敌隋矣。君能为主，吾当敬从，自揆不堪，宜来听命；不则一战以决雌雄。"海潮惧，即帅其众降之。伏威转掠淮南，自称将军，江都留守遣校尉宋颢讨之，伏威与战，阳为不胜，引颢众入葭苇中，因从上风纵火，颢众皆烧死。海陵贼帅赵破陈以伏威兵少，轻之，召与并力；伏威使公祏严兵居外，自与左右十人赍牛酒入谒，于座杀破陈，并其众。

【译文】

大业九年（癸酉、613年）

春，正月，丁丑日（初二），下令征调天下的军队齐集涿郡，并开始招募人民为骁果，整修辽东古城，以贮存军粮。

灵武贼兵的首领白瑜娑抢夺牧马，向北联合突厥，陇右多受贼兵祸害，当地人称其为"奴贼"。

己亥日（二十四日），命令刑部尚书卫文升等辅佐代王杨侑，留守西京。

二月，壬午日，诏令："宇文述因为兵粮接运不上，致使王师陷于困境，是军吏调度不善的过失，并非宇文述的罪，应当恢复他的官爵。"不久又加封开府仪同三司。

皇上告诉侍臣说："高丽那小贼虏，怠慢了我们大国；现在如同拔海移山那样艰难的事，尚且有希望获得成功，况且是这个贼虏呢？"于是又商议征伐高丽。左光禄大夫郭荣谏诤说："戎狄无礼，是臣下的事情；千钧重的大弓，不为小老鼠而发射，为何要亲自劳动万乘去对付小小的寇敌呢？"皇上不同意。

三月，丙子日（初二），济阴的孟海公起来作盗匪，据守周桥，徒众增加到几万人，看见别人称述引用书史，就杀死他们。

那时各地盗贼蜂起，齐郡王薄、孟让、北海郭方预、清河张金称、平原郝孝德、河间格谦、勃海孙宣雅等各自聚合群众攻打剽掠，徒众多的达10多万人，少的也有数万人，山东的人民深受患苦。天下太平已经很久，大家都不熟习战事，郡县的官吏每次和贼兵作战，望见敌人就溃散逃蹿。只有齐郡丞闾乡人张须陀，得到士民的归心，勇敢果断，善于作战。张须陀带领郡兵在泰山下攻击王薄。王薄倚恃自己多次的胜利，不加防备；张须陀便突然袭击，把他们打得大败。王薄整理残余的军队，向北渡过黄河。张须陀追赶到临邑，又打败了他们。王薄于是联合北边的孙宣雅、郝孝德等，共10多万人，讨伐章丘，张须陀率领步兵和骑兵共2万人攻打他们，打得贼兵大败。贼兵的首领裴长才等，带着贼兵2万人，忽然到达城下，大事抢掠，张须陀没有来得及集合军队，只带领5名骑兵和他们击战，贼兵竞相赴前，包围100多层，身上受了多次伤，勇气不减。正巧城中的军队到达，贼兵稍微退却，张须陀督导部属攻击，裴长才等才战败逃走。庚子日（二十六日），郭方预等联合军力，攻陷北海，大事抢掠，之后离去。张须陀告诉官员们说："贼兵倚恃他们的强大，以为我们不能去救援。我们现在快速行军，必定能打败他们。"于是选拔精良的军队加速行进攻击，大败了贼兵，而且斩杀数万人，而前后俘获贼兵的重装备，也多得数不清楚。

历城的罗士信，年仅仅14岁，跟从张须陀在潍水畔攻打贼兵，贼兵才开始排置阵势，罗士信快骑到阵地前面，刺杀了几个人，斩下了1个人的首级，掷向空中，用矟去盛受，举着它去攻打敌人的阵地；贼兵吓得目瞪口呆，没有人敢接近他。张须陀因而带兵奋力攻击，使得贼兵大败逃散。罗士信追赶战败的贼兵，每杀一贼便割下鼻子放在怀里，回来以后，再拿出来查验杀死贼兵的人数；张须陀非常赞赏，把他安置在自己的左右。每次作战，张须陀先向前，罗士信为副将。皇上派使者抚慰奖赏，而且绘出张须陀、罗士信在阵地作战的状况来观赏。

罗士信

夏，四月，庚午日（二十七日），车驾渡过辽河。壬申日（二十九日），派宇文述和上大将军杨义臣往平壤。

左光禄大夫王仁恭从扶余道发兵。王仁恭进兵到新城，高丽军队几万人抵抗作战，王仁恭率强劲的骑兵1000人，把他们打败了，高丽只能绕城防守。皇上命令众将攻打辽东，听任他们依实际的情况去自由做事。于是高耸的飞楼、陷阵车，还有高入云霄的梯、穿入地下的地道，从四面一起前进，日夜不断；而高丽用随机应变的方式反抗，经过20多天都没有攻下来。攻守两方的军队，死伤都很多。

礼部尚书杨玄感非常勇敢，善于骑马射箭，喜欢读书，爱好宾客，海内知名的人士多和他交往。他和蒲山公李密特别友好。李密是李弼的曾孙，年少而有谋略，志向很远大，小看财物，喜爱宾客，担任左亲侍的官。皇上看见了，告诉宇文述说："方才左仪卫仗下那个黑色的小孩子，眼神异于常人，不要让他担任侍卫。"宇文述于是示意李密，教他推说有病，自请免除职务，李密于是屏绝世事，专心读书。有一次骑着黄牛读《汉书》，杨素遇见了，觉得很奇怪，因而召唤他到家里，和他谈话，谈得非常投机，告诉他的儿子杨玄感说："李密有这样的见识气度，你们是比不上的。"因而杨玄感和他成为亲密的朋友。杨玄感有时侮辱他，李密说："人所说的话，应当诚实，怎么可以当面阿谀！如果在两军之中，决定胜败的机运，发怒大喊，使敌人震惊害怕，李密是比不上您的；假如要驱使天下的贤明才俊人士，各自发挥他的才用，您是比不上我的；怎么可以由于出身稍为高一点，就看轻天下的士大夫呢？"杨玄感笑了笑，更加佩服他。

　　杨素倚恃功劳而傲慢，在朝廷宴会的时候，有时失去人臣的礼节，皇上心生恨意却不说出来，杨素也发觉了。等到杨素死了，皇上告诉亲近的臣子说："假使杨素不死，最终一定会被夷灭家族。"杨玄感也十分了解这情形，并且自己由于历代都很尊贵显赫，在朝廷里的文武官吏，多半是父亲旧的部属，看见朝政一天比一天紊乱，而皇上又多猜疑妒忌，内心确实不能安宁，于是和几个弟弟暗中计划作乱。因为皇上正忙于征伐，杨玄感便自请说："世代承受国家的恩典，愿意担任将领。"皇上十分高兴地说："将军的家门必定会再有将军，宰相的家门一定会再有宰相，一点也不错。"因而宠幸恩遇一天比一天隆盛，常常参与朝廷的政事。

　　皇上征伐高丽，命令杨玄感在黎阳监督搬运的工作。杨玄感于是和虎贲郎将王仲伯、汲郡的赞治赵怀义等人谋划，故意延迟水上的运输，不准时出发，想要使渡辽河的各军缺乏食物；皇上派使者催促，杨玄感声称水路有很多盗匪，不可以前前后后陆续出发。杨玄感的弟弟虎贲郎将杨玄纵，鹰扬郎将杨万石，都跟从皇上临幸辽东，杨玄感秘密派人召唤他们，二人都逃回来。杨万石到了高阳，被监事许华抓到，在涿郡斩杀了。

　　那时右骁卫大将军来护儿领着水师从东莱准备入海往平壤，杨玄感派遣家奴伪装使者从东方来，骗说来护儿造反。六月，乙巳日（初三），杨玄感进入黎阳，关闭城门，大量索求可充兵役的男子，拿帆布做兜牟、铠甲，署任官属，并全部依照开皇的旧制，行文给附近的郡县，以讨伐来护儿的名义，要他们分别发动军队到黎阳仓的地方会合。郡县官吏有才干的，杨玄感都用运粮的名义，召集他们，并任命赵怀义为卫州刺史，东光县尉元务本为黎州刺史，河内郡主簿唐祎为怀州刺史。

治书侍御史游元，监督粮运，人在黎阳。杨玄感告诉他说："独夫炀帝纵肆暴虐，陷身在荒凉的地域，这是上天要灭亡他的时候。我现在亲自率正义之师去诛灭那无道的国君，你的意思如何呢？"游元严肃地说："尊公杨素承蒙国家的恩宠，近代是无人能和他相比的，您的弟兄、青绶、紫绶，互相辉映，应该要竭尽诚心节义，对皇上报答大恩才是。那里想到尊公的坟土还没有干，却亲自图谋造反！我只有死而已，不敢听从你的命令。"杨玄感很生气地把他囚禁起来，多次用兵器威胁他，却不能使他屈服，这才把他杀死。游元是游明根的孙子。

杨玄感选用年少力壮的运夫5000多人，丹阳、宣城一带善于掌船的船夫3000多人，屠杀三牲，和徒众盟誓，并且告谕他们说："主上没有仁道，不以老百姓为念，天下骚乱扰动，死在辽东的有好几万人。现在和你们起兵救援天下人民的困弊，怎么样？"大家都欢呼万岁。于是带领军队妥加布置。没想到唐祎却从杨玄感的地方逃回河内。

起初，杨玄感暗中派遣家僮到长安，召唤李密和弟弟杨玄挺到黎阳。待到举兵的时候，李密正巧到达，杨玄感为大为高兴，把他看成是主要的策划人，告诉李密说："你常把救济人民看成自己的责任，现在正是时候，计策要怎样拟订呢？"李密说："天子出去征伐，远在辽水以外的地方，离幽州还隔了1000里。南边有大海，北边有强大的胡族，中间唯有一条道路，情况是极为危险的。您带领军队，趁他不注意时，长途驱入蓟县，占据临渝的险要，控制他的咽喉。归路既已断绝，高丽听了，必定会跟随在后面，不到1个月，物资粮食都用尽，他的部属不投降，就是溃散，即可不必作战就擒伏了，这是上等的计策。"杨玄感说："再说其次的。"李密说："关中到处闭塞，是人物丰盛的地方，像天府一样，虽然有卫文升，也不值得挂意。现在率领军队，击鼓向西而行，路过城池而不攻打，直接攻取长安，收用当地的豪杰，抚慰当地的士民，占领险要的所在而加以防守。天子即使回来，失掉了根本，也可以慢慢谋划。"杨玄感说："再说其次的。"李密说："挑选精良英锐，日夜快速前进，以偷袭的方式取得东都，以号令四方。可是恐怕唐祎告密，已先坚固防守。

如果带兵去攻打，100天没有胜利，天下的军队从四面而来，胜败的结果，并非我所能预料的。"杨玄挺说："不对！现在百官的家属都在东都，如果先拿下来，足以动摇他们。并且经过城池而不攻拔，怎样显示威武呢？您的下策，才是上策。"于是带兵指向洛阳，派杨玄挺带领骁勇1000人当前锋，先取河内。唐袆据守城池抵抗，杨玄挺无所收获。

唐袆又派人告诉东都的越王杨侗和樊子盖等，部署军队加以防备。修武县的人民互相带头防守临清关，杨玄感不能过去，于是在汲郡的南边渡河，跟从他的像赶市集的一样多。另外派他的弟弟杨积善带领军队3000人，从偃师县南边，沿着洛水向西深入，杨玄感从白司马坂，爬过邙山，向南深入，而杨玄感则率3000多人跟随他的后面，相距10多里，自称为大军。他的士兵都拿着单刀、柳制的梢，没有弓箭战甲。此时东都派遣河南令达奚善意，带领精兵5000人抵抗杨积善，将作监、河南赞治裴弘策，带领8000人迎战杨玄挺。达奚善意的军队渡到洛水的南岸，扎营在汉王寺；第二天，杨积善的军队到达，他们还没有交战就自行溃败，铠甲器仗都被杨积善所取得。裴弘策出兵到达白司马坂，刚开战，便战败逃走，士兵丢弃铠甲器仗的有一大半，杨玄挺也不追赶。裴弘策后退三四里，收拾溃散的士兵，又集结阵势等候；杨玄挺慢慢到达，坐下休息了很久，突然起兵攻击，裴弘策又战败，如此经过5次的战斗。丙辰日（十四日），杨玄挺直达太阳门，裴弘策带领10多名骑兵快骑进入宫城，其余没有一个人回去，都归顺杨玄感。

杨玄感屯兵在上春门，每次和部属盟誓说："我身为上柱国，家中积有无数万的金子，至于富贵，已经没有什么可以再求的了。现在不顾念被灭族的危险，仅仅要为天下的人民解除困苦罢了。"大家都十分高兴。地方的父老争相奉献牛酒，子弟青年到军门恳请效力的，每天有1000多人。

内史舍人韦福嗣，是韦洸的侄子，跟随军队抵挡杨玄感，被杨玄感所俘获；杨玄感优厚的礼遇他，使和他的同乡胡师耽一起掌理文书。杨玄感命令韦福嗣写信给樊子盖，指责皇上的罪恶，说："现在想要废掉昏君，另立明君，希望不要拘泥小的仪节，自己遗下忧戚。"樊子盖刚从藩地入京为京城的朝官，东都旧的官吏许多人轻慢他，以致有一部分的军事，都不太请示他。裴弘策和樊子盖同官，裴弘策日前出兵攻打贼兵，没有取得胜利，樊子盖又派他出兵作战，不愿前行，樊子盖命令带出去斩首示众。国子祭酒河东人杨汪，稍微有点不恭敬，樊子盖又准备要斩杀他；杨汪磕头到流血，才得免除。因而将吏都十分畏惧，没有人敢仰头看他，命令既都能推行，上面禁止的事又都能照办。杨玄感倾尽精锐去攻打城池，樊子盖依据战场形势灵活应战。杨玄感无法把它攻下来，可是达官的子弟应征从军的，听到裴弘策已死，都不敢进入城里。韩擒虎的儿子韩世谔、观王杨雄的儿子杨恭道、虞世基的儿子虞柔、裴蕴的儿子裴爽、来护儿的儿子来渊、大理卿郑善果的儿子郑俨、周罗睺的儿子周仲等40多人，全部向杨玄感投降。杨玄感将要职委任他们。郑善果是郑译的侄子。

杨玄感征集军队5万多人，分5000人防守慈磵道，5000人驻守伊阙道，并派遣韩世锷带领3000人围攻荥阳，顾觉带领5000人夺取虎牢。虎牢投降后，任命顾觉为郑川刺史，镇守虎牢。

代王杨侑派刑部尚书卫文升率领军队4万人，援助东都，卫文升到了华阴，挖掘杨素的墓冢，烧毁他的骸骨，向士卒表示必死的决心，于是击鼓前行，离开崤谷、渑池，直接赶往东都的城北。杨玄感迎击作战；卫文升一边作战，一边前进，屯守在金谷。

辽东城长久不能攻下来，皇上派人制造布袋子100多万个，填满泥土，想要筑像鱼梁一样的大道，宽30步，高和城相齐，让战士登上去攻打。又制作八轮的楼车，比城还高，夹在鱼梁道，想要俯射城里，而且定好日期，准备攻打，城里的人感到危急忧虑。碰巧杨玄感造反的消息到达，皇上十分害怕，召纳言苏威到营帐里，告诉他说："这个小子很聪明，能不成为祸患吗？"苏威说："能知道是非，熟悉成败，才叫做聪明，杨玄感为人很粗心疏略，肯定不值得顾虑。只是怕因此逐渐成为变乱的根源。"皇上又听说达官的子弟都在杨玄感那里，更加害怕。兵部侍郎斛斯政平时和杨玄感很友好，杨玄感造反，斛斯政和他相互谋划，杨玄纵兄弟能逃亡回去，是由斛斯政暗中遣放的。皇上准备严处杨玄纵等同党和相关的人，斛斯政内心感到不安，便在戊辰日（二十六日），逃亡到高丽。庚午日（二十八日），晚上二更，皇上暗中召令众将，让他们带军回来，军用的物资、器械、攻城的用具，堆得如同小山丘一样，营垒、帐幕，一律丢弃而离去。军心涣散惶恐不安，不能再维持整齐的队伍，各路分散。高丽很快就发觉了，可是不敢出城，只是在城里击鼓喧叫而已。到了第二天的中午，才敢外出，到四面远方去侦察，但还是怀疑隋朝军队使诈。过了两天，才出动几千名士兵追踪，却害怕隋朝军队众多，不敢逼近，经常相离八九十里；快要到达辽水，知道皇上的营兵全都渡过，才敢逼近后面的军队。当时后面的军队还有几万人，高丽兵跟随在后面包抄攻击，最后面那些残弱的几千人，全部被杀。

起初，皇上要再度征伐高丽，也曾问太史令庾质说："此后情况会如何发展呢？"回答说："臣确实很愚蠢执迷，仍然坚持以前的看法，陛下假如亲自劳动大驾，劳苦耗费必然很多。"皇上生气地说："我自己出征况且不能成功，只是派遣别人去，怎么会有功绩呢？"等到回来，告诉庾质说："您前次不肯我前行，应当是为这件事吧！杨玄感会成功吗？"庾质说："杨玄感地位声势虽然很隆盛，平时却不得人望，仅仅利用百姓的劳苦，希望侥幸能成功而已。现在天下依然一家，是很难动摇的。"

皇上派虎贲郎将陈棱在黎阳攻打元务本，又派左翊卫大将军宇文述、右侯卫将军屈突通，乘坐传车，发兵征讨杨玄感。来护儿到达东莱，听说杨玄感围攻东都，召令众将商量调回军队去救援。众将都因为没有敕令，不应擅自回去，坚持不肯听从，来护儿严厉地说："洛阳被包围，如同心脏一样是大病；高丽抗命，如同疥癣一样是小毛病。国家的事情，我知道了，没有不做的，独揽大权的是我一人，和各位不相关，有阻止违抗命令的人，要以军法处置。"于是当天就把军队调转回来。并命令他的儿子来弘整快马奏报上闻。皇上当时回到涿郡，已经敕令来护儿救助东都，看见来弘整，非常高兴，赐来护儿玺书说："您把军队调回来的时间，正是朕敕令您的日子，君臣心意一致，相距虽远，却相合得像符契一样。"

起初，右武侯大将军李子雄因事株连被治罪，被革除了官爵。现又重新起用，命令他从军效力，便跟从来护儿在东莱。皇上对他还有怀疑，诏令锁住李子雄，送到皇上的行在所。李子雄杀死使者，逃到杨玄感那里。卫文升带着步骑2万人渡过瀍水，和杨玄感作战，杨玄感多次把他打败。杨玄感每次作战，自己奋勇地走在士卒的前面，所到之处，都把敌人摧败攻陷，又善于安抚统御部下，部下都乐意为他牺牲生命，因而每次作战多能胜利，而徒众也越来越多，增到10万人。卫文升兵少，不是杨玄感的对手，死伤了大半，并且快要死光，于是再进兵屯守邙山的南边，和杨玄感决战，一天有十多个回合。正巧杨玄感被流箭射中而死，杨玄感的军队才稍退却。

秋，七月，癸未日（十一日），余杭的平民刘元进起兵响应杨玄感。刘元进手有1尺多长，手臂下垂，超过膝盖，自己由于相貌不平常，暗中有叛逆的心意。正巧皇上发动三吴的军队攻打高丽，三吴的军队都互相说："往年天下最盛的时候，我们的父兄去征伐高丽的尚且大半没有回来；现在是兵民疲惫，又再有这次的征行，我们这些人没有活命的希望了。"因而有很多人逃亡。郡县捕拿得很紧，听说刘元进起兵，逃命的人都聚集到他那里，整整一月之间，徒众到达了数万人。

起初，杨玄感到达东都，自认为天下的人都响应他。得到了韦福嗣，便把他当成心腹，不再单信李密。韦福嗣每次计划谋略，都持观望的态度；李密测知他的心意，于是告诉杨玄感说："韦福嗣原本不是同盟约的人，确实存着观望的心理；明公刚刚举发大事，而奸邪的人在身边，听他拨弄是非，一定会为他所误事，请求把他斩杀。"杨玄感说："那里到这地步呢？"李密退出来，告诉所亲近的人说："楚公爱好造反却不想求胜，我们将要都成俘虏了。"

李子雄劝杨玄感赶快称尊号，杨玄感去问李密。李密说："以前陈胜自己想要称王，张耳谏诤而被外调；魏武帝准备求取九锡，荀彧劝止而被杀。现在李密想要据理直言，还担心会追随以上二人的情形，被流放诛杀；讲好听的话，顺从你的心意，又不是李密的本意。怎么说呢？起兵以来，虽然多次得到胜利，但是郡县却还没有附从；东都的守备防御还很坚强，天下的援兵来了，您应该奋力作战，早一点平定关中，如今竟然急着想要自称尊号，怎可表示给别人看自己的志气短小呢？"杨玄感一笑作罢。

屈突通带兵屯守河阳，宇文述在后面跟随，杨玄感向李子雄问计策。李子雄说："屈突通熟悉军事，如果一旦能够渡过黄河，那样胜败就很难决定，不如分派军队抵抗。屈突通不能渡河，樊子盖、卫文升就失去援助了。"杨玄感同意他的看法，将要抵御屈突通；樊子盖知道他的计谋，屡次攻击他的军营。杨玄感无法前往。屈突通率军渡过黄河，驻扎在破陵。杨玄感分为两军，西边抵御卫文升，东边抵抗屈突通。樊子盖又出兵大战，杨玄感的军队屡次战败，便和他的心腹计谋，李子雄说："东都的援军大量涌到，我军数次战败，不能久留，不如直接进入关中，开取永丰仓以救助贫困，三辅的地方就不难平定，据有府库，东面而争天下，也是霸王的事业。"李密说："弘化郡的留守元弘嗣在陇右握有强大的兵力，可以声称他造反，派使者迎接您，因而进入关中，这样可以欺骗群众。"

　　正巧华阴许多杨姓的人请求为向导，壬辰日（二十一日），杨玄感除去东都的包围，带兵向西赶往潼关，宣称："我已攻破东都，现在要攻取关西了。"宇文述等各军跟随在后。到了弘农宫，父老都堵路劝杨玄感说："宫城空虚，又多聚积的粟粮，容易夺下来。"杨玄感同意他们的看法。弘农太守蔡王杨智积告诉官属说："杨玄感听说大军将要到达，欲向西图取关中，假如让他的计策成功，就很难取胜了；应当用计牵制他，使他不能前进，不到10天，就能够把他擒住。"等到杨玄感的军队到了城下，杨智积登上城的墙垣责骂他。杨玄感十分生气，留下来攻打他。李密谏诤说："您现在诈称众军向西直入，且兵贵神速，况且又是追兵快要到达，怎么可以停留呢？假如前进不能据守潼关，退后没有可以防守的地方，大军万一溃散，怎样保全自己呢？"杨玄感不听从他的意见，继续进行攻打，烧毁他们的城门，杨智积在城内加火，杨玄感的军队不能进入，接连3天都没有攻下来，才带兵向西。到了阌乡，宇文述、卫文升、来护儿、屈突通等军队在皇天原追上了。杨玄感到了面豆，安排阵势，绵亘50里，一面作战，一面退走，杨玄感一天内共3次被打败。八月，壬寅日（初一），杨玄感在董杜原布阵，各军攻击他，杨玄感大败，单独和十多名骑兵逃奔上洛。追赶的骑兵到达，杨玄感大声喝斥，追兵都回头逃走。到了葭芦戍，杨玄感和弟弟杨积善徒步走路，自己猜想不免于难，于是告诉杨积善说："我不能遭受别人的侮辱，你把我杀掉吧。"杨积善抽出刀，把他砍死了，之后刺杀自己，没有死，被追兵抓住，和杨玄感的首级一起送到皇上的行在。皇上下令在东都市上磔裂杨玄感的尸骸，过了3天，又切成肉块，把他烧毁了。杨玄感的弟弟杨玄奖为义阳太守，准备要奔赴杨玄感那里，被郡丞周旋玉所杀；杨仁行为朝请大夫，在长安伏诛。

　　皇上因元弘嗣是斛斯政的亲人，留守在弘化郡，便派遣卫尉少卿李渊快骑前往执拿他，就此替为留守，关右十三郡的军队都接受他的调度。李渊统御徒众，宽恕清简，普通人多愿依附他。由于李渊的相貌、外表很奇特怪异，皇上又他的名字和图说谶纬相应，便猜忌他。不久，把他征调到行在所，李渊因为生病，没有去谒见，他的外甥女王氏在后宫，皇上问她说："你的舅舅怎么这么迟才来呢？"王氏以生病回答，皇上说："会不会死啊？"李渊听了，很害怕，因而放纵饮酒，广进贿赂，以求保全。

癸卯日（初二），吴郡的朱燮、晋陵的管崇聚集徒众抢掠江左。朱燮本来是还俗的道士，粗读经史，懂点兵法，形体瘦小，为昆山县的博士，和几十名学生起兵，人民厌恶劳役的，犹如赶集一样奔赴他那里。管崇形体高大，姿容优美，志气高傲，不受拘束，隐居在常熟，自己说有王者的相貌，所以群盗都尊奉他为首领。那时皇上在涿郡，命令虎牙郎将赵六儿带领军队1万人屯守扬子，分为五营以防备南面的贼兵。管崇派他的将军陆顗渡长江，晚上偷袭赵六儿，打败他的两营，收取他们的器械、军用物品，然后离去。于是兵力越来越多，有了10万人。

李渊

辛酉日（二十日），司农卿云阳人赵元淑由于和杨玄感同党的罪，被杀。皇上派大理卿郑善果、御史大夫裴蕴、刑部侍郎骨仪、和留守樊子盖追查杨玄感的同党。骨仪本来是天竺的胡人。皇上告诉裴蕴说："杨玄感一高呼，附和的就有10万人。更加知道天下的人不要太多，多了就会互相聚合为盗匪。不把他们这班人全部诛灭，就无从惩戒后来的人。"樊子盖的性情已经十分残酷，裴蕴又接受这个旨意，因而严法办理，所杀的有3万多人，都依簿籍没收他们的妻孥和财产，冤枉而死的有一大半，被流放迁徙的有6000多人。杨玄感包围东都的时候，打开仓库赈济百姓。凡收取米的，都活埋在都城的南边。杨玄感所交往的文士，会稽的虞绰、琅琊的王胄，都株连治罪被迁徙到边区，虞绰、王胄伺机逃跑，被捕处死。

皇上善于作文章，不想别人写得比他还好。薛道衡死了，皇上说："还能作'空梁落燕泥'的句子吗？"王胄死了，皇上诵读他的妙语，说："'庭草无人随意绿'，还能作这样的诗句吗？"皇上自恃有才学，常常骄视天下的读书人，有一次告诉侍臣说："天下的人都认为朕凭借先帝的余业，而拥有四海，如果让朕和士大夫一起选拔，也应该会是天子。"

皇上很和缓地告诉秘书郎虞世南说："我的性情不喜欢别人谏诤，假如地位声望已经通达显贵，而还以谏诤求取声名，愈加令人不耐烦。至于地位卑贱的人，虽然稍微可以宽容原谅，可是最后也不能免除处罚。你要知道呀！"虞世南是虞世基的弟弟。

刘元进率领他的兵丁准备要渡长江，碰巧杨玄感失败，朱燮、管崇共同迎接刘元进，推举他为领袖，据守吴郡，自称天子，命朱燮、管崇为尚书仆射，并设置百官。毗陵、会稽、东阳、建安等地方的豪杰，多捉拿郡守以下的县令、丞、尉等官吏以附和他们。皇上派左屯卫大将军代人吐万绪，光禄大夫下眯人鱼俱罗，带领军队去攻打他们。

十一月，己酉日（初九），右候卫将军冯孝慈在清河征讨张金称，冯孝慈战败身死。

杨玄感西行的时候，韦福嗣逃到东都归降自首，那时候像他这样的都不加追问。樊子盖收拾杨玄感的文簿，得到韦福嗣草拟给樊子盖的信，密封呈给皇上；皇上命令把韦福嗣捉拿到行在所。此刻李密逃亡，被人俘获，也送到东都。樊子盖用枷锁锁住韦福嗣、李密、杨积善、王仲伯等十多人，送到高阳，李密和王仲伯等人暗中计划逃走，把所携带的金银一律拿出来给使者看，说："我们死的时候，这些金子都留给您，希望能拿来替我们埋葬，其余的都用来报答您的恩德。"使者贪恋这些金子，答应了，防卫逐渐松懈。接着李密请使者通融，允许他们买酒食，整晚喧闹，使者并不在意。走到魏郡的石梁驿，请防守的人喝酒，把他们都灌醉，凿开墙壁逃跑了。那时李密叫韦福嗣一同逃走，韦福嗣说："我没有罪，天子仅仅是当面责备我罢了。"到了高阳，皇上拿草拟的信给韦福嗣看，交付大理官处理。宇文述上奏："叛逆凶恶的人，是臣子所应当共同嫉恨的，假如不处重刑，将无法警戒未来。"皇上说："就照您的意思去做。"十二月，甲申日（十五日），宇文述在野外，把几个应当接受刑罚的人都绑在格架上，将车轮套在脖子上，让十品以上的文武官吏都拿兵器砍射，胡乱射出的箭，多如牛毛，尸体糜烂破碎，留在车轮里面。杨积善、韦福嗣另外加刑，加以车裂，然后予以焚烧丢弃。杨积善自己说亲手杀死了杨玄感，希望能免除死罪。皇上说："这简直是枭鸟一类嘛！"因而更改他的姓为枭氏。

扶风的僧人向海明也自称是弥勒佛出世，说只要对他归心的人，往往可以得到吉利的梦，因而三辅地方的人都纷纷信奉他，于是也起兵造反，徒众多到几万人。丁亥日（十八日），向海明自己称皇帝，改年号为白乌。皇上令太仆卿杨义臣把他消灭。

刘元进攻打丹阳，吐万绪渡过长江打败了他们，刘元进脱出包围逃走，吐万绪进兵屯守曲阿。刘元进构筑栅栏抵御吐万绪，持续100多天；吐万绪继续攻击，贼军大败溃散，死了1万多人。刘元进奋身在夜里逃走，驻守他的堡垒。朱燮、管崇等人屯守毗陵，营地接连100多里，吐万绪乘胜进兵攻击，又将他们打败了。贼兵退守黄山，吐万绪包围他们，刘元进、朱燮仅仅保住自己性命逃走，在战阵中共杀死了管崇和他们的士兵5000多人，俘获他们的子女3万多人，进而解除了会稽的围困。鱼俱罗和吐万绪一起出征，战无不胜，可是老百姓附从叛乱的像归往市集一样，贼兵战败了又再聚集，他们的声势越来越浩大。

刘元进退守建安。皇上命令吐万绪进兵征讨。由于士兵疲惫多病，吐万绪请求休兵，等到明年春天再战。皇上很不高兴。鱼俱罗也由于贼兵不是一年几个月就可以平定，几个儿子在洛京，便暗中派遣家仆去迎接。皇上越加生气。负责司法的官吏希承皇上旨意，上奏吐万绪退怯懦弱，鱼俱罗常打败仗，结果鱼俱罗坐罪斩杀，并征召吐万绪到行在所，吐万绪忧愁悲愤，死在路上。

皇上另派遣江都丞王世充发动淮南的军队数万人去征讨刘元进。王世充渡过长江，屡次作战都获得胜利。刘元进、朱燮战败，死在吴县。其他残余的势力，有的投降，有的逃散。王世充召集先投降的人在通玄寺的佛像前焚香发誓，约定对俘虏不加杀害。逃散的人在开始的时候，想要到海中当强盗，听了这消息，整整一月之间，差不多全部归顺自首。王世充把他们一律活埋在黄亭涧，共死了3万多人。因而残余的党徒又相聚为盗匪，官军无法去征讨，一直到隋朝灭亡。由于王世充有将帅的才能，皇上更加宠幸重用。

这一年，诏令凡当盗匪的，全依簿籍没收他们的妻孥和财产。那时群盗所在的地方，都人以为患，郡县官吏因而都各自专擅威权，随意生杀。

章丘的杜伏威和临济的辅公祏两人为生死交，都亡命沦为盗匪。杜伏威年仅16岁，每回出战，就站在前面。退兵时，则殿在后面，因而他的党徒推举他为首领。下邳的苗海潮也聚集徒众为盗匪，杜伏威派辅公祏告诉他说："今天我和你一起受到隋朝的政治迫害，各自举起义旗，但因力量分散，兵力薄弱，常常害怕被擒获，假如合为一体，就足够和隋朝敌对了。你能为领袖，我将坚决服从。你自以为不能承当领袖，就应该听我的命令。不然的话，一战以决胜负。"苗海潮恐惧，立即率领徒众投降。杜伏威转而侵掠淮南，自己称为将军。江都留守派校尉宋颢去攻打，杜伏威和他作战，故意装作打不赢，引诱宋颢的徒众进入葭苇中，于是从上风的地方放火，结果宋颢的徒众都被烧死。海陵贼兵的首领赵破陈，由于杜伏威兵力少，轻视他，召令和他合并；杜伏威派辅公祏严布军队在外面，自己以及左右的10个人送牛酒到赵破陈的座席上，把赵破陈杀死，合并了他的徒众。

大业十年（甲戌、614年）

春，二月，辛未，诏百僚议伐高丽，数日，无敢言者戊子，诏复徵天下兵，百道俱进。

三月，壬子，帝行幸涿郡，士卒在道，亡者相继。癸亥，至临渝宫，祃祭黄帝，斩叛军者以衅鼓，亡者亦不止。

秋，七月，癸丑，车驾次怀远镇。时天下已乱，所徵兵多失期不至，高丽亦困弊。来护儿至毕奢城，高丽举兵逆战，护儿击破之，将趣平壤，高丽王元惧，甲子，遣使乞降，囚送斛斯政。帝大悦，遣使持节召护儿还。护儿集众曰："大军三出，未能平贼，此还不可复来，劳而无功，吾窃耻之。今高丽实困，以此众击之，不日可克，吾欲进兵径围平壤，取高元，献捷而归，不亦善乎！"答表请行，不肯奉诏。长史崔君肃固争，护儿不可，曰："贼势破矣，独以相任，自足办之。吾在阃外，事当专决，宁得高元还而获谴，舍此成功，所不能矣！"君肃告众曰："若从元帅违拒诏书，必当闻奏，皆应获罪。"诸将惧，俱请还，乃始奉诏。

八月，己巳，帝自怀远镇班师。邯郸贼帅杨公卿帅其党八千人抄驾后第八队，得飞黄上厩马四十二匹而去。冬，十月，丁卯，上至东都；己丑，还西京。以高丽使者及斛斯政告太庙；仍徵高丽王元入朝，元竟不至。敕将帅严装，更图后举，竟不果行。

初，开皇之末，国家殷盛，朝野皆以高丽为意，刘炫独以为不可，作抚夷论以刺之，至是，其言始验。

十一月，丙申，杀斛斯政于金光门外，如杨积善之法，仍烹其肉，使百官啖之，佞者或啖之至饱，收其余骨，焚而扬之。

乙巳，有事于南郊，上不斋于次。诘朝，备法驾，至即行礼。是日，大风。上独献上帝，三公分献五帝。礼毕，御马疾驱而去。

乙卯，离石胡刘苗王反，自称天子，众至数万；将军潘长文讨之，不克。

汲郡贼帅王德仁拥众数万，保林虑山为盗。

帝将如东都，太史令庾质谏曰：

王世充

"比岁伐辽，民实劳弊，陛下宜镇抚关内，使百姓尽力农桑，三五年间，四海稍丰实，然后巡省，于事为宜。"帝不悦。质辞疾不从，帝怒，下质狱，竟死狱中。

孟让自长白山寇掠诸郡，至盱眙，众十余万，据都梁宫，阻淮为固。江都丞王世充将兵拒之，为五栅以塞险要，羸形示弱。让笑曰："世充文法小吏，安能将兵！吾今生缚取，鼓行入江都耳！"时民皆结堡自固，野无所掠，贼众渐馁，乃少留兵，围五栅，分人于南方抄掠；世充伺其懈，纵兵出击，大破之，让以数十骑遁去，斩首万余级。

齐郡贼帅左孝友众十万屯蹲狗山，郡丞张须陀列营逼之，孝友窘迫出降。须陀威振东夏，以功迁齐郡通守，领河南道十二郡黜陟讨捕大使。涿郡贼帅卢明月众十余万军祝阿，须陀将万人邀之。相持十余日，粮尽，将退，谓将士曰："贼见吾退，必悉众来追，若以千人袭据其营，可有大利。此诚危事，谁能往者？"众莫对，唯罗士信及历城秦叔宝请行。于是须陀委栅而遁，使二人分将千兵伏荻苇中，明月悉众追之。士信、叔宝驰至其栅，栅门闭，二人超升其楼，各杀数人，营中大乱；二人斩关以纳外兵，因纵火焚其三十余栅，烟焰涨天。明月奔还，须陀回军奋击，大破之，明月以数百骑遁去，所俘斩无算。叔宝名琼，以字行。

【译文】

大业十年（甲戌、614年）

春，二月，辛未日（初三），诏令百官商议征伐高丽，有好几天，没有人敢说话。戊子日（二十日），诏令又再征调天下的军队，分百路共同前进。

三月，壬子日（十四日），皇上行幸涿郡，士卒在路上，不断有人突然死去。癸亥日（二十五日），到达临渝宫，为黄帝举行銮祭，将叛军斩杀了，用他们的血涂鼓，死亡的人继续增加。

秋，七月，癸丑日（初七），御驾停留在怀远镇。那时天下已经混乱，所征调的军队多拖延期限，不能到达，高丽也已疲惫困顿。来护儿到达毕奢城，高丽举兵迎战。来护儿把他们打败，准备前往平壤，高丽王高元感到恐惧，于甲子日（二十八日），派使者乞求投降，并囚禁解送斛斯政。皇上十分高兴，派使者持符节召令来护儿回来。来护儿聚集兵众说："大军三次出征，未能平定贼兵，这次回去后不能再来了，劳苦而没有功劳，我觉得很羞耻。现在高丽确实很困窘，用这么多的人去攻击他们，没有多久就可以攻下来，我想要发兵直接包围平壤，捉拿高元，贡献胜利的战果然后回去，不是很好吗？"于是回了奏表，恳求进军，不肯奉诏令回来。长史崔君肃坚决力争，来护儿不同意，说："贼兵的形势看来已经完了，只要把任务交给我，我相信能够办妥。我在国都以外，事情应该可以自行决定，宁可捉高元回去而遭到谴责，要我舍弃这个成功的机会，是办不到的。"崔君肃告诉兵众说："假如听从元帅违抗诏令，一定会被上奏给皇上晓得，这样大家是会有罪的。"众将害怕，都请求回去，于是奉诏回来。

八月，己巳日（初四），皇上从怀远镇调师回来。邯郸的贼兵首领杨公卿率领他的党徒8000人，抄掠御驾后面的第八队，抢得飞黄上厩马42匹然后离去。冬十月，丁卯日（初三），皇上到达东都；乙丑日（二十五日），回到西京。用高丽使者和斛斯政告祭太庙，又调高丽王高元入朝。高元竟然不到，于是敕令将帅加强装备，并且又计划日后举兵的事情，结果没能成行。

当初，开皇的末年，国家殷富强盛，朝野都想经营高丽，唯有刘炫独自认为不可以，作《抚夷论》以讽刺，到这时候，他的话才得到应验。

十一月，丙申日（初二），在金光门外把斛斯政杀了，如同对付杨积善的方法，而且烹煮他的肉，教百官食用，谀佞的人有的甚至吃到饱，之后收拾他的残余骨头，焚烧丢弃。

乙巳日（十一日），在南郊举行祭典，皇上并未在舍止的地方斋戒。天亮的时候，准备法驾，到了就举行仪式。这一天，有大风。皇上只祭上帝，三公分别献祭五帝。行礼完毕，皇上骑御马急驰回来。

乙卯日（二十一日），离石的胡人刘苗王造反，自立为天子，徒众多达几万人。将军潘长文去讨伐他，没有成功。

汲郡贼兵的首领王德仁拥有徒众几万人，盘踞林虑山做盗匪。

皇上准备到东都，太史令庾质劝谏说："近年来攻打辽东，人民实已劳苦困顿，陛下应当安抚关内，使百姓尽力耕田种桑，三五年内，四海稍为富足，然后才外出巡视，臣认为这样做比较合适。"皇上十分不高兴。庾质言辞激烈，不停地劝谏，使得皇上很生气，便把庾质下狱，他居然死在牢里。

孟让从长白山出发侵掠各郡，到了盱眙，有徒众10多万人，侵占了都梁宫，凭依淮水固守。江都丞王世充带兵抵抗他，设五处栅垒以堵住险要的地方，表现出很杂乱的样子。孟让笑着说："王世充是管刀笔的小官吏，怎能带领军队呢？我今天要活捉他捆绑起来，击鼓行军进入江都。"那时的人民都构筑堡垒自求保全，野外没有可以抢夺的东西，贼兵渐渐饥饿，结果只留下很少的兵力包围五处的栅垒，分散人力在南方侵袭抢掠；王世充窥视等待贼兵松懈了，就派兵出去攻击，把他们打得大败。孟让带领几十名骑兵逃走，被杀的有1万多人。

齐郡的贼兵首领左孝友拥有徒众10万人，驻守在蹲狗山，郡丞张须陀布好阵营逼近他们，左孝友被迫出来投降。于是张须陀的声威大振于东夏，更由于有功，升迁为齐郡通守，兼领河南道十二郡黜陟讨捕大使。涿郡的贼兵首领卢明月，拥有徒众10多万人，在祝阿驻军，张须陀带领1万人迎战，相持10多天，粮食吃完，准备退兵，便告诉将士说："贼匪看见我们退兵，必定会倾众来追赶，如果以1000人去偷袭占据他们的军营，能够得到大利益。这实在是很危险的事，谁能前往呢？"大家沉默不语，唯有罗士信和历城的秦叔宝请求前行。于是张须陀舍弃栅垒而走，派他们两个人分别带领1000名士兵埋伏在芦苇里，卢明月果真倾众追赶。罗士信和秦叔宝便快骑到他们的栅寨，栅门关闭，他们两个人爬到门楼，各杀死几个人，营中大乱；他们两人又斩杀守关的人，使外面的军队进入，于是放火焚烧他们的30几处栅寨，烟雾焰火布满天空。卢明月逃回来，张须陀调回军队奋力攻击，大败他们，于是卢明月带领数百名骑兵逃走，被俘虏斩杀的人不计其数。秦叔宝名叫琼，以字号行世。

隋纪七　炀皇帝下
大业十二年（丙子、616年）

春，正月，朝集使不至者二十余郡，始议分遣使者十二道发兵讨捕盗贼。

诏毗陵通守路道德集十郡兵数万人，于郡东南起宫苑，周围十二里，内为十六离宫，大抵东都西苑之制，而奇丽过之。又欲筑宫于会稽，会乱，不果成。

三月，上巳，帝与群臣饮于西苑水上，命学士杜宝撰《水饰图经》，采古水事七十二，使朝散大夫黄衮以木为之，间以妓航、酒船，人物自动如生，钟磬筝瑟，能成音曲。

己丑，张金称陷平恩，一朝杀男女万余口；又陷武安、钜鹿、清河诸县。金称比诸贼尤残暴，所过民无孑遗。

夏，四月，丁巳，大业殿西院火，帝以为盗起，惊走，入西苑，匿草间，火定乃还。帝自八年以后，每夜眠恒惊悸，云有贼，令数妇人摇抚，乃得眠。

癸亥，历山飞别将甄翟儿众十万寇太原，将军潘长文败死。

五月，丙戌朔，日有食之，既。

帝问侍臣盗贼，左翊卫大将军宇文述曰："渐少"。帝曰："比从来少几何？"对曰："不能什一。"纳言苏威引身隐柱，帝呼前问之，对曰："臣非所司，不委多少，但患渐近。"帝曰："何谓也？"威曰："他日贼据长白山，今近在汜水。且往日租赋丁役，今皆何在！岂非其人皆化为盗乎！比见奏贼皆不以实，遂使失于支计，不时剿除。又昔在雁门，许罢征辽，今复征发，贼何由息！"帝不悦而罢。寻属五月五日，百僚多馈珍玩，威独献《尚书》。或谮之曰："《尚书》有《五子之歌》，威意甚不逊。"帝益怒。顷之，帝问威以伐高丽事，威欲帝知天下多盗，对曰："今兹之役，愿不发兵，但赦群盗，自可得数十万，遣之东征。彼喜于免罪，争务立功，高丽可灭。"帝不怿。威出，御史大夫裴蕴奏曰："此大不逊！天下何处有许多贼！"帝曰："老革多奸，以贼胁我！欲批其口，且复隐忍。"蕴知帝意，遣河南白衣张行本奏："威昔在高阳典选，滥授人官；畏怯突厥，请还京师。"帝令案验，狱成，下诏数威罪状，除名为民。后月余，复有奏威与突厥阴图不轨者，事下裴蕴推之，蕴处威死。威无以自明，但摧谢而已。帝悯而释之，曰："未忍即杀，"并其子孙三世皆除名。

江都新作龙舟成，送东都；宇文述劝幸江都，帝从之。右候卫大将军酒泉赵才谏曰："今百姓疲劳，府藏空竭，盗贼蜂起。禁令不行，愿陛下还京师，安兆庶。"帝大怒，以才属吏，旬日，意解，乃出之。朝臣皆不欲行，帝意甚坚，无敢谏者。建节尉任宗上书极谏，即日于朝堂杖杀之。甲子，帝幸江都，命越王侗与光禄大夫段达、太府卿元文都、检校民部尚书韦津、右武卫将军皇甫无逸、右司郎卢楚等总留后事。津，孝宽之子也。帝以诗留别宫人曰："我梦江都好，征辽亦偶然。"奉信郎崔民象以盗贼充斥，于建国门上表谏；帝大怒，先解其颐，然后斩之。

戊辰，冯翊孙华举兵为盗。虞世基以盗贼充斥，请发兵屯洛口仓，帝曰："卿是书生，定犹悾怯。"戊辰，车驾至巩。敕有司移箕山、公路二府于仓内，仍令筑城以备不虞。至汜水，奉信郎王爱仁复上表请还西京，帝斩之而行。至梁郡，郡人邀车驾上书曰："陛下若遂幸江都，天下非陛下之有！"又斩之。是时李子通据海陵，左才相掠淮北，杜伏威屯六合，众各数万；帝遣光禄大夫陈棱将宿卫精兵八千讨之，往往克捷。

冬，十月，己丑，许恭公宇文述卒。初，述子化及、智及皆无赖。化及事帝于东宫，帝宠昵之，及即位，以为太仆少卿。帝幸榆林，化及、智及冒禁与突厥交市，帝怒，将斩之，已解衣辫发，既而释之，赐述为奴。智及弟士及，以尚主之故，常轻智及，惟化及与之亲昵。述卒，帝复以化及为右屯卫将军，智及为将作少监。

李密之亡也，往依郝孝德，孝德不礼之；又入王薄，薄亦不之奇也。密困乏，至削树皮而食之，匿于淮阳村舍，变姓名，聚徒教授。郡县疑而捕之，密亡去，抵其妹夫雍丘令丘君明。君明不敢舍，转寄密于游侠王秀才家，秀才以女妻之。君明从侄怀义告其事，帝令怀义自赍敕书与梁郡通守杨汪相知收捕。汪遣兵围秀才宅，适值密出外，由是获免，君明、秀才皆死。

韦城翟让为东都法曹，坐事当斩。狱吏黄君汉奇其骁勇，夜中潜谓让曰："翟法司，天时人事，抑亦可知，岂能守死狱中乎"？让惊喜叩头曰："让，圈牢之豕，死生唯黄曹主所命。"君汉即破械出之。让再拜曰："让蒙再生之恩则幸矣，奈黄曹主何！"因泣下。君汉怒曰："本以公为大丈夫，可救生民之命，故不顾其死以奉脱，奈何反效儿女子涕泣相谢乎！君但努力自免，勿忧吾也！"让遂亡命于瓦岗为群盗，同郡单雄信，骁健，善用马槊，聚少年往从之。离狐徐世勣家于卫南，年十七，有勇略，说让曰："东郡于公与勣皆为乡里，人多相识，不宜侵掠。荥阳、梁郡，汴水所经，剽行舟，掠商旅，足以自资。"让然之，引众入二郡界，掠公私船，资用丰给，附者益众，聚徒至万余人。

时又有外黄王当仁、济阳王伯当、韦城周文举、雍丘李公逸等皆拥众为盗。李密自雍州亡命，往来诸帅间，说以取天下之策，始皆不信。久之，稍以为然，相谓曰："斯人公卿子弟，志气若是。今人人皆云杨氏将灭，李氏将兴。吾闻王者不死，斯人再三获济，岂非其人乎！"由是渐敬密。

密察诸帅唯翟让最强，乃因王伯当以见让，为让画策，往说诸小盗，皆下之。让悦，稍亲近密，与之计事，密因说让曰："刘、项皆起布衣为帝王。今主昏于上，民怨于下，锐兵尽于辽东，和亲绝于突厥，方乃巡游扬、越，委弃东都，此亦刘、项奋起之会也。以足下雄才大略，士马精锐，席卷二京，诛灭暴虐，隋氏不足亡也！"让谢曰："吾侪群盗，且夕偷生草间，君之言者，非吾所及也。"

会有李玄英者，自东都逃来，经历诸贼，求访李密，云"斯人当代隋家。"人问其故，玄英言："比来民间谣歌有桃李章曰：'桃李子，皇后绕扬州，宛转花园里。勿浪语，谁道许！''桃李子，'谓逃亡者李氏之子也；皇与后，皆君也；'宛转花园里'，谓天子在扬州无还日，将转于沟壑也；'莫浪语，谁道许'者，密也。"既与密遇，遂委身事之。前宋城尉齐郡房玄藻，自负其才，恨不为时用，预于杨玄感之谋，变姓名亡命，遇密于梁、宋之间，遂与之俱游汉、沔，遍入诸贼，说其豪杰；还曰，从者数百人，仍为游客,处于让营。让见密为豪杰所归,欲从其计,犹豫未决。

有贾雄者,晓阴阳占候,为让军师,言无不用。密深结于雄,使之托术数以说让;雄许诺,怀之未发。会让召雄,告以密所言,问其可否,对曰:"吉不可言。"又曰:"公自立恐未必成,若立斯人,事无不济。"让曰:"如卿言,蒲山公当自立,何来从我"?对曰:"事有相因。所以来者,将军姓翟,翟者,泽也,蒲非泽不生,故须将军也。"让然之,与密情好日笃。

翟让像

密因说让曰:"今四海糜沸,不得耕耘,公士众虽多,食无仓廪,唯资野掠,常若不给。若旷日持久,加以大敌临之,必涣然离散。未若先取荥阳,休兵馆谷,待士马肥充,然后与人争利。"让从之,于是破金堤关,攻荥阳诸县,多下之。

荥阳太守郇王庆,弘之子也,不能讨,帝徙张须陀为荥阳通守以讨之。庆戍,须陀引兵击让,让向数为须陀所败,闻其来,大惧,将避之。密曰:"须陀勇而无谋,兵又骤胜,既骄且狠,可一战擒也。公但列陈以待,密保为公破之。"让不得已,勒兵将战,密分兵千余人伏于大海寺北林间。须陀素轻让,方陈而前,让与战,不利,须陀乘之,逐北十余里;密发伏掩之,须陀兵败。密与让及徐世勣,王伯当合军围之,须陀溃围出;左右不能尽出,须陀跃马复入救之,来往数四,遂战死,所部兵昼夜号哭,数日不止,河南郡县为之丧气。鹰扬郎将河东贾务本为须陀之副,亦被伤,帅余众五千余人奔梁郡,务本寻卒。诏以光禄大夫裴仁基为河南讨捕大使,代领其众,徙镇虎牢。

让乃令密建牙,别统所部,号蒲山公营。密部分严整,凡号令士卒,虽盛夏,皆如背负霜雪。躬服俭素,所得金宝,悉颁赐麾下,由是人为之用。

麾下士卒多为让士卒所凌辱，以威约有素，不敢报也。让谓密曰："今资粮粗足，意欲还向瓦岗，公若不往，唯公所适，让从此别矣。"让帅辎重东引，密亦西行至康城，说下数城，大获资储。让寻悔，复引兵从密。

鄱阳贼帅操师乞自称元兴王，建元始兴，攻陷豫章郡，以其乡人林士弘为大将军。诏治书侍御史刘子翊将兵讨之。师乞中流矢死，士弘代统其众，与子翊战于彭蠡湖，子翊败死。士弘兵大振，至十余万人。十二月，壬辰，士弘自称皇帝，国号楚，建元太平；遂取九江、临川、南康、宜春等郡，豪杰争杀隋守令，以郡县应之。其地北自九江，南及番禺，皆为所有。

诏以右骁卫将军唐公李渊为太原留守，以虎贲郎将王威、虎牙郎将高君雅为之副，将兵讨甄翟儿，与翟儿遇于雀鼠谷。渊众才数千，贼围渊数匝；李世民将精兵救之，拔渊于万众之中，会步兵至，合击，大破之。

帝疏薄骨肉，蔡王智积每不自安，及病，不呼医，临终，谓所亲曰："吾今日始知得保首领没于地矣！"

张金称、郝孝德、孙宣雅、高士达、杨公卿等寇掠河北，屠陷郡县；隋将帅败亡者相继，唯虎贲中郎将蒲城王辩、清河郡丞华阴杨善会数有功，善会前后与贼七百余战，未尝负败。帝遣太仆卿杨义臣讨张金称。金称营于平恩东北，义臣引兵直抵临清之西，据永济渠为营，去金称营四十里，深沟高垒，不与战。金称日引兵至义臣营西，义臣勒兵擐甲，约与之战，既而不出。日暮，金称还营，明旦，复来；如是月余，义臣竟不出。金称以为怯，屡逼其营詈辱之。义臣乃谓金称曰："汝明旦来，我当必战。"金称易之，不复设备。义臣简精骑二千，夜自馆陶济河，伺金称离营，即入击其辎重。金称闻之，引兵还，义臣从后击之，金称大败，与左右逃于清河之东。月余，杨善会讨擒之。吏立木于市，悬其头，张其手足，令仇家割食之；未死间，歌讴不辍。诏以善会为清河通守。

涿郡通守郭绚将兵万余人讨高士达。士达自以才略不及窦建德，乃进建德为军司马，悉以兵授之。建德请士达守辎重，自简精兵七千人拒绚，诈为与士达有隙而叛，遣人请降于绚，愿为前驱，击士达以自效。绚信之，引兵随建德至长河，不复设备。建德袭之，杀虏数千人，斩绚首，献士达，张金称余众皆归建德。杨义臣乘胜至平原，欲入高鸡泊讨之。建德谓士达曰："历观隋将，善用兵者无如义臣，今灭张金称而来，其锋不可当。请引兵避之，使其欲战不得，坐费岁月，将士疲倦，然后乘间击之，乃可破也。不然，恐非公之敌。"士达不从，留建德守营，自帅精兵逆击义臣，战小胜，因纵酒高宴。建德闻之曰："东海公未能破敌，遽自矜大，祸至不久矣。"后五日，义臣大破士达，于陈斩之，乘胜逐北，趣其营，营中守兵皆溃。建德与百余骑亡去，至饶阳，乘其无备，攻陷之，收兵，得三千余人。义臣既杀士达，以为建德不足忧，引去。建德还平原，收士达散兵，收葬死者，为士达发丧，军复大振，自称将军。先是，群盗得隋官及士族子弟，皆杀之，独建德善遇之；由是隋官稍以城降之，声势日盛，胜兵至十余万人。

内史侍郎虞世基以帝恶闻贼盗，诸将及郡县有告败求救者，世基皆抑损表状，不以实闻，但云："鼠窃狗盗，郡县捕逐，行当殄尽，愿陛下勿以介怀！"帝良以为然，或杖其使者，以为妄言，由是盗贼遍海内，陷没郡县，帝皆弗之知也。杨义臣破降河北贼数十万，列状上闻，帝叹曰："我初不闻，贼顿如此，义臣降贼何多也！"世基对曰："小窃虽多，未足为虑，义臣克之，拥兵不少，久在阃外，此最非宜。"帝曰："卿言是也。"遽追义臣，放散其兵，贼由是复盛。

治书侍御史韦云起劾奏："世基及御史大夫裴蕴职典枢要，维持内外，四方告变，不为奏闻。贼数实多，裁减言少，陛下既闻贼少，发兵不多，众寡悬殊，往皆不克，故使官军失利，贼党日滋。请付有司结正其罪。"大理卿郑善果奏："云起诋訾名臣，所言不实，非毁朝政，妄作威权。"由是左迁云起为大理司直。

帝至江都，江、淮郡官谒见者，专问礼饷主簿，丰则超迁丞、守，薄则率从停解。江都郡丞王世充献铜镜屏风，迁通守；历阳郡丞赵元楷献异味，迁江都郡丞。由是郡县竞务刻剥，以充贡献。民外为盗贼所掠，内为郡县所赋，生计无遗；加之饥馑无食，民始采树皮叶，或捣藁为末，或煮土而食之，诸物皆尽，乃自相食；而官食犹充牣，吏皆畏法，莫敢振救。王世充密为帝简阅江淮民间美女献之，由是益有宠。

河间贼帅格谦拥众十余万，据豆子䭀，自称燕王，帝命王世充将兵讨斩之。谦将勃海高开道收其余众，寇掠燕地，军势复振。

初，帝谋伐高丽，器械资储，皆积于涿郡；涿郡人物殷阜，屯兵数万。又，临朔宫多珍宝，诸贼竞来侵掠；留守官虎贲郎将赵什住等不能拒，唯虎贲郎将云阳罗艺独出战，前后破贼甚众，威名日重，什住等阴忌之。艺将作乱，先宣言以激其众曰："吾辈讨贼数有功，城中仓库山积，制在留守之官，而莫肯散施以济贫乏，将何以劝将士！"众皆愤怨。军还，郡丞出城候艺，艺因执之，陈兵而入。什住等惧，皆来听命，乃发库物以赐战士，开仓廪以赈贫乏，境内咸服；杀不同己者勃海太守唐祎等人，威振燕地，柳城、怀远并归之。艺黜柳城太守杨林甫，改郡为营州，以襄平太守邓暠为总管，艺自称幽州总管。

突厥数寇北边。诏晋阳留守李渊帅太原道与马邑太守王仁恭击之。时突厥方强，两军众不满五千，仁恭患之。渊选善射者二千人，使之饮食舍止一如突厥，或与突厥遇，则伺便击之，前后屡捷，突厥颇惮之。

【译文】

大业十二年 （丙子、616年）

春，正月，朝集使没有到的，总共有二十多郡，开始商议分别遣派十二路使者，发动军队讨伐捉拿盗贼。

诏令毗陵的通守路道德，集合十郡的军队几万人，在郡城的东南方修建宫苑，周围12里内，兴造16处离宫，大都模仿东都西苑的规模，而且还更奇特华丽。又想要在会稽建筑宫殿，正巧兵乱，没有如愿。

三月，上巳日（初七），皇上和群臣在西苑的水上饮酒，让学士杜宝撰写《水饰图经》，采取古代水上游乐的事72件，命朝散大夫黄衮用木仿做而成，配上乐妓的坐船、酒船，而人物能自行动作，如同活人，又有钟磬筝瑟等乐器，能够自成音乐曲调。

己丑日（初三），张金称占领平恩，一个早晨杀死男女1万多人；又占领武安、钜鹿、清河各县。张金称比其他的贼匪更加残忍凶暴，所经过的地方，百姓没有1个剩余的。

夏，四月，丁巳日（初一），大业殿的西院起火，皇上以为盗匪来了，惊慌逃走，进入西苑，藏在草堆里，火熄了才回去。皇上从大业八年以后，每天晚上睡眠不好，经常惊恐心悸，说是有盗贼，让几个妇人摇动按摩，才能睡着。

癸亥日（初七），历山飞的部将甄翟儿，率领徒众10万人入侵太原，将军潘长文战败而死。

五月，丙戌朔日（初一），出现日全蚀。

皇上问侍臣盗贼的情况，左翊卫大将军宇文述说："逐渐少了。"皇上说："比以前少多少？"回答说："不到十分之一。"纳言苏威移动身体，藏在柱后，皇上把他叫到前面，问他，回答说："臣不是主管这件事，不知道有多少，但是忧患渐渐接近。"皇上说："怎么说呢？"苏威说："以前贼匪占据长白山，如今近在汜水。而且以前的租赋丁役，现在都在那里了呢？岂不是这些人都变成盗匪了吗？最近发现奏报盗匪都不按实情，于是使得朝廷不能做出准确的安排，无法及时平定。又从前在雁门，答应停止去讨伐辽东，现在又征兵发动，贼兵如何能止息呢？"皇上不高兴而罢朝。没过多久，接近五月五日，百官多进献珍贵的玩物，苏威只奉献《尚书》。有人说他的坏话说："《尚书》有《五子之歌》，认为皇上逸豫盘游，将如夏朝太康一样丧失邦国，苏威的心意实在不恭逊。"皇上更加生气。不久，皇上问苏威关于征伐高丽的事情，苏威想要皇上知道天下有很多盗匪，便回答说："这一次的征役，请不要发动军队，只要赦免群盗，自然可以得到几十万人，派他们去东征。他们高兴被免除刑罚，争着努力建立功劳，高丽是能够消灭的。"皇上听了很不高兴。苏威出去，御史大夫裴蕴上奏说："他是多么不恭逊啊！天下那里有这么多盗贼！"皇上说："老头子多诈，以贼势的众多胁迫我！真想打他的嘴巴，不过暂时再忍一下吧！"裴蕴知道皇上的心意，派河南的老百姓张行本奏报："苏威从前在高阳主持选拔人才的工作，乱授别人官职；由于畏惧突厥，请求回到京师。"皇上下令审理查验，讼狱一成立，便下诏令条陈苏威的罪状，黜罢爵位，贬为平民。后来，一个月以后，又有人奏报苏威和突厥暗中图谋不轨的事，事情交给裴蕴审理。裴蕴判处苏威死罪。苏威无法自己表白，只是叩头流血谢罪而已。皇上可怜他，把他释放了，说："不忍立即把他杀死。"连同他的子孙三代，都丢去了官爵。

江都新制造的龙船完工，送到东都，宇文述劝皇上临幸江都。右候卫大将军酒泉人赵才劝谏说："如今人民劳苦，府库空虚，盗贼蜂拥而起，禁令无法通行，希望陛下回京师，安定千千万万的人民。"皇上十分生气，把赵才交付司法的官吏，十天以后，怒气略微消解，才把他放出来。朝廷的臣子都不愿意出动，皇上的心意却十分坚决，但没有人敢劝谏。建节尉任宗上书极力劝谏，当天就在朝堂上被皇上用木杖打死。甲子日（初十），皇上临幸江都，叫越王杨侗和光禄大夫段达、太府卿元文都、检校民部尚书韦津、右武卫将军皇甫无逸、右司郎卢楚等人，共同总管国都的事情。韦津是韦孝宽的儿子。皇上作诗赠别宫人说："我梦见江都很美好，讨伐辽东也是偶然的事情。"奉信郎崔民象由于到处都有盗贼，在建国门上表劝谏。皇上十分生气，先取下他的下巴，然后把他斩杀。

戊辰日（十四日），冯翊人孙华，起兵为盗。由于盗贼到处都有，虞世基请求发动军队屯守洛口仓，皇上说："卿是读书人，天下安定的时候，依然害怕畏缩。"戊辰日（十四日），御驾到达巩县。敕令有关的官吏移箕山、公路二府到洛口仓内，仍然命令构筑城墙，以防意外。到了汜水，奉信郎王爱仁又上奏请求回西京，皇上将他杀了，然后出发。到了梁郡，郡里的百姓拦阻车驾，呈上奏书说："陛下假如要临幸江都，天下就不是陛下所有的了。"又将他们全杀了。当时李子通据守海陵，左才相抢掠淮北，杜伏威屯驻六合，各有徒众几万人。皇上派光禄大夫陈棱带领宿卫的精兵8000人去讨伐，经常能取得胜利。

冬，十月，己丑日（初六），许恭公宇文述逝世。当初，宇文述的儿子宇文化及、宇文智及都是游手好闲的人。宇文化及在东宫侍奉皇上，皇上对他十分宠幸亲近，等到即位的时候，任命他为太仆少卿。皇上临幸榆林，宇文化及、宇文智及违反禁令，和突厥做买卖，皇上十分生气，准备要杀他们。等到解开了衣服、发辫后，又将他们释放，赐给宇文述做奴仆。宇文智及的弟弟宇文士及，由于娶公主的缘故，经常看不起宇文智及，只有宇文化及和他关系密切。宇文述死后，皇上又任命宇文化及担任右屯卫将军，宇

宇文化及像

文智及为将作少监。

　　李密处在困境的时候，前往依附郝孝德，郝孝德没有礼遇他。李密又去找王薄，王薄也对他不很好。李密穷困潦倒，甚至削取树皮作为食物，隐藏在淮阳的村舍，变更姓名，聚集生徒。郡县主管由于怀疑而捕拿他，李密逃到他妹夫雍丘县令丘君明那里。丘君明不敢收留他，将李密送到一位游侠王秀才家中。王秀才便将女儿嫁给他。丘君明的堂侄丘怀义告发这件事。皇上便命令丘怀义自己带着敕令交给梁郡通守杨汪，知照收捕。杨汪派兵包围王秀才的住宅，恰巧李密外出，才幸免于难，而丘君明、王秀才都被处死。

　　韦城人翟让担任东都司法的官职，犯罪理应被斩杀。管牢狱的官吏黄君汉，佩服他的英勇，半夜暗中告诉翟让说："翟法司，天时人事，怎么可以知道呢？怎么能在牢狱里等死呢？"翟让很惊喜地说："崔让像是圈牢里的猪，是死是生，只听黄曹主的命令。"黄君汉立即打坏器械，将他放出来。翟让连拜几拜说："翟让蒙受再生的恩惠，虽是很幸运，但是您怎么办呢？"黄君汉生气地说："本来认为您是位大丈夫，能拯救人民的生命，因而没有顾虑自己的死罪，让您脱离，怎么反而效法小儿女流泪道谢呢？您只要尽力设法逃命，不要担心我。"翟让于是逃跑到瓦岗当盗匪。同郡的单雄信，骁勇健壮，很会使用马矛，集结了许多年少的人前往投奔。离狐的徐世勣，家住卫南，年才17岁，很有勇气谋略，劝翟让说："东郡对您和世勣都是乡里，人多互相认识，不应该去抢掠。荥阳、梁郡是汴水所经过的地方，剽取行走的舟船，抢掠行商的旅人，这就足够自己资用了。"翟让同意他的看法，带领徒众进入二郡的边界，抢夺公家和私人的船只，资用于是丰足，而归附的人更多，集结徒众达1万多人。

　　当时又有外黄的王当仁、济阳的王伯当、韦城的周文举、雍丘的李公逸等人，都拥有徒众为盗匪。李密自雍州逃命，往来于各个首领之间，告诉他们夺取天下的计策，开始时都无人相信。后来，逐渐有人同意他的看法，互相转告说："这个人是公卿的子弟，志气如此。如今人人都说杨氏将要灭亡，李氏将要兴起。我听说为王的人不会死，这个人多次获得拯救，难道不就是这个人吗？"因此渐渐尊敬李密。

　　李密观察几个首领，只有翟让最强，于是依赖王伯当的关系，去见翟让，为翟让策划计策，并前往游说其他的小盗匪，使他们都归顺。翟让十分高兴，渐渐亲近李密，和他商议事情，李密就告诉翟让说："刘邦、项羽，都由平民起来，当上帝王。如今在上的国君昏庸，在下的人民怨恨，精锐的军队全部用在辽东，和突厥的和亲也告断绝，并且还巡游扬、越，放弃东都，这就如同刘邦、项羽当年奋起的大好时机。以足下的雄才大略，士兵战马精良勇锐，扫除二京，除去残暴凶虐的国君，隋朝是很快就会灭亡的。"翟让辞谢说："我们这些人是群盗匪，每天在草野间，苟且偷生，您所说的话，不是我所能做到的呀！"

恰好有一个人名叫李玄英，从东都逃出来，走遍各个贼匪的地方，寻访李密的下落，说："这个人将会夺取隋朝的天下。"别人问他为什么，李玄英说："近来民间的歌谣，有《桃李章》说：'桃李子，皇后绕扬州，宛转花园里。勿浪语，谁道许。这里所谓的'桃李子'，就是指姓李的逃亡人；皇与后，都是指国君；'宛转花园里'，就是说天子在扬州，没有回来的时日，将会辗转在沟壑中；'莫浪语，谁道许'的意思，是指密字。"和李密相逢后，就以身托付他。从前的宋城县尉齐郡人房玄藻自恃自己的才华，怨恨不为朝廷所重用，因为参与杨玄感的计谋，不得不变更姓名逃命，后来在梁、宋的地方遇见李密，就和他一起游历汉水、沔水，深入各个贼匪的地方，游说那些豪杰；回来的时候，附从的有几百人。李密仍以游客的身份，留在翟让的营里。翟让看见李密被豪杰所归附，想要采纳他的建议，但却犹豫不决。

有一个名叫贾雄的人，通晓阴阳占卜，充当翟让的军师，所说的话没有不被采用的。李密深切的结交贾雄，教他假借术数的说辞游说翟让；贾雄答应了，放在心里没有显露出来。恰好翟让召见贾雄，告诉他李密所说的话，问他可行不可行，回答说："太吉利了，简直不能用语言来形容。"又说："您自立恐怕未必成功，假如拥立他，则事情没有不成功的。"翟让说："照你所说的话，蒲山公应当自立，为何来归从我呢？"回答说："事情是互相因依的，他所以来归从，是由于将军姓翟，翟是水泽，蒲草没有水泽便不能生长，所以需要将军。"翟让同意他的看法，和李密的友情一天比一天更加深厚。

李密因此告诉翟让说："如今四海像粥饭沸腾一样，无法耕种，您的部属虽然很多，但是却没有库存的粮食，只靠抢掠而已，常常苦于不够供应。假如时日延长很久，加上大敌压临，一定会像冰块消融一样溃散。不如先取荥阳，按兵休息，驻在当地就食，等到兵强马肥，然后去和别人争利。"翟让采纳他的意见,于是攻破金堤关,并进攻荥阳县各县,大多攻了下来。

荥阳太守郇王杨庆是杨弘的儿子,无法讨贼,皇上便调张须陀为荥阳通守来讨伐。庚戌日(二十七日),张须陀带兵来攻打翟让,翟让从前几次被张须陀打败,听到他前来,十分害怕,准备逃避。李密说:"张须陀有勇无谋,军队又多次战胜,既骄傲又凶狠,可以一战就将他擒住。您只要列好阵势等待,李密保证替您把他击败。"翟让没办法,领兵准备作战,李密分出士兵1000多人埋伏在大海寺北边的树林里。张须陀平常很看轻翟让,采用方形的阵势前进,翟让和他交战,没有获胜,张须陀乘胜追赶,追赶了10多里;李密发动埋伏突击,打败了张须陀的军队。李密和翟让,协同徐世勣、王伯当联合兵力包围,张须陀突破重围出去,见左右的人无法全部出来,张须陀跳上马又来救援,来回好几次,最战败身死。他所率的军队日夜号哭,好几天都没有停止,河南各郡县因此勇气尽失。鹰扬郎将河东人贾务原来是张须陀的副将,也受了伤,率残余的徒众5000多人逃奔梁郡,不久就死了。诏令任命光禄大夫裴仁基为河南讨捕大使,带领他的徒众,迁到虎牢去镇守。

翟让就教李密建立牙旗,另外统领军队,号称蒲山公营。李密处理事情很严整,凡是指挥部下,即使是在盛夏,都好像背负霜雪一样。自己很节俭朴素,所得到的金宝,全都颁赠给部下,因此大家都肯为他效命。他指挥的部属常常受到翟让士兵的欺侮,由于威令严整,不敢上报。翟让告诉李密说:"现在资粮稍为充足了,我想要回到瓦岗,您假如不去,那么就随便你去哪里了,我们就在这里告辞了。"翟让带着繁重的装备,向东行进.李密向西行进,来到康城,说服了几个城投降,获得很多存储的粮食。翟让不久就后悔,又带兵来投奔李密。

鄱阳贼兵首领操师乞自称为元兴王,建年号为始兴,占领豫章郡,任命他的乡人林士弘为大将军。皇上诏令治书侍御史刘子翊带兵去讨伐他。操师乞被流矢射中而死,林士弘代替他统领徒众,和刘子翊在彭蠡湖交战,结果刘子翊战败身死。因而林士弘兵力大增,多达10多万人。十二月,壬辰日(初十),林士弘自称为皇帝,国号楚,建年号为太平;于是夺取九江、临川、南康、宜春等郡,而且各地豪杰也争相杀死隋朝的郡守县令,以郡县来归从。这时北边从九江,南边到番禺,都是他的地盘。

诏令命右骁卫将军唐公李渊为太原留守,任命虎贲郎将王威、虎牙郎将高君雅为他的副将，带兵讨伐甄翟儿，结果和甄翟儿在雀鼠谷相遇。李渊的士兵才几千人，贼兵围攻李渊好几层；李世民带领精兵去救援，将李渊从万军中救出来，正巧步兵到达，合力进攻，把甄翟儿打得大败。

皇上疏远、薄待自己的骨肉，蔡王杨智积经常自感不安，怕遭祸害，等到生病，也不给医治，临死的时候，对所亲近的人说："我今天才知道可以保住首领埋葬于地下。"

张金称、郝孝德、孙宣雅、高士达、杨公卿等侵犯掠河北，屠杀、攻陷郡县；隋朝的将帅战败死亡的，连续不断，只有虎贲中郎将蒲城人王辩、清河郡丞华阴人杨善会屡获战功，杨善会前后和贼兵交战700多次，从没打过败仗。皇上派太仆卿杨义臣去讨伐张金称，张金称扎营在平恩的东北。杨义臣带兵直接抵达临清的西边，固守永济渠为军营，距离张金称的军营40里，只是挖深战沟，筑高城垒，不和他交战。张金称每天带兵到杨义臣军营的西边，杨义臣率领军队，穿戴战甲，约定和他作战，但是后来又不出战。到了黄昏，张金称回军营，第二天天亮，又来了；这样过了一个多月，杨义臣都不出战。张金称以为他胆怯，屡次逼近他的军营辱骂他。杨义臣就告诉张金称说："你明天天亮来，我一定和你交战。"张金称看轻他，不再加以防备。杨义臣选派精良的骑兵2000人，夜晚从馆陶渡河窥视，发现张金称离开军营，就入营攻击他的家属。张金称得知这消息，带兵回去。杨义臣从后面攻打，打得张金称大败，和左右的人逃到清河的东边。一个多月以后，杨善会把他讨平擒获。官吏在市集上树立木头，悬挂他的头，张开他的手脚，让他的仇家割他的肉食用，在他还没死的时候，歌声一直不断。就诏令以杨善会为清河通守。

涿郡通守郭绚带领士兵10000多人讨伐高士达。高士达认为自己的才干谋略比不上窦建德，于是晋升窦进德为军司马，将所有的兵力都交给他。窦建德请高士达守护重要装备，亲自选拔精良的军队7000人去抗击郭绚，诈说和高士达因有闲隙而叛离，派人请求向郭绚投降，愿意担任前锋部队，攻击高士达，以求报效。郭绚相信了，带兵跟随窦建德到长河，没有再加以防备，窦进德伺机侵袭他，杀死并俘虏几千人，斩下郭绚的首级，进献给高士达。于是张金称的残余徒众都归从窦建德。杨义臣乘胜到达平原，想要进入高鸡泊征讨他们。窦建德告诉高士达说："我看遍隋朝的将军，没有像杨义臣那样善于用兵的，如今他消灭了张金称，锋锐不可抵挡。请带兵避开他，让他想作战而无法作战，白白浪费时间，等到将士疲劳困倦了，然后伺机攻击他，才能将他打败。不然的话，恐怕您敌不过他。"高士达不采纳他的意见，留下窦建德防守军营，自己带领精兵迎击杨义臣，稍微赢得胜利，就放纵饮酒，大肆宴客。窦建德得知这消息，说："东海公还没有打败敌人，就骄傲自大，不久就将有灾祸到来了。"5天以后，杨义臣大败高士达，在战阵中把他杀了，并乘胜追赶战败的敌人，到了他们的军营，营中的守兵完全溃散。窦建德和100多名骑兵逃去，来到饶

窦建德像

阳，趁他们没有防备，便攻陷饶阳，重整军队，得到3000多人。杨义臣已经杀了高士达，认为窦建德不值得担心，带兵回去。窦建德回到平原，收集高士达流散的士兵，安葬已死的人，为高士达治理丧事，军力又大振起来，自称为将军。开始，所有的盗匪捉到隋朝的官吏以及士族的子弟，全都将他们杀死，只有窦建德好好地对待他们；所以隋朝的官吏慢慢地有开城投降他的，声势一天比一天浩大，能胜任作战的，达10多万人。

由于皇上不高兴听到盗匪的事，所以众将和郡县有来报告战败，请求救援的，虞世基都压抑表状，或损减表状所说盗匪的人数以及情形，而不如将实奏报，只说："像鼠狗一样的窃盗，郡县加以捕拿追逐，就要消灭殆尽了，请陛下不要挂在心上。"皇上真的认为是这样，有时刑杖那些使者，以为是胡乱说话，所以盗贼遍布海内，攻陷郡县，皇上都不知道。杨义臣打败降服河北的贼兵几十万人，条列情况奏表上闻，皇上叹气说："我原先从来没有听说过，贼兵却突然有了这么多，杨义臣所降服的贼兵，怎么会如此之多呢？"虞世基回答说："小盗窃虽然多，却不值得忧虑，杨义臣战胜了，拥有的军队不少，长

时间在京城以外，这是最不妥当的。"皇上说："您所说的话很对。"立刻召回杨义臣，遣散了他的军队，贼匪因而又多了起来。

治书侍御史韦云起纠劾上奏："虞世基和御史大夫裴蕴，执掌枢机要务，维持朝廷内外的局面，各地报告变乱的奏章，不加以奏报上闻。贼匪数量原本很多，却裁减说是很少，陛下既然听说贼兵很少，发动的军队不多，人数一多一少，实在相差得太多，每次前往都无法获胜，因而使得官府的军队战败，贼盗匪党一天比一天多。请让负责司法的官吏判定他们的罪。"大理卿郑善果上奏："韦云起诋毁著名的大臣，说话不确实，诽谤朝政，妄自造作威势。"就把韦云起贬为大理司直。

皇上来到江都，江、淮的郡官去谒见的，只问所送礼饷的厚薄，礼厚的就越级升迁为郡丞郡守，礼薄的就大多遭到停职、解职的处分。江都郡丞王世充奉献铜镜屏风，升迁为通守；历阳郡丞赵元楷奉献上好的食物，升迁为江都郡丞。所以郡县残酷地竞相尽力剥削，以充当贡献的费用。人民在外面被盗贼所抢掠，在里面被郡县剥削，已经没有剩余；加上饥荒没有粮食，人民开始采取树皮、树叶，或者捣碎稻草成为粉末，或者煮泥土来吃，一切能吃的东西都吃完了，就相互以人体充食；而官府的粮食却仍很充足，官吏都因为害怕法令，不敢赈济救助。王世充暗中选择江、淮民间的美女，奉献给皇上，因而更受宠幸。

河间贼兵的首领格谦拥有徒众10多万人，固守豆子䴚，自称为燕王，皇上命令王世充带兵去征讨他，把他杀死。格谦的将领勃海人高开道，集结残余的徒众，侵掠燕地，势力又再强大了起来。

起先，皇上想要讨伐高丽，器械资粮等应用物品，都堆在涿郡；涿郡物阜民丰，屯守军队有几万人。同时，临朔宫有很多珍宝，许多贼兵竞相前来侵掠；留守的官吏虎贲郎将赵什住等人无法抵抗，只有虎贲郎将云阳人罗艺独自出去作战，先后打败了很多贼兵，威名一天比一天大，赵什住等人暗中猜忌他。罗艺因而准备作乱，他先公开用话激怒徒众，说："我们这些人征讨贼兵，屡次立下功劳，城里仓库所存放的东西，堆积得像山一样的高，但权力却操在留守的官吏手里，不肯发放，以救济贫困，将怎样慰勉将士呢？"大家都很气愤。军队回城，郡丞出城迎接罗艺，罗艺就把他抓起来，列队入城。赵什住等人害怕，都来听他的命令，普发放仓库的物品赏赐战士，打开仓廪以救济贫困的人，使境内的人都归从他；并且杀死不随同自己的勃海太守唐祎等人，声威振动燕地，使柳城、怀远都来归从他。罗艺罢黜柳城太守杨林甫，改郡为营州，派襄平太守邓暠为总管，罗艺自称为幽州总管。

突厥几次入侵北面的边界，诏令晋阳留守李渊率领太原道的军队和马邑太守王仁恭去攻打。当时突厥正强，两军的人数不满5000人，王仁恭十分担心。李渊选拔善于骑马射箭的人2000名，让他们饮食起居都和突厥一样，假如和突厥相遇，就伺机会去进攻，前后获得多次的胜利，突厥十分害怕。

恭皇帝上
义宁元年（丁丑、617年）

春，正月，右御卫将军陈稜讨杜伏威，伏威帅众拒之。稜闭壁不战，伏威遗以妇人之服，谓之"陈姥"。稜怒，出战，伏威奋击，大破之，稜仅以身免。伏威乘胜破高邮，引兵据历阳，自称总管，以辅公祏为长史，分遣诸将徇属县，所至辄下，江淮间小盗争附之。伏威常选敢死之士五千人，谓之"上募"，宠遇甚厚，有攻战，辄令上募先击之，战罢阅视，有伤在背者即杀之，以其退而被击故也。所获资财，皆以赏军。士有战死者，以妻、妾徇葬。故人自为战，所向无敌。

辛巳，鲁郡贼徐圆朗攻陷东平，分兵略地，自琅邪以西，北至东平，尽有之，胜兵二万余人。

卢明月转掠河南，至于淮北，众号四十万，自称无上王；帝命江都通守王世充讨之。世充与战于南阳，大破之，斩明月，余众皆散。

马邑太守王仁恭，多受货赂，不能振施。郡人刘武周，骁勇喜任侠，为鹰扬府校尉，仁恭以其土豪，甚亲厚之，令帅亲兵屯阁下。武周与仁恭侍儿私通，恐事泄，谋作乱，先宣言曰："今百姓饥馑，僵尸满道，王府君闭仓不赈恤，岂为民父母之意乎！"众皆愤怒。武周称疾卧家，豪杰来候问，武周椎牛纵酒，因大言曰："壮士岂能坐待沟壑！今仓粟烂积，谁能与我共取之？"豪杰皆许诺。己丑，仁恭坐听事，武周上谒，其党张万岁等随入，升阶，斩仁恭，持其首出徇，郡中无敢动者。于是开仓以赈饥民，驰檄境内属城，皆下之，收兵得万余人。武周自称太守，遣使附于突厥。

李密说翟让曰："今东都空虚，兵不素练；越王冲幼，留守诸官政令不壹，士民离心。段达、元文都，暗而无谋，以仆料之，彼非将军之敌。若将军能用仆计，天下可指麾而定也。"乃遣其党裴叔方觇东都虚实，留守官司觉之，始为守御之备，且驰表告江都。密谓让曰："事势如此，不可不发。兵法曰：'先则制于己，后则制于人。'今百姓饥馑，洛口仓多积粟，去都百里有余，将军若亲帅大众，轻行掩袭，彼远未能救，又先无豫备，取之如拾遗耳。比其闻知，吾已获之，发粟以赈穷乏，远近孰不归附！百万之众，一朝可集，枕威养锐，以逸待劳，纵彼能来，吾有备矣。然后檄召四方，引贤豪而资计策，选骁悍而授兵柄，除亡隋之社稷，布将军之政令，岂不盛哉！"让曰："此英雄之略，非仆所堪；惟君之命，尽力从事，请君先发，仆为后殿。"庚寅，密、让将精兵七千人出阳城北，逾方山，自罗口袭兴洛仓，破之；开仓恣民所取，老弱襁负，道路相属。

朝散大夫时德睿以尉氏应密，前宿城令祖君彦自昌平往归之。君彦，珽之子也，博学强记，文辞赡敏，著名海内，吏部侍郎薛道衡尝荐之于高祖，高祖曰："是歌杀斛律明月人儿邪？朕不须此辈！"炀帝即位，尤疾其名，依常调选东平书佐，检校宿城令。君彦自负其才，常郁郁思乱，密素闻其名，得之大喜，引为上客，军中书檄，一以委之。

越王侗遣虎贲郎将刘长恭、光禄少卿房崱帅步骑二万五千讨密。时东都人皆以密为饥贼盗米，乌合易破，争来应募，国子三馆学士及贵胜亲戚皆来从军，器械修整，衣服鲜华，旌旗钲鼓甚盛。长恭等当其前，使河南讨捕大使裴仁基等将所部兵自汜水而入以掩其后，约十一日会于仓城南，密、让具知其计。东都兵先至，士卒未朝食，长恭等驱之度洛水，陈于石子河西，南北十余里。密、让选骁雄，分为十队，令四队伏横岭下以待仁基，以六队陈于石子河东，长恭等见密兵少，轻之。让先接战，不利，密帅麾下横冲之。隋兵饥疲，遂大败，长恭等解衣潜窜得免，奔还东都，士卒死者什五六。越王侗释长恭等罪，慰抚之。密、让尽收其辎重器甲，威声大振。

让于是推密为主。上密号为魏公；庚子，设坛场，即位，称元年，大赦。其文书行下，称行军元帅府；其魏公府置三司、六卫，元帅府置长史以下官属。拜翟让为上柱国、司徒、东郡公，亦置长史以下官，减元帅府之半；以单雄信为左武候大将军，徐世勣为右武候大将军，各领所部；房彦藻为元帅左长史，东郡邴元真为右长史，杨惠方为左司马，郑德韬为右司马，祖君彦为记室，其余封拜各为差。于是赵、魏以南，江、淮以北，群盗莫不响应，孟让、郝孝德、王德仁及济阴房献伯、上谷王君廓、长平李士才、淮阳魏六儿、李德谦、谯郡张迁、魏郡李文相、谯郡黑社、白社、济北张青特、上洛周比洮、胡驴贼等皆归密。密悉拜官爵，使各领其众，置百营簿以领之。道路降者不绝如流，众至数十万。乃命其护军田茂广筑洛口城，方四十里而居之，密遣房彦藻将兵东略地，取安陆、汝南、淮安、济阳、河南郡县多陷于密。

雁门郡丞河东陈孝意与虎贲郎将王智辩共讨刘武周，围其桑乾镇。壬寅，武周与突厥合兵击智辩，杀之；孝意奔还雁门。三月，丁卯，武周袭破楼烦郡，进取汾阳宫，获隋宫人，以赂突厥始毕可汗；始毕以马报之；兵势益振，又攻陷定襄。突厥立武周为定杨可汗，遗以狼头纛。武周即皇帝位，立妻沮氏为皇后，改元天兴。以卫士杨伏念为尚书左仆射，妹婿同县苑君璋为内史令。武周引兵围雁门，陈孝意悉力拒守，乘间出击武周，屡破之；既而外无救援，遣间使诣江都，皆不报。孝意誓以必死，旦夕向诏敕库俯伏流涕，悲动左右。围城百余日，食尽，校尉张伦杀孝意以降。

梁师都略定雕阴、弘化、延安等郡，遂即皇帝位，国号梁，改元永隆。始毕遗以狼头纛，号为大度毗伽可汗。师都乃引突厥居河南之地，攻破盐川郡。

左翊卫蒲城郭子和坐事徙榆林。会郡中大饥，子和潜结敢死士十八人攻郡门，执郡丞王才，数以不恤百姓，斩之，开仓赈施。自称永乐王，改元丑平。尊其父为太公，以其弟子政为尚书令，子端、子升为左右仆射。有二千余骑，南连梁师都，北附突厥，各遣子为质以自固。始毕以刘武周为定杨天子，梁师都为解事天子，子和为平杨天子；子和固辞不敢当，乃更以为屋利设。

汾阴薛举，侨居金城，骁勇绝伦，家赀钜万，交结豪杰，雄于西边，为金城府校尉。时陇右盗起，金城令郝瑗募兵得数千人，使举将而讨之。夏，四月，癸未，方授甲，置酒飨士，举与其子仁果及同党十三人，于座劫瑗发兵，囚郡县官，开仓赈施。自称西秦霸王，改元秦兴。以仁果为齐公，少子仁越为晋公，招集群盗，掠官牧马。贼帅宗罗睺帅众归之，以为义兴公。将军皇甫绾将兵一万屯枹罕，举选精锐二千人袭之，遂克枹罕。岷山羌酋钟利俗拥众二万归之，举兵大振。更以仁果为齐王，领东道行军元帅，仁越为晋王，兼河州刺史，罗睺为兴王，以副仁果；分兵略地，取西平、浇河二郡。未几，尽有陇西之地，众至十三万。

李密以孟让为总管、齐郡公，己丑夜，让帅步骑二千人东都外郭，烧掠丰都市，比晓而去。于是东京居民悉迁入宫城，台省府寺皆满。巩县长柴孝和、监察御史郑颋以城降密，密以孝和为护军，颋为右长史。

裴仁基每破贼得军资，悉以赏士卒，监军御史萧怀静不许，士卒怨之；怀静又屡求仁基长短劾奏之。仓城之战，仁基失期不至，闻刘长恭等败，惧不敢进，屯百花谷，固垒自守，又恐获罪于朝。李密知其狼狈，使人说之，啖以厚利。贾务本之子闰甫在军中，劝仁基降密，仁基曰："如萧御史何？"闰甫曰："萧君如栖上鸡，若不知机变，在明公一刀耳。"仁基从之，遣闰甫诣密请降。密大喜，以闰甫为元帅府司兵参军，兼直记室事，使之复命，遗仁基书，慰纳之，仁基还屯虎牢。萧怀静密表其事，仁基知之，遂杀怀静，帅其众以虎牢降密，密以仁基为上柱国、河东公；仁基子行俨，骁勇善战，密亦以为上柱国、绛郡公。

密得秦叔宝及东阿程咬金，皆用为骠骑。选军中尤骁勇者八千人，分隶四骠骑以自卫，号曰内军，常曰："此八千人足当百万。"咬金后更名知节。罗士信、赵仁基皆帅众归密，密署为总管，使各统所部。

癸巳，密遣裴仁基、孟让帅二万余人袭回洛东仓，破之；遂烧天津桥，纵兵大掠。东都出兵击之，仁基等败走，密自帅众屯回洛仓。东都兵尚二十余万人，乘城击柝，昼夜不解甲。密攻偃师、金墉，皆不克；乙未，还洛口。

东都城内乏粮，而布帛山积，至以绢为汲绠，然布以爨。越王侗使人运回洛仓米入城，遣兵五千屯丰都市，五千屯上春门，五千屯北邙山，为九营，首尾相应，以备密。

丁酉，房献伯陷汝阴，淮阳太守赵陀举郡降密。

己亥，密帅众三万复据回洛仓，大修营堑以逼东都；段达等出兵七万拒之。辛丑，战于仓北，隋兵败走。丁未，密使其幕府移檄郡县，数炀帝十罪，且曰："罄南山之竹，书罪无穷；决东海之波，流恶难尽。"祖君彦之辞也。

越王侗遣太常丞元善达间行贼中，诣江都奏称："李密有众百万，围逼东都，据洛口仓，城内无食。若陛下速还，乌合必散；不然者，东都决没。"因歔欷呜咽，帝为之改容。虞世基进曰："越王年少，此辈诳之。若如所言。善达何缘来至！"帝乃勃然怒曰："善达小人，敢廷辱我！"因使经贼中向东阳催运，善达遂为群盗所杀。是后人人杜口，莫敢以贼闻。

世基容貌沈审，言多合意，特为帝所亲爱，朝臣无与为比；亲党凭

秦叔宝像

之，鬻官卖狱，贿赂公行，其门如市。由是朝野共疾怨之。内史舍人封德彝托附世基，以世基不闲吏务，密为指画，宣行诏命，谄顺帝意，群臣表疏忤旨者，皆屏而不奏。鞫狱用法，多峻文深诋，论功行赏，则抑削就薄。故世基之宠日隆而隋政益坏，皆德彝所为也。

初，唐公李渊娶于神武肃公窦毅，生四男，建成、世民、玄霸、元吉；一女，适太子千牛备身临汾柴绍。

世民聪明勇决，识量过人，见隋室方乱，阴有安天下之志，倾身下士，散财结客，咸得其欢心。世民娶右骁卫将军长孙晟之女；右勋卫长孙须德，晟之族弟也，与右勋侍池阳刘弘基皆避辽东之役，亡命在晋阳依渊，与世民善。左亲卫窦琮，炽之孙也，亦亡命在太原，素与世民有隙，每以自疑；世民加意待之，出入卧内，琮意乃安。

晋阳宫监猗氏裴寂，晋阳令武功刘文静，相与同宿，见城上烽火，寂叹曰："贫贱如此，复逢乱离，将何以自存！"文静笑曰："时事可知，吾二人相得，何忧贫贱"文静见李世民而异之，深自结纳，谓寂曰："此非常人，豁达类汉高，神武同魏祖，年虽少，命世才也。"寂初未然之。

文静坐与李密连昏，系太原狱，世民就省之。文静曰："天下大乱，非高、光之才，不能定也。"世民曰："安知其无，但人不识耳。我来相省，非儿女子之情，欲与君议大事也。计将安出？"文静曰："今主上南巡江、淮，李密围逼东都，群盗殆以万数。当此之际，有真主驱驾而用之，取天下如反掌耳。太原百姓皆避盗入城，文静为令数年，知其豪杰，一旦收拾，可得十万人，尊公所将之兵复且数万，一言出口，谁敢不从！以此乘虚入关，号令天下，不过半年，帝业成矣。"世民笑曰："君言正合吾意。"乃阴部署宾客，渊不知也。世民恐渊不从，犹豫久之，不敢言。

渊与裴寂有旧，每相与宴语，或连日夜。文静欲因寂关说，乃引寂与世民交。世民出私钱数百万，使龙山令高斌廉与寂博，稍以输之，寂大喜，由是日从世民游，情款益狎。世民乃以其谋告之，寂许诺。

会突厥寇马邑，渊遣高君雅将兵与马邑太守王仁恭并力拒之。仁恭、君雅战不利，渊恐并获罪，甚忧之。世民乘间屏人说渊曰："今主上无道，百姓困穷，晋阳城外皆为战场；大人若守小节，下有寇盗，上有严刑，危亡无日。不若顺民心，兴义兵，转祸为福，此天授之时也。"渊大惊曰："汝安得为此言，吾今执汝以告县官！"因取纸笔，欲为表。世民徐曰："世民观天时人事如此，故敢发言；必欲执告，不敢辞死！"渊曰："吾岂忍告汝，汝慎勿出口！"明日，世民复说渊曰："今盗贼日繁，遍于天下，大人受诏讨贼，贼可尽乎！要之，终不免罪。且世人皆传李氏当应图谶，故李金才无罪，一朝族灭，大人设能尽贼，则功高不赏，身益危矣！唯昨日之言，可以救祸，此万全之策也，愿大人勿疑。"渊乃叹曰："吾一夕思汝言，亦大有理。今日破家亡躯亦由汝，化家为国亦由汝矣！"

先是，裴寂私以晋阳宫人侍渊，渊从寂饮，酒酣，寂从容言曰："二郎阴养士马，欲举大事，正为寂以宫人侍公，恐事觉并诛，为此急计耳。众情已协，公意如何？"渊曰："吾儿诚有此谋，事已如此，当复奈何，正须从之耳。"

帝以渊与王仁恭不能御寇，遣使者执诣江都。渊大惧，世民与寂等复说渊曰："今主昏国乱，尽忠无益。偏裨失律，而罪及明公。事已迫矣，宜早定计。且晋阳士马精强，宫监蓄积巨万，以兹举事，何患无成！代王幼冲，关中豪杰并起，未知所附，公若鼓行而西，抚而有之，如探囊中之物耳。奈何受单使之囚，坐取夷灭乎！"渊然之，密部勒，将发；会帝继遣使者驰驿赦渊及仁恭，使复旧任，渊谋亦缓。

渊之为河东讨捕使也，请大理司直复侯端为副。端，祥之孙也，善占候及相人，谓渊曰："今玉床摇动，帝座不安，参墟得岁，必有真人起于其分，非公而谁乎！主上猜忍，尤忌诸李，金才既死，公不思变通，必为之次矣。"渊心然之。及留守晋阳，鹰扬府司马太原许世绪说渊曰："公姓在图箓，名应歌谣；握五郡之兵，当四战之也，举事则帝业可成，端居则亡不旋踵；唯公图之。"行军司铠文水武士彟、前太子左勋卫唐宪、宪弟俭皆劝渊举兵。俭说渊曰："明公北招戎狄，南收豪杰，以取天下，此汤、武之举也。"渊曰："汤、武非所敢拟，在私则图存，在公则拯乱，卿姑自重，吾将思之。"宪，邕之孙也。时建成、元吉尚在河东，故渊迁延未发。

刘文静谓裴寂曰："先发制人，后发制于人。何不早劝唐公举兵，而推迁不已！且公为宫监，而以宫人侍客，公死可尔，何误唐公也！"寂甚惧，屡趣渊起兵。渊乃使文静诈为敕书，发太原、西河、雁门、马邑民年二十已上五十已下悉为兵，期岁暮集涿郡，击主丽，由是人情汹汹，思乱者益众。

及刘武周据汾阳宫，世民言于渊曰："大人为留守，而盗贼窃据离宫，不早建大计，祸今至矣！"渊乃集将佐谓之曰："武周据汾阳宫，吾辈不能制，罪当族灭，若之何？"王威等皆惧，再拜请计。渊曰："朝廷用兵，动止皆禀节度。今贼在数百里内，江都在三千里外，加以道路险要，复有他贼据之；以婴城胶柱之兵，当巨猾豕突之势，必不全矣。进退维谷，何为而可？"威等皆曰："公地兼亲贤，同国休戚，若俟奏报，岂及事机；要在平贼，专之可也。"渊阳若不得已而从之者，曰："然则先当集兵。"乃命世民与刘文静、长孙须德、刘弘基等各募兵，远近赴集，旬日间近万人，仍密遣使召建成、元吉于河东，柴绍于长安。

王威、高君雅见兵大集，疑渊有异志，谓武士彟曰："顺德、弘基皆背征三侍，所犯当死，安得将兵！"欲收按之。士彟曰："二人皆唐公客，若尔，必大致纷纭。"威等乃止。留守司兵田德平欲劝威等按募人之状，士彟曰："讨捕之兵，悉隶唐公，威、君雅但寄坐耳，彼何能为！"德平亦止。

晋阳乡长刘世龙密告渊云："威、君雅欲因晋祠祈雨，为不利。"五月，癸亥夜，渊使世民伏兵于晋阳宫城之外。甲子旦，渊与威、君雅共坐视事，使刘文静引开阳府司马胠城刘政会入立庭中，称有密状。渊目威等取状视之，政会不与，曰："所告乃副留守事，唯唐公得视之。"渊阳惊曰："岂有是邪！"视其状，乃云："威、君雅潜引突厥入寇。"君雅攘袂大诟曰："此乃反者欲杀我耳。"时世民已布兵塞衢路，文静因与刘弘基、长孙顺德等共执威、君雅系狱。丙寅，突厥数万众寇晋阳，轻骑入外郭北门，出其东门。渊命裴寂等勒兵为备，而悉开诸城门，突厥不能测，莫敢进。众以为威、君雅实召之也，渊于是斩威、君雅以徇。渊部将王康达将千余人出战，皆死，城中恼惧。渊夜遣军潜出城，旦则张旗鸣鼓自他道来，如援军者；突厥终疑之，留城外二日，大掠而去。

炀帝命监门将军泾阳庞玉、虎贲郎将霍世举将关内兵援东都。柴孝和说李密曰："秦地山川之固，秦、汉所凭以成王业者也。今不若使翟司徒守洛口，裴柱国守回洛，明公自简精锐西袭长安。既克京邑，业固兵强，然后东向以平河、洛，传檄而天下定矣。方今隋失其鹿，豪杰竞逐，不早为之，必有先我者，悔无及矣！"密曰："此诚上策，吾亦思之久矣。但昏主尚存。从兵犹众，我所部皆山东人，见洛阳未下，谁肯从我西入！诸将出于群盗，留之各竞雌雄，如此，则大业隳矣。"孝和曰："然则大军既未可西上，仆请间行观衅。"密许之。孝和与数十骑至陕县，山贼归之者万余人。时密兵锋甚锐，每入苑，与隋兵连战。会密为流矢所中，尚卧营中，丁丑，越王侗使段达与庞玉等夜出兵，陈于回洛仓西北。密与裴仁基出战，达等大破之，杀伤太半，密乃弃回洛，奔洛口。庞玉、霍世举军于偃师，柴孝和之众闻密退，各散去。孝和轻骑归密，杨德方、郑德韬皆死。密以郑颋为左司马，荥阳郑乾象为右司马。

李建成、李元吉弃其弟智云于河东而去，吏执智云送长安，杀之。建成、元吉遇柴绍于道，与之偕行。

【译文】
义宁元年（丁丑、617年）

春，正月，右御卫将军陈稜征讨杜伏威，杜伏威率领徒众抵抗。陈稜关闭军营，不与他交战。杜伏威送给他妇人的衣服，称他为"陈姥"。陈稜生气，出去迎战，杜伏威奋力攻击，将他打得大败，只让陈稜一个人逃脱。杜伏威乘胜攻陷高邮，带兵占据历阳，自称为总管，派辅公祏为长史，分派众将进攻各属县，所到达的地方，都攻取下来，使得江、淮之间的小盗匪，争相归从。杜伏威选拔敢死的勇士5000人，称为"上募"，宠遇十分优厚，遇到进攻作战的时候，就命令"上募"先去攻打，作战结束，检阅视察，有伤在背上的人，就杀了，由于他们是因为退怯而被击中的缘故。所获得的物资财富，都拿来奖赏军队。士兵有战死的，用妻、妾去陪葬。因而人人各自奋战，所到的地方，没有敌手。

辛巳日（三十日），鲁郡的贼兵徐圆明占领东平，分兵力去侵占土地，从琅琊以西，北边到东平，全都属他所有，能胜任作战的士兵有2万多人。

卢明月转向侵掠河南，到了淮北，徒众号称40万，自称为无上王；皇上命令江都通守王世充去征讨。王世充和他在南阳交战，将他打得大败，斩了卢明月，残余的徒众都解散了。

马邑太守王仁恭接受了许多财货的贿赂，不愿把仓中的积粟拿出来赈济百姓。郡里的人刘武周，十分勇敢，喜欢行侠仗义，担任鹰扬府校尉。由于他是地方上的豪族，王仁恭十分亲近厚爱他，命令他率领亲信的军队屯守阁下。刘武周和王仁恭的侍妾有私情，担心事情外泄，于是阴谋作乱，他先公开说："如今老百姓闹饥荒，饿死的尸骸，满路都是，王府君关闭仓廪，不赈济抚恤，那里是为民父母的道理呢？"大家听了都十分愤怒。接着刘武周推说有病躺在家里，豪杰来慰问。刘武周就杀牛，纵恣饮酒，借机大声地说："壮士怎么能坐着等待死于沟壑呢？现在仓廪的积粟已经糜烂，谁能和我一起去夺取呢？"那些豪杰全都答应了。己丑日（初八），王仁恭坐在办理公事的厅堂里，刘武周前去谒见，他的党徒张万岁等人跟随进入，登上台阶，诛杀了王仁恭，拿他的首级出示众，郡里没有敢乱动的。就打开仓廪，赈济饥饿的灾民，并派人快骑送军书给所属境内各城，要他们全都归顺，结果收得军队10000多人。刘武周自称为太守，派使者归顺突厥。

李密告诉翟让说："如今东都空虚，军队平时没有训练；越王年纪小，留守的众官吏，政令不一，士兵百姓都有反叛的意愿。而段达、元文都，也都无知，没有什么计策，依我看，他们都不是将军的敌手。假如将军能采用我的计策，天下只要旌旗一指，即告平定。"就派他的同党裴叔方去窥探东都力量的虚实，留守的官吏发觉了，才做防御的准备，而且快骑奏表报告江都。李密对翟让说:"事情的趋势已经这样,不能不发动。兵法说:'先出动,就由自己控制;后出动,就为人所控制了。'如今老百姓闹饥荒,洛口仓很多囤积的粟米,离开都城有100多里路,将军假如亲自率领大军,快速行进,加以偷袭。由于他们地方远,不能去救助,而且刚开始没有防备,所以取下它,简单得就像捡地上的东西一样。等到他们听说了,我们已经获胜,发放粟米以赈济穷困的人,远近地方怎么会有不归附呢? 100万的徒众,一个早晨就可以聚集起来,凭借战胜的威势,储养锐气,以逸待劳,即使他们能够前来,我方已有了防备呀。然后用檄文召请四方的人士,招揽各方贤豪,以提供计策,选用骁勇强悍的人,以兵权相授。这样来消灭隋朝的天下,布达将军的政令,那不是很盛大的事吗?"翟让说:"这是英雄的计略,不是我能够承担的;只能依你的命令,尽心竭力,请你先出发,我来殿后。"庚寅日(初九),李密、翟让率精良的军队7000人,离开阳城的北边,爬过方山,从罗口攻击兴洛仓,攻破了,打开仓库,任由人民取拿。体弱的老人,怀抱小孩的,在路上连续不绝地向四方逃难。

朝散大夫时德睿,以尉氏县归顺李密,以前的宿城令祖君彦也从昌平前往归顺李密。祖君彦是祖珽的儿子,学问广博,记性很好,文章写得十分华美,闻名于海内,吏部侍郎薛道衡曾将他推荐给高祖,高祖说:"是用歌谣杀害斛律光的人的儿子吗? 朕不需要这样的人。"炀帝即位以后,尤其忌妒他的声名,却照常选为东平书佐、检校宿城令。祖君彦自负自己的才能,郁郁不得志,想要作乱。李密平常就听到他的声名,十分荣幸能得到他,待他为上等的宾客,军中的文书檄文,全部委交给他。

越王杨侗派虎贲郎将刘长恭、光禄少卿房崱,率步兵、骑兵25000人去征讨李密。当时东都的人都认为李密的军队是由饥饿所迫的盗贼组成的,是无纪律、不团结的乌合之众,很容易就可以打败,就争着前来应征当兵。国子学三馆里的学士,以及贵族、豪家、帝室的亲戚都前来从军,兵器军械修治完整,衣服鲜明华丽,旌旗钲鼓更是壮盛。刘长恭等人在前面,派河南讨捕大使裴仁基等率领所统领的军队,从氾水进入,掩袭后方,约定在十一日在仓城的南边会合,李密、翟让都明白他们的计策。东都的军队首先到达,士兵还没有吃早饭,刘长恭等人就驱使他们渡洛水,布阵于石子河的西方,南北共长10多里。李密、翟让选拔骁勇,分成十队,派遣四队埋伏在横岭下,以等待裴仁基,以六队布阵于石子河的东方。刘长恭等人看见李密的兵少,轻视他们。翟让首先接战,战况不利,李密率领部下奋勇冲杀。隋朝军队因为饥饿疲乏,因此大败,刘长恭等人脱去官服,私自逃窜,才得幸免,逃回东都,结果士兵共死了十分之五六。越王杨侗赦免刘长恭等人的罪,安抚他们一番。李密、翟让收取他们的装备,声威大振。

翟让于是推举李密为领袖,尊李密号为魏公;庚子日(十九日),设立坛场,即帝位,称元年,举行大赦。下行的文书,称为行军元帅府;魏公府设置三司、六卫,元帅府设置长史以下的官属。封翟让为上柱国、司徒、东郡公,也设置长史以下的官吏,但是比元帅府少一半;任命单雄信为左武侯大将军,徐世勣为右武侯大将军,各自带领所统率的部队;东郡的邴元真为右长史,杨德方为左司马,郑德韬为右司马,祖君彦为记室,其他的封命拜任各有区别。所以赵、魏以南,江、淮以北,所有的盗贼没有不呼应他们的,孟让、郝孝德、王德仁以及济阴的房献伯、上谷的王君廓、长平的李士才、淮阳的魏六儿、李德谦、谯郡的张迁、魏郡的李文相、谯郡的黑社、白社、济北的张青特、上洛的周比洮、胡驴贼等,都投靠李密。李密全部拜命官爵,让他们各自统领他们的徒众,设置百营簿加以总管。在道路上投降的人,像流水一样连续不断,徒众达几十万人。于是命令他的护军田茂广修建洛口城,周围40里以供居住。李密又派房彦藻带兵向东扩展土地,攻占了安陆、汝南、淮安、济阳,于是河南的郡县多半陷落在李密的手里。

雁门郡丞河东人陈孝意和虎贲郎将王智辩共同讨伐刘武周,包围他的桑乾镇。壬寅日(二十一日),刘武周和突厥联合进攻王智辩,把他杀了;陈孝意逃回雁门。三月,丁卯日(十七日),刘武周占领楼烦郡,进兵夺取汾阳

越王杨侗

宫，俘获隋朝的宫女，以贿赂突厥始毕可汗；始毕可汗用马来报答他。这时刘武周兵势更加强大，不久又攻占了定襄。突厥立刘武周为定杨可汗，送他画有狼头的大旗。刘周武即皇帝位，册立妻子沮氏为皇后，更改年号为天兴。任命卫士杨伏念为尚书左仆射，同县的妹婿苑君璋提任内史令。不久，刘武周带兵包围雁门，陈孝意全力抵抗，利用机会出城迎战刘武周，多次把他打败。后来由于外面没有救兵援助，而遣派使者暗中到江东，又都没有回音，因而陈孝意发誓一定要死守，他日夜向储放诏敕的库房跪拜流泪，悲痛的情形感动了左右的人。围城100多天，食物吃光了，校尉张伦杀死陈孝意来投降。

梁师都平定雕阴、弘化、延安等郡，于是登上皇帝位，国号为梁，更改年号为永隆。始毕可汗送他狼头大旗，号称大度毗伽可汗。梁师都就带引突厥居处河南的地方，攻陷盐川郡。

左翊卫蒲城人郭子和，坐罪迁徙榆林。正巧郡中闹大饥荒，郭子和暗中联合18名勇敢不怕死的人，攻打郡门，捉拿郡丞王才，斥责他不体恤人民，并杀了他，然后打开仓库赈济施舍。自称为永乐王，更改年号为丑平。推尊他的父亲为太公，任命他的弟弟郭子政为尚书令，子端、子升为左右仆射。共有2000多名骑兵，南边联结梁师都，北边联合突厥，各派儿子为人质以求自保。始毕可汗命刘武周为定杨天子，梁师都为解事天子，郭子和为平杨天子，郭子和坚持推辞，不敢承当，始毕可汗就改封他为屋利设。

汾阴的薛举，寓居金城，勇武超越一般人，家里的财富有无数万，平时结交地方豪杰，称雄于西边，担任金城府校尉。当时陇右盗贼纷起，金城令郝瑗募集军队，得到几千人，让薛举带领去讨伐。夏，四月，癸未日（初三），正当授予甲杖，设置酒肉宴饷士兵的时候，薛举和他的同党13人，在座席上劫持郝瑗，发动军队，囚禁郡县的官吏，打开仓库赈济施舍。自称为西秦霸王，更改年号为秦兴，任薛仁杲为齐公，他的小儿子薛仁越为晋公，集结群盗，抢掠官府的牧马。贼兵首领宗罗睺率领徒众归从他，任命为义兴公。这时将军皇甫绾带兵10000人驻守枹罕，薛举选派精锐2000人去偷袭。而岷山羌族的酋长钟利俗带着徒众20000人来投奔他，薛举的兵力于是大振。另外命薛仁杲为齐王，兼领东道行军元帅，薛仁越为晋王，兼河州刺史，宗罗睺为兴王，以辅佐薛仁杲；分兵去侵夺土地，取得西平、浇河二郡。不多久，拥有陇西全部地方，徒众多达13万人。

李密命孟让为总管、齐郡公，己丑日（初九）的晚上，孟让率步兵和骑兵2000人，进入东都的外城，火烧丰都市抢掠，到了天亮才离去。所以东京的居民都迁入宫城，台省府寺都住满了人。巩县县长柴孝和、监察御史郑颋，举城归顺李密，李密任命柴孝和为护军，郑颋为右长史。

裴仁基每次打败贼兵获得的军粮物资要全部拿来奖赏士兵，监军御史萧怀静不同意，引起了士兵的怨恨；萧怀静又多次找寻裴仁基的短处劾奏。仓城那一次战役，裴仁基没有在约定的时间到达，听说刘长恭等战败，畏惧不敢前进，屯兵在百花谷，坚守城垒，又害怕因此被朝廷治罪。李密知道他进退为难，派人游说他，以优厚的利益加以引诱。贾务本的儿子贾闰甫在军营里，劝说裴仁基投降李密，裴仁基说："那萧御史怎么办呢？"贾闰甫说："萧君像栖止的鸡一样，假如不知道机变，明公很容易就可以把他杀了。"裴仁基采纳了他的意见，派贾闰甫向李密请求投降。李密十分高兴，任命贾闰甫担任元帅府司兵参军，兼直记室事，让他回去通报，送信给裴仁基，安慰他结纳他。所以裴仁基回去屯守虎牢。萧怀静暗中上表奏明这件事，裴仁基知道了，就杀死萧怀静，率领他的徒众开虎牢城门归顺李密。李密任命裴仁基为上柱国、河东公；裴仁基的儿子裴行俨，勇敢善战，李密也任命其为上柱国、绛郡公。

李密得到秦叔宝和东阿人程咬金，都任命为骠骑。并选拔军中特别骁勇的人8000名，分别隶属4个骠骑来保卫自己，称为内军，常说："这8000人足以抵挡100万人。"程咬金后来改名为知节。罗士信、赵仁基都率领徒众投靠李密，李密任命为总管，使他们各自统领自己的部队。

癸巳日（十三日），李密派裴仁基、孟让率领20000多人袭击回洛的东仓，并且攻了下来；就烧毁天津桥，放任军队大肆抢掠。东都出兵攻击，裴仁基等战败逃走，李密亲自率徒众屯兵于回洛仓。东都的军队还有20多万人，登城击木梆巡防，日夜都不解脱战甲。李密攻打偃师、金墉，都无法攻下来；乙未日（十五日），回到洛口。

东都城内缺少粮食，但是布帛却堆积如山，以至于用绢当汲水的绳子，烧布来煮饭。越王杨侗派人运送回洛仓的米入城，派5000名军队驻守丰都市，5000名屯守上春门，5000名屯守北邙山，编9个营，前后接应，以预防李密偷袭。

丁酉日（十七日），房献伯攻陷汝阴，淮阳太守赵陀举郡归顺李密。

己亥日（十九日），李密率徒众3万人又占据回洛仓，大量修筑营垒，以逼近东都；段达等出动军队7万人抗击。辛丑日（二十一日），在仓北交战，隋朝的军队战败逃跑。丁未日（二十七日），李密派他的幕府传送檄文给郡县，责怪炀帝有10大罪状，并且说："把南山的竹子砍尽，写他的罪状都写不完；决断东海的水，都无法把他的过恶洗清。"这是祖君彦的文辞。

越王杨侗派太常丞元善达，从贼军中偷跑到江都，奏报说："李密有徒众100万人，包围过来进逼东都，占据了洛口仓，城内已没有了食物。假如陛下能很快回来，像乌鸦聚合的贼兵一定会离散；不然的话，东都是一定会被攻陷的。"说完不停地悲哭流泪，使皇上变了脸色。虞世基进言说："越王年纪小，是这些人诳骗他罢了，假如像他们所说的话，元善达如何能来到呢？"皇上于是十分生气地说："元善达这小子，竟敢在朝廷中使我受辱。"就教他经过贼军所在地方，向东阳郡催促运粮，元善达于是被群盗所杀害。从那以后，大家都不敢开口，不敢再向皇上提贼兵的事。

虞世基的容貌看来沉稳审慎，他的话都符合皇上的心意，所以特别被皇上所亲信喜爱，朝廷的臣子是没有人能和他相比的；他的亲戚朋党靠他的关系，买卖官职，把持讼狱，公开从事贿赂，他们的家门如同市集一样。所以朝野的人都非常嫉恨他。内史舍人封德彝依附虞世基，因为虞世基不熟悉官吏政务，便暗中指示处理的方法，尽力地执行皇上的诏命，谄媚地顺从皇上的心意，群臣的奏表书疏违背他的意志的，都摒弃不奏报。治理讼案，多严用律法，深加诬害；评定功绩，进行奖赏，则尽量裁削，过于刻薄。因而虞世基的恩宠，一天比一天隆盛，而隋朝的政治更加败坏，这都是封德彝造成的。

起先，唐公李渊娶神武肃公窦毅的女儿，生了4个儿子，建成、世民、玄霸、元吉；一个女儿，嫁给太子的千牛备身临汾人柴绍。

李世民聪明、勇敢、果断，见识度量超过一般人，见隋朝王室正乱，暗中有安定天下的心志，低声下气，礼遇贤士，散布钱财，交结宾客，获得他们的。李世民娶右骁卫将军长孙晟的女儿；右勋卫长孙顺德是长孙晟的同族弟弟，和右勋侍池阳人刘弘基，因躲避辽东的战争，逃命在晋阳，投奔李渊，和李世民很亲善。左亲卫窦琮是窦炽的孙子，也逃命在太原。由于原先和李世民有闲隙，因而常常为此焦虑不安；李世民却特意善待他，让他进出卧房内，窦琮的心才安定下来。

晋阳宫监猗氏人裴寂，晋阳令武功人刘文静，相互友好，同住在一起，看见城上的烽火,裴寂感叹说:"这样贫贱,又遭逢乱离,将怎样自求生存呢?"刘文静笑着说:"时事是可以了解的,只要我们二人互相帮助,又何必担心贫贱呢?"刘文静看见李世民,觉得他十分不平凡,深深地和他结交,告诉裴寂说:"这不是平凡的人,胸襟宽达有如汉高祖,英勇威武有如魏武帝,年纪虽幼,却是扬名于世的杰出人才。"裴寂开始不同意他的看法。

李世民像

刘文静由于和李密联婚而获罪,关在太原的牢狱里。李世民前去探视他,刘文静说:"天下大乱,如果没有汉高祖、光武帝的才华,是不能平定的。"李世民说:"怎么能说没有呢?只不过别人不知道罢了。我来探视你,不是儿女私情,是想要和你讨论大事。计策要如何拟定才好呢?"刘文静说:"现在主上向南巡行江、淮,李密围逼东都,群盗几乎都以万计数。在这个时候,有真正的君主出来驾御,并且妥加利用,取得天下像反掌一样容易。太原的百姓都逃避盗匪,而来到城里,我做了几年县令,知道他们是豪杰,有一天要集结起来,可以得到10万人,尊公所带领的军队也有几万人,一句话说出去,又有谁敢不听从的呢?这时候利用空虚进入关中,指挥天下,不到半年的时间,帝业就能够成就了。"李世民笑着说:"你所说的话,正符合我的心意。"就暗中部署宾客,使担任各种职责,李渊却全不知道。因为李世民怕李渊不赞成,因而犹豫了很久,不敢说出来。

李渊和裴寂有旧情,每次闲谈,有时从早到晚不停。刘文静想要利用裴寂游说,就引裴寂和李世民交往。李世民拿出私人的钱几百万,教龙山令高斌廉和裴寂赌博,一次次地输给他,裴寂大为高兴,所以天天跟从李世民游乐,关系更为亲近。李世民于是把他的策略告诉裴寂,裴寂同意帮忙。

正巧突厥侵犯马邑，李渊派高君雅带兵和马邑太守王仁恭联合抵抗；王仁恭、高君雅作战不利，李渊害怕连同获罪，十分忧虑。李世民便趁此机会，摒开别人，告诉李渊说："现在的主上不守正道，百姓贫穷，晋阳城外都成为战场；大人如果谨守小小节操，在下来说，有抢寇盗匪。在上来说，有严刑苛法，死亡的日子是很快就会来到的。不如顺应民心，发动义兵，转祸为福，这是上天所授予的良机啊！"李渊震惊地说："你怎么能说这种话，我现在就将你送交给天子惩治。"于是取出纸笔，准备要写奏表。李世民缓慢地说："我观看天时和人事是这样子，因而敢讲话；如果一定要抓我、控告我，不敢推辞死罪。"李渊说："我怎么忍心控告你，你要慎重不要乱说话。"第二天，李世民又告诉李渊说："现在盗贼一天比一天增多，遍布天下，大人接受诏命，征讨贼兵，贼兵能消灭干净吗？总之，最后仍然不免有罪。而且世人都流传李氏该当符应谶语，因而李金才没有什么罪，却被诛灭全族。大人即使能够消灭所有的贼兵，那么功劳高到无可奖赏的地步那就更加危险了。只有按照昨日所说的话，能够解除灾祸，这是万全的计策，请大人不要疑虑。"李渊于是叹气说："我一个晚上想你所说的话，也非常有道理。今天如果家破人亡是由于你的缘故，假如能使全国成为己家，也是由于你的缘故。"

　　起先，裴寂私下教晋阳的宫女侍候李渊，李渊和裴寂喝酒，喝醉了，裴寂不慌不忙地说："二郎李世民暗中供养兵士战马，想要发起大事，所以要我裴寂以宫女侍候您，恐怕事情被发觉后一起被杀，因而定这急切的计策。大家的思想已经统一，您的意思如何呢？"李渊说："我的儿子要是真的有这种图谋，事情已经这样，那又该怎么样呢？只有随他去了。"

　　由于李渊和王仁恭不能抵御寇贼，皇上派使者到江都捉拿他们。李渊十分害怕，李世民和裴寂等人又告诉李渊说："现在人君昏庸，国家丧乱，尽心效忠是毫无益处的。偏将裨将违犯军律，都归罪到明公身上。事情已经很急迫，应该快一点决策。同时晋阳的士兵战马精良强悍，晋阳宫监的蓄积也非常多，凭此力量发动大事，何患不能成功呢？代王年纪幼小，关中的豪杰纷纷兴起，不知要归附谁？您假如击鼓行军，向西而行，加以安抚，据为己有，那就如同探囊取物，容易极了。为什么要受一名使者的囚禁，坐着等待被诛杀呢？"李渊同意他们的看法，暗中统领军队，准备发动兵变恰好皇上派遣的使者快骑前来赦免李渊和王仁恭，使他们恢复旧的职位，李渊的计谋也就暂搁下来了。

　　李渊担任河东讨捕使的时候，请求大理司直夏侯端为充任使。夏侯端是夏侯详的孙子，善于占测天象和看人命相，对李渊说："现在天上星座中，代表皇上的天床、帝座等星，摇动不安，岁星居处晋阳，必有天子起于这里，不是您，还会是谁呢？主上为人猜忌残忍，特别猜忌所有姓李的人，李金才已经死了。您如果不想变通的话，必定会成为第二个李金才。"李渊心里同意他的话。等到留守晋阳的时候，鹰扬府司马太原人许世绪对李渊说："您的姓氏在图谶里，名字符应在歌谣中；握有五郡的军队，处在四面作战的地方，发动大事，那么帝业可以成就，坐定不动，那么不久就会灭亡，希望您考虑考虑。"行军司铠文水人武士彟、前太子左勋卫唐宪、唐宪的弟弟唐俭，都劝说李渊举兵。唐俭告诉李渊说："明公北边收揽戎狄；南边招抚豪杰，以取天下，这是商汤、周武一样的作为。"李渊说："商汤、周武，我不敢和他们相比。在私的方面，是为了求生存；在公的方面，是为了救祸乱。你暂且自己多保重，我要考虑考虑。"唐宪是唐邕的孙子。当时李建成、李元吉还在河东，因而李渊一直拖延，没有发动兵变。

　　刘文静对裴寂说："先发动的制伏别人，后发动的被别人制伏。为什么不早一点劝唐公举发军队？怎么不断地推故拖延呢？而且您是宫监，却以宫女私侍他人，您一个人死就算了，何必拖误唐公呢？"裴寂很害怕，多次催促李渊起兵。李渊于是教刘文静假造敕书，发动太原、西河、雁门、马邑百姓，年纪在20岁以上，50岁以下的，全部去当兵，约定在年尾的时候，在涿郡集合，去攻打高丽，所以人心惶惶，想要作乱的人更多。

　　等到刘武周占据汾阳宫的时候，李世民对李渊说："大人担任留守，而盗贼占据皇上出巡的行宫，不早一点建立大计，灾祸将马上发生。"李渊于是集合将领佐吏，对他们说："刘武周占据汾阳宫，我们这些人不能制止，所犯的罪该当灭族，怎么办呢？"王威等人都畏惧，一再下拜请求定计。李渊说："朝廷用兵，一举一动，都要秉承朝廷的节制。如今贼兵在几百里内，江都在3000里以外，加上道路险阻，又有别的贼兵据守；要据城自守，而秉承远地朝廷节制的军队，抵挡十分狡猾，而来势颇为凶猛的敌人，一定是不能保全的。进退两难，如何才可以呢？"王威等人又说："您兼有国亲和贤臣的身份，和国家的患难与共，如果要等到奏报，怎么来得及应付变故呢？主要在于镇压贼兵，专擅行事也是可以的。"李渊假装不得已而听从的样子说："那么我们应当先聚集军队。"就命令李世民和刘文静、长孙顺德、刘弘基等人各自招募军队,远近的人都赶来聚集,10日之中,就来了将近10000人,于是悄悄派使者到河东召集李建成、李元吉,到长安召集柴绍。

王威、高君雅看见军队大量集结,怀疑李渊有叛逆之心,告诉武士彟说:"长孙顺德、刘弘基都是逃亡的侍官,所犯的罪都该当处死,怎么能带领军队呢?"想要捉拿治罪。武士彟说:"这两个人都是唐公的宾客,假如这样做的话,一定会引起大纷争。"王威等人于是作罢。留守司兵田德平想要劝说王威等人按察募人的情形,武士彟说:"讨伐征捕的军队,全部属于唐公,王威、高君雅只是寄身在留守坐侧而已,并无实权,他们能怎样呢?"田德平也作罢。

晋阳乡长刘世龙暗中对李渊说:"王威、高君雅,想要利用晋祠祈雨的时候,做对您不利的事情。"五月,癸亥日(十四日)的晚上,李渊派李世民埋伏军队于晋阳宫城的外面。于甲子日(十五日)的早晨,李渊和王威、高君雅,一同坐着办事,教刘文静带领开阳府司马胙城人刘政会进入,站立在大庭中,声称有秘密的事情要告诉。李渊让王威等人拿状子来看,刘政会不给他们,说:"所告发的是有关副留守的事情,只有唐公能够看。"李渊假装很奇怪地说:"哪有这样子的事情!"看了状子,于是说:"王威、高君雅暗中引突厥来侵犯。"高君雅挽袖举臂大骂:"这是造反的人想要诬陷我。"当时李世民已经安排军队堵塞交通要道,刘文静就和刘弘基、长孙顺德等人,一同捉拿王威、高君雅,将他们关入监狱。丙寅日(十七日),突厥的几万徒众入侵晋阳,轻快的骑兵从外城的北门进入,从东门出去。李渊命令裴寂等人统领军队防备,而将所有的城门都打开,突厥无法测知虚实,不敢前进。大家以为王威、高君雅确实招引突厥来侵,李渊

长孙顺德像

就斩杀王威、高君雅以示众。接着李渊的部将王康达带领1000多人出去迎战，结果都战死了，城里充满了恐慌畏惧。李渊趁夜晚派军队暗中出城，天亮则张扬旗帜，鸣击战鼓，从另一条路前来，好像是救援军队的样子；突厥一直很怀疑，留在城外两天，大肆抢掠，然后离去。

炀帝命令监门将军泾阳人庞玉、虎贲郎将霍世举率关内的军队援助东都。柴孝和对李密说："秦这地方，山川险固，是秦、汉所凭借成就王业的地方。如今不如派翟司徒防守洛口，裴柱国防守回洛，明公自己选拔精锐的军队，向西侵袭长安。在攻克京邑以后，基业稳固，兵力强大，再向东平定河、洛，传送文书，而天下就平定了。当今隋朝丧失它的福分，豪杰竞相追逐，不趁早作为，一定有抢在我们前面的人，到时后悔就来不及了。"李密说："这实在是上等的计策，我也想了很久了。但是昏庸的君主还在，跟随他的军队还很多，我所率领的都是山东人，看见洛阳还没有攻下来，谁愿意跟从我向西而入呢？众将都是群盗出身，留下来就各自竞比高低，这样的话，立国的大业就失败了。"柴孝和说："那么，大军既然不能向西前进，我请求利用小路窥探看情况，寻找机会。"李密答应了。柴孝和和几十名骑兵到了陕县，山贼归顺他的有10000多人。当时李密军队的锋芒很锐，每次进入西苑，就和隋朝军队发生冲突。恰逢李密被流箭射中，还躺在军营里，丁丑日（二十八日），越王杨侗派段达和庞玉等人，夜里出兵，在回洛仓的西北布阵。李密和裴仁基出去迎战，段达等人将他们打得大败，杀伤了一大半人，李密于是放弃回洛，逃奔洛口。这时庞玉、霍世举驻军在偃师，柴孝和的徒众得知李密败退，就各自散去。柴孝和带着很少的骑兵投奔李密，而杨德方、郑德韬则都阵亡了。于是李密任命郑頲为左司马，荥阳人郑乾象为右司马。

李建成、李元吉在河东丢下他的弟弟李智云逃跑了，官吏捉拿李智云送到长安，将他杀了。李建成、李元吉在路上遇到柴绍，和他走在一起。

隋纪八　恭皇帝下
义宁元年（丁丑、617年）

刘文静劝李渊与突厥相结，资其士马以益兵势。渊从之，自为手启，卑辞厚礼，遗始毕可汗云："欲大举义兵，远迎主上，复与突厥和亲，如开皇之时。若能与我俱南，愿勿侵暴百姓；若但和亲，坐受宝货，亦唯可汗所择。"始毕得启，谓其大臣曰："隋主为人，我所知也，若迎以来，必害唐公而击我无疑矣。苟唐公自为天子，我当不避盛暑，以兵马助之。"即命以此意为复书。使者七日而返，将佐皆喜，请从突厥之言，渊不可。裴寂、刘文静皆曰："今义兵虽集而戎马殊乏，胡兵非所须，而马不可失；若复稽回，恐其有悔。"渊曰："诸君宜更思其次。"寂等乃请尊天子为太上皇，立代王为帝，以安隋室；移檄郡县；改易旗帜，杂用绛白，以示突厥。渊曰："此可谓'掩耳盗钟，'然逼于时事，不得不尔。"乃许之，遣使以此议告突厥。

西河郡不从渊命，甲申，渊使建成、世民将兵击西河；命太原令太原温大有与之偕行，曰："吾儿年少，以卿参谋军事；事之成败，当以此行卜之。"时军士新集，咸未阅习，建成、世民与之同甘苦，遇敌则以身先之。近道菜果，非买不食，军士有窃之者，辄求其主偿之，亦不诘窃者，军士及民皆感悦。至西河城下，民有欲入城者，皆听其入。郡丞高德儒闭城拒守，己丑，攻拔之。执德儒至军门，世民数之曰："汝指野乌为鸾，以欺人主，取高官，吾兴义兵正为诛佞人耳！"遂斩之。自余不戮一人，秋毫无犯，各尉抚使复业，远近闻之大悦。建成等引兵还晋阳，往返凡九日。渊喜曰："以此行兵，虽横行天下可也。"遂定入关之计。

渊开仓以赈贫民，应募者日益多。渊命为三军，分左右，通谓之义士。裴寂等上渊号为大将军，癸巳，建大将军府；以寂为长史，刘文静为司马，唐俭及前长安尉温大雅为记室，大雅仍与弟大有共掌机密，武士彠为铠曹，刘政会及武城崔善为、太原张道源为户曹，晋阳长上邽姜謩为司功参军，太谷长殷开山为府掾，长孙顺德、刘弘基、窦琮及鹰扬郎将高平王长谐、天水姜宝谊、阳屯为左、右统军；自余文武，随才授任。又以世子建成陇西公，左领军大都督，左三统军隶焉；世民为敦煌公，右领军大都督，右三统军隶焉；各置官属。以柴绍为右领军府长史；谘议谯人刘赡领西河通守。道源名河，开山名峤，皆以字行。开山，不害之孙也。

李密复帅众向东都，丙申，大战于平乐园，密左骑、右步，中列强弩，鸣千鼓以冲之，东都兵大败，密复取回洛仓。

突厥遣其柱国康鞘利等送马千匹诣李渊为互市，许发兵送渊入关，多少随所欲。丁酉，渊引见唐鞘利等，受可汗书，礼容尽恭，赠遗康鞘利等甚厚。择其马之善者，止市其半；义士请以私钱市其余，渊曰："虏饶马而贪利，其来将不已，恐汝不能市也。吾所以少取者，示贫，且不以为急故也，当为汝贳之，不足为汝费。"

己巳，康鞘利北还。渊命刘文静使于突厥以请兵，私谓文静曰："胡骑入中国，生民之大蠹也。吾所以欲得之者，恐刘武周引之共为边患；又，胡马行牧，不费刍粟，聊欲藉之以为声势耳。数百人之外，无所用之。"

秋，七月，壬子，李渊以子元吉为太原太守，留守晋阳宫，后事悉以委之。癸丑，渊帅甲士三万发晋阳。立军门誓众，并移檄郡县，谕以尊立代王之意；西突厥阿史那大奈亦帅其众以从。甲寅，遣通议大夫张纶将兵徇稽胡。丙辰，渊至西河，慰劳吏民，赈赡穷乏；民年七十以上，皆除散官，其余豪俊，随才授任，口询功能，手注官秩，一日除千余人；受官皆不取告身，各分渊所书官名而去。渊入雀鼠谷；壬戌，军贾胡堡，去霍邑五十余里。代王侑遣虎牙郎将宋老生帅精兵二万屯霍邑，左武侯大将军屈突通屯河东以拒渊。会积雨，渊不得进，遣府佐沈叔安等将羸兵还太原，更运一月粮。乙丑，张纶克离石，杀太守杨子崇。

刘文静至突厥，见始毕可汗，请兵，且与之约曰："若入长安，民众土地入唐公，金玉缯帛归突厥。"始毕大喜，丙寅，遣其大臣级失特勒先至渊军，告以军已上道。

渊以书招李密，密自恃兵强，欲为盟主己巳，使祖君彦复书曰："与兄流派虽异，根系本同。自唯虚薄，为四海英雄共推盟主。所望左提右挈，戮力同心，执子婴于咸阳，殪商辛于牧野，岂不盛哉！"且欲使渊以步骑数千自至河内，面结盟约。渊得书，笑曰："密妄自矜大，非折简可致。吾方有事关中，若遽绝之，乃是更生一敌；不如卑辞推奖以骄其志，使为我塞成皋之道，缀东都之兵，我得专意西征。俟关中平定，据险养威，徐观鹬蚌之势以收渔人之功，未为晚也。"乃使温大雅复书曰："吾虽庸劣，幸承余绪，出为八使，入典六屯，颠而不扶，通贤所责。所以大会义兵，和亲北狄，共匡天下，志在尊隋。天生烝民，必有司牧，当今为牧，非子而谁！老夫年逾知命，愿不及此。欣戴大弟，攀鳞附翼，唯弟早膺图箓，以宁兆民！宗盟之长，属籍见容，复封于唐，斯荣足矣。殪商辛于牧野，所不忍言；执子婴于咸阳，未敢闻命。汾晋左右，尚须安辑；盟津之会，未暇卜期。"密得书甚喜，以示将佐曰："唐公见推，天下不足定矣！"自是信使往来不绝。

雨久不止，渊军中粮乏，刘文静未返，或传突厥与刘武周乘虚袭晋阳；渊召将佐谋北还。裴寂等皆曰："宋老生、屈突通连兵据险，未易猝下。李密虽云连和，奸谋难测。突厥贪而无信，唯利是视。武周，事胡者也。太原一方都会，且义兵家属在焉，不如还救根本，更图后举。"李世民曰："今禾菽被野，何忧乏粮！老生轻躁，一战可擒。李密顾恋仓粟，未遑远略。武周与突厥外虽相附，内实相猜。武周虽远利太原，岂可近忘马邑！本兴大义，奋不顾身以救苍生，当先入咸阳，号令天下。今遇小敌，遽已班师，恐从义之徒一朝解体，还守太原一城之地为贼耳，何以自全！"李建成亦以为然。渊不听，促令引发。世民将复入谏，会日暮，渊已寝；世民不得入，号哭于外，声闻帐中。渊召问之，世民曰："今兵以义动，进战则克，退还则散；众散于前，敌乘于后，死亡无日，何得不悲！"渊乃悟曰："军已发，奈何？"世民曰："右军严而未发；左军虽去，计亦未远，请自追之。"渊笑曰："吾之成败皆在尔，知复何言，唯尔所为。"世民乃与建成夜追左军复还。丙子，太原运粮亦至。

武威鹰扬府司马李轨，家富，好任侠；薛举作乱于金城，轨与同郡曹珍、关谨、梁硕、李赟、安修仁等谋曰："薛举必来侵暴，郡官庸怯，势不能御，吾辈岂可束手并妻孥为人所虏邪！不若相与并力拒之，保据河右以待天下之变。"众皆以为然，欲推一人为主，各相让，莫肯当。曹珍曰："久闻图谶李氏当王；今轨在谋中，乃天命也。"遂相与拜轨，奉以为主。丙辰，轨令修仁集诸胡，轨结民间豪杰，共起兵，执虎贲郎将谢统师、郡丞韦士政。轨自称河西大凉王，置官属并拟开皇故事。关谨等欲尽杀隋官，分其家赀，轨曰："诸人既逼以为主，当禀其号令。今兴义兵以救生民，乃杀人取货，此群盗耳，将何以济！"于是以统师为太仆卿，士政为太府卿。西突厥阙度设据会宁川，自称阙可汗，请降于轨。

薛举自称秦帝，立其妻鞠氏为皇后，子仁果为皇太子。遣仁果将兵围天水，克之，举自金城徙都之。仁果多力，善骑射，军中号万人敌；然性贪而好杀。尝获庾信子立，怒其不降，磔于火上，稍割以啖军士。及克天水，悉召富人，倒悬之，以醋灌鼻，责其金宝。举每戒之曰："汝之才略足以办事，然苛虐无恩，终当覆我国家。"

炀帝诏左御卫大将军涿郡留守薛世雄将燕地精兵三万讨李密，命王世充等诸将皆受世雄节度，所过盗贼，随便诛翦。世雄行至河间，军于七里井，窦建德士众惶惧，悉拔诸城南遁，声言还入豆子䬸。世雄以为畏己，不复设备，建德谋还袭之。其处去世雄营百四十里，建德帅敢死士二百八十人先行，令余众续发，建德与其士众约曰："夜至，则击其营；已明，则降之。"未至一里所，天欲明，建德惶惑议降；会天大雾，人咫尺不相辨，建德喜曰："天赞我也！"遂突入其营击之，世雄士卒大乱，皆腾栅走。世雄不能禁，与左右数十骑遁归涿郡，渐恚发病卒。建德遂围河间。

八月，己卯，雨霁。庚辰，李渊命军中曝铠仗行装。辛巳旦，东南由山足细道趣霍邑。渊恐宋老生不出，李建成、李世民曰："老生勇而无谋，以轻骑挑之，理无不出；脱其固守，则诬以贰于我。彼恐为左右所奏，安敢不出！"渊曰："汝测之善，老生不能逆战贾胡，吾知其无能为也！"渊与数百骑先至霍邑城东数里以待步兵，使建成、世民将数十骑至城下，举鞭指麾，若将围城之状，且诟之。老生怒，引兵三万自东门、南门分道而出，渊使殷开山趣召后军。后军至，渊欲使军士先食而战，世民曰："时不可失。"渊乃与建成陈于城东，世民陈于城南。渊、建成战小却，世民与军头临淄段志玄自南原引兵驰下，冲老生陈，出其背，世民手杀数十人，两刀皆缺，流血满袖，洒之复战。渊兵复振，因传呼曰："已获老生矣！"老生兵大败，渊兵先趣其门，门闭，老生下马投堑，刘弘基就斩之，僵尸数里。日已暮，渊即命登城，时无攻具，将士肉薄而登，遂克之。

渊赏霍邑之功，军吏疑奴应募者不得与良人同，渊曰："矢石之间，不辨贵贱，论勋之际，何有等差，宜并从本勋授。"壬午，渊引见霍邑吏民，劳赏如西河，选其丁壮使从军；关中军士欲归者，并授五品散官，遣归。或谏以官太滥，渊曰："隋氏吝惜勋赏，此所以失人心也，奈何效之！且收众以官，不胜于兵乎！"

丙戌，渊入临汾郡，慰抚如霍邑。庚寅，宿鼓山。绛郡通守陈叔达拒守；辛卯，进攻，克之。叔达，陈高宗之子，有才学，渊礼而用之。

癸巳，渊至龙门，刘文静、康鞘利以突厥兵五百人、马二千匹来至。渊喜其来援，谓文静曰："吾西行及河，突厥始至，兵少马多，皆君将命之功也。"

汾阳薛大鼎说渊:"请勿攻河东,自龙门直济河,据永丰仓,传檄远近,关中可坐取也。"渊将从之。诸将请先攻河东,乃以大鼎为大将军府察非掾。

河东县户曹任瑰说渊曰:"关中豪杰皆企踵以待义兵。瑰在冯翊积年,知其豪杰,请往谕之,必从风而靡。义师自梁山济河,指韩城,逼郃阳。萧造文吏,必当望尘请服。孙华之徒,皆当远迎,然后鼓行而进,直据永丰,虽未得长安,关中固已定矣。"渊悦,以瑰为银青光禄大夫。

陈叔达像

时关中群盗,孙华最强;丙申,渊至汾阴,以书招之。己亥,渊进军壶口,河滨之民献舟者日以百数,仍置水军。壬寅,孙华自郃阳轻骑渡河见渊。渊握手与坐,慰奖之,以华为左光禄大夫、武乡县公,领冯翊太守,其徒有功者,委华以次授官,赏赐甚厚。使之先济;继遣左右统军王长谐、刘弘基及左领军长史陈演寿、金紫光禄大夫史大奈将步骑六千自梁山济,营于河西以待大军。以任瑰为招慰大使,瑰说韩城,下之。渊谓长谐等曰:"屈突通精兵不少,相去五十余里,不敢来战,足明其众不为之用。然通畏罪,不敢不出。若自济河击卿等,则我进攻河东,必不能守;若全军守城,则卿等绝其河梁;前扼其喉,后拊其背,彼不走必为擒矣。"

骁果从炀帝在江都者多逃去,帝患之,以问裴矩,对曰:"人情非有匹偶,难以久处,请听军士于此纳室。"帝从之。九月,悉召江都境内寡妇、处女集宫下,恣将士所取;或先与奸者听自首,即以配之。

武阳郡丞元宝藏以郡降李密,甲寅,密以宝藏为上柱国、武阳公。宝藏使其客钜鹿魏征为启谢密,且请改武阳为魏州;又请帅所部西取魏郡,南会诸将取黎阳仓。密喜,即以宝藏为魏州总管,召魏征为元帅府文学参军,掌记室。征少孤贫，好读书，有大志，落拓不事生业。始为道士，宝藏召典书记，密爱其文辞，故召之。

初，贵乡长弘农魏德深，为政清静，不严而治。辽东之役，征税百端，使者旁午，责成郡县，民不堪命，唯贵乡闾里不扰，有无相通，不竭其力，所求皆给。元宝藏受诏捕贼，数调器械，动以军法从事。其邻城营造，皆聚于听事，官吏递相督责，昼夜喧嚣，犹不能济。德深听随便修营，官府寂然，恒若无事，唯戒吏以不须过胜余县，使百姓劳苦；然民各自竭心，常为诸县之最，民爱之如父母。宝藏深害其能，遣将千兵赴东都。所领兵闻宝藏降密，思其亲戚，辄出都门，东向恸哭而返；或劝之降密，皆泣曰："我与魏明府同来，何忍弃去！"

河南、山东大水，饿殍满野，炀帝诏开黎阳仓赈之，吏不时给，死者日数万人。徐世勣言于李密曰："天下大乱，本为饥馑。今更得黎阳仓，大事济矣。"密遣世勣帅麾下五千人自原武济河，会元宝藏、郝孝德、李文相及洹水贼帅张升、清河贼帅赵君德共袭破黎阳仓，据之，开仓恣民就食，浃旬间，得胜兵二十余万。武安、永安、义阳、弋阳、齐郡相继降密。窦建德、朱粲之徒亦遣使附密，密以粲为扬州总管、邓公。泰山道士徐洪客献书于密，以为："大众久聚，恐米尽人散，师老厌战，难可成功。"劝密"乘进取之机，因士马之锐，沿流东指，直向江都，执取独夫，号令天下。"密壮其言，以书招之，洪客竟不出，莫知所之。

丙辰，冯翊太守萧造降于李渊。造，修之子也。

戊午，渊帅诸军围河东，屈突通婴城自守。

将佐复推渊领太尉，增置官属，渊从之。时河东未下，三辅豪杰至者日以千数。渊欲引兵西趣长安，犹豫未决。裴寂曰："屈突通拥大众，凭坚城，吾舍之而去，若进攻长安不克，退为河东所蹑，腹背受敌，此危道也。不若先克河东，然后西上。长安恃通为援，通败，长安必破矣。"李世民曰："不然。兵贵神速，吾席累胜之威，抚归附之众，鼓行而西，长安之人望风震骇，智不及谋，勇不及断，取之若振槁叶耳。若淹留自弊于坚城之下，彼得成谋修备以待我，坐费日月，众心离沮，则大事去矣。且关中蜂起之将，未有所属，不可不早招怀也。屈突通自守虏耳，不足以虑。"渊两从之，留诸将围河东，自引军向西。

朝邑法曹武功靳孝谟，以蒲津、中渾二城降，华阴令李孝常以永丰仓降，仍应接河西诸军。孝常，圆通之子也。京兆诸县亦多遣使请降。

王世充、韦霁、王辩及河内通守孟善谊、河阳郡尉独孤武都各帅所领会东都，唯王隆后期不至。己未，越王侗使虎贲郎将刘长恭等帅留守兵，庞玉等帅偃师兵，与世充等合十余万众，击李密于洛口，与密夹洛水相守。炀帝诏诸军皆受世充节度。

帝遣摄江都郡丞冯慈明向东都，为密所获，密素闻其名，延坐劳问，礼意甚厚，因谓曰："隋祚已尽，公能与孤立大功乎？"慈明曰："公家历事先朝，荣禄兼备。不能善守门阀，乃与玄感举兵，偶脱罔罗，得有今日，唯图反噬，未谕高旨。莽、卓、敦、玄非不强盛，一朝夷灭，罪及祖宗。仆死而后已，不敢闻命！"密怒，囚之。慈明说防人席务本，使亡走。奉表江都，及致书东都论贼形势，至雍丘，为密将李公逸所获，密又义而释之；出至营门，翟让杀之。慈明，子琮之子也。

密之克洛口也，箕山府郎将张季珣固守不下，密以其寡弱，遣人呼之。季珣骂密极口，密怒，遣兵攻之，不能克。时密众数十万在其城下，季珣四面阻绝，所领不过数百人，而执志弥固，誓以必死。久之，粮尽水竭，士卒羸病，季珣抚循之，一无离叛，自三月至于是月，城遂陷。季珣见密不肯拜，曰："天子爪牙，何容拜贼！"密犹欲降之，诱瑜终不屈，乃杀之。季珣，祥之子也。

庚申，李渊帅诸军济河；甲子，至朝邑，舍于长春宫，关中士民归之者如市。丙寅，渊遣世子建成、司马刘文静帅王长谐等诸军数万人屯永丰仓，守潼关以备东方兵，慰抚使窦轨等受其节度；敦煌公世民帅刘弘基等诸军数万人徇渭北，慰抚使殷开山等受其节度。轨，琮之兄也。

冠氏长于志宁、安养尉颜师古及世民妇兄长孙无忌谒见渊于长春宫。师古名籀，以字行；志宁，宣敏之兄子；师古，之推之孙也；皆以文学知名，无忌仍有才略。渊皆礼而用之，以志宁为记室，师古为朝散大夫，无忌为渭北行军典签。

屈突通闻渊西入，署鹰扬郎将汤阴尧君素领河东通守，使守蒲坂，自引兵数万趣长安，为刘文静所遏。将军刘纲戍潼关，屯都尉南城，通欲往依之，王长谐引兵袭斩纲，据城以拒通，通退保北城。渊遣其将吕绍宗等攻河东，不能克。

柴绍之自长安赴太原也，谓其妻李氏曰："尊公举兵，今偕行则不可，留此则及祸，奈何？"李氏曰："君弟速行，我一妇人，易以潜匿，当自为计。"绍遂行。李氏归鄠县别墅，散家赀，聚徒众。渊从弟神通在长安，亡入鄠县山中，与长安大侠史万宝等起兵以应渊。西域商胡何潘仁入司竹园为盗，有众数万，劫前尚书右丞李纲为长史，李氏使其奴马三宝说潘仁与之就神通，合势攻鄠县，下之。神通众逾一万，自称关中道行军总管，以前乐城长令狐德棻为记室。德棻，熙之子也。李氏又使马三宝说群盗李仲文、向善志、丘师利等，皆帅众从之。仲文，密之从父；师利，和之子也。西京留守屡遣兵讨潘仁等，皆为所败。李氏徇盩厔、武功、始平，皆下之，众至七万。左亲卫段纶，文振之子也，娶渊女，亦聚徒于蓝田，得万余人。及渊济河，神通、李氏、纶各遣使迎渊。渊以神通为光禄大夫，子道彦为朝请大夫，纶为金紫光禄大夫；使柴绍将数百骑并南山迎李氏。何潘仁、李仲文、向善志及关中强盗，皆请降于渊，渊一一以书慰劳授官，使各居其所，受敦煌公世民节度。

刑部尚书领京兆内史卫文升年老，闻渊兵向长安，忧惧成疾，不复预事，独左翊卫将军阴世师、京兆郡丞骨仪奉代王侑乘城拒守。己巳，渊如蒲津；庚午，自临晋济渭，至永丰劳军，开仓赈饥民。辛未，还长春宫；壬申，进屯冯翊。世民所至，吏民及群盗归之如流，世民收其豪俊以备僚属，营于泾阳，胜兵九万。李氏将精兵万余会世民于渭北，与柴绍各置幕府，号"娘子军"。

隰城尉房玄龄谒世民于军门，世民一见如旧识，署记室参军，引为谋主。玄龄亦自以为遇知己，罄竭心力，知无不为。

渊命刘弘基、殷开山分兵西略扶风，有众六万，南渡渭水，屯长安故城。城中出战，弘基逆击，破之。世民引兵趣司竹，李仲文、何潘仁、向善志皆帅众从之，顿于阿城，胜兵十三万，军令严整，秋毫不犯。乙亥，世民自盩厔遣使白渊，请期日赴长安。渊曰："屈突东行不能复西，不足虞矣！"乃命建成选仓上精兵自新丰趣长乐宫，世民帅新附诸军北屯长安故城，至并听教。延安、上郡、雕阴皆请降于渊。丙子，渊引军西行，所过离宫园苑皆罢之，出宫女还其亲属。冬，十月，辛巳，渊至长安，营于春明门之西北，诸军皆集，合二十余万。渊命各依壁垒，毋得入村落侵暴。屡遣使至城下谕卫文升等以欲尊隋之意，不报。辛卯，命诸军进围城。甲午，渊迁馆于安兴坊。

巴陵校尉鄱阳董景珍、雷世猛、旅帅郑文秀、许玄彻、万瓒、徐德基、郭华、沔阳张绣等谋据郡叛隋，推景珍为主。景珍曰："吾素寒贱，不为众所服。罗川令萧铣，梁室之后，宽仁大度，请奉之以从众望。"乃遣使报铣。铣喜从之，声言讨贼，诏募得数千人。铣，岩之孙也。

会颍川贼帅沈柳生寇罗川，铣与战不利，因谓其众曰："今天下皆叛，隋政不行，巴陵豪杰起兵，欲奉吾为主。若从其请以号令江南，可以中兴梁祚，以此召柳生，亦当从我矣。"众皆悦，听命，乃自称梁公，改隋服色旗帜皆如梁旧。柳生即帅众归之，以柳生为车骑大将军。起兵五日，远近归附者至数万人，遂帅众向巴陵。景珍遣徐德基帅郡中豪杰数百人出迎，未及见铣，柳生与其党谋曰："我先奉梁公，勋居第一。今巴陵诸将，皆位高兵多，我若入城，返出其下。不如杀德基，质其首领，独挟梁公进取郡城，则无出我右者矣。"遂杀德基。入白铣，铣大惊曰："今欲拨乱反正，忽自相杀！吾不能为若主矣。"因步出军门。柳生大惧，伏地请罪，铣责而赦之，陈兵入城。景珍言于铣曰："徐德基建义功臣，而柳生无故擅杀之，此而不诛，何以为政！且柳生为盗日久，今虽从义，凶悖不移，共处一城，势必为变。矢今不取，后悔无及！"铣又从之。景珍收柳生，斩之，其徒皆溃去。丙申，铣筑坛燔燎，自称梁王，改元鸣凤。

壬寅，王世充夜度洛水，营于黑石，明日，分兵守营，自将精兵陈于洛北。李密闻之，引兵度洛逆战，密兵大败，柴孝和溺死。密帅麾下精骑度洛南，余众东走月城，世充追围之，密自洛南策马直趣黑石，营中惧，连举六烽，世充释月城之围，狼狈自救；密还与战，大破之，斩首三千余级。

甲辰，李渊命诸军攻城，约"毋得犯七庙及代王、宗室，违者夷三族！"孙华中流矢卒。十一月，丙辰，军头雷永吉先登，遂克长安。代王在东宫，左右奔散，唯侍读姚思廉侍侧。军士将登殿，思廉厉声诃之曰："唐公举义兵、匡帝室，卿等毋得无礼！"众皆愕然，布立庭下。渊迎王于东宫，迁居大兴殿后，听思廉扶王至顺阳阁下，泣拜而去。思廉，察之子也。渊还，舍于长乐宫，与民约法十二条，悉除隋苛禁。

渊之起兵也，留守官发其坟墓，毁其五庙。至是，卫文升已卒，戊午，执阴世师、骨仪等，数以贪婪苛酷，且拒义师，俱斩之，死者十余人，余无所问。

马邑郡丞三原李靖，素与渊有隙，渊入城，将斩之。靖大呼曰："公兴义兵，欲平暴乱，乃以私怨杀壮士乎！"世民为之固请，乃舍之。世民因召置幕府。靖少负志气，有文武才略，其舅韩擒虎每抚之曰："可与言将帅之略者，独此子耳！"

王世充自洛北之败，坚壁不出；越王侗遣使劳之，世充惭惧，请战于密。丙辰，世充与密夹石子河而陈，密布陈南北十余里。翟让先与世充战，不利而退；世充逐之，王伯当、裴仁基从旁横断其后，密勒中军击之，世充大败，西走。

翟让司马王儒信劝让自为大冢宰，总领众务，以夺密权，让不从。让兄柱国荥阳公弘，粗愚人也，谓让曰："天子汝当自为，奈何与人！汝不为者，我当为之！"让但大笑，不以为意，密闻而恶之。总管崔世枢自鄢陵初附于密，让囚之私府，责其货，世枢营求未办，遽欲加刑。让召元帅府记室邢义期博，逡巡未就，杖之八十。让谓左长史房彦藻曰："君前破汝南，大得宝货，独与魏公，全不与我！魏公我之所立，事未可知！"彦藻惧，以状告密，因与左司马郑颋共说密曰："让贪愎不仁，有无君之心，宜早图之。"密曰："今安危未定，遽相诛杀，何以示远！"颋曰："毒蛇螫手，壮士解腕，所全者大故也。彼先得志，悔无所及。"密乃从之，置酒召让。戊午，让与兄弘及兄子司徒府长史摩侯同诣密，密与让、弘、裴仁基、郝孝德共坐，单雄信等皆立侍，房彦藻、郑颋往来检校。密曰："今日与达官饮，不须多人，左右止留给使而已。"密左右皆引去，让左右犹在。彦藻白密曰："今方为乐，天时甚寒，司徒左右，请给酒食。"密曰："听司徒进止。"让应曰："甚佳。"乃引让左右尽出，独密下壮士蔡建德持刀立侍。食未进，密出良弓，与让习射，让方引满，建德自后斫之，踣于床前，声若牛吼，并弘、摩侯、儒信皆杀之。徐世勣走出，门者斫之伤颈，王伯当遥呵止之。单雄信叩头请命，密释之。左右惊扰，莫知所为，密大言曰："与君等同起义兵，本除暴乱，司徒专行贪虐，凌辱群僚，无复上下；今所诛止其一家，诸君无预也。"命扶徐世勣置幕下，亲为傅疮。让麾下欲散，密使单雄信前往宣慰，密寻独骑入其营，历加抚谕，令世勣、雄信、伯当分领其众，中外遂定。让残忍，摩侯猜忌，儒信贪纵，故死之日，所部无哀之者；然密之将佐始有自疑之心矣。

壬戌，李渊备法驾迎代王即皇帝位于天兴殿，时年十三，大赦改元，遥尊炀帝为太上皇。甲子，渊自长乐宫入长安。以渊为假黄钺、使持节、大都督内外诸军事、尚书令、大丞相，进封唐王。以武德殿为丞相府，改教称令，日于虔化门视事。乙丑，榆林、灵武、平凉、安定诸郡皆遣使请命。丙寅，诏军国机务，事无大小，文武设官，位无贵贱，宪章赏罚，咸归相府；唯郊祀天地，四时禘祫奏闻。置丞相府官属，以裴寂为长史，刘文静为司马。何潘仁使李纲入见，渊留之，以为丞相府司录，专掌选事。又以前考功郎中窦威为司录参军，使定礼仪。威，炽之子也。渊倾府库以赐勋人，国用不足，右光禄大夫刘世龙献策，以为"今义师数万，并在京师，樵苏贵而布帛贱；请伐六街及苑中树为樵，以易布帛，可得数十万匹。"渊从之。己巳，以李建成为唐世子，李世民为京兆尹、秦公，李元吉为齐公。

河南诸郡尽附李密，唯荥阳太守郇王庆、梁郡太守杨汪为隋守。密以书招庆，为陈利害，且曰："王之家世，本住山东，本姓敦氏，乃非杨族。芝焚蕙叹，事不同此。"初，庆祖父元孙早孤，随母郭氏养于舅族。及武元帝从周文起兵关中，元孙在邺，恐为高氏所诛，冒姓郭氏，故密云然。庆得书惶恐，即以郡降密，复姓郭氏。

十二月，癸未，追谥唐王渊大父襄公为景王；考仁公为元王，夫人窦氏为穆妃。

薛举遣其子仁杲寇扶风，唐弼据青源拒之。举遣使招弼，弼乃杀李弘芝，请降于举，仁杲乘其无备，袭破之，悉并其众。弼以数百骑走诣扶风请降，扶风太守窦琎杀之。举势益张，众号三十万，谋取长安；闻丞相渊已定长安，遂围扶风。渊使李世民将兵击之。又使姜謩、窦轨俱出散关，安抚陇右；左光禄大夫李孝恭招慰山南；府户曹张道源招慰山东。孝恭，渊之从父兄子也。

癸巳，世民击薛仁杲于扶风，大破之，追奔至垅坻而还。薛举大惧，问其群臣曰："自古天子有降事乎？"黄门侍郎钱唐褚亮曰："赵佗归汉。刘禅仕晋，近世萧琮，至今犹贵。转祸为福，自古有之。"卫尉卿郝瑗趋进曰："陛下失问！褚亮之言又何悖也！昔汉高祖屡经奔败，蜀先主亟亡妻子，卒成大业；陛下奈何以一战不利，遽为亡国之计乎！"举亦悔之，曰："聊以此试君等耳。"乃厚赏瑗，引为谋主。

乙未，平凉留守张隆，丁酉，河池太守萧瑀及扶风汉阳郡相继来降。以窦琎为工部尚书，燕国公，萧瑀为礼部尚书、宋国公。

李孝恭击破朱粲，诸将请尽杀其俘，孝恭曰："不可，自是以往，谁复肯降矣！"于是自金川出巴、蜀，檄书所至，降附者三十余州。

屈突通与刘文静相持月余，通复使桑显和夜袭其营，文静与左光禄大夫段志玄悉力苦战，显和败走，尽俘其众，通势益蹙。或说通降，通泣曰："吾历事两主，恩顾甚厚。食人之禄而违其难，吾不为也！"每自摩其颈曰："要当为国家受一刀！"劳勉将士，未尝不流涕，人亦以此怀之。丞相渊遣其家僮召之，通立斩之。及闻长安不守，家属悉为渊所虏，乃留显和镇潼关，引兵东出，将趣洛阳。通

李孝恭像

适去，显和即以城降文静。文静遣窦琮等将轻骑与显和追之，及于稠桑，通结陈自固，窦琮遣通子寿往谕之，通骂曰："此贼何来！昔与汝为父子，今与汝为仇雠！"命左右射之。显和谓其众曰："今京城已陷，汝辈皆关中人，去欲何之！"众皆释仗而降。通知不免，下马东南向再拜号哭曰："臣力屈至此，非敢负国，天地神祇实知之。"军人执通送长安，渊以为兵部尚书，赐爵蒋公，兼秦公元帅府长史。

渊遣通至河东城下招谕尧君素，君素见通，歔欷不自胜，通亦泣下沾衿，因谓君素曰："吾军已败，义旗所指，莫不响应，事势如此，卿宜早降。"君素曰："公为国大臣，主上委公以关中，代王付公以社稷，奈何负国生降，乃更为人作说客邪！公所乘马，即代王所赐也，公何面目乘之哉！"通曰："吁，君素，我力屈而来！"君素曰："方今力犹未屈，何用多言？"通

惭而退。

东都米斗三钱,人饿死者什二三。

庚子,王世充军士有亡降李密者,密问:"世充军中何所为?"军士曰:"比见益募兵,再飨将士,不知其故。"密谓裴仁基曰:"吾几落奴度中,光禄知之乎?吾久不出兵,世充刍粮将竭,求战不得,故募兵飨士,欲乘月晦以袭仓城耳,宜速备之。"乃命平原公郝孝德、琅邪公王伯当、齐郡公孟让勒兵分屯仓城之侧以待之。其夕三鼓,世充兵果至,伯当先遇之,与战,不利。世充兵即陵城,总管鲁儒拒却之,伯当更收兵击之,世充大败,斩其骁将费青奴,士卒战溺死者千余人。世充屡与密战,不胜,越王侗遣使劳之,世充诉以兵少,数战疲弊;侗以兵七万益之。

刘文静等引兵东略地,取弘农郡,遂定新安以西。

甲辰,李渊遣云阳令詹俊、武功县正李仲衮徇巴、蜀,下之。

乙巳,方与贼帅张善安袭陷庐江郡,因渡江,归林士弘于豫章;士弘疑之,营于南塘上。善安恨之,袭破士弘,焚其郛郭而去,士弘徙居南康,萧铣遣其将苏胡儿袭豫章,克之,士弘退保余干。

【译文】
义宁元年 (丁丑、617年)

刘文静劝李渊和突厥结交,利用他们的军队战马,以增加兵力、声势。李渊采纳他的意见,自己写信,言辞谦卑,礼物优厚,赠给始毕可汗,说:"想要大力发展除暴救民的义军,远去迎接君上,又和突厥和亲,如同开皇的时候一样。如果能够和我一起到南方,希望不要侵害人民;假如只是和亲,坐享珍贵的财物,也由可汗来选择。"始毕得了这封信,对大臣说:"隋朝天子的为人,是我所知道的,如果迎他前来,一定会伤害唐公而且攻击我,这是毫无疑问的。如果唐公自己当天子,我应当不逃避盛暑的炎热,以军队和战马帮助他。"马上命令照这个意思回信。使者7天就回来了,将佐都十分高兴,请求听从突厥的话,李渊认为不可以。裴寂、刘文静都说:"现在除暴救民的军队虽然都聚集了,但是战马却十分缺少,胡人的军队不是我们所需要的,但是战马是不可没有的;如果又推迟回信,恐怕他们会反悔。"李渊说:"各位应该再想其他的办法。"裴寂等人就请求尊奉天子为太上皇,拥立代王为皇帝,来安定隋朝的王室；移送檄文给郡县；改变旗帜，杂用红白色，以向突厥暗示。李渊说："这可以说是'偷钟的人，怕听到钟声，就遮着耳朵把钟偷走'。但是时事所逼，只能如此。"于是同意了，派使者把这个决定告诉突厥。

西河郡不听从李渊的命令，甲申日（初五），李渊派李建成、李世民率军队攻打西河；让太原令太原人温大有和他们同行，说："我的儿子年纪轻，请你参加谋划军事；事情的成败，应该就在这次行动。"当时战士刚刚集结，都还没有检阅训练，李建成、李世民和他们共同甘苦，遇到敌人就带头率先上前。道路附近的菜果，均由军士买来后，方可食用。战士有去偷取的，就去请求主人准许补偿，也不责怪偷取的人，战士和百姓都感到很高兴。到了西河城下，百姓有想要入城的，都听任他们进入。郡丞高德儒关闭城门抵抗，于己丑日（初十），最终被攻下来了。捉拿高德儒到军门，李世民责备他说："你指野鸟为鸾，来欺骗人主，获得高官，我们发动义兵，就是为了要诛杀谗佞的人。"就把他杀了。其他的人，一个都不杀，秋毫不犯，各别抚慰，使恢复旧业，远近的人听了都十分高兴。李建成等人带兵回到晋阳，来回一共9天。李渊十分高兴地说："以这样情形用兵，即使横行天下也毫无问题。"于是决定入关。

李渊开放仓廪以赈济贫困的百姓，应征当兵的人一天比一天多。李渊命令将部众分成三军，分属左右，通称为义士。裴寂等人尊奉李渊，号为大将军，癸巳日（十四日），成立大将军府；命裴寂为长史，刘文静为司马，唐俭和从前的长安尉温大雅为记室，温大雅仍然和他弟弟温大有一起掌管机密，武士彟为铠曹，刘政会和武城人崔善为、太原人张道源为户曹，晋阳县长上邽人姜謩为司功参军，太谷县长殷开山为府掾，长孙顺德、刘弘基、窦琮和鹰扬郎将高平人王长谐、天水人姜宝谊、阳屯担任左右统军；其他的文武官员，按照才能授予任务。又以世子李建民为陇西公，左领军大都督，左三统军隶属于他；李世民为敦煌公、右领军大都督，右三统军隶属于他；都分别设置官属。并命柴绍担任右领军府长史；咨议谯人刘赡兼领西河通守。张道源名河，殷开山名峤，都以字被世人所知。殷开山是殷不害的孙子。

李密又率徒众朝向东都而来，丙申日（十七日），大战于平乐园。李密左路是骑兵、右路是步兵，中间布列强劲的弓弩，鸣击一千战鼓冲锋，东都的军队大败，李密又占领回洛仓。

突厥派遣他们的柱国康鞘利等人送1000匹马到李渊那里作生意，同意发动军队送李渊入关，军队多少随他决定。丁酉日（十八日），李渊接见康鞘利等人，接受可汗的信，礼制仪式十分恭敬，赠送康鞘利等人的礼物也很优厚。选择他们的好马，只买了一半；义士恳请以私人的钱买其余的马，李渊说："胡人有很多马，同时贪求利益，他们将会不断地来，恐怕你们无法买了。我之所以拿得不多，一方面表示贫困，同时不给他们看出很急切的缘故，我将为你们赊贷，不用你们出钱。"

己巳日，康鞘利回到北方。李渊派刘文静出使到突厥请求援军，私下却告诉刘文静说："胡人的骑兵进入中原，这是百姓的大蠹害。我所以想要得到他们，是担心刘武周带领他们共同成为边患；同时，胡人的军马惯于游牧，不浪费米粮，暂时想要借他们作为声势罢了。几百人之外，是没有用处的。"

秋，七月，壬子日（初四），李渊任命其儿子李元吉为太原太守，留守晋阳宫，后方的事情全部托付给他。癸丑日（初五），李渊率领战士3万人从晋阳出发，站在军门向大军鼓励训诫，同时移送檄文到各郡县，告诉他们尊立代王的意思；西突厥阿史那大奈也率他的徒众跟随。甲寅日（初六），派遣通议大夫张纶带领军队巡行稽胡。丙辰日（初八），李渊到达西河，慰劳吏属人民，并赈济穷困的人；百姓年纪在70岁以上的，都任命他们充当冗散的官职，其他的豪杰俊才，依照才能派遣任务，一面询问他们的功绩能力，一面用笔记录注明他们官爵的秩品，一天内任命约有1000多人；接受官职的人都没有取拿符命，分别拿李渊所写的官名而离去。李渊进入雀鼠谷；壬戌日（十四日），驻军在贾胡堡，距离霍邑50多里。代王杨侑派虎牙郎将宋老生率精兵2万人屯驻霍邑，左武侯大将军屈突通屯守河东抵御李渊。正巧连续下雨，李渊无法前进，就派遣府佐沈叔安等人，率残弱的军队回到太原，另外运来一个月的粮食。乙丑日（十七日），张纶攻下离石，诛杀太守杨子崇。

刘文静到了突厥，见始毕可汗，请求援兵，并且和他约定："如果进入长安，人民、土地属于唐公，金玉丝帛属于突厥。"始毕可汗十分高兴，在丙寅日（十八日），派遣他的大臣级失特勒先到李渊的军中，通知他突厥的军队已经上路了。

李渊去信招抚李密。李密自己倚侍兵力强大，想要做盟主，教祖君彦回信说："和兄的派别虽然不一样，根系却本来一样。自以为力量虚弱，却受四海的英雄共同推举为盟主。恳请您在左右提挈辅助，同心协力，在咸阳城拿指代王子婴，在牧野杀死炀帝商辛，这难道不是很好的事吗？"而且要叫李渊带领数千名步兵和骑兵，亲自到河内，当面缔结盟约。李渊收到了信，笑着说："李密狂妄自大，不是写信给他就能招降的。我正在关中有事，假如马上就和他断绝关系，那是另外树立一个敌人；不如用谦卑的言辞推尊夸奖，使他产生骄傲的心理，让他替我堵住成皋的道路，拦住东都的军队，使我能够一心去西征。等到关中平定以后，据守险要，培养威势，慢慢观看鹬蚌相争的局势，收取渔人之利，为时还不算晚。"就教温大雅回信说："我虽然很平庸愚劣，很幸运地接受祖先的遗业，出任为八使，入朝典掌六军，国家危难的时候不加以扶持，是通达的贤者所责怪的。因而大量会合有道义的军队，和北方的狄人和睦亲善，共同匡正天下，志意全在尊奉隋朝。天生人民，必须要有主管的人，当今能为主管的人，不是你，还会是谁呢？老夫年纪已经超过50岁，志愿不在这里。很荣幸拥戴老弟，攀龙麟，附凤翼，希望老弟早一点膺受图谶，以安定千万的百姓！同宗的盟主，能够因为同宗的关系，而容纳我，又封在唐这地方，我就很幸运了。在牧野把商辛杀死，是我不忍心说的话；在咸阳把子婴抓起来，则我不敢听你的命令。汾晋附近，还需要安抚辑和；盟津的约会，还没有空暇决定日期。"李密得了这封信十分高兴，拿给左右的人看，说："得到唐公的推举，天下很快就能平定了。"从此传达书信的使者，来往不断。

雨下了很久不停，李渊的军队缺少粮食；刘文静没有回来，有人传说突厥和刘武周利用间隙袭击晋阳；李渊召集将佐商量回到北方。裴寂等人都说："宋老生、屈突通联合军队，据守险要，不容易马上攻下来。李密虽然说是和我们联合，可是他的奸邪计谋是很难预测的。突厥贪心并且不讲信用，只捡有利的事去做。刘武周是侍奉胡人的人。太原是一个地域性的都会，同时义兵的家属都在那里，不如回去救助根本，另外再计划以后的行动。"李世民说："如今禾菽遍布原野，何愁缺少粮食！宋老生轻率急躁，打一仗就能捉到他。李密眷恋仓粟，没有空暇作久远的打算。刘武周和突厥，外表虽然相互依附，其实内心却在互相猜疑。刘武周虽然以远方的太原为利，但那里能够忘记附近马邑的祸患！我们本来是兴举大义，不顾自身的危险，以拯救百姓的安危，就应当先进入咸阳，以号召天下。如今遇到小的敌人，就立即调回了军队，恐怕附从大义的徒众，立刻就会解体，这样只不过是回去防守太原一城的地方做贼而已，怎么能够保全自己呢？"李建成也认为如此。李渊不听他的意见，急速下令带兵出发。李世民想要再次进谏，恰好天暗，李渊已经睡觉；李世民不能进入，在外面号哭，声音传到营帐里。李渊召他进去问，李世民说："如今军队已用大义举发，前进作战就成功，后退回去就离散；徒众离散于前，敌人就乘危于后，不久就要死了，如何能不悲伤呢？"李渊于是觉悟，说："军队已经出发，怎么办呢？"李世民说："右军严整装备，还没出发，左军虽然已经离开，我计算也还没多远，恳请让我自己去追赶。"李渊笑着说："我的成败都在于你，知道了，又能说什么呢？任你怎么做吧！"李世民就和李建成，当夜追赶左军回来。丙子日（二十八日），太原运来的粮食也到了。

刘武周像

武威的鹰扬府司马李轨家里十分富有，喜好侠客；薛举在金城作乱，李轨和同郡的曹珍、关谨、梁硕、李赟、安修仁等人商议，说："薛举一定会来侵犯，郡官平庸畏怯，一定不能抵抗，我们这些人怎么可以束手和妻子儿女一起被人俘虏呢？不如合力抵抗，保卫河内，以等待天下的变化。"大家都支持他的看法，想要推举一个人为领袖，互相推让，不肯担当。曹珍说："很久就听说图谶，李氏应当称王；现在李轨在图谶预言的范围之中，这是天命呀！"就互相拜李轨，尊奉他为领袖。丙辰日（初八），李轨命令安修仁集合所有的胡人，并由李轨自己集结民间的豪杰，一同起兵，捉拿虎贲郎将谢统师、郡丞韦士政。李轨自称为河西大凉王，设置官属都比照开皇的旧例。关谨等人想要将隋朝的官吏全部杀死、瓜分他们的家产，李轨说："大家既然推我为领袖，就应当听我的号令。现在我们发动义兵，拯救人民，却去杀害别人，取拿别人的财物，这岂不又成了一群盗匪，怎么能够成功呢？"因而任命谢统师为太仆卿、韦士政为太府卿。这时，西突厥的阙度设据守会宁川，自称为阙可汗，恳请向李轨投降。

薛举自称为秦帝,册立他的妻子鞠氏为皇后,儿子仁杲为皇太子。派薛仁杲率领军队包围天水,把它攻了下来,薛举从金城迁到这里建都。薛仁杲力气大,又善于骑马射箭,军中号称"万人敌",但是性情贪婪并且爱杀人。曾经俘获庾信的儿子庾立,恼火他不投降,在火上撕裂他的肢体,慢慢割下他的肉给军士吃。等到攻下天水,把所有的富人都集结一起,倒挂起来,用醋灌进鼻子,要他们献出金宝。薛举每次告诫他说:"你的才能谋略是足够办事情的,可是残苛暴虐,毫无恩德,最后一定会使我的国家覆灭。"

炀帝诏令左御卫大将军涿郡留守薛世雄,带领燕地的精兵3万人去讨伐李密,命令王世充等各将,都接受薛世雄的调度,遇到盗贼,就随便加以剿灭。薛世雄行进到河间,在七里井驻军,窦建德的部队徒众,都很惶恐害怕,全放弃各城向南逃遁,声称要回豆子䴚。薛世雄以为是畏惧自己,不再加以防备,窦建德便计划回去袭击。他所停留的地方距离薛世雄的军营140里,窦建德率敢死的勇士280人先出发,命令其余的徒众接着出发。窦建德和他的士兵们约定说:"到了晚上,就攻击他们的军营;到了天亮,就向他们投降。"还没有到一里的地方,天就快要亮了,窦建德很惶恐困惑地商量着要投降;恰好天有大雾,人在一尺以内不能互相辨认,窦建德很高兴地说:"上天帮助我呀!"就突入他们的军营攻击,薛世雄的士兵大乱,都爬过木栅逃走。薛世雄无法禁止,和左右的几十名骑兵逃回涿郡,窦建德于是包围河间。

八月,己卯日(初一),大雨停了。庚辰日(初二),李渊让军中曝晒铠甲、兵仗、行李。辛巳日(初三)天亮,向着东南由山脚的小路开往霍邑。李渊怕宋老生不出兵,李建成、李世民说:"宋老生勇敢但却无谋略,以轻骑兵挑拨他,按道理是不会不出兵的;假如他坚决防守,就诬谤他有反叛的心意,想要投降我们。他怕被左右的人奏报,怎么敢不出兵呢?"李渊说:"你们预测得相当好,宋老生不能在贾胡堡迎战,我就知道他不能有作为了。"因而李渊和几百名骑兵先到霍邑城东方几里的地方等待步兵,教李建成、李世民带领几十名骑兵来到城下,举起鞭子指挥,好像将要围城的样子,而且大骂宋老生。宋老生十分生气,带着3万名军队从东门、南门分路出兵,李渊便教殷开山立刻号令后面的军队,后面的军队到了,李渊想要让军队先吃饭再作战。李世民说:"时机不能错过。"李渊于是和李建成在城东布阵,李世民在城南布阵。李渊和李建成的部队略微败退，李世民和军头临淄人段志玄则从南原带兵快骑而下，冲向宋老生的军阵，在他的背后出现，李世民亲手杀死几十个人，杀得两把刀都有了缺口，流的血沾满衣袖，洗去了又战，使得李渊的军队马上又振作起来，因而传言说："已经俘获宋老生了。"宋老生的军队因而大败。李渊的士兵先赶往他的城门，城门关了起来，宋老生下马跳入沟堑，刘弘基立刻把他杀了。死尸堆积在地上，连续好几里。天已经黑了，李渊立即命令登城，当时没有攻城的工具，将士以肉体躯干迫近城墙，奋力登上去，才攻下了它。

李渊奖赏攻打霍邑的战功，军吏疑怪奴仆应征当兵的，不能像普通老百姓一样受赏，李渊说："在有矢石的战场，是不分贵贱的，论功勋的时候，哪有什么区别呢？应该都按功劳授勋爵。"壬午日（初四），李渊接见霍邑的官吏人民，慰劳赏赐就像在西河一样，选拔他们的丁壮，让他们从军；关中的军士如果想要回去的，也授予五品的散官，遣放回去。有人劝谏给官职给得太浮滥了，李渊说："隋氏吝惜功勋赏赐，所以才失去人心，为什么要效法他们呢？而且用官职收揽民心，不是比用兵更好吗？"

丙戌日（初八），李渊进入临汾郡，抚慰吏民的情形，像在霍邑一样。庚寅日（十二日），夜宿鼓山。绛郡通守陈叔达抗击防守；辛卯日（十三日），进兵攻打，攻了下来。陈叔达是陈高宗的儿子，有才华有学问，李渊礼遇他，并且任用他。

癸巳日（十五日），李渊到龙门，刘文静、康鞘利率突厥军队500人、马2000匹到来。李渊很高兴他们来支援，对刘文静说："我向西行进到黄河，突厥才到，兵少马多，这都是你指挥命令的功劳。"

汾阳的薛大鼎告诉李渊："请不要攻打河东，从龙门直接渡过黄河，攻占永丰仓，传送檄文给远近的地方，关中可以轻易地取得。"李渊想听从他的意见，众将却请求先攻打河东，就任命薛大鼎为大将军府察非掾。

河东县的户曹任瓖对李渊说："关中的豪杰，都翘首等待义兵。我在冯翊多年，知道他们是豪杰，请让我前去晓谕，一定会使那些人望风披靡。义军从梁山渡河，直向韩城，进逼郃阳。萧造是文官，一定会望风请求投降。孙华这些人，都会远来相迎，再击鼓、进军，直接据守永丰，虽然还没有得到长安，关中却已经安定了。"李渊十分高兴，任命任瓖为银青光禄大夫。

当时关中的许多盗贼，以孙华最为厉害；丙申日（十八日），李渊到汾阴，去信招抚他。己亥日（二十一日），李渊进军到壶口，黄河河滨的人民奉献舟船的，一天有100多人，于是设置了水军。壬寅日（二十四日），孙华从郃阳以轻便快速的骑兵渡河来见李渊。李渊握手和他相坐，慰问奖励他，任命孙华为左光禄大夫、武乡县公，兼领冯翊太守，他的徒众有功劳的，委交孙华顺次授予官职，赏赐十分优厚。并让他先渡河；接着派左右统军王长谐、刘弘基和左领军长史陈演寿、金紫光禄大夫史木奈，率步骑6000名，从梁山渡河，驻营在河西，以等待大军。并派任瑰为招慰大使，任瑰游说韩城，结果降服了。李渊对王长谐说："屈突通精良的军队不少，相距50多里，不敢来作战，足以了解他的徒众是不听他使用的。但是屈突通担心犯罪，不敢不出战。假如自己渡河攻击你们，那么我进兵攻打河东，他们一定守不住；假如全部军力守城，那么你们阻绝河梁，前面扼住他的咽喉，后面攻击他的背部，他如不逃走，必定会被擒住的。"

跟从炀帝在江都的骁果，很多都逃走了，皇上十分担忧，问裴矩。裴矩回答说："人假如没有配偶，便很难长久居处，请听任军士在这里娶妻。"皇上听从了他的意见。九月，把江都境内的寡妇、处女全部集合在宫下，随便将士选取；有的先互相私通，听他们自首，就使他们成为配偶。

武阳郡丞元宝藏举郡向李密投降，甲寅日（初六），李密任命元宝藏为上柱国、武阳公。元宝藏让他的门客钜鹿人魏征写启向李密道谢，并且请求改武扬为魏州；又请求率所领导的军队，向西夺取魏郡，南边会合众将攻取黎阳仓。李密十分高兴，立即任命元宝藏为魏州总管，召令魏征为元帅府文学参军，掌管记室。魏征年少，孤苦贫穷，喜好读书，有雄大的志气，散漫而不检点，没有正当的职业。原本是做道士，元宝藏召他典掌书记。李密喜爱他的文辞，因而召他来。

当初，贵乡县长弘农人魏德深，当政清平宁静，不严厉但有政绩。辽东那次的战役，征税很繁多，使者交替不断，责求郡县，人民不堪命令，只有贵乡闾里不受侵扰，有钱和没钱的，相互合作，不竭尽他们的力量，所要求的都能供给。元宝藏接受诏令捉拿贼匪，常常征调器械，动不动就以军法处置。邻城的营造工作，都聚在厅事，以便于监督，官吏互相督促责难，日夜催促，还不能完成。魏德深听任人民随意修缮营造，官府安安静静，经常像没有事情一样，只告诫吏属不要胜过其他的城县太多，使老百姓劳苦；可是人民各自竭尽全力，常常是所有县里提供得最多的，人民尊爱他如同父母一样。元宝藏深深嫉妒他的能干，派遣他率1000名军队到东都。所带领的军队听说元宝藏投降李密，想念他们的亲戚，常常出都门，向东恸哭再回来，有人劝他们投降李密，都哭着说："我们和魏明府一同来，如何忍心弃他而离去呢？"

河南、山东发生大水，满野都是饿死的尸体。炀帝诏令打开黎阳粮仓赈济他们。因为官吏没有及时供给，死的一天就有几万人。徐世勣对李密说："天下大乱，本来是因为饥荒的缘故。如今再能得到黎阳仓，大事就成功了。"李密派遣徐世勣率部下5000人从原武渡黄河，会合元宝藏、郝孝德、李文相和洹水贼兵的首领张升、清河贼兵的首领赵君德，一起偷袭攻破黎阳仓，占据了它，并打开粮仓任人民取食，10天之间，获得了能作战的兵士共20多万人。武安、永安、义阳、弋阳、齐郡相继向李密投降。窦建德、朱粲这些人也派使者附从李密，李密任命朱粲担任扬州总管、封邓公。泰山道士徐洪客呈书给李密，认为："大量的徒众长久聚集，恐怕米一旦吃尽，人就离散，军队老化，厌倦作战，难能成功。"就劝李密："利用进兵攻取的机会，依靠士兵战马的勇锐，沿着河流向东前进，直向江都，抓住炀帝，号令天下。"李密认为他的话说得很豪壮，去信招抚他，结果徐洪客没有出来，他不知到哪里去了。

丙辰日（初八），冯翊太守萧造归顺李渊。萧造是萧琛的儿子。

戊午日（初十），李渊率领各军包围河东，屈突通绕城防守。

将佐又推举李渊兼领太尉，增设官属，李渊采纳了他们的意见。当时河东还没有攻下来，三辅的豪杰到来的，一天有1000人左右。李渊准备带兵西进长安，却犹豫未定。裴寂说："屈突通拥有大众，凭据坚城，我们舍弃了他离去，假如进兵攻打长安，没有成功，退后就会被河东所追逐，前后都有敌人，这是危险的路径。不如先攻下河东，然后再西上。长安倚恃屈突通为外援，屈突通战败，长安是必定可以攻破的。"李世民说："不能这样说。军队最重要的是快速，我们靠着多次胜利的威势，抚慰归顺的徒众，向西击鼓行军，长安的人民听到风声，惊恐害怕，使他们智慧未及计谋，勇气未及决断，我们就攻了下来，就像振落枯槁的叶子一样容易。假如停留在坚城底下使自己疲惫，让他们能够完成谋划，加以防备，以对付我们，让我们白白浪费时间，众心离散沮丧，那么大事就去了。而且关中蜂起的将领，没有归属，必须早一点招抚怀柔。屈突通只是自守的奴虏罢了，不值得挂虑。"李渊两面听从，留下众将包围河东，亲自带领军队，向西前进。

朝邑法曹武功人靳孝谟以蒲津、中潬二城投降，华阴县令李孝常以永丰仓投降，而应接河西的各军。李孝常是李圆通的儿子。京兆各县也多派使者恳请投降。

王世充、韦霁、王辩和河内通守孟善谊、河阳郡尉独孤武都，分别统率所领导的军队，在东都会合，只有王隆没有按预定期限来到。己未日（十一日），越王杨侗派虎贲郎将刘长恭等人，率留守的军队，庞玉等人率领偃师的军队，和王世充等结合10多万徒众，在洛口攻打李密，和李密隔洛水相守。这时炀帝诏令各军全部接受王世充的调度。

皇上派江都代理郡丞冯慈明到东都，被李密俘获。李密平时听过他的声名，便延请上坐，慰劳探问，礼遇的心意很深厚，对他说："隋朝的福祚已尽，您能和孤建立大功吗？"冯慈明说："您家历代事奉先朝，尊荣傣禄备有。不能完善守住家门的功绩，却和杨玄感起兵，偶然逃脱罗网，才能有今天。你只正图反咬君主，不知道圣意所在。王莽、董卓、王敦、桓玄，并不是不强盛，万一被诛灭，罪祸延及祖先。我死也就算了，不敢听你的命令。"李密十分生气，把他囚禁了起来。冯慈明游说防卫他的人席务本，让他逃走，奉奏表到江都，同时写信给东都，论贼兵的形势，到了雍丘，被李密的将领李公逸俘获，李密佩服他的道义，又将他释放；走到营门，翟让将他杀了。冯慈明是冯子琮的儿子。

李密攻洛口的时候，箕山府郎将张季珣坚持防守，不愿意投降，李密因为他力量弱小，派人招呼他。张季珣极力辱骂李密，李密十分生气，派兵攻打他，却无法打下来。当时李密的徒众有几十万人在城下，张季珣四面受到阻隔，所带领的不过是几百人罢了，可是心志十分坚强，誓必效死。时间一久，食粮吃光了，水也枯竭，士兵羸弱生病，张季珣一一抚慰他们，没有一个反叛，从三月到这个月，城才被攻占。张季珣见了李密，不肯跪拜，说："天子的部属，怎么能够拜贼兵？"李密还想要他投降，引诱劝谕，始终不屈服，这才将他杀了。张季珣是张祥的儿子。

庚申日（十二日），李渊率各军渡河；甲子日（十六日），来到朝邑，住在长春宫，关中的士民归附他的，像到市集一样。丙寅日（十八日），李渊派世子李建成、司马刘文静，率王长谐等各军，有几万人，驻守在永丰仓，守住潼关，以防备东方的军队，安抚使窦轨等人，接受他们的调度；敦煌公李世民率刘弘基等各军，有几万人，进攻渭水的北边，慰抚使殷开山等人接受他的调遣。窦轨是窦琮的哥哥。

冠氏县长于志宁、安养县尉颜师古，和李世民的内兄长孙无忌，在长春宫拜见李渊。颜师古名籀，以字被世人所知。于志宁是于宣敏的侄子；颜师古是颜之推的孙子，都以文学享有盛名，长孙无忌也很有才能谋略。李渊对他们都十分礼敬，且任用他们，任于志宁为记室，颜师古为朝散大夫，长孙无忌为渭北行军典签。

屈突通得知李渊向西进军，署任鹰扬郎将汤阴人尧君素都督河东通守，他防守蒲坂，亲自带领军队数万人往长安，结果被刘文静所拦阻。将军刘纲戍守潼关，屯驻都尉南面的城里，屈突通想要前往依附他，王长谐却先带兵袭击，斩杀了刘纲，据守城池，以抵拒屈突通，屈突通退守北城。李渊派他的将领吕绍宗等人进攻河东，未能攻下来。

柴绍从长安到太原的时候，对他的妻子李氏说："尊公起兵，现在和他同行不可以，留在这里又会遭遇灾祸，怎么办呢？"李氏说："你只要快一点走，我一个妇人，容易潜藏躲匿，应该能自己想办法。"柴绍就走了。李氏回到鄠县的别墅，散发家里的财物，集结了一些徒众。李渊的堂弟李神通在长安，逃到鄠县的山中，和长安的大侠史万宝等人起兵响应李渊。西域做生意的胡人何潘仁进入司竹园做盗匪，拥有徒众几万人，劫持从前的尚书右丞李纲为长史，李氏叫她的奴仆马三宝告诉何潘仁，和他一起依附李神通，合力攻打鄠县，结果攻了下来。李神通的徒众超过了1万人，自称为关中道行军总管，任命以前的乐城县

柴绍像

长令狐德棻为记室。令狐德棻是令狐熙的儿子。李氏又让马三宝告诉盗匪李仲文、向善志、丘师利等人，全部率领徒众附从他。李仲文是李密的叔父；丘师利是丘和的儿子。西京留守屡次派兵征讨何潘仁等人，都被他们打败。李氏攻打鄠屋、武功、始平，全部攻了下来，徒众多到7万人。左亲卫段纶是段文振的儿子，娶李渊的女儿，也在蓝田聚集徒众，得到1万多人。李渊渡河以后，李神通、李氏，段纶，分别派使者迎接李渊。李渊任命李神通为光禄大夫，他的儿子李道彦为朝请大夫，段纶为金紫光禄大夫；让柴绍率领数百名骑兵顺着南山，去迎接李氏。何潘仁、李仲文、向善志和关中的群盗都恳请向李渊投降，李渊一一去信慰劳，授予官职，使各自驻守在自己的地方，接受敦煌公李世民的调遣。

刑部尚书兼领京兆内史卫文升年纪已老，听说李渊的军队开向长安来，因心生恐惧而生病，不再参预军事，只有左翊卫将军阴世师、京兆郡丞骨仪，尊奉代王杨侑，登城抵御防守。己巳日（二十一日），李渊到了蒲津；庚午日（二十二日），从临晋渡过渭水，到永丰慰抚军队，并开仓库赈济饥民。辛未日（二十三日），回到长春宫；壬申日（二十四日），进兵驻守冯翊。李世民所到的地方，吏民和群盗归附他的如同水流一样，李世民收容那些豪杰，以备充僚属，驻扎在泾阳，总共得到能作战的士兵9万人。李氏则带领精兵1万多人，在渭北同李世民会合，和柴绍各设置幕府，号称为"娘子军"。

隰城尉房玄龄在军门谒见李世民，李世民一见面，就如同是旧相识，立即署任为记室参军，房玄龄成为出策略的主要人物。房玄龄也自认为遇到了知己，所知道的没有不做的。

李渊命令刘弘基、殷开山，分开兵力向西进攻扶风，有徒众6万人，向南渡过渭水，驻守在长安的旧城。城中的人出兵作战，刘弘基加以迎击，将城攻破了。李世民带领军队开往司竹，李仲文、何潘仁、向善志都率领徒众归顺他，在阿城驻扎，共得能作战的士兵13万人，由于军令十分严整，丝毫没有侵犯到百姓。乙亥日（二十七日），李世民从鄠屋派使者通知李渊，请约定日期前往长安。李渊说："屈突通向东走，不能再向西了，已不足担心了。"于是命令李建成选拔防守永丰仓的精兵，从新丰前往长乐宫。李世民率新归附的各军，驻守在长安的旧城，并到所约定的地方听教令。这时延安、上郡、雕阴，都恳请向李渊投降。丙子日（二十八日），李渊带领军队向西前进，所经过的行宫、园苑都予废除，遣放宫女回他们的亲属家。冬，十月，辛巳日（初四），李渊到了长安，扎营在春明门的西北，各军都集合，一共有20多万。李渊命令各自依附壁垒，不准进入村落，侵害百姓。李渊屡次派使者到城下告谕卫文升等人，声称要尊奉隋朝的意思，但没有回音。辛卯日（十四日），命令各军围城。甲午日（十七日），李渊迁馆于安兴坊。

巴陵校尉鄱阳人董景珍、雷世猛、旅帅郑文秀、许玄彻、万瓒、徐德基、郭华、沔阳人张绣等计谋攻占郡城，反叛隋朝，并推举董景珍为领袖。董景珍说："我素来寒微卑贱，不为大众所推服。罗川县令萧铣是梁室的后代，仁慈宽厚，有大度量，请尊奉他以达成大家的愿望。"因而派使者向萧铣报告，萧铣很高兴地接受了，他公开声明要去征讨贼兵，招募得到数千人。萧铣是萧岩的孙子。

恰好颍川贼兵首领沈柳生侵犯罗川，萧铣和他作战失利，于是告诉他的徒众说："如今天下都叛乱，隋朝的政令不能推行，巴陵的豪杰起兵，想要尊奉我为领袖。假如听从他们的请求，以号令江南，可以中兴梁朝的福祚，用这个理由召令沈柳生，他也会归顺我的。"大家都很高兴，愿意听他命令，于是自称梁公，改隋朝的服色旗帜，都如同梁朝旧时一样。沈柳生就率领徒众归附他，因此任命沈柳生为车骑大将军。起兵5天，远近归附他的，有几万人，于是率领徒众朝向巴陵而来。董景珍派徐德基率领郡中的豪杰几百人前去迎接，还没有见到萧铣，这时沈柳生和他的同党谋划说："我最先尊奉梁公，功勋居第一位。如今巴陵众将，都地位高、兵力多，我如果入城，反而处在他们的下位。不如杀死徐德基，关押他们的首领，独自挟持梁公进兵夺取郡城，那么就无人处在我的上位了。"就杀了徐德基。然后进入告诉萧铣，萧铣大惊地说："如今想要消除祸乱，使国家再归于太平，却忽然自相残杀，我不能做你们的领袖了。"于是走出军门。沈柳生十分害怕，伏在地上请求判罪，萧铣责备以后，也就宽恕他了，于是列队入城。董景珍对萧铣说："徐德基是起义的功臣，可是沈柳生没有理由就把他杀死，这样的情形却不予诛杀，如何当政呢？而且沈柳生当盗匪很久了，如今虽然附从大义，凶残悖逆的本性并没有改变，共同居处在一个城，一定发生变乱。失去现在的机会不用，后悔就来不及了。"萧铣又听从他的意见。于是董景珍捉住沈柳生，将他杀了，他的徒众都溃散离去。丙申日（十九日），萧铣筑神坛，焚烧柴火告祭上天，自称为梁王，更改年号为鸣凤。

壬寅日（二十五日），王世充在夜晚渡过洛水，驻扎在黑石。第二天，分散兵力防守军营，自己率精兵在洛北布阵。李密听了，带兵渡过洛水迎战。李密的军队大败，柴孝和也溺水死了。李密率属下精良的骑兵渡到洛水的南岸，其余的徒众向东逃至月城，王世充追赶包围他们。李密从洛水南方快马直往黑石，营中恐慌，连续举发六次烽火，因而王世充放弃月城的包围，慌乱地回去自救；李密再和他作战，将他打得大败，一共杀了3000多人。

甲辰日（二十七日），李渊命令各军攻城，约定："不能侵犯七庙和代王的宗室，违抗的人，要诛杀三族。"孙华被流箭射中死了。十一月，丙辰日（初九），军头雷永吉最先登城，因而攻下了长安。代王在东宫，左右的人都逃散了，只有侍读姚思廉侍候在身侧。军士准备要登殿，姚思廉十分严厉的责备他说："唐公举发义兵、匡复帝室，你们不能无礼。"大家都很惊讶，站在庭下，李渊于东宫迎接代王，让他移居到大兴殿后面，听任姚思廉扶持代王到顺阳阁下，泣拜然后离去。姚思廉是姚察的儿子。李渊回去以后，住在长乐宫，和百姓约法12条，全部废除隋朝的苛刻禁令。

李渊起兵的时候，留守的官吏挖掘他的祖坟，毁坏他的五庙。如今，卫文升已经死了，戊午日（十一日），捉拿阴世师、骨仪等人，控诉他们贪婪苛刻残酷，而且抵抗义师，就全予斩杀，死了10多人，其他的人都不追问。

马邑郡丞三原人李靖，平时和李渊有隔阂，李渊准备把他杀了，李靖大声呼叫说："您兴举义兵，想要平定暴乱，却由于私怨而杀害壮士吗？"李世民为他一再请求，才放了他。李世民因此招附他，安置在幕府。李靖年少的时候，十分有志气，有文武的才略，他舅舅韩擒虎每次抚摩他说："能够谈谈将帅谋略的，只有这个外甥罢了。"

自从洛北战败后，王世充就坚守城垒不出战。越王杨侗派使者慰劳他，王世充惭愧畏惧，于是请求和李密作战。丙辰日（初九），王世充和李密夹峙石子河布阵，李密布阵南北长10多里。翟让先和王世充交战，失利而退却；王世充追击他，王伯当、裴仁基从旁边截断他的后面，李密带领中军攻击，结果王世充大败，向西逃走。

翟让的司马王儒信劝翟让自己当大冢宰，总管所有的事务，来夺取李密的权力，翟让不答应。翟让的哥哥柱国荥阳公翟弘，是粗俗的愚人，对翟让说：

"天子你当自己做，为什么要给别人呢？你不做，我就来做。"翟让只是大笑，不把它放在心上。李密听了很不开心。总管崔世枢从鄢陵刚归附李密，翟让把他囚禁在私人的府第，索求他的财物。崔世枢百般设法，也没有凑足，眼看就要加刑。这时翟让召唤元帅府记室邢义期赌博，邢义期害怕不敢答应，于是被杖打80下。翟让告诉左长史房彦藻说："您以前攻破汝南，获得许多宝贵的财物，只给魏公，没有给我！魏公是我迎立的，最终如何还不知道呢！"房彦藻很恐惧，便把情形告诉李密，就和左司马郑颋共同劝李密说："翟让贪婪刚愎，没有仁德，有不把你看作君主的心理，应该早一点想办法。"李密说："如今还没有安定下来，就急着互相残杀，怎么向远方的人说明呢？"郑颋说："毒蛇咬到手，壮士就把手腕割掉，这是为了保全生命的缘故。假如由他先达到目的，那后悔就来不及了。"李密就听从了他们的意见，设置酒席，晏请翟让。戊午日（十一日），翟让和他哥哥翟弘，以及侄子司徒府长史翟摩侯一起到李密那里，李密和翟让、翟弘、裴仁基、郝孝德坐在一块儿，单雄信等人都站着侍候，房彦藻、郑颋来回察看饮宴的情况。李密说："今天和显达的大官饮宴，不需要很多人，左右只剩下差遣的人就够了。"李密左右的人都被带出去了，翟让左右的人还在。房彦藻告诉李密说："如今正在作乐，天气很冷，司徒左右的人，请给他们酒食。"李密说："随便司徒去安排。"翟让说："很好。"就带领翟让左右的人都出去，只有李密部下的壮士蔡建德拿着刀站立侍卫。食物还没有送进去，李密拿出好的弓，让翟让试射，翟让正拉满弓，蔡建德从后面把他砍死，跌在坐床前面，声音如同牛吼一样，连同翟弘、翟摩侯、王儒信也全都被杀死了。徐世勣逃出去，守门的人砍伤他的头颈，王伯当从很远的地方大声把他叫住。单雄信磕头请求饶命，李密将他释放了。左右惊慌扰乱，不知道发生了何事，李密便大声地说："和你们一同兴举义兵，本来是为了消除暴乱。但司徒却专权，行为暴虐，欺凌一般僚属，不再有上下的情分；如今所诛杀的只是他们一家，与各位没有关系。"并让扶持徐世勣安置在幕下，亲自为他敷创伤。翟让的部下想要离开，李密让单雄信前去宣慰，李密自己不久也单独骑马进入他们的军营，逐一加以抚慰劝谕，让徐世勣、单雄信、王伯当分别领导他们的徒众，内外于是又安定下来。翟让为人残忍，翟摩侯为人猜忌，王儒信贪心放纵，因而他们死的那一天，所有的部属没有一个悲哀的。可是李密的将佐却开始有了疑虑的心理。

壬戌日（十五日），李渊准备法驾迎接代王在天兴殿登上皇帝位，代王当时年仅13岁，举行大赦，更改年号为义宁，遥尊炀帝为太上皇。甲子日（十七日），李渊从长乐宫来到长安。皇上任命李渊假黄钺、持符节、大都督内外诸军事、尚书令、大丞相，晋封为唐王。改武德殿为丞相府，更改以前的教告为命令，每日在虔化门处理事务。乙丑日（十八日），榆林、灵武、平凉、安定各郡都派遣使者请求听命。丙寅日（十九日），诏令军机、国务，事情不管大小，所设的文武百官，地位不分贵贱，以及法令赏罚，全部归属相府执掌；只有郊祀天地，四时的禘祭、祫祭奏报上闻。接着设置丞相府官属，派裴寂为长史、刘文静为司马。何潘仁派李纲入府求见，李渊将他留下来，任命为丞相府司录，专门掌管选用人才的事务。又任命以前的考功郎中窦威担任司录参军，让他制定礼仪。窦威是窦炽的儿子。李渊倾尽府库，来赏赐有功勋的人。由于国家财用不够，右光禄大夫刘世龙献计，认为："如今义师几万人，都在京师，由于薪草昂贵而布帛便宜；请砍伐六街以及苑中的树木为柴薪，来交换布帛，可以得到几十万匹。"李渊听从他的意见。己巳日（二十二日），任命李建成提任唐世子，李世民为京兆尹、秦公，李元吉为齐公。

河南各郡都归附李密，只剩下荥阳太守郇王杨庆、梁郡太守杨汪还替隋朝防守。李密以书信招抚杨庆，讲述利害关系，而且说："您家，原住在山东，本来姓郭，而不是杨族的人。当然芝草被焚，蕙草也会叹息，但是这事与那不同。"起先，杨庆的祖父元孙早年就成孤儿，跟随母亲郭氏在舅家被收养。等到武元帝跟从周文帝起兵于关中，元孙在邺城，怕被高氏所杀，就冒姓郭氏，所以李密这样说。杨庆见了信很害怕，就举郡投降李密，又复姓郭氏。

十二月，癸未日（初七），追尊唐王李渊的祖父襄公谥号为景王；父亲仁公为元王，母亲窦氏为穆妃。

薛举派他的儿子薛仁杲入侵扶风，唐弼据守遮源抵抗他。薛举派使者招抚唐弼，唐弼就杀死李弘芝，请求向薛举投降，薛仁杲趁他毫无防备的时候，侵袭并攻破他，吞并了他所有的徒众。唐弼带着几百名骑兵逃往扶风请求投降，扶风太守窦琎却将他杀了。于是薛举的声势更加盛大，徒众号称30万人，计划夺取长安。因为听说丞相李渊已经平定长安，于是包围扶风。李渊派李世民带兵攻打他，又派姜謩、窦轨都从散关出兵，安抚陇右；左光禄大夫李孝恭安抚山南；府户曹张道源招抚山东。李孝恭是李渊叔父的儿子。

癸巳日（十七日），李世民在扶风攻击薛仁杲，将他打得大败，追赶到垅坻才回来。薛举十分害怕，问他的群臣说："从古以来，天子有投降的事吗？"黄门侍郎钱唐人褚亮说："赵陀归顺汉朝，刘禅在晋朝做官，近代的萧琮，到如今还尊贵。转变灾祸为福分，从古以来是有的。"卫尉卿郝瑗快步向前说："陛下问得不对，褚亮的话又很悖逆事理。从前汉高祖多次经历逃奔战败，蜀国先祖屡次亡失妻子儿女，最

褚亮像

终完成大业；陛下为什么由于打一次败仗，就急着做亡国的计划呢？"薛举也后悔地说："姑且以这件事试探你们而已。"于是优厚地奖赏郝瑗，引为出谋划策的重要人物。

乙未日（十九日），平凉留守张隆，丁酉日（二十一日），河池太守萧瑀和扶风的汉阳郡相继前来投降。任命窦琎为工部尚书、燕国公。萧瑀为礼部尚书、宋国公。

李孝恭打败朱粲，众将请求把俘虏都杀死。李孝恭说："不可以！这样的话，从今以后，谁还肯再投降呢？"因此从金川越过巴、蜀，檄书所到的地方，投降归顺的有30多州。

屈突通和刘文静相互争持一个多月，屈突通又派桑显和夜晚袭击刘文静的军营。刘文静和左光禄大夫段志玄尽力苦战，桑显和战败逃走，于是俘获了他的全部徒众，屈突通的势力更为薄弱了。有人游说屈突通投降，屈突通哭着说："我前后侍奉文帝、炀帝两个君主，恩遇十分优厚。吃别人的俸禄却逃避危难，我是不肯做的。"常常自己摸自己的脖子说："将要为国家挨上一刀。"他慰问勉励将士，没有一次不流泪，别人也由于这样而感谢他。丞相李渊派他

的家僮召令他，屈突通立即把家僮杀了。等到听说长安没有守住，家属全都被李渊所俘虏，就留下桑显和镇守潼关，带兵向东出发，准备去洛阳。屈突通才出去，桑显和就举城投降刘文静。刘文静派遣窦琮等人带领轻骑兵和桑显和去追赶，在稠桑追上了。屈突通布阵自求固守，窦琮派屈突通的儿子屈突寿前去劝说，屈突通骂着说："你这个贼子怎么来了，从前我和你是父子，现在我和你是仇敌。"命左右的人用箭射他。桑显和告诉他的徒众说："如今京城已经沦陷，你们都是关中人，离开了要到那里去呢？"徒众都放下兵器投降。屈突通知道无法免难，下马，面向东南，再拜号哭，说："臣的力量竭尽到这地步，不敢对不起国家，天地神明是都知道的。"刘文静的军队捉住屈突通，送到长安，李渊任命他担任兵部尚书，赐爵位为蒋公，兼秦公元帅府长史。

李渊派屈突通到河东城下，招抚、晓谕尧君素。尧君素看见屈突通，感叹不能自禁，屈突通也流下眼泪，沾湿衣襟。他告诉尧君素说："我们的军队已经战败，义旗所指的地方，没有不响应的，局势如此，你应该早一点投降。"尧君素说："您是国家的大臣，皇上把关中委交给您，代王把社稷托付给您，怎么叛离国家，活着投降，还又替人做说客呢？您所乘坐的马，就是代王所赏赐的，您有何脸乘坐呢？"屈突通说："唉！尧君素，我是力量用尽了才来的。"尧君素说："我如今力量还没有用尽，何必多说呢？"屈突通很羞愧地退回去。

东都一斗米值 3000 钱，饿死的人，有十分之二三。

庚子日（二十四日），王世充的军士有逃亡投降李密的。李密问他说："王世充在军中做什么？"军士说："最近看见他增加招募军队，又犒劳将士，不知是何原因。"李密告诉裴仁基说："我差点落入王世充的计谋中，光禄明白吗？我长久不出兵，王世充的粮草快用尽了，求战不能，所以招募军队，犒劳将士，是想要利用月色晦暗的时候袭击仓城罢了，应该赶快防备。"就命令平原公郝孝德、琅邪公王伯当、齐郡公孟让，带兵分别屯守仓城的旁边等待。当天晚上三鼓，王世充的军队果然到了。王伯当先遇到，和他交战，不利。王世充的军队就攀登城垣，结果被总管鲁儒击退了；王伯当再收集军队攻击，王世充大败，斩杀了他的骁将费青奴，士兵战死、溺死的总共有 1000 多人。王世充多次和李密作战，没有战胜过。越王杨侗派使者慰劳他，王世充告诉使者因为兵力少，常常作战，使得兵士疲惫；因而杨侗增加 7 万名军队给他。

刘文静等人带兵向东征略土地，取得弘农郡，因此平定了新安以西的地方。

甲辰日（二十八日），李渊派云阳县令詹俊、武功县正李仲衮，巡视巴、蜀，都降服了。

乙巳日（二十九日），方与贼兵首领张善安攻占庐江郡，于是渡江，在豫章归附林士弘；林士弘疑心他，让他在南塘上扎营。张善安心生怨恨，击败了林士弘，焚烧他的外城然后离去，林士弘迁居到南康。萧铣派他的将军苏胡儿袭击豫章，攻了下来，因而林士弘退保余干。

唐纪四　高祖神尧大圣光孝皇帝中之上
武德三年（庚辰、620年）

春，正月，将军秦武通攻王行本于蒲反。行本出战而败，粮尽援绝，欲突围走，无随之者，戊寅，开门出降。辛巳，上幸蒲州，斩行本。秦王世民轻骑谒上于蒲州。宋金刚围绛州。癸巳，上还长安。

李世勣谋俟窦建德至河南，掩袭其营，杀之，冀得其父并建德土地以归唐。会建德妻产，久之不至。

曹旦，建德之妻兄也，在河南，多所侵扰，诸贼羁属者皆怨之。贼帅魏郡李文相，号李商胡，聚五千余人，据孟津中潬；母霍氏，亦善骑射，自称霍总管。世勣结商胡为昆弟，入拜商胡之母。母泣谓世勣曰："窦氏无道，如何事之！"世勣曰："母无忧，不过一月，当杀之，相与归唐耳！"世勣辞去，母谓商胡曰："东海公许我共图此贼，事久变生，何必待其来，不如速决。"是夜，商胡召曹旦偏裨二十三人，饮之酒，尽杀之。旦别将高雅贤、阮君明尚在河北未济，商胡以巨舟四艘济河北之兵三百人，至中流，悉杀之。有兽医游水得免，至南岸，告曹旦，旦严警为备。商胡既举事，始遣人告李世勣。世勣与曹旦连营，郭孝恪劝世勣袭旦，世勣未决，闻旦已有备，遂与孝恪帅数十骑来奔。商胡复引精兵二千，北袭阮君明，破之。高雅贤收众去，商胡追之，不及而还。

建德群臣请诛李盖，建德曰："世勣，唐臣，为我所虏，不忘本朝，乃忠臣也，其父何罪！"遂赦之。

甲午，世勣、孝恪至长安。曹旦遂取济州，复还洺州。

初，工部尚书独孤怀恩攻蒲反，久不下，失亡多，上数以敕书诮让之，怀恩由是怨望。上尝戏谓怀恩曰："姑之子皆已为天子，次应至舅之子乎？"怀恩亦颇以此自负，或时扼腕曰："我家岂女独贵乎？"遂与麾下元君宝谋反。会怀恩、君宝与唐俭皆没于尉迟敬德，君宝谓俭曰："独孤尚书近谋大事，若能早决，岂有此辱哉！"及秦王世民败敬德于美良川，怀恩逃归，上复使之将兵攻蒲反。君宝又谓俭曰："独孤尚书遂拔难得还，复在蒲反，可谓王者不死！"俭恐怀恩遂成其谋，乃说尉迟敬德，请使刘世让还与唐连和，敬德从之，遂以怀恩反状闻。时王行本已降，怀恩入据其城，上方济河幸怀恩营，已登舟矣，世让适至。上大惊曰："吾得免，岂非天也！"乃使召怀恩，怀恩未知事露，轻舟来至，即执以属吏，分捕党与。甲寅，诛怀恩及其党。

突厥处罗可汗迎杨政道，立为隋王。中国士民在北者，处罗悉以配之，有众万人。置百官，皆依隋制，居于定襄。

改纳言为侍中，内史令为中书令，给事郎为给事中。

甲戌，以内史侍郎封德彝为中书令。

王世充将帅、州县来降者，时月相继。世充乃峻其法，一人亡叛，举家无少长就戮，父子、兄弟、夫妇许相告而免之。又使五家为保，有举家亡者，四邻不觉，皆坐诛。杀人益多而亡者益甚，至于樵采之人，出入皆有限数；公私愁窘，人不聊生。又以宫城为大狱，意所忌者，并其家属收系宫中；诸将出讨，亦质其家属于宫中，禁止者常不减万口，馁死者日有数十。世充又以台省官为司、郑、管、原、伊、殷、梁、凑、嵩、谷、怀、德等十二州营田使，丞、郎得为此行者，喜若登仙。

刘武周数攻浩州，为李仲文所败。宋金刚军中食尽；丁未，金刚北走，秦王世民追之。

秦王世民追及寻相于吕州，大破之，乘胜逐北，一昼夜行二百余里，战数十合。至高壁岭，总管刘弘基执辔谏曰："大王破贼，逐北至此，功亦足矣，深入不已，不爱身乎！且士卒饥疲，宜留壁于此，俟兵粮毕集，然后复进，未晚也。"世民曰："金刚计穷而走，众心离沮；功难成而易败，机难得而易失，必乘此势取之。若更淹留，使之计立备成，不可复攻矣。吾竭忠徇国，岂顾身乎！"遂策马而进，将士不敢复言饥。追及金刚于雀鼠谷，一日八战，皆破之，俘斩数万人。夜，宿于雀鼠谷西原，世民不食二日，不解甲三日矣，军中止有一羊，世民与将士分而食之。丙辰，陕州总管于筠自金刚所逃来。世民引兵趣介休，金刚尚有众二万，出西门，背城布陈，南北七里。世民遣总管李世勣与战，小却，为贼所乘，世民帅精骑击之，出其陈后，金刚大败，斩首三千级。金刚轻骑走，世民追之数十里，至张难堡。浩州行军总管樊伯通、张德政据堡自守，世民免胄示之，堡中喜噪且泣，左右告以王不食，献浊酒、脱粟饭。

尉迟敬德收余众守介休，世民遣任城王道宗、宇文士及往谕之，敬德与寻相举介休及永安降。世民得敬德，甚喜，以为右一府统军，使将其旧众八千，与诸营相参。屈突通虑其变，骤以为言，世民不听。

刘武周闻金刚败，大惧，弃并州走突厥。金刚收其余众，欲复战，众莫肯从，亦与百余骑走突厥。

世民至晋阳，武周所署仆射杨伏念以城降。唐俭封府库以待世民，武周所得州县皆入于唐。

未几，金刚谋走上谷，突厥追获，腰斩之。岚州总管刘六儿从宋金刚在介休，秦王世民擒斩之。其兄季真，弃石州，奔刘武周将马邑高满政，满政杀之。

武周之南寇也，其内史令苑君璋谏曰："唐主举一州之众，直取长安，所向无敌，此乃天授，非人力也。晋阳以南，道路险隘，悬军深入，无继于后，若进战不利，何以自还！不如北连突厥，南结唐朝，南面称孤，足为长策。"武周不听，留君璋守朔州。及败，泣谓君璋曰："不用君言，以至于此。"久之，武周谋亡归马邑，事泄，突厥杀之。突厥又以君璋为大行台，统其余众，仍令郁射设督兵助镇。

五月，窦建德遣高士兴击李艺于幽州，不克，退军笼火城。艺袭击，大破之，斩首五千级。建德大将军王伏宝，勇略冠军中，诸将疾之，言其谋反，建德杀之，伏宝曰："大王奈何听谗言，自斩左右手乎！"

显州行台尚书令楚公杨士林，虽受唐官爵，而北结王世充，南通萧铣，诏庐江王瑗与安抚使李弘敏讨之。兵未行，长史田瓒为士林所忌，甲寅，瓒杀士林，降于世充，世充以瓒为显州总管。

上议击王世充,世充闻之,选诸州镇骁勇皆集洛阳,置四镇将军,募人分守四城。秋,七月,壬戌,诏秦王世民督诸军击世充。陕东道行台屈突通二子在洛阳,上谓通曰:"今欲使卿东征,如卿二儿何?"通曰:"臣昔为俘囚,分当就死,陛下释缚,加以恩礼。当是之时,臣心口相誓,期以更生余年为陛下尽节,但恐不获死所耳。今得备先驱,二儿何足顾乎!"上叹曰:"徇义之士,一至此乎!"

世民遣行军总管史万宝自宜阳南据龙门,将军刘德威自太行东围河内,上谷公王君廓自洛口断其饷道,怀州总管黄君汉自河阴攻回洛城;大军屯于北邙,连营以逼之。

世充陈于青城宫,秦王世民亦置陈当之。世充隔水谓世民曰:"隋室倾覆,唐帝关中,郑帝河南,世充未尝西侵,王忽举兵东来,何也?"世民使宇文士及应之曰:"四海皆仰皇风,唯公独阻声教,为此而来!"世充曰:"相与息兵讲好,不亦善乎!"又应之曰:"奉诏取东都,不令讲好也。"至暮,各引兵还。

癸酉,王世充显州总管田瓒以所部二十五州来降;自是襄阳声问与世充绝。

史万宝进军甘泉宫。丁丑,秦王世民遣右武卫将军王君廓攻辕辕,拔之。王世充遣其将魏隐等击君廓,君廓伪遁,设伏,大破曰之,遂东徇地,至管城而还。先是,王世充将郭士衡、许罗汉掠唐境,君郭以策击却之,诏劳之曰:"卿以十三人破贼一万,自古以少制众,未之有也。"

世充尉州刺史时德睿帅所部杞、夏、陈、随、许、颍、尉七州来降。秦王世民以便宜命州县官并依世充所署,无所变易,改尉州为南汴州,于是河南郡县相继来降。

刘武周降将寻相等多叛去。诸将疑尉迟敬德,囚之军中,行台左仆射屈突通、尚书殷开山言于世民曰:"敬德骁勇绝伦,今既囚之,心必怨望,留之恐为后患,不如遂杀之。"世民曰:"不然,敬德若叛,岂在寻相之后邪!"遽命释之,引入卧内,赐之金,曰:"丈夫意气相期,勿以小嫌介意,吾终不信谗言以害忠良,公宜体之。必欲去者,以此金相资,表一时共事之情也。"辛巳,世民以五百骑行战地,登魏宣武陵。王世充帅步骑万余猝至,围之,单雄信引槊直趋世民,敬德跃马大呼,横刺雄信坠马,世充兵稍却,敬德翼世民出围。世民、敬德更帅骑兵还战，出入世充陈，往反无所碍。屈突通引大兵继至，世充兵大败，仅以身免；擒其冠军大将军陈智略，斩首千余级，获排矟兵六千。世民谓敬德曰："公何相报之速也！"赐敬德金银一箧，自是宠遇日隆。

初，王世充以邴元真为滑州行台仆射。濮州刺史杜才幹，李密故将也，恨元真叛密，诈以其众降之。元真恃其官势，自往招慰，才幹出迎，延入就坐，执而数之曰："汝本庸才，魏公置汝元僚，不建毫发之功，乃构滔天之祸，今来送死，是汝之分！"遂斩之，遣人赍其首至黎阳祭密墓。壬午，以濮州来降。

窦建德之围幽州也，李艺告急于高开道，开道帅二千骑救之，建德兵引去，开道因艺遣使来降。戊申，以开道为蔚州总管，赐姓李氏，封北平郡王。

窦建德帅众二十万复攻幽州。建德兵已攀堞，薛万均、万彻帅敢死士百人从地道出其背，掩击之，建德兵溃走，斩首千余级。李艺兵乘胜薄其营，建德陈于营中，填堑而出，奋击，大破之，建德逐北，至其城下，攻之不克而还。

李密之败也，杨庆归洛阳，复姓杨氏。及王世充称帝，庆复姓郭氏，世充以为管州总管，妻以兄女。秦王世民逼洛阳，庆潜遣人请降，世民遣总管李世勣将兵往据其城。

时世充太子玄应镇虎牢，军于荥、汴之间，闻之，引兵趣管城，李世勣击却之。使郭孝恪为书说荥州刺史魏陆，陆密请降。玄应遣大将军张志就陆征兵，丙辰，陆擒志等四将，举州来降。阳城令王雄师诸堡来降，秦王世民使李世勣引兵应之，以雄为嵩州刺史，嵩南之路始通。魏陆使张志诈为玄应书，停其东道之兵，令其将张慈宝且还汴州，又密告汴州刺史王要汉使图慈宝，要汉斩慈宝以降。玄应闻诸州皆叛，大惧，奔还洛阳。诏以要汉为汴州总管，赐爵郳国公。

萧铣性褊狭，多猜忌。诸将恃功恣横，好专诛杀，铣患之，乃宣言罢兵营农，实欲夺诸将之权。大司马董景珍弟为将军，怨望，谋作乱；事泄，伏诛。景珍时镇长沙，铣下诏赦之，召还江陵。景珍惧，甲子，以长沙来降，诏峡州刺史许绍出兵应之。

张举、刘旻之降也，梁师都大惧，遣其尚书陆季览说突厥处罗可汗曰："比者中原丧乱，分为数国，势均力弱，故皆北面归附突厥。今定杨可汗既亡，天下将悉为唐有。师都不辞灰灭，亦恐次及可汗，不若及其未定，南取中原，如魏道武所为，师都请为乡导。"处罗从之，谋使莫贺咄设入自原州，泥步设与师都入自延州，突利可汗与奚、霫、契丹、靺鞨入自幽州，会窦建德之师自滏口西入，会于晋、绛。莫贺咄者，处罗之弟咄苾也；突利者，始毕之子什钵苾也。

处罗又欲取并州以居杨政道，其群臣多谏，处罗曰："我父失国，赖隋得立，此恩不可忘。"将出师而卒。义成公主以其子奥射设丑弱，废之，更立莫贺咄设，号颉利可汗。乙酉，颉利遣使告处罗之丧，上礼之如始毕之丧。

李世勣像

初，王世充侵建德黎阳，建德袭破殷州以报之。自是二国交恶，信使不通。及唐兵逼洛阳，世充遣使求救于建德。建德中书侍郎刘彬说建德曰："天下大乱，唐得关西，郑得河南，夏得河北，共成鼎足之势。今唐举兵临郑，自秋涉冬，唐兵日增，郑地日蹙，唐强郑弱，势必不支，郑亡，则夏不能独立矣。不如解仇除忿，发兵救之，夏击其外，郑攻其内，破唐必矣。唐师既退，徐观其变，若郑可取则取之，并二国之兵，乘唐师之老，天下可取也！"建德从之，遣使诣世充，许以赴援。又遣其礼部侍郎李大师等诣唐，请罢洛阳之兵，秦王世民留之，不答。

十二月，辛卯，王世充许、亳等十一州皆请降。

癸卯，峡州刺史许绍攻萧铣荆门镇，拔之。绍所部与梁、郑邻接，二境得绍士卒，皆杀之，绍得二境士卒，皆资给遣之。敌人愧感，不复侵掠，境内以安。

萧铣遣其齐王张绣攻长沙，董景珍谓绣曰："'前年醢彭越，往年杀韩信'，卿不见之乎，何为相攻！"绣不应，进兵围之，景珍欲溃围走，为麾下所杀；铣以绣为尚书令，绣恃功骄横，铣又杀之。由是功臣诸将皆有离心，兵势益弱。

是岁，李子通渡江攻沈法兴，取京口。法兴遣其仆射蒋元超拒之，战于庱亭，元超败死，法兴弃毗陵，奔吴郡。于是丹阳、毗陵等郡皆降于子通。子通以法兴府掾李百药为内史侍郎、国子祭酒。

杜伏威遣行台左仆射辅公祏将卒数千攻子通，以将军阚棱、王雄诞为之副。公祏渡江攻丹阳，克之，进屯溧水，子通帅众数万拒之。公祏简精甲千人，执长刀为前锋，又使千人蹑其后，曰："有退者即斩之。"自帅馀众，复居其后。子通为方陈而前，公祏前锋千人殊死战，公祏复张左右翼以击之，子通败走，公祏逐之，反为所败，还，闭壁不出。王雄诞曰："子通无壁垒，又狃于初胜，乘其无备，击之可破也。"公祏不从。雄诞以其私属数百人夜出击之，因风纵火，子通大败，降其卒数千人。子通食尽，弃江都，保京口，江西之地尽入于伏威，伏威徙居丹阳。

子通复东走太湖，收合亡散，得二万人，袭沈法兴于吴郡，大破之。法兴帅左右数百人弃城走，吴郡贼帅闻人遂安遣其将叶孝辩迎之，法兴中涂而悔，欲杀孝辩，更向会稽。孝辩觉之，法兴窘迫，赴江溺死。子通军势复振，帅其群臣徙都馀杭，尽收法兴之地，北自太湖，南至岭，东包会稽，西距宣城，皆有之。

【译文】

武德三年（庚辰、620年）

春，正月，将军秦武通在蒲反攻打王行本。行本出战失败，粮食用尽，支援断绝，想要突围逃走，无人追随。戊寅日（十四日），开门投降。辛巳日（十七日），皇上来到蒲州，斩杀行本。秦王李世民轻骑在蒲州进谒皇上。宋金刚围困绛州。癸巳日（二十九日），皇上返回长安。

李世勣计划等窦建德到了河南，偷袭他的军营，杀死他，打算将他父亲及建德的土地归附唐。遇上建德妻子生产，建德久久不到河南来。

曹旦是建德妻子的哥哥，在河南经常侵略骚扰，羁縻附属的诸贼都怨恨他。贼将魏郡李文相，号李商胡，聚集5000余人，据有孟津中渾；母霍氏，也精于骑术射技，自称为霍总管。世勣结交商胡为昆弟，入拜商胡的母亲。母亲哭着对世勣说："窦氏无道，怎能侍奉他？"世勣说："母亲不用忧虑，不过一个月，把他杀了，一同去归附唐！"世勣辞别，母亲对商胡说："东海公答应我共同除去此贼，但时间久了恐怕发生变化，何必等他来，不如快速解决。"当晚，商胡召曹旦副将23人，请他们喝酒，将他们全部杀死。曹旦的别将高雅贤、阮君明尚在河北还未渡河，商胡用巨船4艘载河北兵士300人渡河，到了中流，把他们全部杀死。有个兽医能游水幸免于死，游到南岸，报告曹旦，曹旦严令警戒。商胡这样做了，才派人报告李世勣。世勣与曹旦连营，郭孝恪劝世勣袭击曹旦，世勣还未决定，听说曹旦已有准备，于是和孝恪率数十骑来奔。商胡再带2000精兵，向北袭击阮君明，打败阮军。高雅贤召集众人离去，商胡追赶；追不上而折返。

群臣请求杀掉李盖，建德说："世勣本是唐臣，被我俘虏，还不忘本朝，是个忠臣，他的父亲又有什么罪？"于是赦免他。

甲午日（三十日），李世勣、郭孝恪到长安。曹旦于是攻下济州，再返洺州。

起初，工部尚书独孤怀恩攻打蒲反，很久攻打不下，逃走死掉的人很多，皇上数次下敕书责备他，怀恩因此怀恨。皇上曾对怀恩开玩笑说："你姑姑的儿子都已经是天子（指隋炀帝及皇上），依次应该轮到舅舅的儿子吧？"怀恩也很以此自负，有时扼腕说："我们家族中难道只有女的才富贵吗？"于是同部下元君宝阴谋造反。遇上怀恩、君宝与唐俭都被尉迟敬德所陷没，君宝对唐俭说："独孤尚书最近谋划大事，若能及早决断，哪有这种耻辱呢？"等到秦王李世民在美良川打败敬德，怀恩逃回，皇上再派他率兵攻打蒲反。君宝又对唐俭说："独孤尚书顺利脱难返回，又到蒲反，可以说是王者不死！"唐俭害怕怀恩顺利完成计划，于是游说尉迟敬德，请他派刘世让回军与唐联合，敬德听从，于是将怀恩造反的情况向上报告。当时王行本已投降，怀恩入据该城。皇上刚渡过黄河要到怀恩军营，已登上船，世让刚好到达。皇上大惊说："我能幸免于难，岂不是天助？"于是派人召怀恩，怀恩不知事情败露，轻舟过来，命人将他逮捕交付官吏，分头捕捉同党。甲寅日（二十日），诛杀怀恩及其同党。

突厥处罗可汗迎接杨政道，立为隋王。中国士民在北方的，处罗全部拨给隋王，有士众万人。设置百官，都依照隋朝制度，居住在定襄。

改纳言为侍中，内史令为中书令，给事郎为给事中。

甲戌日（十一日），派内史侍郎封德彝任中书令。

王世充的将帅、州县来投降的人，每季每月相继不断，世充于是严峻法律，一人逃亡反叛，全家不分老少皆需受诛，父子、兄弟、夫妇告密就可免罪。又让五家互相连保，有全家逃亡的，四邻不觉察，皆需连带受诛，杀人愈多但逃亡的更厉害，甚至打柴采薪的人，出入都有一定的数目；因而公私愁苦困窘，人们没有东西能赖以生活。又拿宫城做大牢狱，心有猜忌的，连同其家属一起关进宫中。诸将出征，也将他们的家属留宫中当人质，监禁的常不少于1万人，每天都有数十人饿死。世充又派台省官做司、郑、管、原、伊、殷、梁、凑、嵩、谷、怀、德等12个州经营屯田使，尚书左右丞及诸曹郎能被派上这种职务的，都像升迁一样高兴。

刘武周数次攻打浩州，被李仲文打败。宋金刚军中粮食用尽；丁未日（十四日），金刚向北逃走，秦王李世民追击他。

秦王李世民在吕州追上寻相，大败他，乘胜追击，一昼夜行军200多里，交战数十回合。到达高壁岭，总管刘弘基持辔谏说："大王打击贼寇，追击败兵到这里，功勋也够了，深入而不停止，难道不爱惜生命吗？况且士兵饥饿疲倦，应该在此地扎营，等兵粮毕集，然后再进攻也未晚。"世民说："金刚计划逃亡，众人离心沮丧；军功难于建立却容易失去，机会难得却容易失去，一定要趁优势取他。若再久留，使他想出计策，有了戒备，就不能再攻取了。我为国尽忠，那里顾及自己的生命呢？"于是策马前进，将士不敢再说饥饿。在雀鼠谷追上宋金刚，一日打了8仗，全都胜利，俘获斩杀数万人。夜晚，宿于雀鼠谷西边的平原，世民两天没吃东西，3天没解开战甲，军中只有1只羊，世民与将士分着吃了。丙辰日（二十三日），陕州总管于筠自金刚那儿逃来。世民率兵急往介休，金刚还有士众2万人，戊午日（二十五日），从西门出兵，背对城布阵，南北长达7里。世民派总管李世勣与他交战，稍一退却，就被贼人利用，世民率精骑攻击，从阵后涌出，金刚大败，斩杀3000人。金刚轻骑逃走，世民追击数十里，到达张难堡。浩州行军总管樊伯通、张德政据堡坚守，世民脱下头盔示意，堡中百姓欢呼而哭泣，左右告知秦王几天没吃，堡中人于是献出浊酒、糙米饭。

尉迟敬德收集余众坚守介休，李世民派任城王李道宗、宇文士及去晓谕他，敬德同寻相献介休及永安投降。世民获得敬德很高兴，派做右一府统军，使率领旧士众8000人，与各营在一起。屈突通害怕他叛变，很快把顾虑说出来，世民不听从。

刘武周听说宋金刚失败，大为害怕，放弃并州逃到突厥。宋金刚收其余众，要再作战，众人不肯追从，也与百余骑奔走突厥。

李世民到晋阳，刘武周所任命的仆射杨伏念率城投降。唐俭封锁府库等待世民，武周所得州县皆归唐所以。

尉迟敬德像

不久，宋金刚计划逃向上谷，突厥追来俘获他，将他腰斩。岚州总管刘六儿跟从宋金刚在介休，秦王李世民擒住他，把他斩杀。他的哥哥刘季真，放弃石州，投奔刘武周部将马邑高满政，满政杀了他。

刘武周向南入寇，他的内史令苑君璋谏说："唐主用一州的士兵，直攻长安，所向无敌，这是上天的授予，不是靠人力。晋阳以南，道路险阻，深入敌境没有后援的孤军，若进攻不胜利，如何退还？不如北连突厥，南结唐朝，南面称王，才是长久之计。"武周不听从，留君璋坚守朔州。后来失败，对君璋哭泣着说："不用你的意见，才落到这个地步。"过了很久，武周计划逃回马邑，因为事情泄露而失败，突厥杀了他。突厥又派君璋做大行台，率领他的余众，仍旧命令郁射设督导兵士辅助镇守。

五月，窦建德派高士兴在幽州进攻李艺，攻不下，撤军到笼火城。李艺袭击士兴，大败他，杀死5000人。建德的大将军王伏宝，勇敢有谋略为军中之冠，诸将妒忌他，说他背叛，建德杀他。伏宝说："大王怎能相信谗言，杀死自己的左右手呢？"

显州行台尚书令楚公杨士林，虽接受唐朝的官爵，却结交王世充，南通萧铣，诏命庐江王李瑗与安抚使李弘敏讨伐他。还未出兵，长史田瓒被士林疑心，甲寅日（二十三日），田瓒杀死士林，投降王世充，世充派田瓒担任显州总管。

皇上计议进攻王世充，世充听到消息，选诸州镇的骁勇聚集于洛阳，设置四镇将军，招募人手分别守卫洛阳四城。秋，七月，壬戌日（初一），诏命秦王李世民督导诸军进攻世充。陕东道行台屈突通有二子在洛阳，皇上对屈突通说："现在要派卿东征，卿如何处置你的两个儿子？"屈突通说："臣从前是俘囚，本来该死，陛下开释，以恩礼对待。当时，臣心口发誓，希望用余年为陛下尽忠，只恐怕死不得其所。如今能够充当先驱，两个儿子不值得忧虑！"皇上感叹说："徇义之士，竟如此忠心！"

世民派行军总管史万宝自宜阳南方驻守龙门，将军刘德威从太行东方围攻河内，上谷公王君廓从洛口截断粮道，怀州总管黄君汉从河阴进攻迥洛城；大军驻守在北邙，连营逼迫。

王世充在青城宫设阵，秦王李世民也布阵抵抗。世充隔水对世民说："隋室灭亡，唐在关中称帝，郑在河南称帝，世充不曾西侵，王忽然发兵东来，这是为什么？"世民派宇文士及回应说："四海都敬仰唐天子，只有你单独对抗唐天子的声威和教化，军队为此而来。"世充说："彼此息兵求和，不是很好吗？"又回答他说："奉命夺取东都，不令我讲和。"到了傍晚，各自领兵回营。

癸酉日（十三日），王世充的显州总管田瓒以属下25个州来投靠；从此襄阳的音信与世充断绝。

史万宝进攻甘泉宫。丁丑日（十七日），秦王李世民派右武卫将军王君廓攻打辕，占领镮辕。王世充派部将魏隐等人攻击君廓。君廓假装败逃，设下埋伏，大败魏隐，于是向东掠取土地，到管城而后回师。一开始，王世充的部将郭士衡、许罗汉抄掠唐境，君廓用计击败他，诏书慰劳君廓说："卿用13人击败贼人1万，自古以少制众，没有这种先例。"

王世充的尉州刺史时德睿率领所管辖的杞、夏、陈、随、许、颍、尉等7个州来投诚。秦王李世民以便宜行事命令县官依照世充所署，没有变更，改尉州为南汴州，于是河南郡县相继来投诚。

刘武周的降将寻相等人多背叛离去。诸将怀疑尉迟敬德，把他拘禁在军中，行台左仆射屈突通、尚书殷开山对李世民说："敬德骁勇无比，如今把他囚禁，必定心存怨恨，留下他恐怕有祸患，不如杀了他。"世民说："不然，敬德如果要背叛，那会在寻相之后呢？"马上命令释放，请他进入内室；赏金子给他，说："丈夫凭意气互相期勉，不要因为小嫌疑放在心里，我始终不相信谗言来陷害忠良，这您应该知道的。一定要离开的话，就用这些金子帮助您，表示我们有一度同事之情。"辛巳日（二十一日），世民用500骑巡察战地，登上魏宣武陵，王世充步骑万余忽然来到，围困世民，单雄信持朔直冲着世民，尉迟敬德跃上马背大声呼叫，横刺雄信，雄信从马背坠下，世充兵稍退却，敬德保护世民突出包围。世民、敬德再率骑兵回战，出入世充的行阵，往返无人能阻挡。屈突通率领大军相继来到，世充军队大败，仅能脱身；擒拿其冠军大将军陈智略，斩杀1000余人，捉获执排执朔的士兵6000人。世民对敬德说："您报答我怎么这么快速！"赐给敬德一小竹箱金银，从此宠信日渐隆盛。

起初，王世充派邴元真担任滑州行台仆射。濮州刺史杜才干是李密的故将，恨元真背叛李密，佯装率领他的士众投降。元真凭借自己的官势，亲自前往欢迎抚慰，才干出来迎接，请他上座，然后令人逮捕他而责备说："你本来是个庸才，魏公任命你做长史，没有建立丝毫的功劳，竟然做了滔天大祸，如今来送死，那是你命该如此！"于是杀死他，派人送他的头到黎阳去祭李密的墓。壬午日（二十二日），才干以濮州来投靠。

窦建德围攻幽州，李艺向高开道求援。开道率2000骑兵援助，建德率兵离去，开道通过李艺派使者来投靠。戊申日（十九日），派开道担任蔚州总管，赐姓李氏，封北平郡王。

窦建德率士众20万再进攻幽州，建德兵卒已爬上城墙。薛万均、薛万彻率敢死队近百人从地道走到他的背后，袭击他，建德的军队失败逃走，杀死建德士兵1000余人。李艺军队乘胜追到他的营地，建德在营中设阵，填塞营外沟堑，奋力猛击，击败李艺。建德追逐败兵，到城下，攻打不下而返回。

李密失败后，杨庆回到洛阳，恢复杨姓。等到王世充称帝，杨庆又姓郭氏，世充任命他担任管州总管，将哥哥的女儿嫁给他。秦王李世民靠近洛阳，杨庆暗中派人要求投降，世民派总管李世勣率兵前往占领杨庆的城池。

当时，王世充的太子玄应驻守虎牢，驻军在荥、汴之间。听到杨庆投降的消息，率兵急往管城。李世勣把他击退。使郭孝恪写信游说荥州刺史魏陆，魏陆暗中要求投靠。王玄应派大将军张志向魏陆征调军队，丙辰日（二十七日），魏陆捉拿张志等4员大将，以荥州来投降。阳城令王雄带领诸堡来投降，秦王世民派李世勣率兵接应，派王雄担任嵩州刺史，嵩州南方的道路才打通。魏陆派张志伪造王玄应的笔迹，下令停止玄应东道的军队，命令他的将领张慈宝暂时返回汴州，又秘密告知汴州刺史王要汉，要他收拾慈宝，要汉斩杀了慈宝来投降。王玄应听到诸州都叛乱，大为惧怕，逃回洛阳。诏命要汉做汴州总管，赐爵郧国公。

萧铣心性狭窄，多疑心。诸将倚仗军功恣意蛮横，喜好杀人。萧铣为此担心，于是宣布解散军队，从事农业生产，其实要夺取诸将的兵权。大司马董景珍的弟弟当将军，心中仇恨，阴谋作乱；事情泄露，被杀。景珍当时驻守长沙，萧铣下诏赦免，召返江陵。景珍害怕，甲子日（初五），以长沙来投降，诏命峡州刺史许绍出兵帮助。

张举、刘旻投降，梁师都大为害怕，派他的尚书陆季览劝说突厥处罗可汗说："最近中原混乱，分成数国，势均力弱，所以都北向归附突厥。如今定杨可汗已亡，天下将全为唐所有。师都不怕死，但恐怕危害可汗，不如趁时局未定，向南夺取中原，如魏道武所做的，师都愿意当向导。"处罗采纳，计划派莫贺咄设从原州进兵，泥步设与师都从延州进兵，处罗从并州进兵，突利可汗与奚、霫、契丹、靺鞨自幽州进兵，遇到窦建德之师从滏口西方进兵，于晋、绛会合。莫贺咄，是处罗的弟弟咄苾。突利是始毕的儿子什钵苾。

处罗又要攻占并州来安置杨政道，群臣多数进谏，处罗说："我父亲失国，依赖隋氏才能立国，这种恩惠不可忘怀。"结果快要出兵就去世了。义成公主因儿子奥射设丑陋孱弱，把他废除，改立莫贺咄设，号颉利可汗。乙酉日（二十六日），颉利派使者报告处罗的死讯，皇上像待始毕的丧礼一样处理。

起初，王世充侵略窦建德的黎阳，建德攻占殷州来报复。从此两国关系恶化，使节不往来。到了唐兵逼近洛阳，世充派使者向建德求救。建德的中书侍郎刘彬劝说建德："天下大乱，唐夺取关西，郑取得河南，夏得河北，形成三足鼎立的局势。如今唐举兵迫郑，自秋历冬，唐兵逐日增多，郑地逐日减少。唐强郑弱，形势不能支持，郑亡，那么夏也不能独立了。不如化解仇怨除去愤恨，出兵援助，夏击其外，郑攻其内，一定可把唐击败。唐师退却之后，静观其变，若郑可取则取，合并二国的军队，乘唐师士气低落，取天下不难！"建德采纳，派使者往见世充，答应派兵支援。又派礼部侍郎李大师等人往唐，请求撤去洛阳的军队，秦王李世民把他们留下，不作回答。

十二月，辛卯日（初三），王世充所属的许、亮等11个州都请求降服。

癸卯日（十五日），峡州刺史许绍攻打萧铣的荆门镇，攻占荆门镇。许绍统辖的地方与梁、郑邻近，二境获得许绍的士兵，都杀死他们；许绍获得二境的士兵，都给予衣物再把他们送回去。敌人因此惭愧感动，不再侵犯，境内因而安定。

萧铣派齐王张绣进攻长沙，董景珍对张绣说："'前年剁彭越为肉酱，往年杀死韩信'，你没看到这段历史吗？为什么要互相攻打？"张绣不加理睬，进兵包围，景珍要突围逃走，被部下杀死。萧铣派张绣做尚书令。张绣倚恃军功骄横，萧铣又把他杀掉。因此功臣诸将皆有背离之心，兵势更为衰败。

这一年，李子通渡江进攻沈法兴，取下京口。法兴派他的仆射蒋元超抵拒，在选亭交战，元超战败而死，法兴抛弃毗陵，逃奔吴郡。于是丹阳、毗陵等郡都投降李子通。子通派法兴的府掾李百乐担任内史侍郎、国子祭酒。

杜伏威派行台左仆射辅公祐统领士卒数千人进攻李子通，派将军阚棱、王雄诞做副将。公祐渡江攻打丹阳，占领丹阳，进兵在溧水扎营，子通率士众数万抵抗。公祐选精兵千人，手执长刀做前锋，又派千人跟随后面，说："有后退的人就斩杀他。"又亲自率士众跟在后头。子通排方阵进兵，公祐的前锋千人拼命作战，公祐又分出左右军队进攻，子通失败逃走，公祐追逐，反被击败，收兵回营，关闭营门不出战。王雄诞说："子通无营垒，又刚打胜仗，乘他没有防备进攻，可以把他打败。"公祐不采纳。雄诞用他手下数百人趁夜出击，顺风放火，子通大败，士卒数千人归降。子通粮食用光，放弃江都，保住京口，江西之地完全归杜伏威，伏威迁居丹阳。

李子通再东走太湖，聚集逃散的人共2万，在吴郡偷袭沈法兴，大胜法兴。法兴率左右数百人放弃吴郡城逃跑，吴郡贼帅闻人遂安派将领叶孝辩迎接他，法兴半路后悔，要杀孝辩，改往会稽。孝辩发觉，法兴处境窘迫，投江自杀。子通军势复振，迁都余杭，尽收法兴的辖地，北自太湖，南至五岭，东到会稽，西到宣城，皆为子通所属。

太宗文武大圣大广孝皇帝上之上
贞观元年（丁亥、627年）

丁亥，上宴群臣，奏《秦王破陈乐》，上曰："朕昔受委专征，民间遂有此曲，虽非文德之雍容，然功业由兹而成，不敢忘本。"封德彝曰："陛下以神武平海内，岂文德之足比。"上曰："戡乱以武，守成以文，文武之用，各随其时。卿谓文不及武，斯言过矣！"德彝顿首谢。

上命吏部尚书长孙无忌等与学士、法官更议定律令，宽绞刑五十条为断右趾，上犹嫌其惨，曰："肉刑废已久，宜有以易之。"蜀王法曹参军裴弘献请改为加役流，徙三千里，居作三年；诏从之。

上以兵部郎中戴胄忠清公直，擢为大理少卿。上以选人多诈冒资荫，敕令自首，不首者死。未几，有诈冒事觉者，上欲杀之。胄奏："据法应流。"上怒曰："卿欲守法而使朕失信乎？"对曰："敕者出于一时之喜怒，法者国家所以布大信于天下也。陛下忿选人之多诈，故欲杀之，而既知其不可，复断之以法，此乃忍小忿而存大信也。"上曰："卿能执法，朕复何忧！"胄前后犯颜执法，言如涌泉，上皆从之，天下无冤狱。

上令封德彝举贤，久无所举。上诘之，对曰："非不尽心，但于今未有奇才耳！"上曰："君子用人如器，各取所长，古之致治者，岂借才于异代乎？正患己不能知，安可诬一世之人！"德彝惭而退。

御史大夫杜淹奏"诸司文案恐有稽失，请令御史就司检校。"上以问封德彝，对曰："设官分职，各有所司。果

戴胄上奏唐太宗图

有愆违，御史自应纠举；若遍历诸司，搜摘疵颣，太为烦碎。"淹默然。上问淹："何故不复论执？"对曰："天下之务，当尽至公，善则从之，德彝所言，真得大体，臣诚心服，不敢遂非。"上悦曰："公等各能如是，朕复何忧！"

右骁卫大将军长孙顺德受人馈绢，事觉，上曰："顺德果能有益国家，朕与之共有府库耳，何至贪冒如是乎！"犹惜其有功，不之罪，但于殿庭赐绢数十匹。大理少卿胡演曰："顺德枉法受财，罪不可赦，奈何复赐之绢？"上曰："彼有人性，得绢之辱，甚于受刑；如不知愧，一禽兽耳，杀之何益！"

辛丑，天节将军燕郡王李艺据泾州反。

艺之初入朝也，恃功骄倨，秦王左右至其营，艺无故殴之。上皇怒，收艺系狱，既而释之。上即位，艺内不自安。曹州妖巫李五戒谓艺曰："王贵色已发！"劝之反。艺乃诈称奉密敕，勒兵入朝。遂引兵至豳州，豳州治中赵慈皓驰出谒之，艺入据豳州。诏吏部尚书长孙无忌等为行军总管以讨之。赵慈皓闻官军将至，密与统军杨岌图之，事泄，艺囚慈皓。岌在城外觉变，勒兵攻之，艺众溃，弃妻子，将奔突厥。至乌氏，左右斩之，传首长安。弟寿，为利州都督，亦坐诛。

初，隋末丧乱，豪杰并起，拥众据地，自相雄长；唐兴，相帅来归，上皇为之割置州县以宠禄之，由是州县之数，倍于开皇、大业之间。上以民少吏多，思革其弊。二月，命大加并省，因山川形便，分为十道：一曰关内，二曰河南，三曰河东，四曰河北，五曰山南，六曰陇右，七曰淮南，八曰江南，九曰剑南，十曰岭南。

三月，癸巳，皇后帅内外命妇亲蚕。

闰月，癸丑朔，日有食之。

壬申，上谓太子少师萧瑀曰："朕少好弓矢，得良弓十数，自谓无以加，近以示弓工，乃曰'皆非良材'。朕问其故，工曰：'木心不直，则脉理皆邪，弓虽劲而发矢不直。'朕始寤昔者辨之未精也。朕以弓矢定四方，识之犹未能尽，况天下之务，其能遍知乎！"乃令京官五品以上更宿中书内省，数延见，问以民间疾苦及政事得失。

五月，苑君璋帅众来降。初，君璋引突厥陷马邑，杀高满政，退保恒安。数与突厥入寇。至是，见颉利政乱，知其不足恃，遂帅众来降。上以君璋为隰州都督、芮国公。

壬辰，复以太子少师萧瑀为左仆射。

戊申，上与侍臣论周、秦修短，萧瑀对曰："纣为不道，武王征之。周及六国无罪，始皇灭之。得天下虽同，人心则异。"上曰："公知其一，未知其二。周得天下，增修仁义；秦得天下，益尚诈力：此修短之所以殊也。盖取之或可以逆得，守之不可以不顺故也。"瑀谢不及。

山东大旱，诏所在赈恤，无出今年租赋。

秋，七月，壬子，以吏部尚书长孙无忌为右仆射。无忌与上为布衣交，加以外戚，有佐命功，上委以腹心，其礼遇群臣莫及，欲用为宰相者数矣。文德皇后固请曰："妾备位椒房，家之贵宠极矣，诚不愿兄弟复执国政。吕、霍、上官，可为切骨之戒，幸陛下矜察！"上不听，卒用之。

初，突厥性淳厚，政令质略，颉利可汗得华人赵德言，委用之。德言专其威福，多变更旧俗，政令烦苛，国人始不悦。颉利又好信任诸胡而疏突厥，胡人贪冒，多反覆，兵革岁动；会大雪，深数尺，杂畜多死，连年饥馑，民皆冻馁。颉利用度不给，重敛诸部，由是内外离怨，诸部多叛，兵浸弱。言事者多请击之，上以问萧瑀、长孙无忌曰："颉利君臣昏虐，危亡可必。今击之，则新与之盟；不击，恐失机会；如何而可？"瑀请击之。无忌对曰："虏不犯塞而弃信劳民，非王者之师也。"上乃止。

黄门侍郎王珪有密奏，附侍中高士廉，寝而不言。上闻之，八月，戊戌，出士廉为安州大都督。

九月，庚戌朔，日有食之。

辛酉，中书令宇文士及罢为殿中监，御史大夫杜淹参预朝政。他官参豫政事自此始。

淹荐刑部员外郎邸怀道，上问其行能，对曰："炀帝幸江都，召百官问行留之计，怀道为吏部主事，独言不可。臣亲见之。"上曰："卿称怀道为是，何为自不正谏？"对曰："臣尔时不居重任，又知谏不从，徒死无益。"上曰："卿知炀帝不可谏，何为立其朝？既立其朝，何得不谏？卿仕隋，容可云位卑；后仕王世充，尊显矣，何得亦不谏？"对曰："臣于世充非不谏，但不从耳。"上曰："世充若贤而纳谏，不应亡国；若暴而拒谏，卿何得免祸？"淹不能对。上曰："今日可谓尊任矣，可以谏未？"对曰："愿尽死。"上笑。

岭南酋长冯盎、谈殿等迭相攻击，久未入朝，诸州奏称盎反，前后以十数；上命将军蔺謩等发江、岭数十州兵讨之。魏征谏曰："中国初定，岭南瘴疠险远，不可以宿大兵。且盎反状未成，未宜动众。"上曰："告者道路不绝，何云反状未成？"对曰："盎若反，必分兵据险，攻掠州县。今告者已数年，而兵不出境，此不反明矣。诸州既疑其反，陛下又不遣使镇抚，彼畏死，故不敢入朝。若遣信臣示以至诚，彼喜于免祸，可不烦兵而服。"上乃罢兵。冬，十月，乙酉，遣员外散骑侍郎李公掩持节慰谕之，盎遣其子智戴随使者入朝。上曰："魏征令我发一介之使，而岭表遂安，胜十万之师，不可不赏。"赐征绢五百匹。

十二月，壬午，左仆射萧瑀坐事免。

或告右丞魏征私其亲戚，上使御史大夫温彦博按之，无状。彦博言于上曰："征不存形迹，远辟嫌疑，心虽无私，亦有可责。"上令彦博让征，且曰："自今宜存形迹。"他日，征入见，言于上曰："臣闻君臣同体，宜相与尽诚；若上下俱存形迹，则国之兴丧尚未可知，臣不敢奉诏。"上瞿然曰："吾已悔之。"征再拜曰："臣幸得奉事陛下，愿使臣为良臣，勿为忠臣。"上曰："忠、良有以异乎？"对曰："稷、契、皋陶，君臣协心，俱享尊荣，所谓良臣。龙逄、比干，面折廷争，身诛国亡，所谓忠臣。"上悦，赐绢五百匹。

上神采英毅，群臣进见者，皆失举措；上知之，每见人奏事，必假以辞色，冀闻规谏。尝谓公卿曰："人欲自见其形，必资明镜；君欲自知其过，必待忠臣。苟其君愎谏自贤，其臣阿谀顺旨，君既失国，臣岂能独全！如虞世基等谄事炀帝以保富贵，炀帝既弑，世基等亦诛。公辈宜用此为戒，事有得失，无惜尽言！"

或上言秦府旧兵，宜尽除武职，追入宿卫。上谓之曰："朕以天下为家，惟贤是与，岂旧兵之外皆无可信者乎？汝之此意，非所以广朕德于天下也。"

上谓公卿曰："昔禹凿山治水而民无谤讟者，与人同利故也。秦始皇营宫室而人怨叛者，病人以利己故也。夫靡丽珍奇，因人之所欲，若纵之不已，则危亡立至。朕欲营一殿，材用已具，鉴秦而止。王公已下，宜体朕此意。"由是二十年间，风俗素朴，衣无锦绣，公私富给。

上谓黄门侍郎王珪曰："国家本置中书、门下以相检察，中书诏敕或有差失，则门下当行驳正。人心所见，互有不同，苟论难往来，务求至当，舍己从人，亦复何伤！比来或护己之短，遂成怨隙，或苟避私怨，知非不正，顺一人之颜情，为兆民之深患，此乃亡国之政也。炀帝之世，内外庶官，务相顺从，当是之时，皆自谓有智，祸不及身。及天下大乱，家国两亡，虽其间万一有得免者，亦为时论所贬，终古不磨。卿曹各当徇公忘私，勿雷同也！"

青州有谋反者，州县逮捕支党，收系满狱，诏殿中侍御史安喜崔仁师覆按之。仁师至，悉脱去杻械，与饮食汤沐，宽慰之，止坐其魁首十余人，余皆释之。还报，敕使将往决之。大理少卿孙伏伽谓仁师曰："足下平反者多，人情谁不贪生，恐见徒侣得免，未肯甘心，深为足下忧之。"仁师曰："凡治狱当以平恕为本，岂可自规免罪，知其冤而不为伸邪！万一闇短，误有所纵，以一身易十囚之死，亦所愿也。"伏伽惭而退。及敕使至，更讯诸囚，皆曰："崔公平恕，事无枉滥，请速就死。"无一人异辞者。

上好骑射，孙伏伽谏，以为："天子居则九门，行则警跸，非欲苟自尊严，乃为社稷生民之计也。陛下好自走马射的以娱悦近臣，此乃少年为诸王时所为，非今日天子事业也。既非所以安养圣躬，又非所以仪刑后世，臣窃为陛下不取。"上悦。未几，以伏伽为谏议大夫。

隋世选人，十一月集，至春而罢，人患其期促。至是，吏部侍郎观城刘林甫奏四时听选，随阙注拟，人以为便。

唐初，士大夫以乱离之后，不乐仕进，官员不充。省符下诸州差人赴选，州府及诏使多以赤牒补官。至是尽省之，勒赴省选，集者七千余人，林甫随才铨叙，各得其所，时人称之。诏以关中米贵，始分人于洛州选。

上谓房玄龄曰："官在得人，不在员多。"命玄龄并省，留文武总六百四十三员。

隋秘书监晋陵刘子翼，有学行，性刚直，朋友有过，常面责之。李百药常称："刘四虽复骂人，人终不恨。"是岁，有诏征之，辞以母老，不至。

鄃令裴仁轨私役门夫，上怒，欲斩之。殿中侍御史长安李乾祐谏曰："法者，陛下所与天下共也，非陛下所独有也。今仁轨坐轻罪而抵极刑，臣恐人无所措手足。"上悦，免仁轨死，以乾祐为侍御史。

上尝语及关中、山东人，意有同异。殿中侍御史义丰张行成跪奏曰："天子以四海为家，不当有东西之异；恐示人以隘。"上善其言，厚赐之。自是每有大政，常使预议。

初，突厥既强，敕勒诸部分散，有薛延陀、回纥、都播、骨利干、多滥葛、同罗、仆固、拔野古、思结、浑、斛薛、结、阿跌、契苾、白霫等十五部，皆居碛北，风俗大抵与突厥同；薛延陀于诸部为最强。

西突厥曷萨那可汗方强，敕勒诸部皆臣之。曷萨那征税无度，诸部皆怨。曷萨那诛其渠帅百余人，敕勒相帅叛之，共推契苾哥楞为易勿真莫贺可汗，居贪于山北。又以薛延陀乙失钵为也咥小可汗，居燕末山北。及射匮可汗兵复振，薛延陀、契苾二部并去可汗之号以臣之。

回纥等六部在郁督军山者，东属始毕可汗。统叶护可汗势衰，乙失钵之孙夷南帅部落七万余家，附于颉利可汗。颉利政乱，薛延陀与回纥、拔野古等相帅叛之。颉利遣其兄子欲谷设将十万骑讨之，回纥酋长菩萨将五千骑，与战于马鬣山，大破之。欲谷设走，菩萨追至天山，部众多为所虏，回纥由是大振。薛延陀又破其四设，颉利不能制。

颉利益衰，国人离散。会大雪，平地数尺，羊马多死，民大饥，颉利恐唐乘其弊，引兵入朔州境上，扬言会猎，实设备焉。鸿胪卿郑元璹使突厥还，言于上曰："戎狄兴衰，专以羊马为候。今突厥民饥畜瘦，此将亡之兆也，不过三年。"上然之。群臣多劝上乘间击突厥，上曰："新与人盟而背之，不信；利人之灾，不仁；乘人之危以取胜，不武。纵使其种落尽叛，六畜无余，朕终不击，必待有罪，然后讨之。"

【译文】

贞观元年 （丁亥、627年）

丁亥日（初三），皇上宴请群臣，奏《秦王破阵乐》，皇上说："朕从前受任征伐，民间才有此曲，虽则不是文德的从容娴雅，但是建国的功业由此而成，不敢忘本。"封德彝说："陛下以神武平定海内，那是文德能比。"皇上说："平乱用武，守成用文，文武的应用，随时间而定。你说文不及武，这话可就错了！"德彝叩头谢罪。

皇上下令吏部尚书长孙无忌等人与学士、法官重新商议制定法令，宽减绞刑50条做斩断右趾，皇上还嫌其残酷，说："肉刑废弃已经很久，应该有办法来代替。"蜀王法曹参军裴弘献请改做增加役作，流放3000里，在流徙处劳作3年，诏命采纳他的意见。

皇上因兵部郎中戴胄为人清廉公正，擢升做大理少卿。皇上因选人多诈伪冒充资历门荫，敕令自首，不自首的人处死，不多久，有冒充的事发现，皇上要杀他。戴胄奏说："依法应处流放。"皇上发怒说："你要守法而使朕失信吗？"回答说："敕令出于一时的喜怒，法律是君王用来诚信于天下的。陛下愤怒选人的多诈伪，所以要杀他，然而已知其不可行，再以法律处罚，这是忍小愤而图行大信的行为。"皇上说："你能行法，朕尚有何忧虑？"戴胄前后冒犯君上而执法，言辞如喷泉般流畅，皇上都听从他，于是天下没有冤案。

皇上命令封德彝荐举贤才，长久没有举荐。皇上责问他，回答说："我并非不用心，而是目前没有奇才罢了！"皇上说："君子用人如用器具，各取他的长处，古代平治天下的人，那是借用异代的人才吗？只应该担忧自己不能知人，怎可以妄称一世无人才！"德彝羞愧而退去。

御晚大夫杜淹奏说："诸省寺的文书存案的害怕有稽迟违失，请命令御史就官府考核。"皇上因问封德彝，回答说："设官分职，各有主管官吏。真有失误，御史自会纠举弹劾。若一一检校各位官吏，寻挑毛病，未免太烦琐。"杜淹沉默不语。皇上问杜淹："为何不再坚持论辩？"回答说："天下的事务，应当尽到公正，美就听从，德彝说的，真是大体，臣确实心服，不敢批评。"皇上高兴地着说："你们都能合理行事，我又有什么可以担忧的呢？"

右骁卫大将军长孙顺德接受别人赠送的绢帛，事情被发现，皇上说：

长孙无忌像

"顺德真能有益国家，朕与他共用国库的财物，为何做出贪财的事呢？"尚怜惜他有功，不怪他犯罪，特意于殿庭赏赐绢数十匹。大理少卿胡演说："顺德犯法接受贿赂，其罪不可赦免，怎么可再赐他绢呢？"皇上说："他有人性的话，得绢的耻辱，超过受刑。如不知，只是一只禽兽而已，杀了他有何好处？"

辛丑日（十七日），天节将军、燕郡王李艺据有泾州叛乱。

李艺起先入朝，恃功骄逸，秦王左右到他的营地，李艺无故殴打他们。皇上发怒，收押李艺于监狱，不久释放他。皇上即位，李艺内心恐慌。曹州妖巫李五戒对李艺说："大王富贵的征兆已显现！"劝他叛乱。李艺于是推托奉密敕，要率兵进入朝廷。于是领兵到幽州，幽州治中赵慈皓驰马出城谒见他，李艺占据豳州。诏命吏部尚书长孙无忌等做行军总管加以讨伐。赵慈皓获悉官军将到，暗中与统军杨岌图谋李艺，事情泄漏，李艺囚禁慈皓。杨岌在城外发觉事变，领兵攻打，李艺的徒众溃败，就抛弃妻子，准备投奔突厥。到乌氏，左右的人斩杀他，用传车将首级送往长安。他的弟弟李寿，做利州都督，也被牵连遭诛杀。

起初隋末丧亡乱杂，豪杰并起，拥有徒众，占据一方，自己称雄为长。唐兴起以后，相帅来归附，上皇为他们分别设置州县来封给他们，因此州县的数目，比开皇、大业之时多了一倍。因百姓少官吏多，皇上很想改掉这个弊端。二月，命令大加并合减省，因山川形势的方便，分设十道：一曰关内，二曰河南，三曰河东、四曰河北、五曰山南、六曰陇右，七曰淮南，八曰江南，九曰剑南，十曰岭南。

三月，癸巳日（初十），皇后带领内外命妇亲自养蚕。

闰月，癸丑朔日（初一），日蚀。

壬申日（二十日），皇上对太子少师萧瑀说："朕年少时喜欢弓矢，得到良弓十数具，自觉得没有再好的弓，近来将它拿来给弓匠看，他竟说：'都不是良材。'朕问他原因，弓匠说：'木心不直，则脉理歪斜，弓虽强劲但发箭不直。'朕才意识到以前辨识不精。朕用良弓平定四方，认识还不能详尽，何况天下的事务，哪能样样精通呢？"于是下令任职京师的官员五品以上，轮流住宿中书内省，数次延引召见他们，问及民间的疾苦，政事的得失。

五月，苑君璋率徒众来投降。原先，君璋领突厥攻陷马邑，杀高满政，退守恒安。数次与突厥侵犯中原。到此，眼见颉利政乱，知其不足倚恃，便率徒众来投降。皇上派君璋做隰州都督、芮国公。

壬辰日（十二日），再派太子少师萧瑀做左仆射。

戊申日（二十八日），皇上与侍臣谈论周、秦的得失，萧瑀回答说："纣行为不道，武王讨伐他。周及六国无罪，始皇灭亡他们。得天下虽相同，人心的归向却不同。"皇上说："你只知其一，不知其二。周得到天下，增加修行仁义；秦得到天下，更讲究诈伪暴戾。这是他们的区别所在。大约取天下有时可以违背仁义使用计谋诡诈之术，守天下则不可以不顺仁义。"萧瑀谢罪，自认识见不及。

山东发生大旱灾，诏命所在官吏赈济抚恤，人民无须缴纳今年的租赋。

秋，七月，壬子日（初二），命吏部尚书长孙无忌做右仆射。无忌同皇上是贫贱之交，又是皇后兄长，有佐诛建成、元吉的功劳，皇上把他作为心腹，他所受礼遇，群臣比不上，数次要用他做宰相，文德皇后坚决请求说："妾位居椒房，家人极受贵宠，真的不愿兄弟再执掌国政。汉的吕、霍、上官，可做镂心刻骨的鉴戒，望陛下矜怜明察！"皇上不从，终用无忌做宰相。

原先，突厥性情淳朴敦厚，政策法令质朴精简。颉利可汗得到华人赵德言，任用他。德言独揽权势，作威作福，变更许多旧有习俗，政令烦琐严苛，国人才不高兴。颉利又喜欢任用诸胡而疏远突厥，胡人多贪心冒险，反复无常，战争年年兴起。遇上下大雪，雪深数尺，各种牲畜大多死亡，连年发生饥荒，百姓遭受冻饿。颉利用度不能供给，对诸部加重赋敛，所以内外怨恨，各部落多反叛，势力渐弱。商议政事的人多数请求出兵攻击他，皇上问萧瑀、长孙无忌说："颉利君臣昏庸暴虐，一定危亡。现在攻击他，而刚刚与他们结盟；若不出击，恐怕失去机会。如何才好？"萧瑀请出兵进攻。无忌回答说："敌人不骚扰边塞，反而废弃信约、烦劳士民，不是王者的军队。"皇上才停止发兵。

黄门侍郎王珪有密奏，交给侍中高士廉，士廉不上奏。皇上获悉此事，八月，戊戌日（十九日），调派士廉出去做安州大都督。

九月，庚戌朔日（初一），日蚀。

辛酉日（十二日），中书令宇文士及改任殿中监。御史大夫杜淹参与朝政。其他官员参与政事从此开始。

杜淹推荐刑部员外郎邸怀道，皇上询问他的德行才干，回答说："炀帝将幸临江都，召百官询问行留之计，怀道做吏部主事，独说不可以。这件事臣亲眼看见。"皇上说："你称赞怀道为是，为何不自己正谏呢？"回答说："臣那时不居重任，又知道进谏也不采纳，白白牺牲并无助益。"皇上说："你知道炀帝不可谏，为何在他的朝廷做事？既然已任职于他的朝廷，何能不谏言呢？你在隋为官，或可说地位低，后来仕于王世充，地位很高，为何也不谏言？"回答说："臣对于世充并非不谏，只是他不听罢了。"皇上说："世充若贤能而采纳你的谏言，不该亡国；若暴虐而不采纳你的谏言，你何能免去灾祸？"杜淹不答。皇上说："今日给你的爵位很尊崇了，可以谏言了吧？"回答说："愿意以死效命。"皇上微笑。

岭南酋长冯盎、谈殿等人互相攻打，长久未入朝廷，诸州奏说冯盎谋反，前后数十次；皇上命令将军蔺謩等人发动江、岭数十州军队讨伐他。魏征谏说："中原刚平定，岭南多瘴疠，危险而遥远，不可以驻扎大兵。况且冯盎造反的情况不明，不适合发动兵众。"皇上说："告发的人络绎于途，怎么说造反的情状不明？"回答说："冯盎若造反，定然分兵占据险地，进攻抄掠州县。现在告发他的已有数年，而军队不出境，这就是没有造反的证明。诸州已怀疑他造反，陛下又不派使者前往镇守抚慰，他怕死，故不敢入朝来。若派使臣表示以至诚治天下，他高兴免除灾祸，可以无用劳师动众而使他顺服。"皇上于是罢兵。冬，十月，乙酉日（初六），派员外散骑侍郎李公掩持旌节前往招抚晓谕，冯盎派他的儿子智戴跟随使者入朝。皇上说："魏征要我派出一个使者，因此岭表安定，真胜过10万军队，不可不赏。"赐魏征绢五百匹。

十二月，壬午日（初四），左仆射萧瑀因事坐罪，罢黜官职。

有人告发右丞魏征偏袒他的亲戚，皇上派御史大夫温彦博查证，并无此事。彦博对皇上说："魏征不留存行迹，避免嫌疑，虽无私心，但也有可责备的地方。"皇上要彦博责备魏征，而且说："从今以后应留存形迹。"一天，魏征入朝，对皇上说："我听说君臣是同体，应互相坦诚相待，若上下都留存形迹，则国家必定灭亡，我不敢遵奉诏命。"皇上惊骇地说："我对这事已后悔了。"魏征再拜说："我有幸能事奉陛下，但愿我做个良臣，不做忠臣。"皇上说："忠臣和良臣有差别吗？"回答说："稷、契、皋陶，他们君臣同心，共享尊贵荣华，就是良臣。龙逢、比干，当面折挠君主的不是，结果他们受诛杀，接着国家也灭亡，就是忠臣。"皇上很高兴，赐他绢500匹。

皇上的精神风采英俊刚毅，群臣进见的，都因畏惧而举措失常。皇上也明白，每次见人奏事，必表现出温和的脸色，希望得到规劝谏诤。曾对公卿说："人要看清自己的仪表，需用明镜；君王要知道自己的过失，一定须要忠臣。如果君王任性不听谏言，自以为是，臣下就会阿谀顺旨，结果君王失国，臣下怎么能独自保全性命？像虞世基等人以谄谀侍奉炀帝而保有富贵，炀帝被弒，世基等人同样受诛杀。你们应拿此做鉴戒，事情有得失，不要畏惧，要能畅所欲言！"

有人对皇上说秦府的旧兵，应全部任命做武官，升级调入宫廷宿卫。皇上对他说："朕以天下为家，唯才是用，难道是旧兵之外就没有可相信的人吗！你这个意思，不是普施恩德于天下的方法。"

皇上对公卿说："从前夏禹开山治水而百姓没有诽谤痛怨，那是与百姓同利的原因。秦始皇营建宫室而人民怨恨反叛，那是损害百姓来而为自己的缘故。华丽珍贵奇异的东西，本是人想要的，若放纵不止，则危亡立即到来。朕想要营造一座宫殿，材料费用已经具备，看到秦的灭亡就停止不作。王公以下，应体会朕的意思。"因而20年间，风俗素仆，不穿锦绣的衣服，公私富足充裕。

皇上对黄门侍郎王圭说："国家本来设置中书、门下以互相考核，中书诏敕如有过失，则门下应当驳议纠正。人的观点，各有不同，如往来论难，必求其妥当，舍弃己见，采纳异议，又有什么妨碍？最近有因袒护自己的短处，造成怨恨矛盾，有人苟且避免私怨，明知不对也不加驳正，照顾一人的情面，而为兆民的大患，这正是亡国的政治。炀帝的时代，内外众官，专务顺从，这时，大家都认为自己聪慧，灾祸不会及于自身。等到天下大乱，家国两相灭亡，虽然其间也有幸免的人，也要被时论贬议，恶名遗害千古。卿辈理当公而忘私，不可雷同。"

青州有人阴谋叛乱，州县逮捕其党徒，被收押的人充满监狱，诏命殿中侍御史安喜崔仁师再审问他们。仁师到后，全部卸去他们的刑械，供给饮水及热水沐浴，宽慰他们，只将罪魁10多人判罪，其余都释放。将审理结果还报朝廷，敕使将前往斩决罪犯。大理少卿孙伏伽对仁师说："你平反的人很多，人情谁不求生，恐怕有人眼见共犯能免罪，不肯甘心服罪，我很为你忧虑。"仁师说:"审理刑案应以公平仁恕为原则,怎么可自图免罪,知道有人受冤而不替他申冤呢!万一发生差误,错放人犯,用一命换10个囚犯的生命,我也愿意。"伏伽感到惭愧而离去。等到敕使到了,再行审问诸囚犯,都说:"崔公公平仁恕,判事没有冤枉,赶快行刑吧。"没有一个人有不同的说法。

皇上爱好骑马射箭,孙伏伽进谏,认为:"天子居则九门之内,行则出警入跸,阻止行人通行,不是要苟且自求尊严,而是为社稷百姓着想的。陛下喜欢跑马射箭以娱乐亲近的臣子,这是少年当诸王时的作为,不是如今当天子应做的事。既不是用来安养皇上的身体,又不能做后代的典范,臣私自认为陛下不该如此。"皇上喜悦。没过多久,派伏伽做谏议大夫。

隋代选拔人才,十一月集于京师,到次年春天结束,人们嫌选期太短。这时,吏部侍郎观城刘林甫上奏请求四季听选,随时有空缺,吏部即可登记拟定的姓名,人人觉得方便。

唐初,士大夫因丧乱流离之后,不喜欢仕途,官员人员不足。尚书省下符令,命诸州派人应选,州府及诏使多用未经正式注拟的人员候补。到这时完全停止,让他们赴尚书省的考选,赴选的有7000多人,林甫依才能授予官职,各得其所用,当时人都称颂他。诏因关中米昂贵,才分一部分应选者于洛阳进行选任授官。

皇上对房玄龄说:"用官在于求得人才,不在于人多。"命令玄龄合并裁减人数,留任文武官员共643人。

隋秘书监晋陵刘子翼,有学识德行,性格刚强正直,朋友有过失,常常当面指责。李百药常常称道:"刘四虽然常骂人,被骂的人却始终不怨恨。"这年,有诏征召他.刘子翼以母亲年老辞谢,不到任。

郐县县令裴仁轨用官家役夫做

房玄龄像

私事，皇上大怒，要斩杀他。殿中侍御史长安李乾佑进谏说："法律是陛下与天下人共同的标准，并非陛下独有的。如今仁轨犯了轻罪却用极刑，臣恐怕百姓不知如何举动。"皇上赞同，免去仁轨死罪，派乾佑做侍御史。

皇上曾谈到关中及山东人，内心对山东人感情深厚而关中人则比较薄。殿中侍御史义丰张行成下跪奏说："天子以四海为家，不当有东西方的区别。恐怕这样会给人以心胸狭隘的形象。"皇上称善，重赏他。从此每有重大的政事，经常让他参与商议。

起初，突厥势力强盛，敕勒诸部落分散，有薛延陀、回纥、都播、骨利干、多滥葛、同罗、仆固、拔野古、思结、浑、斛薛、结、阿跌、契苾、白霫等15部，都居于沙漠以北，风俗习惯大抵与突厥相同。薛延陀在诸部之中最强大。

西突厥曷萨那可汗正强大，敕勒诸部落都向他称臣。曷萨那征敛没有节度，大多数部落都有抱怨。曷萨那诛杀各部的酋帅100多人，敕勒一起反叛，共同推举契苾哥楞做易勿真莫贺可汗，居于贪于山以北。又派薛延陀乙失钵做也咥小可汗，居于燕末山以北。等到射匮可汗的兵势复兴，薛延陀、契苾二部都去除可汗的尊号向他称臣。

回纥等六部在郁督军山的，东属始毕可汗。统叶护可汗势力衰落，乙失钵之孙夷男率部落7万余家，归附颉利可汗。颉利政治混乱，薛延陀与回纥、拔野古等相继背叛他。颉利派遣侄儿欲谷设率10万骑兵讨伐他，回纥酋长菩萨率5000骑兵，在马鬣山与对方交战，大败欲谷设。欲谷设逃跑，菩萨追到天山，部众大多被俘虏，回纥因而大为振兴。薛延陀又攻破其四部帅的典兵，颉利无法制止。

颉利更加衰微，国人离散纷纷逃亡。恰逢大雪，平地积雪有数尺之厚，羊马多被冻死，百姓饥饿，颉利害怕唐国乘其困弊，领兵进入朔州境内，表面说是要大家聚合打猎，实际上在预设防备。鸿胪卿郑元璹出使突厥回到京师，对皇上说："戎狄的兴衰，仅以他们的牛马多少作为标准。现在突厥百姓饥饿牲畜瘦弱。这是将亡的征兆，为时不过3年了。"皇上认为他的话很对，群臣大多劝皇上趁势偷袭突厥。皇上说："刚与人结盟却违逆盟约，这是不守信义；乘人灾祸而取利，这是不仁。乘人危机而战胜他，不算英武。即使其他部落皆叛变，六畜没有余留，朕还是不准备进攻。"

唐纪十　太宗文武大圣大广孝皇帝上之下
贞观九年（乙未、635年）

上谓魏征曰："齐后主、周天元皆重敛百姓，厚自奉养，力竭而亡。譬如馋人自噉其肉，肉尽而毙，何其愚也！然二主孰为优劣？"对曰："齐后主懦弱，政出多门；周天元骄暴，威福在己；虽同为亡国，齐主尤劣也。"

夏，闰四月，癸酉，任城王道宗败吐谷浑于库山，吐谷浑可汗伏允悉烧野草，轻兵走入碛。诸将以为"马无草，疲瘦，未可深入。"侯君集曰："不然。向者段志玄军还，才及鄯州，虏已至其城下。盖虏犹完实，众为之用故也。今一败之后，鼠逃鸟散，斥候亦绝，君臣携离，父子相失，取之易于拾芥，此而不乘，后必悔之。"李靖从之。中分其军为两道：靖与薛万均、李大亮由北道，君集与任城王道宗由南道。戊子，靖部将薛孤儿败吐谷浑于曼头山，斩其名王，大获杂畜，以充军食。癸巳，靖等败吐谷浑于牛心堆，又败诸赤水源。侯君集、任城王道宗引兵行无人之境二千余里，盛夏降霜，经破逻真谷，其地无水，人龁冰，马噉雪。五月，追及伏允于乌海，与战，大破之，获其名王。薛万均、薛万彻又败天柱王于赤海。

上皇自去秋得风疾，庚子，崩于垂拱殿。甲辰，群臣请上准遗诰视军国大事，上不许。乙巳，诏太子承乾于东宫平决庶政。

赤水之战，薛万均、薛万彻轻骑先进，为吐谷浑所围，兄弟皆中枪，失马步斗，从骑死者什六七，左领军将军契苾何力将数百骑救之，竭力奋击，所向披靡，万均、万彻由是得免。李大亮败吐谷浑于蜀浑山，获其名王二十人。将军执失思力败吐谷浑于居茹川。李靖督诸军经积石山河源，至且末，穷其西境。闻伏允在突伦川，将奔于阗，契苾何力欲追袭之，薛万均惩其前败，固言不可。何力曰："虏非有城郭，随水草迁徙，若不因其聚居袭取之，一朝云散，岂得复倾其巢穴邪！"自选骁骑千余，直趣突伦川，万均乃引兵从之。碛中乏水，将士刺马血饮之。袭破伏允牙帐，斩首数千级，获杂畜二十余万，伏允脱身走，俘其妻子。侯君集等进逾星宿川，至柏海，还与李靖军合。

大宁王顺，隋氏之甥、伏允之嫡子也，为侍中于隋，久不得归，伏允立侍子为太子，及归，意常怏怏。会李靖破其国，国人穷蹙，怨天柱王；顺因众心，斩天柱王，举国请降。伏允帅千余骑逃碛中，十余日，众散稍尽，为左右所杀。国人立顺为可汗。壬子，李靖奏平吐谷浑。乙卯，诏复其国，以慕容顺为西平郡王、趆故吕乌甘豆吉汗。上虑顺未能服其众，仍命李大亮将精兵数千为其声援。

丁巳，诏："山陵依汉长陵故事，务存隆厚。"期限既促，功不能及。秘书监虞世南上疏，以为："圣人薄葬其亲，非不孝也，深思远虑，以厚葬适足为亲之累，故不为耳。昔张释之有言：'使其中有可欲，虽锢南山犹有隙。'刘向言：'死者无终极而国家有废兴，释之之言，为无穷计也。'其言深切，诚合至理。伏唯陛下圣德度越唐、虞，而厚葬其亲乃以秦、汉为法，臣窃为陛下不取。虽复不藏金玉，后世但见丘垄如此其大，安知无金玉邪！且今释服已依霸陵，而丘垄之制独依长陵，恐非所宜。伏愿依《白虎通》为三仞之坟，器物制度，率皆节损，仍刻石立之陵旁，别书一通，藏之宗庙，用为子孙永久之法。"疏奏，不报。世南复上疏，以为："汉天子即位即营山陵，远者五十余年；今以数月之间为数十年之功，恐于人力有所不逮。"上乃以世南疏授有司，令详处其宜。房玄龄等议，以为："汉长陵高九丈，原陵高六丈，今九丈则太崇，三仞则太卑，请依原陵之制。"从之。

辛亥，诏："国初草创，宗庙之制未备，今将迁祔，宜令礼官详议。"谏议大夫朱子奢请立三昭三穆而虚太祖之位。于是增修太庙，祔弘农府君及高祖并旧神主四为六室。房玄龄等议以凉武昭王为始祖。左庶子于志宁议以为武昭王非王业所因，不可为始祖；上从之。

岷州都督、盐泽道行军总管高甑生后军期，李靖按之。甑生恨靖，诬告靖谋反，按验无状。八月，庚辰，甑生坐减死徙边。或言："甑生，秦府功臣，宽其罪。"上曰："甑生违李靖节度，又诬其反，此而可宽，法将安施！且国家自起晋阳，功臣多矣，若甑生获免，则人人犯法，安可复禁乎！我于旧勋，未尝忘也，为此不敢赦耳。"李靖自是阖门杜绝宾客，虽亲戚不得妄见也。

戊午，以光禄大夫萧瑀为特进，复令参预政事。上曰："武德六年以后，高祖有废立之心而未定，我不为兄弟所容，实有功高不赏之惧。斯人也，不可以利诱，不可以死胁，真社稷臣也！"因赐瑀诗曰："疾风知劲草，板荡识诚臣。"

【译文】

贞观九年 （乙未、635年）

皇上对魏征说："齐后主、周天元都对百姓征敛很重，自己生活很优裕奢华，最后国力衰竭而灭亡。譬如贪馋的人自己吃自己的肉，肉吃完了而毙命，是如此的愚蠢！但这两个君主哪个较优？哪个较劣？"回答说："齐后主懦弱，政权不统一，由许多人掌管；周天元骄傲暴戾，自己作威作福；虽然同样亡国，齐后主较低劣。"

夏，闰四月，癸酉日（初八），任城王李道宗在库山攻克吐谷浑。吐谷浑可汗伏允放火焚烧野草，轻骑逃入沙漠。诸将以为"马没草吃，将疲倦瘦弱，不可深入"。侯君集说："不是这样。以前段志玄军队返回，才到鄯州，敌人已到他的城下。那是敌军仍较强大，徒众听他使用的原因。现在吐谷浑失败，就像老鼠逃跑，鸟众飞散，打听情报的也断绝了，君臣异心，父子失散，如今取之有如拾起草芥一般容易，这时候不乘势把握，就后悔莫及了。"李靖听从他的建议，将军队平分做两道：李靖与薛万均、李大亮由北道，君集与任城王李道宗由南道。戊子日（二十三日）李靖部将薛孤儿在曼头山攻破吐谷浑，斩杀其著名首领，获得很多杂畜，用来充实军粮。癸巳日（二十八日），李靖等人在牛心堆攻破吐谷浑，又败之于赤水源。侯君集、任城王道宗率军队在无人之境行军2000多里，盛夏降霜，行经破逻真谷，此地没有水，人吃冰，马吃雪。五月，在乌海追到伏允，大败伏允，擒拿了吐谷浑的著名首领。薛万均、薛万彻又在赤海打败天柱王。

太上皇自从去年秋天得了中风病，庚子日（初六），去世于垂拱殿。

赤水之战，薛万均、薛万彻轻骑先行进兵，被吐谷浑围攻，兄弟都中了枪，亡失马匹，徒步而斗，跟从的骑兵死亡的十分之六七，左领军将军契苾何力率领数百骑营救他们，尽力奋战，所向披靡，万均、万彻因此能免于难。李大亮在蜀浑山打败吐谷浑，擒获其著名首领20人。将军执失思力在居茹川攻破吐谷浑。李靖督导诸军行经积石山河源，至且末，一直到最西边。听说伏允在突伦川，将逃往于阗，契苾何力要追杀他，薛万均以前次的失败为戒,坚持不同意。何力说:"敌人没有城郭,随着水草迁移,若不趁其聚居时打败他们,一旦如云般分散,岂能再倾覆他的巢穴呢?"选拔骁勇的骑兵1000多人,直往突伦川,万均于是领兵随从。沙漠中缺水,将士刺取马血饮用。攻破伏允的牙帐,斩杀数千人,取得杂畜20多万头,伏允脱身而逃,俘虏他的妻子。侯君集等人进兵渡过星宿川,到达柏海,返回与李靖的军队会师。

大宁王顺,是隋氏的外甥、伏允的嫡子,为侍中于隋,好久不能归返,伏允立别的儿子做太子,等到顺归来,心中常怏怏不满。碰上李靖打败他的国家,国人穷迫,怨恨天柱王;顺遵从众人的心意,斩杀天柱王,请求投降。伏允带领千余骑逃到沙漠中,十多天,徒众逃散将尽,被左右斩杀。国人拥立顺做可汗。壬子日(十八日),李靖奏明已平定吐谷浑。乙卯日(二十一日),诏命恢复其国,派慕容顺做西平郡王、趉故吕乌甘豆可汗。皇上认为顺不能服众,于是命令李大亮带领精兵数千人做他的声援。

李靖像

丁巳日(二十四日),诏命:"山陵要按照汉长陵的旧制,要尽量高大。"期限迫近,不可能如期完成。秘书监虞世南上疏,说:"圣人薄葬其亲,并非不孝,深思远虑,觉得厚葬正足以成为亲人的拖累,故不如此做。以前张释之说过:'假使其中有可欲之物,虽锢藏于南山之中,还有可以取物的空隙。'刘向说:'死者死后的日子,没有穷尽,而国家将不免灭亡,释之的话,是为无尽的时间规划的。'其深远切实,实合乎至理。我觉得陛下的圣德超过唐、虞,而厚葬父亲竟以秦、汉做榜样,臣私自认为陛下不该这样。虽不曾埋藏金玉,后世见坟墓如此高大,怎么知道其中没埋藏金玉呢!而且如今释服已依霸陵,而坟墓之制，独依照长陵，未免不适宜。希望依照《白虎通》做三仞的坟墓，器物制度，一律从俭，仍刻石牌竖立陵旁，另书一卷，藏在宗庙，作为子孙永久的法则。"疏奏上以后，皇上不同意。世南再上疏，认为："汉天子即位就开始修建山陵，时间长达50多年。现在用数月的时间，要完成数十年的任务，恐怕人力有不及的地方。"皇上才将世南的奏疏交给主管官员，命令详加研究，妥善处理。房玄龄等人商讨，以为："汉长陵高9丈，原陵（汉光武陵）高6丈，今日9丈则太高，3仞则太低，请按照原陵的制度。"皇上听了他的话。

辛亥日（十八日），诏书："国家刚刚创始，宗庙的制度尚不完备，如今准备迁缠，应令礼官详加研议。"谏议大夫朱子奢请立三昭三穆而预留太祖的神位。于是增修太庙，缠弘农府君及高祖和旧神主四室为六室。房玄龄等人商议以凉武昭王做始祖。左庶子于志宁建议以为武昭王不是王业所依借，不可作为始祖。皇上听从他的建议。

岷州都督、盐泽道行军总管高甑生延误军期，李靖稍加责备。甑生怀恨李靖，诬告李靖谋反，侦察结果无此情状。八月，庚辰日（十七日），甑生犯罪减死一等放逐边疆。有人说："甑生是秦府的功臣，应宽恕他的罪过。"皇上说："甑生不遵从李靖的指挥，又诬蔑他造反，此罪可宽恕，法律如何施行？而且国家自起义于晋阳，功臣很多，像甑生得以免罪，则人人犯法，怎么可禁止呢？我对于旧勋，不曾忘记，因而不敢赦，以免他们作奸犯科。"李靖从此闭门谢客，虽亲戚也不能轻易见到。

戊午日（二十六日），派光禄大夫萧瑀做特进，又任命他参预政事。皇上说："武德六年以后，高祖有废立太子之心但没有决定，我不被兄弟所容纳，实在有功高不赏的忧虑。萧瑀这人无法以利诱惑，无法用死要挟，真是社稷之臣！"因而赐萧瑀诗说："疾风知劲草，板荡识诚臣。"

贞观十年（丙申、636年）

春，正月，辛丑，以突厥拓设阿史那社尔为左骁卫大将军。社尔，处罗可汗之子也，年十一，以智略闻。可汗以为拓设，建牙于碛北，与欲谷设分统敕勒诸部，居官十年，未尝有所赋敛。诸设或鄙其不能为富贵，社尔曰：

"部落苟丰，于我足矣。"诸设慹服。及薛延陀叛，攻破欲谷设，社尔兵亦败，将其余众走保西陲。颉利可汗既亡，西突厥亦乱，咄陆可汗兄弟争国。社尔诈往降之，引兵袭破西突厥，取其地几半，有众十余万，自称答布可汗。社尔乃谓诸部曰："首为乱破我国者，薛延陀也，我当为先可汗报仇击灭之。"诸部皆谏曰："新得西方，宜且留镇抚。今遽舍之远去，西突厥必来取其故地。"社尔不从，击薛延陀于碛北，连兵百余日。会咥利失可汗立，社尔之众苦于久役，多弃社尔逃归。薛延陀纵兵击之，社尔大败，走保高昌，其旧兵在者才万余家，又畏西突厥之逼，遂帅众来降。敕处其部落于灵州之北，留社尔于长安，尚皇妹南阳长公主，典屯兵于苑内。

二月，乙丑，以元景为荆州都督，元昌为梁州都督，元礼为徐州都督，元嘉为潞州都督，元则为遂州都督，灵夔为幽州都督，恪为潭州都督，泰为相州都督，祐为齐州都督，愔为益州都督，恽为安州都督，贞为扬州都督。泰不之官，以金紫光禄大夫张亮为长史，行都督事，上以泰好文学，礼接士大夫，特命于其府别置文学馆，听自引召学士。

癸丑，诸王之藩，上与之别曰："兄弟之情，岂不欲常共处邪！但以天下之重，不得不尔。诸子尚可复有，兄弟不可复得。"因流涕呜咽不能止。

夏，六月，壬申，以温彦博为右仆射，太常卿杨师道为侍中。

侍中魏征屡以目疾求为散官，上不得已，以征为特进，仍知门下事，朝章国典，参议得失，徒流以上罪，详事闻奏；其禄赐、吏卒并同职事。

长孙皇后性仁孝俭素，好读书，常与上从容商略古事，因而献替，裨益弘多。上或以非罪谴怒宫人，后亦阳怒，请自推鞫，因命囚系，俟上怒息，徐为申理，由是宫壶之中，刑无枉滥。豫章公主早丧其母，后收养之，慈爱逾于所生。妃嫔以下有疾，后亲抚视，辍己之药膳以资之，宫中无不爱戴。训诸子，常以谦俭为先，太子乳母遂安夫人尝白后，以东宫器用少，请奏益之。后不许，曰："为太子，患在德不立，名不扬，何患无器用邪！"

上得疾，累年不愈，后侍奉，昼夜不离侧。常系毒药于衣带，曰："若有不讳，义不独生。"后素有气疾，前年从上幸九成宫，柴绍等中夕告变，上擐甲出阁问状，后扶疾以从，左右止之，后曰："上既震惊，吾何心自安！"由是疾遂甚。太子言于后曰："医药备尽而疾不瘳，请奏赦罪人及度人入道，庶获冥福。"后曰："死生有命，非智力所移。若为善有福，则吾不为恶；如其不然，妄求何益！赦者国之大事，不可数下。道、释异端之教，蠹国病民，皆上素所不为，奈何以吾一妇人使上为所不为乎！必行汝言，吾不如速死！"太子不敢奏，私以语房玄龄，玄龄白上，上哀之，欲为之赦，后固止之。

及疾笃，与上诀。时房玄龄以谴归第，后言于帝曰："玄龄事陛下久，小心慎密，奇谋秘计，未尝宣泄，苟无大故，愿勿弃之。妾之本宗，因缘葭莩以致禄位，既非德举，易致颠危，欲使其子孙保全，慎勿处之权要，但以外戚奉朝请足矣。妾生无益于人，不可以死害人，愿勿以丘垄劳费天下，但因山为坟，器用瓦木而已。仍愿陛下亲君子，远小人，纳忠谏，屏谗慝，省作役，止游畋，妾虽没于九泉，诚无所恨。儿女辈不必令来，见其悲哀，徒乱人意。"因取衣中毒药以示上曰："妾于陛下不豫之日，誓以死从乘舆，不能当吕后之地耳。"己卯，崩于立政殿。

后尝采自古妇人得失事为《女则》三十卷，又尝著论驳汉明德马后以不能抑退外亲，使当朝贵盛，徒戒其车如流水马如龙，是开其祸败之源而防其末流也。及崩，宫司并《女则》奏之，上览之悲恸，以示近臣曰："皇后此书，足以垂范百世。朕非不知天命而为无益之悲，但入宫不复闻规谏之言，失一良佐，故不能忘怀耳！"乃召房玄龄，使复其位。

秋，八月，丙子，上谓群臣曰："朕开直言之路，以利国也，而比来上封事者多讦人细事，自今复有为是者，朕当以谗人罪之。"

冬，十一月，庚午，葬文德皇后于昭陵。将军段志玄、宇文士及分统士众出肃章门。帝夜使宫官至二人所，士及开营内之；志玄闭门不纳，曰："军门不可夜开。"使者曰："此有手敕。"志玄曰："夜中不辨真伪。"竟留使者至明。帝闻而叹曰："真将军也！"

帝复为文刻之石，称"皇后节俭，遗言薄葬，以为'盗贼之心，止求珍货，既无珍货，复何所求。'朕之本志，亦复如此。王者以天下为家，何必物在陵中，乃为己有。今因九嵕山为陵，凿石之工才百余人，数十日而毕。不藏金玉，人马、器皿，皆用土木，形具而已，庶几奸盗息心，存没无累，当使百世子孙奉以为法。"

上念后不已，于苑中作层观以望昭陵，尝引魏征同登，使视之。征熟视之曰："臣昏眊，不能见。"上指示之，征曰："臣以为陛下望献陵，若昭陵，则臣固见之矣。"上泣，为之毁观。

十二月，戊寅，朱俱波、甘棠遣使入贡。朱俱波在葱岭之北，去瓜州二千八百里。甘棠在大海南。上曰："中国既安，四夷自服。然朕不能无惧，昔秦始皇威振胡、越，二世而亡，唯诸公匡其不逮耳。"

魏王泰有宠于上，或言三品以上多轻魏王。上怒，引三品以上，作色让之曰："隋文帝时，一品以下皆为诸王所顿踬，彼岂非天子儿邪！朕但不听诸子纵横耳，闻三品以上皆轻之，我若纵之，岂不能折辱公辈乎！"房玄龄等皆惶惧流汗拜谢。魏征独正色曰："臣窃计当今群臣，必无敢轻魏王者。在礼，臣、子一也。《春秋》，王人虽微，序于诸侯之上。三品以上皆公卿，陛下所尊礼，若纪纲大坏，固所不论；圣明在上，魏王必无顿辱群臣之理。隋文帝骄其诸子，使多行无礼，卒皆夷灭，又足法乎！"上悦曰："理到之语，不得不服。朕以私爱忘公义，向者之忿，自谓不疑，及闻征言，方知理屈。人主发言何得容易乎！"

治书侍御史权万纪上言："宣、饶二州银大发采之，岁可得数百万缗。"上曰："朕贵为天子，所乏者非财也，但恨无嘉言可以利民耳。与其多得数百万缗，何如得一贤才！卿未尝进一贤、退一不肖，而专言税银之利。昔尧、舜抵璧于山，投珠于谷，汉之桓、灵乃聚钱为私藏，卿欲以桓、灵俟我邪！"是日，黜万纪，使还家。

是岁，更命统军为折冲都尉，别将为果毅都尉。凡十道，置府六百三十四，而关内二百六十一，皆隶诸卫及东宫六率。凡上府兵千二百人，中府千人，下府八百人。三百人为团，团有校尉；五十人为队，队有正；十人为火，火有长。每人兵甲粮装各有数，皆自备，输之库，有征行则给之。年二十为兵，六十而免。其能骑射者为越骑，其余为步兵。每岁季冬，折冲都尉帅其属教战，当给马者官予其直市之。凡当宿卫者番上，兵部以远近给番，远疏、近数，皆一月而更。

【译文】
贞观十年（丙申、636年）

春，正月，辛丑日（初十），派突厥拓设阿史那社尔做左骁卫大将军。社尔即处罗可汗的儿子，11岁时，以智谋勇略闻名。可汗封他做拓设，在漠北建牙帐，与欲谷设分别统治敕勒诸部落，居官10年，不曾向百姓收赋税。其他拓设有人看不起他不知求富贵，社尔说："部落如果丰裕，我就满足了。"诸拓设惭愧而钦佩他。等到薛延陀反叛，攻克欲谷设，社尔军队也失败，率领剩余的徒众守卫西边疆土。颉利可汗已亡，西突厥也发生内乱，咄陆可汗兄弟争国。社尔佯装前往投奔，率兵偷袭打败西突厥，夺取其大半土地，拥有兵众10多万人，自号都布可汗。社尔于是对诸部落说："首先称乱打败我国的，是薛延陀，我应当为先可汗报仇歼灭他。"诸部都谏说："刚得到西方疆土，就暂且留下镇压安抚。今日急着舍弃此地而远去，西突厥定将来取回其故地。"社尔不从，在漠北进攻薛延陀，连续作战百余日。遇上鍮利失可汗登位，社尔的军众，苦于长期战争，多遗弃社尔逃归。薛延陀出兵进攻，社尔大败，逃往高昌保守，其旧兵存在的才1万多家，又害怕西突厥的逼迫，便率军众来投降。敕命安置他的部落于灵州之北，留社尔在长安，把皇妹南阳长公主下嫁给他，在皇苑内典领屯兵。

二月，乙丑日（初四），任命元景做荆州都督，元昌做梁州都督，元礼做徐州都督，元嘉做潞州都督，元则做遂州都督，灵夔做幽州都督，恪做潭州都督，泰做相州都督，祐做齐州都督，愔做益州都督，恽做安州都督，贞做扬州都督。泰不到官上任，任命金紫光禄大夫张亮做长史，兼掌都督的职事。皇上因泰喜欢文学，礼接士大夫，特命于府中另外设置文学馆，听任他自己招引学士。

癸丑日（二十三日），诸王前往藩地，皇上与他们道别说："兄弟的情谊，难道不想要常常共居一起吗？只是以天下托付的重任，不得不如此。诸子尚可再有，兄弟不可再得。"说完流泪呜咽不能停止。

夏，六月，壬申日（十四日），派温彦博做右仆射，太常卿杨师道做侍中。

侍中魏征数次因眼病要求做散官，皇上不得已，派魏征做特进，仍然主持门下事，举凡朝章国典，都让他参预议论得失，迁徙流放以上的罪行，由他审察上报。其俸禄、赏赐、吏卒与职事官一样。

长孙皇后性情仁孝俭朴，喜好读书，时常与皇上从容商讨古事，因而颇有贡献，有废弃的，有兴替的，裨补增益很多。皇上有时责骂本无过错的宫人，皇后也佯装生气，要求亲自侦察，因而命令下狱，等皇上怒息，再慢慢申述审理，因此宫闱之中，没有枉法滥刑。豫章公主早年丧母，皇后收养她，对她的慈爱超过对亲生女儿。妃嫔以下的宫女生病，皇后亲自抚慰，停止自己的药物膳食来帮助她们，宫女无不爱戴皇后。教训诸子，常拿谦虚节俭为首要。太子的乳母遂安夫人曾告诉皇后，认为东宫使用的器物缺少，奏请皇上增加器物。皇后不允许，说："做太子，担忧的是品德不养成，声名不显扬，何必忧虑没有使用的器物呢！"

皇上得了疾病，经年不痊愈，皇后在旁侍奉，日夜不离身旁。常常在衣带上系着毒药，说："皇上如有不测，我将与皇上同死，不独自生存。"皇后素来有气喘病，前年随从皇上幸临九成宫，柴绍等人半夜禀报有叛变，皇

长孙皇后与唐太宗

上身穿甲胄出阁询问叛变的情形，皇后扶病随从，左右阻止她，皇后说："皇上既受震惊，我如何能独自安心！"因此病加严重。太子对皇后说："医药已尽而疾病不能痊愈，请奏闻皇上，赦免罪人，并且度人皈依道释，也或许获得阴福。"皇后说："死生有命，不是人的智慧力量可以改变的。如做善事可以得福，那我从来都不做恶事；如果不然，妄求有何神益？大赦是国家的大事，不可经常施行。道、释是异端的教义，害国害民，都是皇上素来不做的，如何因我一个妇人而使皇上做他不愿做的事？一定要照你的话去做，我不如马上死掉！"太子不敢上奏，暗中告诉房玄龄，玄龄报告皇上，皇上爱怜她，要为她举行大赦，皇后坚决制止。

到了病重，与皇上诀别。那时房玄龄因受谴责归返宅第。皇后对皇帝说："玄龄侍奉陛下已久，小心谨密，奇谋密计，不曾泄漏，假如没有大罪过，希望不要遗弃他。妾的本宗，因为沾亲带故而取得俸禄爵位，既然不是因有德行而被任用，容易走上颠覆倾危的道路，为了要保全后世的子孙，请不要把他们安置在权要的地位，只要以外戚身份，随百官于朔望进入朝廷参谒就够了。妾在生时，无益于别人，不能因死亡有害别人，希望不要因修坟墓劳民伤财，只

要借山做坟，陪葬的器物用瓦木做的就可行。还希望陛下亲近君子，远离小人，接纳忠心谏诤，屏弃奸邪之言，少作工程，废止游猎，妾虽深埋九泉，也无遗憾。儿女辈不必让他们来，看到他们悲哀，空乱人心。"因而取出衣中所藏毒药以示皇上说："妾在陛下有病之日，立誓以死随从乘舆于地下，不能使自己像吕后那样。"己卯日（二十一日），在立政殿去世。

皇后曾收集自古以来妇人得失的事迹撰成《女则》30卷，又曾经撰文驳斥汉明德马后以不能抑止外亲，使其当政贵盛，而只就他们车马的奢侈提出警告，是开其祸败之源，而防止堵其末流。等到皇后逝世，宫中官吏将《女则》一起奏闻于皇上，皇上看了之后很哀痛，拿来展示近臣说："皇后这本书，足以垂示典范于百世，朕并非知道天命有定，而做无益的悲伤，只是入宫再听不到规谏的话，失去一个贤良的辅佐之人，所以不能忘怀罢了！"于是征召房玄龄，使他恢复旧职。

秋，八月，丙子日（十九日），皇上对群臣说："朕开直言之路，是用来利国的，然而近来上密封奏章的人大多攻击别人细微之事，自今以后再做这种事的，朕将以诽谤罪论处。"

冬，十一月，庚午日，于昭陵埋葬文德皇后。将军段志玄、宇文士及分别带领士众出肃章门护送灵车。皇帝夜间派宫官到二人的处所，士及打开营门接纳宫官；志玄闭门不接纳，说："军门不可在夜间开。"使者说："这里有皇帝的手令。"志玄说："晚上不能辨别真伪。"终留下使者到天明。皇帝获悉而感叹说："真是个将军！"

皇帝又撰文刻于石碑，文说："皇后节俭，留言要用薄葬，以为：'盗贼之心，只求珍宝财货，既然无珍宝，还有何要求。'朕的本意，也是这样。王者以天下为家，何必将物品藏在陵中，才是自己拥有。今日借九嵕山做陵，凿石工人才100多人，数10天即完工。不埋藏金玉、人马、器皿，都用土木做成，具备形式而已，这将使奸盗死心，生死无累，也使百世子孙奉做榜样。"

皇上怀念皇后无法休止，在禁苑中做多层高楼，用来眺望昭陵，曾让魏征同登高楼，使他眺视昭陵。魏征仔细看了以后说："臣眼睛昏暗，看不见。"皇上为他指示方向，魏征说："臣以为陛下眺望献陵（高祖陵），如是昭陵，那臣也能看到。"皇上听了为之感泣，因此毁弃高观。

十二月，戊寅日（二十二日），朱俱波、甘棠派使者入贡。朱俱波在葱岭北方，距离瓜州3800里。甘棠在大海南方。皇上说："中原已安定，四夷自然归服。但朕不能不畏惧，以前秦始皇威振胡、越，传二代而后灭亡，望诸公匡正我不及的地方。"

魏王李泰受皇上的宠爱，有人说三品以上官员很看不起魏王。皇上生气，召来三品以上的官员，满脸怒气指责他们说："隋文帝时，一品以下官员都被诸王困顿折磨，难道魏王不是天子的儿子吗？朕不听任诸子妄为，听说三品以上皆轻视魏王泰，我若放纵他，难道不能折辱公辈吗？"房玄龄等人都惶恐流汗下拜谢罪。只有魏征脸色严肃地说："臣私自推测当今群臣，必无人敢轻视魏王。依礼而讲，臣与子是一样的。《春秋》说，王人虽微，秩序在诸侯之上。三品以上都是公卿之位，是陛下尊重礼遇的人。若纪纲大坏，实不能论；今日皇上圣明，魏王定无困顿折辱群臣的理由。隋文帝放纵他的诸子，使他们多做无礼之事，结果都遭到诛杀灭亡，又值得仿效吗？"皇上高兴地说："有理的话，不能不服从。朕因为私爱忘了公义，刚才的生气，自认为有理，等听了魏征的话，才知道自己理屈。人主说话怎能随便呢？"

治书侍御史权万纪上奏说："宣、饶二州的银矿大有发现，加以开采，每年可得数百万缗。"皇上说："朕贵为天子，缺乏的不是财物，只遗憾没有嘉言可以利益百姓而已。与其多得数百万钱财，何如得到一位贤能才士！你不曾推荐过一位贤人，斥退一个不肖之人，反倒专说敛收采银税之利。以前尧、舜碎玉于山中，投珠于川谷，汉的桓、灵二帝竟聚集金钱作为私藏，你要我成为桓、灵吗？"当天罢黜万纪，让他归还家乡。

这一年，改派统军做折冲都尉，副将做果毅都尉。全国分为10个道，置府634个，其中关内有261个府，都隶属诸卫及东宫六率之下。凡上府兵数有1200人，中府1000人，下府800人。300人为团，团有校尉；50人为队，队有正；10人为伙，伙有长。每人兵甲粮装都有定数，都自己筹备，平时放在库中，有征战时就发给他们。百姓年满20服兵役，60免役。善于骑射的人做越骑，其余当步兵。每年十二月，折冲都尉率其部属教授作战技术，供给马的人，官方用相当马的价格收买。凡当宿卫的轮次上班，兵部以距离远近为依据排班，远的轮值次数少，近的多，皆为期一月，随后更代。

唐纪十五　太宗文武大圣广孝皇帝下之下
贞观二十三年（己酉、649年）

春，正月，辛亥，龟兹王布失毕及其相那利等至京师，上责让而释之，以布失毕为左武卫中郎将。

西南徒莫祇等蛮内附，以其地为傍、望、览、丘四州，隶朗州都督府。

上以突厥车鼻可汗不入朝，遣右骁卫郎将高侃发回纥、仆骨等兵袭击之。兵入其境，诸部落相继来降。拔悉密吐屯肥罗察降，以其地置新黎州。

三月，丙辰，置丰州都督府，使燕然都护李素立兼都督。

去冬旱，至是始雨。辛酉，上力疾至显道门外，赦天下。丁卯，敕太子于金液门听政。

夏，四月，乙亥，上行幸翠微宫。

上谓太子曰："李世勣才智有余，然汝与之无恩，恐不能怀服。我今黜之，若其即行，俟我死，汝于后用为仆射，亲任之；若徘徊顾望，当杀之耳。"五月，戊午，以同中书门下三品李世勣为叠州都督；世勣受诏，不至家而去。

辛酉，开府仪同三司卫景武公李靖薨。

上苦利增剧，太子昼夜不离侧，或累日不食，发有变白者。上泣曰："汝能孝爱如此，吾死何恨！"丁卯，疾笃，召长孙无忌入含风殿。上卧，引手扪无忌颐，无忌哭，悲不自胜；上竟不得有所言，因令无忌出。己巳，复召无忌及褚遂良入卧内，谓之曰："朕今悉以后事付公辈。太子仁孝，公辈所知，善辅导之！"谓太子曰："无忌、遂良在，汝勿忧天下！"又谓遂良曰："无忌尽忠于我，我有天下，多其力也，我死，勿令谗人间之。"仍令遂良草遗诏。有顷，上崩。

秘不发丧。庚午，无忌等请太子先还，飞骑、劲兵及旧将皆从。辛未，太子入京城；大行御马舆，侍卫如平日，继太子而至，顿于两仪殿。以太子左庶子于志宁为侍中，少詹事张行成兼侍中，以检校刑部尚书、右庶子、兼吏部侍郎高季辅兼中书令。壬申，发丧太极殿，宣遗诏，太子即位。军国大事，不可停阙；平常细务，委之有司。诸王为都督、刺史者，并听奔丧，濮王泰不在来限。罢辽东之役及诸土木之功。四夷之人入仕于朝及来朝贡者数百人，闻丧皆恸哭，剪发、剺面、割耳，流血洒地。

六月，甲戌朔，高宗即位，赦天下。

八月，癸酉，夜，地震，晋州尤甚，压杀五千余人。

庚寅，葬文皇帝于昭陵，庙号太宗。阿史那社尔、契苾何力请杀身殉葬，上遣人谕以先旨不许。蛮夷君长为先帝所擒服者颉利等十四人，皆琢石为其像，刻名列于北司马门内。

丁酉，礼部尚书许敬宗奏弘农府君庙应毁，请藏主于西夹室，从之。

九月，乙卯，以李勣为左仆射。

冬，十月，以突厥诸部置舍利等五州隶云中都督府，苏农等六州隶定襄都督府。

乙亥，上问大理卿唐临系囚之数，对曰："见囚五十余人，唯二人应死。"上悦。上尝录系囚，前卿所处者多号呼称冤，临所处者独无言。上怪问其故。囚曰："唐卿所处，本自无冤。"上叹息良久，曰："治狱者不当如是邪！"

上以吐蕃赞晋弄赞为驸马都尉，封西海郡王。赞普致书于长孙无忌等云："天子初即位，臣下有不忠者，当勒兵赴国讨除之。"

【译文】

贞观二十三年 （己酉、649年）

春，正月，辛亥日（初六），龟兹王布失毕和宰相那利等人抵达京师，皇上指责他，但又开释他，任命布失毕为左武卫中郎将。

西南徒莫祇等蛮族依附，把那些土地设置傍、望、览、丘等四州，隶属于朗州都督府。

皇上因为突厥车鼻可汗不入朝拜见，就派遣左骁卫郎将高侃发动回纥、仆骨等的士兵攻打。军队一进入对方境内，各部落都相继来投降。拔悉密吐屯肥罗察投降，把拔悉密的土地设置为新黎州。

三月，丙辰日（十二日），设置丰州都督府，下令燕然都护李素立兼都督。

去年冬天天旱，到这时才下雨。辛酉日（十七日），皇上带着疾病，奋力到了显道门外,宣称赦免天下。丁卯日(二十三日),下敕令要太子在金液门听断政事。

夏,四月,乙亥日(初一),皇上驾临翠微宫。

皇上对太子说:"李世勣才识很高,然而你对他没有恩泽,恐怕不能怀柔他,让他心服。我如今就贬黜他的地位,如果他马上就走,等我死后,你就任用他为仆射,宠信他;如果他徘徊瞻顾,有所盼望,只好杀了他。"五月,戊午日(十五日),任命同中书门下三品李世勣为叠州都督;世勣接受命令,没回家就前往叠州上任。

辛酉日(十八日),开府仪同三司卫景武公李靖逝世。

皇上痢疾痛得更严重,太子白天黑夜不离皇上身边,有时候好几天不吃东西,头发都有些花白了。皇上哭泣说:"你能够这样的孝顺我,我死了也不会有遗憾!"丁卯日(二十四日),病情加重,把长孙无忌召进含风殿。皇上躺卧着,用手摸着无忌的面孔,无忌痛哭,不胜悲痛;皇上竟然说不出话,就下令无忌出去。己巳日(二十六日),又召无忌和褚遂良进到卧室,对他们说:"朕现在把以后的事情全部委托你们诸位。太子仁慈孝顺,是你们所知道的,好好教导他吧!"对太子说:"只要无忌、遂良还在,你就不必忧心天下事!"又对褚遂良说:"无忌对我忠心,我拥有天下,大多靠他的力量,我死以后,不要让逸人挑拨陷害他。"又命令遂良草写遗嘱。没多久,皇上去世。

封锁消息不举行葬礼。庚午日(二十七日),无忌等人要求太子先回,飞骑、劲兵和旧将都在身边跟随。辛未日(二十八日),太子来到京城;马舆载着大行皇帝(即死去的太宗)的灵柩,好像平常一样侍卫着,在太子后面到达,停顿在两仪殿里。委任太子左庶子于志宁为侍中,以詹事

褚遂良像

张行成兼侍中，任命检校刑部尚书、右庶子、兼吏部侍郎高季辅兼中书令。壬申日（二十九日），在太极殿举办葬礼，宣读遗嘱，太子即帝位。军事政治大事，不可以滞留不办；日常细碎事物，委托给有司办理。身为都督、刺史的诸王，都听候命令奔丧，但濮王李泰不受辖制。停止辽东的战役和各土木建造工程。在朝为官的四方夷人，和前来朝贡的夷人共有好几百人，听知天子去世都痛哭起来，他们伤心得剪掉头发、割伤耳朵，面部流的血洒满地面。

六月，甲戌朔日（初一），高宗即帝位，大赦天下。

八月，癸酉日（初一），夜晚，发生地震，晋州更为严重，压死了5000多人。

庚寅日（十八日），把文皇帝掩埋在昭陵，庙号太宗。阿史那社尔、契苾何力要求自杀以来殉葬，皇上打发人告诉他们先帝不准许。蛮夷君长被先帝所擒捉而归顺的，颉利等14个人，都为先帝雕刻石像，并且刻下自己名字，陈列在北司马门内。

丁酉日（二十五日），礼部尚书许敬宗奏报弘农府君（高宗七世祖）的庙位应该拆除。

九月，乙卯日（十三日），委任李勣为左仆射。

冬，十月，把突厥各部落设置为舍利等五个州（舍利、思辟、阿史那、绰、白登共五州），隶属于云中都督府，又安置苏农等6个州（苏农、阿德、执失、拔延，其他二州州名逸），隶属于定襄都督府。

乙亥日（初四），皇上问大理寺卿唐临被囚禁的犯人数目，唐临回答说："现在拘囚50多人，只有2人应当处死。"皇上很高兴。皇上曾经录问犯人，前任大理寺卿所处置的犯人很多都哭着喊冤枉，但现在唐临所处断的犯人却不叫。皇上感到惊奇，问犯人为什么不叫。犯人说："唐卿所判定的犯人，本来就没有冤枉的。"皇上叹息了很久，说："治理狱讼不是应该像唐临一样吗？"

皇上委任吐蕃赞普弄赞为驸马都尉，封为西海郡王。赞普送书信给长孙无忌等人说："天子刚刚即帝位，有不忠心的臣下，就要率兵前往讨伐。"

唐纪十六　高宗天皇大圣大弘孝皇帝上之下
显庆四年（己未、659年）

夏，四月，丙辰，以于志宁为太子太师、同中书门下三品；乙丑，以黄门侍郎许圉师参知政事。

武后以太尉赵公长孙无忌受重赐而不助己，深怨之。及议废王后，燕公于志宁中立不言，武后亦不悦。许敬宗屡以利害说无忌，无忌每面折之，敬宗亦怨。武后既立，无忌内不自安，后令敬宗伺其隙而陷之。

会洛阳人李奉节告太子洗马韦季方、监察御史李巢朋党事，敕敬宗与辛茂将鞫之。敬宗按之急，季方自刺，不死，敬宗因诬奏季方欲与无忌构陷忠臣近戚，使权归无忌，伺隙谋反，今事觉，故自杀。上惊曰："岂有此邪！舅为小人所间，小生疑阻则有之，何至于反！"敬宗曰："臣始末推究，反状已露，陛下犹以为疑，恐非社稷之福。"上泣曰："我家不幸，亲戚间屡有异志，往年高阳公主与房遗爱谋反，今元舅复然，使朕惭见天下之人。兹事若实，如之何？"对曰："遗爱乳臭儿，与一女子谋反，势何所成！无忌与先帝谋取天下，天下服其智；为宰相三十年，天下畏其威；若一旦窃发，陛下遣谁当之！今赖宗庙之灵，皇天疾恶，因按小事，乃得大奸，实天下之庆也。臣窃恐无忌知季方自刺，窘急发谋，攘袂一呼，同恶云集，必为宗庙之忧。臣昔见宇文化及父述为炀帝所亲任，结以昏姻，委以朝政；述卒，化及复典禁兵，一夕于江都作乱，先杀不附己者，臣家亦豫其祸，于是大臣苏威、裴矩之徒，皆舞蹈马首，唯恐不及，黎明遂倾隋室。前事不远，愿陛下速决之！"上命敬宗更加审察。明日，敬宗复奏曰："去夜季方已承与无忌同反，臣又问季方：'无忌与国至亲，累朝宠任，何恨而反？'季方答云：'韩瑗尝语无忌云：柳奭、褚遂良劝公立梁王为太子，今梁王既废，上亦疑公，故出高履行于外。自此无忌忧恐，渐为自安之计，后见长孙祥又出，韩瑗得罪，日夜与季方等谋反。'臣参验辞状，咸相符合，请收捕准法。"上又泣曰："舅若果尔，朕决不忍杀之；若果杀之，天下将谓朕何，后世将谓朕何！"敬宗对曰："薄昭，汉文帝之舅也，文帝从代来，昭亦有功，所坐止于杀人，文帝使百官素服哭而杀之，至今天下以文帝为明主。今无忌忘两朝之大恩，谋移社稷，其罪与薄昭不可同年而语也。幸而奸状自发，逆徒引服，陛下何疑，犹不早决！古人有言：'当断不断，反受其乱。'安危之机，间不容发。无忌今之奸雄，王莽、司马懿之流也；陛下少更迁延，臣恐变生肘腋，悔无及矣！"上以为然，竟不引问无忌。戊辰，下诏削无忌太尉及封邑，以为扬州都督，于黔州安置，准一品供给。祥，无忌之从父兄子也，前此自工部尚书出为荆州长史，故敬宗以此诬之。

敬宗又奏："无忌谋逆，由褚遂良、柳奭、韩瑗构扇而成；奭仍潜通宫掖，谋行鸩毒，于志宁亦党附无忌。"于是诏追削遂良官爵，除奭、瑗名，免志宁官。遣使发道次兵援送无忌诣黔州。无忌子秘书监驸马都尉冲等皆除名，流岭表。遂良子彦甫、彦冲流爱州，于道杀之。益州长史高履行累贬洪州都督。

五月，丙申，兵部尚书任雅相、度支尚书卢承庆并参知政事。承庆，思道之孙也。

凉州刺史赵持满，多力善射，喜任侠，其从母为韩瑗妻，其舅驸马都尉长孙铨，无忌之族弟也，铨坐无忌，流巂州。许敬宗恐持满作难，诬云无忌同反，驿召至京师，下狱，讯掠备至，终无异辞，曰："身可杀也，辞不可更！"吏无如之何，乃代为狱辞结奏。戊戌，诛之，尸于城西，亲戚莫敢视。友人王方翼叹曰："栾布哭彭越，义也；文王葬枯骨，仁也。下不失义，上不失仁，不亦可乎！"乃收而葬之。上闻之，不罪也。方翼，废后之从祖兄也。长孙铨至流所，县令希旨杖杀之。

六月，丁卯，诏改《氏族志》为《姓氏录》。

初，太宗命高士廉等修《氏族志》，升降去取，时称允当。至是，许敬宗等以其书不叙武氏本望，奏请改之，乃命礼部郎中孔志约等比类升降，以后族为第一等，其余悉以仕唐官品高下为准，凡九等。于是士卒以军功致位五品，豫士流，时人谓之"勋格"。

许敬宗议封禅仪，己巳，奏："请以高祖、太宗俱配昊天上帝，太穆、文德二皇后俱配皇地祇。"从之。

秋，七月，命御史往高州追长孙恩，象州追柳奭，振州追韩瑗，并枷锁诣京师，仍命州县簿录其家。恩，无忌之族弟也。

壬寅，命李勣、许敬宗、辛茂将与任雅相、卢承庆更共覆按无忌事。许敬宗又遣中书舍人袁公瑜等诣黔州，再鞫无忌反状，至则逼无忌令自缢。诏柳奭、韩瑗所至斩决。使者杀柳奭于象州。韩瑗已死，发验而还。籍没三家，近亲皆流岭南为奴婢。常州刺史长孙祥坐与无忌通书，处绞。长孙恩流檀州。

八月，壬子，以普州刺史李义府兼吏部尚书、同中书门下三品。义府既贵，自言本出赵郡，与诸李叙昭穆；无赖之徒藉其权势，拜伏为兄叔者甚众。给事中李崇德初与同谱，及义府出为普州，即除之。义府闻而衔之，及复为相，使人诬构其罪，下狱，自杀。

乙卯，长孙氏、柳氏缘无忌、奭贬降者十三人。高履行贬永州刺史。于志宁贬荣州刺史，于氏贬者九人。自是政归中宫矣。

冬，十月，丙午，太子加元服，赦天下。

初，太宗疾山东士人自矜门地，昏姻多责资财，命修《氏族志》例降一等；王妃、主婿皆取勋臣家，不议山东之族。而魏征、房玄龄、李勣家皆盛与为昏，常左右之，由是旧望不减；或一姓之中，更分某房某眷，高下悬隔。李义府为其子求婚不获，恨之，故以先帝之旨，劝上矫其弊。壬戌，诏后魏陇西李宝、太原王琼、荥阳郑温、范阳卢子迁、卢浑、卢辅、清河崔宗伯、崔元孙、前燕博陵崔懿、晋赵郡李楷等子孙，不得自为昏姻。仍定天下嫁女受财之数，毋得受陪门财。然族望为时所尚，终不能禁，或载女窃送夫家，或女老不嫁，终不与异姓为昏。其衰宗落谱，昭穆所不齿者。往往反自称禁昏家，益增厚价。

闰月，戊寅，上发京师，令太子监国。太子思慕不已，上闻之，遽召赴行在。戊戌，车驾至东都。

十一月，丙午，以许圉师为散骑常侍、检校侍中。

戊午，侍中兼左庶子辛茂将薨。

思结俟斤都曼帅疏勒、朱俱波、谒般陀三国反，击破于阗。癸亥，以左骁卫大将军苏定方为安抚大使以讨之。

以卢承庆同中书门下三品。

右领军中郎将薛仁贵等与高丽将温沙门战于横山，破之。

苏定方军至业叶水，思结保马头川。定方选精兵万人、骑三千匹驰往袭之，一日一夜行三百里，诘旦，至城下，都曼大惊。战于城外，都曼败，退保其城。及暮，诸军继至，遂围之，都曼惧而出降。

【译文】

四　年（己未、659年）

夏，四月，丙辰日（初十），以于志宁为太子太师、同中书门下三品；乙丑日（十九日），委任黄门侍郎许圉师参知政事。

武后由于太尉赵公长孙无忌接受贵重赏赐而不帮助自己，内心十分埋怨。后来商讨废弃王皇后的事，燕公于志宁中立，不替武后讲话，武后也不高兴。许敬宗多次以利害关系劝说长孙无忌，无忌却经常当面给他难堪，因而许敬宗也怨恨无忌，无忌内心不安，武后命许敬宗找机会陷害他。

碰巧洛阳人李奉节上奏皇上有关太子洗马韦季方、监察御史李巢朋党的事件，皇上命许敬宗和辛茂将查办。敬宗查办得很紧急，季方自杀未遂。敬宗就上告皇上，诬告季方要和无忌陷害忠臣和皇亲国戚，使大权集中在无忌身上，之后找机会反叛，如今事情已被发觉，因此就自杀。皇上吃惊地说："怎么会有这种事？舅舅被小人所离间，同朕稍微产生些猜疑和间隔是有的，怎么会反叛呢？"敬宗说："臣对反叛的经过并没有推究，但既然反叛的情况已经败露，陛下却还怀疑，恐怕这不是社稷之福。"皇上哭泣说："我家真不幸，亲戚间总是有反叛的心意，前几年高阳公主和房遗爱图谋反叛，现在舅舅（指无忌）又要反叛了，这些事让朕无颜见天下人。这件事假使是事实，怎么办呢？"回答说："遗爱不过是乳臭未干的小孩，同一个女子谋划反叛，必定不可能成功。无忌和先帝同力计划而夺取了天下，天下都敬服他的才智；他又做了30年宰相，天下都畏惧他的权势；害怕一旦他的反叛发动，陛下派遣谁去抵挡！如今靠着宗庙里的祖先神灵，同皇天对他所作所为的痛恨厌恶，借查办小事的机会，而发觉叛国的大奸人，实在是天下人的吉庆。臣自己担心无忌知道季方自杀之后，受了困窘心里一急，而发动叛乱，挥起衣袖，登高一呼，所有作恶的同党聚集一起，势必会带来宗庙灭亡的忧患。臣以前看过宇文化及父亲宇文述被炀帝所亲近信任，而且和他结了婚姻关系，把朝廷政事托付给他；宇文述故去后，宇文化及又掌管禁卫兵，但他只一个夜晚就在江都叛乱，先把不归附自己的杀掉，臣的一家也遭受了灾祸（许敬宗父亲许善心被宇文化及所害），所以大臣苏威、裴矩等人，都高兴得在马前手舞足蹈，提心来不及响应，天亮时就把隋室灭亡。这些事还不久远，愿陛下快点决定怎么做！"皇上下令敬宗更加仔细查办。隔天，敬宗又禀告皇上说："昨天晚上季方已经承认和无忌一同造反，臣又问季方说：无忌和国君是至亲，好几代都受到尊宠信任，有什么怨恨要反叛呢？季方回答说：韩瑗曾经建议无忌说：柳奭、褚遂良劝说您立梁王为太子，如今梁王被废了，皇上也在疑心您，因而把高履行（无忌舅舅的儿子）外放为官（益州刺史）。自此，无忌就担心害怕，慢慢地做些自我保全的计划。后来看到长孙祥又被外放为官，韩瑗也得罪朝廷，就昼夜和季方等人图谋谋反了。'他们的供词都彼此一致，因此请求皇上收捕他依法究办。"皇上又哭泣说："舅舅果真这样做，朕决不忍心杀之，假使杀了他，天下人会说我是怎样的国君，后世人也会说我是怎样的国君呢？"敬宗回答说："薄昭为汉文帝的舅舅，文帝由代地来汉廷即帝位，薄昭也有功劳，犯的罪也不过是杀人，文帝就命百官穿着丧服到他门前痛哭，逼他自杀，到如今天下人还认为文帝是贤明的国君。现在无忌忘记身受两朝的深厚恩典，图谋改变社稷，他的罪和薄昭是不能同日而语的。幸亏他犯罪的情况已经败露，叛逆的徒罪自首伏法了，陛下犹豫什么，还不快点决定！古人说：'当决断时不决断，反而会遭受到祸患。'国家安危就在毫发之间，中间已经不容丝发。无忌是当今的奸雄，和王莽、司马懿那一类人相同；陛下如果再稍微迟延，臣担心变乱即刻在身边发生，那时候再懊悔也来不及了！"皇上认为很对，竟然没有质问无忌。戊辰日（二十二日），下诏令罢免无忌太尉的官衔和封邑，改做扬州都督，在黔州安置，按一品官供给俸禄。长孙祥是无忌伯父的儿子，从前由工部尚书出放为荆州长史，因此敬宗拿这件事来诬陷长孙无忌。

敬宗又上奏说："无忌图谋叛逆，是由褚遂良、柳奭、韩瑗勾结煽动造

唐三彩骆驼俑

成的；柳奭依旧和宫内同党相通，图谋下毒，于志宁也结党附合无忌。"因而下诏令削夺遂良的官爵，除去柳奭、韩瑗的官名，罢免于志宁的官职。派遣使者发动沿路军队接送无忌到黔州。无忌的儿子秘书监驸马都尉长孙冲等人都免去官名，流放到岭表。遂良的儿子褚彦甫、褚彦仲流放到爱州，在途中被杀。益州长史高履行接连被贬职任洪州都督。

五月，丙申日（二十日），兵部尚书任雅相、度支尚书卢承庆都任参知政事。承庆是卢思道的孙子。

凉州刺史赵持满，勇猛善于射箭，爱做侠义的行为。他的姨母是韩瑗的太太，舅舅驸马都尉长孙铨是无忌的堂弟，长孙铨由于无忌犯罪的关系，也被流放到巂州。许敬宗恐怕赵持满发难反抗，就诬告他和无忌一同谋反，以驿马召他到京师，讯问拷打过了，始终没有作乱的口供，说："性命能不要，口供不能改！"执法的官吏也没有办法，就替他编造口供来诬陷他，向皇上奏报。戊戌日（二十二日），赵持满被杀，暴尸在城西，亲戚没有敢探视的。友人王方翼感慨地说："栾布痛哭彭越，是义的表现；文王安葬枯骨，是仁的表现。身处下位的臣子不失义，身处上位的国君不失仁，这不是很好的现象吗！"于是收赵持满的尸体加以安葬。皇上听到了，也不责怪他。王方翼是被废的王皇后的同曾祖兄。长孙铨来到被流放的任所，县令奉承许敬宗的心意把他鞭打而死。

六月，丁卯日（二十二日），下诏把《氏族志》改为《姓氏录》。

开始，太宗命令高士廉等人修撰《氏族志》，氏族等级的升降和废弃补充等，大都很妥当。当时，许敬宗等人认为《氏族志》没有记载武氏的本族声望，因而上奏皇上请求改正。皇上就令礼部郎中孔志约等按类划分氏族的等级高低，把皇后的族姓排为第一等，其他的全部按在唐朝为官品位的高低为标准，共分九等。因此士卒们靠着军功，得到五品以上的官位，就可进入士人之流，当时人称之为"勋格"（把功勋高低作为升降的标准）。

许敬宗安排封禅的礼仪，己巳日（二十四日），上奏说："请求把高祖、太宗一同和昊天上帝配祭，太穆、文德两位皇后和皇地祇配祭。"高宗采纳他的意见。

秋天，七月，令御史前去高州追捕长孙恩，前去象州追捕柳奭，前往振州追捕韩瑗，一起套上枷锁送到京师，又命州县按簿籍收录他们家人。长孙恩是无忌的堂弟。

壬寅日（二十七日），命李勣、许敬宗、辛茂将和任雅相、卢承庆等一同再重新调查无忌反叛的事。许敬宗又命中书舍人袁公瑜等人前去黔州，再次查问无忌谋反的情形，刚到就逼令无忌自杀。又把柳奭、韩瑗在任所斩首。使者在象州把柳奭杀了。韩瑗已经杀了，开棺验尸后回京报告。抄没无忌、柳奭、韩瑗三家，把他们的近亲都流放到岭南做奴婢。常州刺史由于犯了和无忌通书信的罪，被判处绞刑。长孙恩被流放到檀州。

八月，壬子日（初八），委任普州刺史李义府兼任吏部尚书、同中书门下三品。义府宠贵之后，自己说是出身于赵郡，同李氏家族叙列行辈；那些想凭借他的权势，而拜他为兄、叔的无赖有许多。给事中李崇德外放，把义府列入同一家谱，后来义府出任普州刺史，李崇德又把他从家谱里划掉。义府听到之后，内心怀恨，后来义府做了宰相，就派人诬陷李崇德的罪状，把他关在监狱里，李崇德自尽。

乙卯日（十一日），长孙氏、柳氏由于无忌、柳奭的案件而被降职的有13人。高履行贬做永州刺史。于志宁贬做荣州刺史，于家被贬的有9人。自此，一切政事都归到皇后手上。

冬，十月，丙午日（初三），举行太子加冠礼，大赦天下。

起先，太宗不爱山东士人以门阀自夸，婚姻大都要对方的钱财，因而命令修撰《氏族志》时把山东士人降低一等；并且王妃、公主的夫婿都找有功勋的大臣，不与山东氏族议婚。然而魏征、房玄龄、李勣等家族仍然多和山东士人议婚，常常加以辅助，因而山东士族的声望仍没有衰减；山东士族在一姓之中，有时又分第几房第几眷，声望的高下相差很远。李义府替他的儿子向山东士族求婚不成，怀恨在心，因而以先帝的意旨，要求皇上改正当世的弊病。壬戌日（十九日），下诏要求后魏陇西李宝、太原王琼、荥阳郑温、范阳卢子迁、卢浑、卢辅、清河崔宗伯、崔元孙、前燕博陵崔懿、晋赵郡李楷等的子孙，不能自己联姻。依旧定下天下士人百姓嫁女儿时接受财物的数目，男方不准接受女家陪嫁财物。但是那些望族受到时尚影响，始终禁止不了，有些人就载着女儿偷偷送到夫家，或者让女儿年老也不愿嫁人，终究不与其他氏族通姻。那些家道衰落不被望族谱牒所记载，以为不够格被望族列为高下的宗族，经常冒称是被朝廷不准自己联姻的望族，而向要求联姻的人要求更多的陪嫁财物。

闰月，戊寅日（初五），皇上由京师出发外出，命太子在朝廷监守。太子想念皇上，皇上知道后，就用传车召太子前往他停留的住处。戊戌日（二十五日），皇上车驾来到了东都。

十一月，丙午日（初四），委任许圉师为散骑常侍、检校侍中。

戊午日（十六日），侍中兼左庶子辛茂将故去。

思结俟斤都曼带领疏勒、朱俱波、谒般陀三国反叛，打败了于阗。癸亥日（二十一日），委任左骁卫大将军苏定方为安抚大使加以讨伐。

委任卢承庆为同中书门下三品。

右领军中郎将薛仁贵等人和高丽将温沙门在横山作战，击溃了温沙门。

苏定方的军队来到业叶水，思结保住马头川。定方挑选精锐士兵1万人、骑兵3000飞驰前去偷袭，一天一夜行走300里，隔天天亮就来到城下，都曼吓了一跳。双方在城外作战，都曼战败，退守保住城市。等到了黄昏，各路军马相继到了，就包围住都曼，都曼心中恐惧而出城投降。

唐纪十九　高宗天皇大圣大弘孝皇帝下
永淳元年（壬午、682年）

春，二月，作万泉宫于蓝田。

癸未，改元，赦天下。

戊午，立皇孙重照为皇太孙。上欲令开府置官属，问吏部郎中王方庆，对曰："晋及齐皆尝立太孙，其太子官属即为太孙官属，未闻太子在东宫而更立太孙者也。"上曰："自我作古，可乎？"对曰："三王不相袭礼，何为不可！"乃奏置师傅等官。既而上疑其非法，竟不补授。

夏，四月，甲子朔，日有食之。

上以关中饥馑，米斗三百，将幸东都；丙寅，发京师，留太子监国，使刘仁轨、裴炎、薛元超辅之。时出幸仓猝，扈从之士有饿死于中道者。上虑道路多草窃，命监察御史魏元忠检校车驾前后。元忠受诏，即阅视赤县狱，得盗一人，神采语言异于众；命释桎梏，袭冠带，乘驿以从，与之共食宿，托以诘盗，其人笑许诺。比及东都，士马万数，不亡一钱。

行俭有知人之鉴，初为吏部侍郎，前进士王勮、咸阳尉栾城苏味道皆未知名，行俭一见谓之曰："二君后当相次掌铨衡，仆有弱息，愿以为托。"是时勮弟勃与华阴杨炯、范阳卢照邻、义乌骆宾王皆以文章有盛名，司列少常伯李敬玄尤重之，以为必显达。行俭曰："士之致远，当先器识而后才艺。勃等虽有文华，而浮躁浅露，岂享爵禄之器邪！杨子稍沈静，应至令长；余得令终幸矣。"既而勃度海堕水，炯终于盈川令，照邻恶疾不愈，赴水死，宾王反诛，勮、味道皆典选，如行俭言。行俭为将帅，所引偏裨如程务挺、张虔勖、王方翼、刘敬同、李多祚、黑齿常之，后多为名将。

破阿史那都支，得马脑盘，广二尺余，以示将士，军吏王休烈捧盘升阶，跌而碎之，惶恐，叩头流血。行俭笑曰："尔非故为，何至于是！"不复有追惜之色。诏赐都支等资产金器三千余物，杂畜称是，并分给亲故及偏裨，数日而尽。

阿史那车薄围弓月城，安西都护王方翼引军救之，破虏众于伊丽水，斩首千余级。俄而三姓咽面与车薄合兵拒方翼，方翼与战于热海，既而分遣裨将袭车薄、咽面，大破之，擒其酋长三百人，西突厥遂平。阎怀旦竟不行。方翼寻迁夏州都督，征入，议边事。上见方翼衣有血渍，问之，方翼具对热海苦战之状，上视疮叹息；竟以废后近属，不得用而归。

乙酉，车驾至东都。

丁亥，以黄门侍郎颍川郭待举、兵部侍郎岑长倩、秘书员外少监、检校中书侍郎鼓城郭正一、吏部侍郎鼓城魏玄同并与中书门下同承受进止平章事。上欲用待举等，谓韦崔温曰："待举等资任尚浅，且令预闻政事，未可与卿等同名。"自是外司四品已下知政事者，始以平章事为名。长倩，文本之兄子也。

先是，玄同为吏部侍郎，上言铨选之弊，以为："人君之体，当委任而责成功，所委者当，则所用者自精矣。故周穆王命伯冏为太仆正，曰：'慎简乃僚。'是使群司各求其小者，而天子命其大者也。乃至汉氏，得人皆自州县补署，五府辟召，然后升于天朝，自魏、晋以来，始专委选部。夫以天下之大，士人之众，而委之数人之手，用刀笔以量才，按簿书而察行，借使平如权衡。明如水镜，犹力有所极，照有所穷，况所委非人而有愚闇阿私之弊乎！愿略依周、汉之规以救魏、晋之失。"疏奏，不纳。

五月，东都霖雨。乙卯，洛水溢，溺民居千余家。关中先水后旱、蝗，继以疾疫，米斗四百，两京间死者相枕于路，人相食。

上既封泰山，欲遍封五岳。秋，七月，作奉天宫于嵩山南。监察御史里行李善感谏曰："陛下封泰山，告太平，致群瑞，与三皇、五帝比隆矣。数年以来，菽粟不稔，饿殍相望，四夷交侵，兵车岁驾；陛下宜恭默思道以禳灾谴，乃更广营宫室，劳役不休，天下莫不失望。臣忝备国家耳目，窃以此为忧！"上虽不纳，亦优容之。自褚遂良、韩瑗之死，中外以言为讳，无敢逆意直谏，几二十年；及善感始谏，天下皆喜，谓之"凤鸣朝阳"。

上遣宦者缘江徙异竹，欲植苑中。宦者科舟载竹，所在纵暴；过荆州，荆州长史苏良嗣囚之，上疏切谏，以为："致远方异物，烦扰道路，恐非圣人爱人之意。又，小人窃弄威福，亏损皇明。"上谓天后曰："吾约束不严，果为良嗣所怪。"手诏慰谕良嗣，令弃竹江中。良嗣，世长之子也。

黔州都督谢祐希天后意，逼零陵王明令自杀，上深惜之，黔府官属皆坐免官。祐后寝于平阁，与婢妾十余人共处，夜，失其首。垂拱中，明子零陵王俊、黎国公杰为天后所杀，有司籍其家，得祐首，漆为秽器，题云谢祐，乃知明子使刺客取之也。

太子留守京师，颇事游畋，薛元超上疏规谏；上闻之，遣使者慰劳元超，仍召赴东都。

冬，十月，丙寅，黄门侍郎刘景先同中书门下平章事。

是岁，突厥余党阿史那骨笃禄、阿史德元珍等招集亡散，据黑沙城反，入寇并州及单于府之北境，杀岚州刺史王德茂。右领军卫将军、检校代州都督薛仁贵将兵击元珍于云州，虏问唐大将为谁，应之曰："薛仁贵。"虏曰："吾闻仁贵流象州，死久矣，何以绐我！"仁贵免胄示之面，虏相顾失色，下马列拜，稍稍引去。仁贵因奋击，大破之，斩首万余级，捕虏二万余人。

吐蕃入寇河源军，军使娄师德将兵击之于白水涧，八战八捷。上以师德为比部员外郎、左骁卫郎将、河源军经略副使，曰："卿有文武材，勿辞也！"

【译文】

永淳元年（壬午、682年）

春，二月，在蓝田修建万泉宫。

癸未日（十九日），改年号为永淳，大赦天下。

戊午日，册封皇孙李重照为皇太孙。皇上要下令替皇太孙开府设官属，询问吏部郎中王方庆的看法，回答说："晋和齐都曾经立过太孙，当时太子官属就是太孙的官属，从未听说太子在东宫，而再立太孙的事情。"皇上说："我不拘泥于古礼自己创作，可以吧？"回答说："三代的礼节不相承袭，怎么不可以？"就上奏设立师傅等官职。不久皇上怀疑这样做不符合礼法，最后还是没有补授官职。

薛仁贵像

夏，四月，甲子朔日（初一），日蚀。

皇上因为关中发生饥荒，米价1斗值300钱，打算到东都；丙寅日（初三），由京师出发，留下太子监守国家，命刘仁轨、裴炎、薛元超辅佐。那时由于皇上的出外来得很仓猝，陪从的士卒中有饿死在半路上的。皇上顾及路上有很多草贼窃盗，就派监察御史魏元忠检察清理车驾前后地方的治安。元忠承命，就检察赤县的监狱，发现一个盗贼，神情风采和讲话与众不同；下令解开盗贼的刑械，让他穿上冠带衣饰，乘坐驿车跟随，同他一起吃饭睡眠，请他防止盗贼，那人微笑答应。一直到东都，以万数的士卒马匹，一文钱都没有丢。

行俭有识才的识见，刚做吏部侍郎时，前进士王勮、咸阳尉栾城苏味道，都还不很有名，行俭一看到他们，就说："你们两位将来会相继执掌人才的铨叙考核，我有弱子，希望托附你们照顾。"当时王勮弟弟王勃和华阴杨炯、范阳卢照邻、义乌骆宾王等人，都由于文章而有美名，司列少常伯李敬玄特别尊重他们，认为他们将来必定会显赫腾达。行俭说："士人要能达到深远的境界，必定要先有器度识见，之后才是才艺。王勃等人尽管有文章才华，但是轻浮暴躁，识见也浅薄，没有具备享受爵禄的才器！杨炯稍稍深沉稳静，应该能做到令长（大县是令，小县是长）；其他的能得到善终就比较幸运了。"不久王勃渡海时落水淹死，杨炯死在盈川令任内，照邻生了恶病一直不好，跳水而死，宾王由于谋反被诛，王勮和苏味道则如同行俭所预料一样，都做到典选（掌选举人才）的官。行俭当将帅时，所引用的偏将裨将像程务挺、张虔勖、王方翼、刘敬同、李多祚、黑齿常之等人，后来大都成为著名将领。

打败阿史那都支时，得到玛瑙盘，有2尺多宽，拿给将士看，军吏王休烈捧着玛瑙盘，登上台阶，跌倒而打破了玛瑙盘，心中畏惧，以头叩地，直到流血。行俭笑着说："你不是故意的，何必这样呢？"不再有追回惋惜的意思。皇上命令把都支等人的资产黄金宝器等3000多件，和相同数目的各种牲畜赐给他，他都分送给亲戚故友和偏将裨将们，没几天就送光了。

阿史那车薄包围弓月城，安西都护王方翼领兵救援，在伊丽水打败敌虏部众，斩杀1000多个首级。不多久三姓咽面和车薄会合兵力，抵抗方翼，方翼在热海同对方作战。不久就分别命裨将袭击车薄、咽面，大败对方，活捉了他们的酋长300人，西突厥因而平定。阎怀旦因此没有出发。方翼不久升迁到夏州都督，被征召入朝，讨论边境战事。皇上看见方翼衣服上有血液痕迹，就问他原因，方翼把热海苦战的情形详细回答了，皇上看到他的疮伤而叹息；最后因为是废后的亲近亲属，不能被重用而返回夏州。

乙酉日（二十二日），皇上车驾来到东都。

丁亥日（二十四日），委任黄门侍郎颍川郭待举、兵部侍郎岑长倩、秘书员外少监。检校中书侍郎鼓城郭正一、吏部侍郎鼓城魏玄同等人都担任中书门下同承受进止平章事。皇上要委任待举等人时，对韦知温说："待举等人资格能力还浅，姑且让他们参与政事，不能和你们诸位名位相等。"自此廷外官司四品以下掌管政事的，才用平章事为名称。长倩是岑文本哥哥的儿子。

当初，玄同是吏部侍郎时，上书谈到铨次选拔人才的弊病，认为："人君的本务，是在选拔人才而责求百官成就事业，假如所委任的人妥当，那么所用的官吏就好了。因此周穆王任命伯冏为太仆正时说：'小心挑选你的僚属。'这是要求各有司官吏寻找小吏为僚属，但天子任命地位较高的官吏。到了汉代，所得的人才都是从州县之中补充署任，由五府（太仆、太尉、司徒、司空、大将军）辟除征召，之后才提升给朝廷任用。自魏、晋以来，才专门交付给选部去做。天下这么大，士人这么多，把选拔大权交付给几个人，用刀笔簿书衡量才能高低和审察品行好坏，即使能和度量衡（量轻重的器具）一样公平，和镜面一样明亮清楚，依然力量有所不足，观察有所不到，况且所委托的人不合适，而有昏愚不明，阿谀自私的弊病！希望能大致仿照周、汉的规章，来挽救魏、晋的缺失。"疏文上奏皇上，没有被听取。

五月，东都下雨不止。乙卯日（二十三日），洛水涨溢，淹没居民1000多家。关中先发生水灾后发生旱灾，接着又有疾病流行，1斗米贵400钱，两京之间饿死、病死的人在道路上相互枕藉，发生了人吃人的现象。

皇上到泰山封禅后，打算把五岳全部封禅，秋，七月，在嵩山南方建造奉天宫。监察御史里行（官名，资历还没有到，暂时在监察御史里行走）李善感劝阻说："陛下在泰山封禅，告诉神祇天下太平无事，招来很多祥瑞，能和三皇、五帝比较兴隆了。这几年，豆类谷粟都不成熟，饿死的人多到能够前后相望，四方夷族交相侵逼，兵车年年都出动；陛下应该恭敬沉默，思考治国之道，来求消除灾殃罪谴，反而更加建筑宫室，使百姓的劳役不休，天下百姓没有不失望的。臣忝为天子的耳目，我自己很为这件事担忧！"皇上尽管不采纳他的建议，但也很宽容他。从褚遂良、韩瑗死后，朝廷内外的士臣都躲避讲话，没有人敢违背皇上心意而正直强谏，大约已经有20年；到善感开始谏劝皇上时，天下都十分高兴，称之为"凤鸣朝阳"。

皇上命宦官顺着长江移徙奇异的竹子，要种在宫苑中。宦官征发舟楫来装载竹子，所到之处都大肆暴虐；经过荆州时，荆州长史苏良嗣把宦官囚禁起来，上疏沉痛地谏告，认为："为了得到远方的奇异物品，来烦扰沿路百姓，恐怕并非圣君爱护百姓的心意。而且主事的小人弄权作福，损毁了皇上的圣哲英明。"皇上对天后说："我对官吏约束不严明，果真被良嗣所责怪。"就亲自下诏令安慰晓喻良嗣，让良嗣把竹子抛弃在江里。良嗣是苏世长的儿子。

黔州都督谢祐顺应天后心意，逼令零陵王李明自杀，皇上十分惋惜，黔府的官吏僚属都因而免官。谢祐后来睡在平阁里，和婢妾十几个人在一起，夜晚丢了头颅。天后垂拱中期，李明的儿子零陵王李俊、黎国公李杰被天后所杀，官员抄没他家里时，发现谢祐的头颅，漆成便溺的器具，上面有谢祐的姓名，才知道是李明的儿子派刺客去割取的。

太子留守京师，经常游玩畋猎，薛元超上疏规谏劝导；皇上听说了，派遣使者慰劳元超，于是召他前往东都。

冬，十月，丙寅日（初七），黄门侍郎刘景先同中书门下平章事。

同年，突厥剩余党徒阿史那骨笃禄、阿史德元珍等人招来离散的人，据守黑沙城反叛，入侵并州和单于府的北方，杀死岚州刺史王德茂。右领军卫将军、检校代州都督薛仁贵领兵在云州攻击元珍，敌方问唐大将是谁，回答说："是薛仁贵。"敌虏说："我听说仁贵流放到象州，死了很久了，为什么骗我！"仁贵摘下盔甲，把面貌让他们看清楚，敌虏面面相觑，大惊失色，下马罗列而拜，逐渐地带兵离去，仁贵乘击奋勇攻击，大败对方，斩杀1万多个首级，捉拿敌虏2万多人。

吐蕃骚扰河源军，军使娄师德在白水涧率兵攻击，作战八次都大获全胜，皇上委任师德为比部员外郎、左骁卫郎将、河源军经略副使，说："你有文、武两方面的才能，无须推辞！"

唐纪二十　则天顺圣皇后
天授元年（庚寅、690年）

十一月，庚辰朔，日南至。太后享万象神宫，赦天下。始用周正，改永昌元年十一月为载初元年正月，以十二月为腊月，夏正月为一月。

凤阁侍郎河东宗秦客，改造"天""地"等十二字以献，丁亥，行之。太后自名"曌"，改诏曰制。

乙未，司刑少卿周兴奏除唐亲属籍。

腊月，辛未，以僧怀义为右卫大将军，赐爵鄂国公。

春，一月，戊子，武承嗣迁文昌左相，岑长倩迁文昌右相、同凤阁鸾台三品，凤阁侍郎武攸宁为纳言，邢文伟守内史，左肃政大夫、同凤阁鸾台三品王本立罢为地官尚书。攸宁，士彟之兄孙也。

时武承嗣、三思用事，宰相皆下之。地官尚书、同凤阁鸾台三品韦方质有疾，承嗣、三思往问之，方质据床不为礼。或谏之，方质曰："死生有命，大丈夫安能曲事近戚以求苟免乎！"寻为周兴等所构，甲午，流儋州，籍没其家。

二月，辛酉，太后策贡士于洛城殿。贡士殿试自此始。

丁卯，地官尚书王本立薨。

三月，丁亥，特进、同凤阁鸾台三品苏良嗣薨。

夏，四月，丁巳，春官尚书、同平章事范履冰坐尝举犯逆者下狱死。

醴泉人侯思止，始以卖饼为业，后事游击将军高元礼为仆，素诡谲无赖。恒州刺史裴贞杖一判司，判司使思止告贞与舒王元名谋反，秋，七月，辛巳，元名坐废，徙和州，壬午，杀其子豫章王亶；贞亦族灭。擢思止为游击将军。时，告密者往往得五品，思止求为御史，太后曰："卿不识字，岂堪御史！"对曰："獬豸何尝识字，但能触邪耳。"太后悦，即以为朝散大夫、侍御史。他日，太后以先所籍没宅赐之，思止不受，曰："臣恶反逆之人，不愿居其宅。"太后益赏之。

衡水人王弘义，素无行，尝从邻舍乞瓜，不与，乃告县官，瓜田中有白兔；县官使人搜捕，蹂践瓜田立尽。又游赵、贝，见闾里耆老作邑斋，遂告以谋反，杀二百余人。擢授游击将军，俄迁殿中侍御史。或告胜州都督王安仁谋反，敕弘义按之。安仁不服，弘义即于枷上刎其首；又捕其子，适至，亦刎其首，函之以归。道过汾州，司马毛公与之对食，须臾，叱毛公下阶，斩之，枪揭其首入洛，见者无不震栗。

时置制狱于丽景门内，入是狱者，非死不出，弘义戏呼曰"例竟门"。朝士人人自危，相见莫敢交言，道路以目。或因入朝密遭掩捕，每朝，辄与家人诀曰："未知复相见否？"

时法官竞为深酷，唯司刑丞徐有功、杜景俭独存平恕，被告者皆曰："遇来、侯必死，遇徐、杜必生。"

有功，文远之孙也，名弘敏，以字行。初为蒲州司法，以宽为治，不施敲朴。吏相约有犯徐司法杖者，众共斥之。迨官满，不杖一人，职事亦修。累迁司刑丞，酷吏所诬构者，有功皆为直之，前后所活数十百家。尝廷争狱事，太后厉色诘之，左右为战栗，有功神色不挠，争之弥切。太后虽好杀，知有功正直，甚敬惮之。景俭，武邑人也。

司刑丞荥阳李日知亦尚平恕。少卿胡元礼欲杀一囚，日知以为不可，往复数四，元礼怒曰："元礼不离刑曹，此囚终无生理！"日知曰："日知不离刑曹，此囚终无死法！"竟以两状列上，日知果直。

东魏国寺僧法明等撰《大云经》四卷，表上之，言太后乃弥勒佛下生，当代唐为阎浮提主，制颁于天下。

武承嗣使周兴罗告隋州刺史泽王上金、舒州刺史许王素节谋反，征诣行在。素节发舒州，闻遭丧哭者，叹曰："病死何可得，乃更哭邪！"丁亥，至龙门，缢杀之。上金自杀。悉诛其诸子及支党。

八月，甲寅，杀太子少保、纳言裴居道；癸亥，杀尚书左丞张行廉。辛未，杀南安王颖等宗室十二人，又鞭杀故太子贤二子，唐之宗室于是殆尽矣，其幼弱存者亦流岭南，又诛其亲党数百家。惟千金长公主以巧媚得全，自请为太后女，仍改姓武氏；太后爱之，更号延安大长公主。

九月，丙子，侍御史汲人傅游艺帅关中百姓九百余人诣阙上表，请改国号曰周，赐皇帝姓武氏。太后不许；擢游艺为给事中。于是百官及帝室宗戚、远近百姓、四夷酋长、沙门、道士合六万余人，俱上表如游艺所请，皇帝亦上表自请赐姓武氏。

庚辰，太后可皇帝及群臣之请。壬午，御则天楼，赦天下，以唐为周，改元。乙酉，上尊号曰圣神皇帝，以皇帝为皇嗣，赐姓武氏；以皇太子为皇孙。

丙戌，立武氏七庙于神都，追尊周文王曰始祖文皇帝，妣姒氏曰文定皇后；平王少子武曰睿祖康皇帝，妣姜氏曰康睿皇后；太原靖王曰严祖成皇帝，妣曰成庄皇后；赵肃恭王曰肃祖章敬皇帝，魏义康王曰烈祖昭安皇帝，周安成王曰显祖文穆皇帝，忠孝太皇曰太祖孝明高皇帝，妣皆曰考谥，称皇后。立武承嗣为魏王，三思为梁王，攸宁为建昌王，士彟兄孙攸归、重规、载德、攸暨、懿宗、嗣宗、攸宜、攸望、攸绪、攸止皆为郡王，诸姑姊皆为长公主。

又以司宾卿溧阳史务滋为纳言，凤阁侍郎宗秦客检校内史，给事中傅游艺为鸾台侍郎、平章事。游艺与岑长倩、右玉铃卫大将军张虔勖、左金吾大将军丘神勣、侍御史来子珣等并赐姓武。秦客潜劝太后革命，故首为内史。游艺期年之中历衣青、绿、朱、紫，时人谓之四时仕宦。

制天下武氏咸蠲课役。

西突厥十姓，自垂拱以来为东突厥所侵掠，散亡略尽。濛池都护继往绝可汗斛瑟罗收其余众六七万人入居内地，拜右卫大将军，改号竭忠事主可汗。

道州刺史李行褒兄弟为酷吏所陷，当族，秋官郎中徐有功固争不能得。秋官侍郎周兴奏有功出反囚，当斩，太后虽不许，亦免有功官；然太后雅重有功，久之，复起为侍御史。有功伏地流涕固辞曰："臣闻鹿走山林而命悬庖厨，势使之然也。陛下以臣为法官，臣不敢枉陛下法，必死是官矣。"太后固授之，远近闻者相贺。

【译文】
天授元年（庚寅、690年）

十一月，庚辰朔日（初一），是冬至。太后在万象神宫祭祀，大赦天下。开始使用周的历法，把永昌元年十一月改为载初元年正月，把十二月称作腊月，夏正月为一月。

凤阁侍郎河东宗秦客，更改"天""地"等12字呈献，丁亥日（初八），开始实施。太后自己命名为"曌"，为了避讳改"诏"为"制"。

乙未日（十六日），司刑少卿周兴上奏免除唐宗室的属籍。

腊月，辛未日（二十三日），委任僧怀义为右卫大将军，赐爵号担任鄂国公。

春天，一月，戊子日（初十），武承迁为文昌左相，岑长倩提升为文昌右相、同凤阁鸾台三品，凤阁侍郎武攸宁担任纳言，邢文伟守内史，左肃政大夫、同凤阁鸾台三品王本立贬为地官尚书。攸宁是士彟哥哥的孙子。

那时武承嗣、武三思执掌大权，连宰相都居于他们之下。地官尚书、同凤阁鸾台三品韦方质有病，承嗣、三思前去慰问，方质靠在床上不答礼。有人劝他，方质说："死生是命中已注定，大丈夫怎么能够委屈地侍奉亲近贵戚，以求苟免于祸害呢？"没多久被周兴等人所诬害，甲午日（十六日），流放儋州，抄没其家。

二月，辛酉日（十四日），太后在洛城殿策试贡士。贡士的殿试由此开始。

丁卯日（二十日），地官尚书王本立故去。

三月，丁亥日（初十），特进、同凤阁鸾台三品苏良嗣去世。

夏，四月，丁巳日（十一日），春官尚书、同平章事范履冰由于曾经举用犯大逆之罪的人，因此坐罪被判下狱处死。

醴泉人侯思止，原先是以卖饼为职业，后来侍奉游击将军高元礼，做高元礼的仆人，思止素来就诡诈轻薄。恒州刺史裴贞杖责一个判司（州曹各司的参军），判司唆使思止密告裴贞和舒王元名图谋反叛，秋天，七月，辛巳日（初七），元名坐罪官位被废，迁到和州，壬午日（初八），把元名儿子豫章王亶除掉，贞也遭受灭族。提升思止为游击将军。当时，告密的人经常得到五品官。思止要求做御史，太后说："你不识字，怎么能做御史！"思止回答说："獬豸也不识字，但却能抵触那不正的邪人。"太后很高兴，即就任命他为朝散大夫、侍御史。过了几天，太后把从前所抄没的房宅赐给他，思止不接受，说："臣厌恶那叛逆的人，不愿住到那种人的宅院。"太后越发赏识他。

衡水人王弘义，素来品行不好，曾经向邻居要瓜子，邻居不给，就告诉县官说瓜田中有白兔；县官命人搜捕白兔，立刻把瓜田践平。他又到过赵、贝，看到闾里老人作斋饭布施僧侣，就诬告他们谋反，杀死200多人。被提升为游击将军，不久又升迁为殿中侍御史。有人密告胜州都督王安仁阴谋反叛，太后命弘义查办。安仁不服，弘义就在安仁的刑具上把他的头砍掉；又捕杀安仁的儿子，恰好安仁儿子到，也砍掉他的头，用封套装着回朝。经过汾州时，司马毛公和弘义对坐饮食，不久，把毛公喝斥下台阶，加以斩杀，用枪把毛公头颅挑入洛水，看到的人没有不惊恐颤抖的。

那时候在丽景门里设置诏狱（奉诏逮捕的犯人所关的监狱），进入那监狱的犯人，不死不可能出去，弘义开玩笑地说那是"例竟门"。朝廷的士臣人人自危，见面时不敢交谈，在路上相互做眼色。有人由于入宫朝见，却暗暗地被捕了，因而大臣每次早朝时，常要和家人诀别说："不知道能不能再相见？"

那时候法官争着表现严酷，只有司刑丞徐有功、杜景俭以平和宽恕的态度办案，被告的人都说："碰到来俊臣、侯思止一定死亡，碰到徐有功、杜景俭一定生存。"

徐有功是徐文远的孙子，名叫弘敏，因字号通行于世。原先做蒲州司法，以宽和办理政事，不杖打犯人。底下吏属互相约好，违背徐司法的规定而用杖打击犯人的人，大家一同加以斥责。等到他为官届满时，从未杖打过一个人，然而职责也履行得好。累积而升迁到司刑丞，凡是酷吏所诬害的，有功都为他们申冤，前后所救活的达上百家。他曾经在朝廷争执犯罪的案情，太后用严厉地责问他，身边大臣都颤抖害怕，只有有功神色仍然不变，坚持争执到底。太后尽管好杀，但知道有功正直，十分敬重他。杜景俭是武邑人。

司刑丞荥阳李日知也提倡平和宽恕。少卿胡元礼要杀一个犯人，日知觉得不可以，双方再三争执，元礼很生气地说："只要我元礼不离开刑曹，这犯人绝没有生存的道理。"日知说："我日知一天不离开刑曹，这犯人最终没有判死刑的法令！"最后把两种犯罪情况呈报上级复议，日知果真判断正确。

东魏国寺和尚法明等人撰写《大云经》四卷，上奏太后，说太后是弥勒佛下世所生，应当代唐而为人世的主人，太后就下诏令颁布天下，让世人知道。

来俊臣像

武承嗣让周兴罗织隋州刺史泽王上金、舒州刺史许王素节谋反的罪状，而上告太后，太后征召他们前去洛阳。素节发配舒州，听到丧家的哭声，感慨地说："生病而死，怎能轻易得到啊，为何还哭呢？"丁亥日（十三日），到了龙门，被勒死。上金也自尽。把他们的儿子宗支党羽统统杀掉。

八月，甲寅日（十一日），除掉太子少保、纳言裴居道；癸亥日（二十日），杀掉尚书左丞张行廉。辛未日（二十八日），杀南安王李颖等唐宗室12人，又鞭死了原来太子李贤的3个儿子，唐的宗室到此几乎死光了，那些还活着的幼小的人也都流放到岭南，又杀了他们的亲戚党羽好几百家。只剩下千金长公主，由于智巧娇媚而保全性命。她自己请求做太后女儿，依旧更改姓氏为武氏；太后宠爱他，更改她的名号为延安大长公主。

九月，丙子日（初三），侍御史汲人傅游艺带领关中百姓900多人上宫廷呈上奏表，请求改国号为周，赐给皇帝姓武氏。太后不应允；晋升游艺为给事中。于是百官和皇帝宗族亲戚、远近的百姓、四方夷狄的酋长、沙门、道士等总共6万多人，都上奏和游艺所请求的一样，皇帝也呈上表，自己请求赐他姓武氏。

庚辰日（初七），太后答应了皇帝和群臣的请求。壬午日（初九），驾临则天门楼，大赦天下，把唐改为周，又改年号为天授。乙酉日（十二日），太后尊崇自己的名号为圣神皇帝，把皇帝改作皇嗣，赐他姓武氏；又把皇太子作为皇孙。

丙戌日（十三日），在神都设置武氏七庙，追尊周文王为始祖文皇帝，姒氏为文定皇后，平王最小儿子武是睿祖康皇帝，姒姜氏是康睿皇后；太原靖王是严祖成皇帝，妣是成庄皇后；赵肃恭王为肃祖章敬皇帝，魏义康王是列祖昭安皇帝，周安成王为显祖文穆皇帝，忠孝太皇为太祖孝明高皇帝，妣都和考的谥号相同，称为皇后。立武承嗣为魏王，三思为梁王，攸宁为建昌王，士彟哥哥的孙子攸归、载德、重规、攸暨、嗣宗、懿宗、攸宜、攸望、攸绪、攸止都为郡王，所有姑姐（父亲的姐姐）封为长公主。

又命司宾卿（即鸿胪卿）溧阳史务滋为纳言，凤阁侍郎宗秦客为检校内史，给事中傅游艺为鸾台侍郎、平章事。游艺和岑长倩、右玉钤卫大将军张虔勗、左金吾大将军丘神勣、侍御史来子珣等人全部赐姓武。秦客暗中劝太后改掉唐的国名，因此第一个封为内史。游艺一年之间，穿过青、绿、朱、紫4种颜色的官袍（一年之间由九品升到一品），那时的人称他为"四时仕宦"（每季一迁官职）。

下敕令把州改为郡；有人对太后说："陛下刚改国号就废了州，不吉祥。"（州、周同音）太后尽快追改，停止改州为郡。

命令史务滋等6人安抚巡察各道。太后封兄长的孙子延基等6人为郡王。

冬，十月，甲子日（二十一日），检校内史宗秦客由于贪赃获罪，贬为遵化尉，秦客弟楚客也因枉法贪污而流放到岭南。

丁卯日（二十四日），将流放的韦方质杀死。

辛未日（二十八日）内史邢文伟由于附和宗秦客而连坐治罪，贬为珍州刺史。不久，有皇上使臣到了珍州，文伟认为是来杀自己的，很快地就上吊而死。

壬申日（二十九日），下敕令两京各州，每州建造大云寺一座，收藏《大云经》，让僧升高座位，以讲解经文，撰写《大云经义疏》的和尚云宣等9人，都赐给爵位，称为县公，依然赐给紫袈裟、银龟袋。

下诏令天下姓武的都免掉赋税劳役。

西突厥十姓部落，从垂拱以来，一直被东突厥所侵占掠夺，逃亡分散得差不多完了。濛池都护继往绝可汗斛瑟罗召集剩余部众六七万,到内地居住,朝廷拜受他为右卫将军,更改名号为竭忠事主可汗。

道州刺史李行褒兄弟被残暴的法官所陷害,秋官郎中徐有功再三力争而不能平反。秋官侍郎周兴奏报有功出脱谋反的囚犯,应当判死刑斩杀,太后虽不允许杀有功,可也免了有功的官位;可是太后非常推重有功,经过一段时间,又任用他为侍御史。有功跪伏地上,流着泪再三辩解说:"臣听说鹿在山林里奔走,而生命却系在庖丁厨师身上,这是形势所逼迫而形成的。皇上任命臣为法官,臣不敢枉屈了陛下的法令,臣必定会死在这官职里。"太后坚决要授给他此官职,远近士民听到这件事,都相互庆贺。

唐纪二十五　睿宗玄真大圣大兴孝皇帝上
景云元年(庚戌、710年)

春,正月,丙寅夜,中宗与韦后微行观灯于市里,又纵宫女数千人出游,多不归者。

庚戌,上御梨园场,命文武三品以上抛球及分朋拔河,韦巨源、唐休璟衰老,随绹蹉地,久之不能兴;上及皇后、妃、主临观,大笑。

夏,四月,丙戌,上游芳林园,命公卿马上摘樱桃。

初,则天之世,长安城东隅民王纯家井溢,浸成大池数十顷,号隆庆池。相王子五王列第于其北,望气者言:"常郁郁有帝王气,比日尤甚"。乙未,上幸隆庆池,结彩为楼,宴侍臣,泛舟戏象以厌之。

定州人郎岌上言:"韦后、宗楚客将为逆乱,"韦后白上杖杀之。

五月,丁卯,许州司兵参军偃师燕钦融复上言:"皇后淫乱,干预国政,宗族强盛;安乐公主、武延秀、宗楚客图危宗社。"上召钦融而诘之。钦融顿首抗言,神色不挠;上默然。宗楚客矫制令飞骑扑杀之,投于殿庭石上,折颈而死,楚客大呼称快。上虽不穷问,意颇怏怏不悦;由是韦后及其党始忧惧。

己卯,上宴近臣,国子祭酒祝钦明自请作《八风舞》,摇头转目,备诸丑态;上笑。钦明素从儒学著名,吏部侍郎卢藏用私谓诸学士曰:"祝公

《五经》扫地尽矣！"

散骑常侍马秦客以医术，光禄少卿杨均以善烹调，皆出入宫掖，得幸于韦后，恐事泄被诛；安乐公主欲韦后临朝，自为皇太女；乃相与合谋，于饼䭔中进毒。六月，壬午，中宗崩于神龙殿。

韦后秘不发丧，自总庶政。癸未，召诸宰相入禁中，征诸府兵五万人屯京城。以刑部尚书裴谈、工部尚书张锡并同中书门下三品，仍充东都留守。吏部尚书张嘉福、中书侍郎岑羲、吏部侍郎崔湜并同平章事。羲，长倩之从子也。

太平公主与上官昭容谋草遗制，立温王重茂为皇太子，皇后知政事，相王旦参谋政事。宗楚客密谓韦温曰："相王辅政，于理非宜；且于皇后，嫂叔不通问，听朝之际，何以为礼！"遂帅诸宰相表请皇后临朝，罢相王政事。

甲申，梓官迁御太极殿，集百官发丧，皇后临朝摄政，赦天下，改元唐隆。

丁亥，殇帝即位，时年十六。尊皇后为皇太后；立妃陆氏为皇后。

壬辰，命纪处讷持节巡抚关内道，岑羲河南道，张嘉福河北道。

宗楚客与太常卿武延秀、司农卿赵履温、国子祭酒叶静能及诸韦共劝韦后遵武后故事，南北卫军、台阁要司皆以韦氏子弟领之，广聚党众，中外连结。楚客又密上书称引图谶，谓韦氏宜革唐命。谋害殇帝，深忌相王及太平公主，密与韦温、安乐公主谋去之。

相王子临淄王隆基，先罢潞州别驾，在京师，阴聚才勇之士，谋匡复社稷。初，太宗选官户及蕃口骁勇者，著虎文衣，跨豹文鞯，从游猎，于马前射禽兽，谓之百骑；则天时稍增为千骑，隶左右羽林；中宗谓之万骑，置使以领之。隆基皆厚结其豪杰。

兵部侍郎崔日用素附韦、武，与宗楚客善，知楚客谋，恐祸及己，遣宝昌寺僧普润密诣隆基告之，劝其速发。隆基乃与太平公主及公主子卫尉卿薛崇暕，苑总监赣人钟绍京，尚衣奉御王崇晔、前朝邑尉刘幽求、利仁府折冲麻嗣宗谋先事诛之。韦播、高嵩数榜捶万骑，欲以立威，万骑皆怨。果毅葛福顺、陈玄礼见隆基诉之，隆基讽以诛诸韦，皆踊跃请死自效。万骑果毅李仙凫亦预其谋。或谓隆基当启相王，隆基曰："我曹为此以徇社稷，事成福归于王，不成以身死之，不以累王也。今启而见从，则王预危事；不从，将败大计。"遂不启。

庚子，晡时，隆基微服与幽求等入苑中。向二鼓，天星散落如雪，刘幽求曰："天意如此，时不可失！"福顺拔剑直入羽林营，斩韦璿、韦播、高嵩以徇，曰："韦后酖杀先帝，谋危社稷，今夕当共诛诸韦，马鞭以上皆斩之；立相王以安天下。敢有怀两端助逆党者，罪及三族。"羽林之士皆欣然听命。隆基勒兵玄武门外，三鼓，闻噪声，帅总监及羽林兵而入，诸卫兵在太极殿宿卫梓宫者，闻噪声，皆被甲应之。韦后惶惑走入飞骑营，有飞骑斩其首献于隆基。安乐公主方照镜画眉，军士斩之。斩武延秀于肃章门外，斩内将军贺娄氏于太极殿西。

时少帝在太极殿，刘幽求曰："众约今夕共立相王，何不早定！"隆基遽止之，捕索诸韦在宫中及守诸门，并素为韦后所亲信者皆斩之。比晓，内外皆定。辛巳，隆基出见相王，叩头谢不先启之罪。相王抱之泣曰："社稷宗庙不坠于地，汝之力也。"遂迎相王入辅少帝。

于是枭马秦客、杨均、叶静能等首，尸韦后于市。崔日用将兵诛诸韦于杜曲，襁褓儿无免者，诸杜滥死非一。

是日，赦天下，云："逆贼魁首已诛，自余支党一无所问。"以临淄王隆基为平王，兼知内外闲厩，押左右厢万骑。薛崇暕赐爵立节王。以钟绍京守中书侍郎，刘幽求守中书舍人，并参知机务。麻嗣宗行右金吾卫中郎将。武氏宗属，诛死流窜殆尽。

以黄门侍郎李日知、中书侍郎钟绍京并同中书门下三品。太平公主之子薛崇训为右千牛卫将军。隆基有二奴，王毛仲、李守德，皆趫勇善骑射，常侍卫左右。隆基之入苑中也，毛仲避匿不从，事定数日方归，隆基不之责，仍超拜将军。毛仲，本高丽也。汴王邕贬沁州刺史，左散骑常侍、驸马都尉杨慎交贬巴州刺史，中书令萧至忠贬许州刺史，兵部尚书、同中书门下三品韦嗣立贬宋州刺史，中书侍郎、同平章事赵彦昭贬绛州刺史，吏部侍郎、同平章事崔湜贬华州刺史。

刘幽求言于宋王成器、平王隆基曰："相王畴昔已居宸极，群望所属。今人心未安，家国事重，相王岂得尚守小节，不早即位以镇天下乎！"乃以少帝制传位相王。时少帝犹在御座，太平公主进曰："天下之心已归相王，此非儿座！"遂提下之。睿宗即位，御承天门，赦天下。复以少帝为温王。

以钟绍京为中书令。钟绍京少为司农录事，既典朝政，纵情赏罚，众皆恶之。太常少卿薛稷劝其上表礼让，绍京从之。稷入言于上曰："绍京虽有勋劳，素无才德，出自胥徒，一旦超居元宰，恐失圣朝具瞻之美。"上以为然。丙午，改除户部尚书，寻出为蜀州刺史。

上将立太子，以宋王成器嫡长，而平王隆基有大功，疑不能决。成器辞曰："国家安则先嫡长，国家危则先有功；苟违其宜，四海失望。臣死不敢居平王之上。"涕泣固请者累日。大臣亦多言平王功大宜立。刘幽求曰："臣闻除天下之祸者，当享天下之福。平王拯社稷之危，救君亲之难，论功莫大，语德最贤，无可疑者。"上从之。

则天大圣皇后复旧号为天后。追谥雍王贤曰章怀太子。

戊申，以宋王成器为雍州牧、扬州大都督、太子太师。

置温王重茂于内宅。

以太常少卿薛稷为黄门侍郎，参知机务。稷以工书，事上于藩邸，其子伯阳尚仙源公主，故为相。

追削武三思、武崇训爵谥，斫棺暴尸，平其墓。

以许州刺史姚元之为兵部尚书、同中书门下三品，宋州刺史韦嗣立、许州刺史萧至忠为中书令，绛州刺史赵彦昭为中书侍郎，华州刺史崔湜为吏部侍郎，并同平章事。

越州长史宋之问，饶州刺史冉祖雍，坐谄附韦、武，皆流岭表。

己酉，立衡阳王成义为申王，巴陵王隆范为岐王，彭城王隆业为薛王；加太平公主实封满万户。

太平公主沈敏多权略，武后以为类己，故于诸子中独爱幸，颇得预密谋，然尚畏武后之严，未敢招权势；及诛张易之，公主有力焉。中宗之世，韦后、安乐公主皆畏之，又与太子共诛韦氏。既屡立大功，益尊重，上常与之图议大政，每入奏事，坐语移时；或时不朝谒，则宰相就第咨。每宰相奏事，上辄问："尝与太平议否？"又问："与三郎议否？"然后可之。三郎，谓太子也。公主所欲，上无不听，自宰相以下，进退系其一言，其余荐士骤历清显者不可胜数，权倾人主，趋附其门者如市。

追赠郎岌、燕钦融谏议大夫。

秋，七月，庚戌朔，赠韦月将宣州刺史。

癸丑，以兵部侍郎崔日用为黄门侍郎，参知机务。追复故太子重俊位号；雪敬晖、桓彦范、崔玄暐、张柬之、袁恕己、成王千里、李多祚等罪，复其官爵。

璟与姚元之协心革中宗弊政，进忠良，退不肖，赏罚尽公，请托不行，纲纪修举，当时翕然以为复有贞观、永徽之风。

黄门侍郎、参知机务崔日用与中书侍郎、参知机务薛稷争于上前，稷曰："日用倾侧，向附武三思，非忠臣；卖友邀功，非义士。"日用曰："臣往虽有过，今立大功。稷外托国姻，内附张易之、宗楚客，非倾侧而何！"上由是两罢之，戊辰，以日用为雍州长史，稷为左散骑常侍。

己巳，赦天下，改元；凡韦氏余党未施行者，咸赦之。

乙亥，废武氏崇恩庙及昊陵、顺陵，追废韦后为庶人，安乐公主为悖逆庶人。

韦后之临朝也，吏部侍郎郑愔贬江州司马，潜过均州，与刺史谯王重福及洛阳人张灵均谋举兵诛韦氏，未发而韦氏败。重福迁集州刺史，未行，灵均说重福曰："大王地居嫡长，当为天子。相王虽有功，不当继统。东都士庶，皆愿王来。王若潜入洛阳，发左右屯营兵，袭杀留守，据东都，如从天而下也。然后西取陕州，东取河南北，天下指麾可定。"重福从之。

灵均乃密与愔结谋，聚徒数十人。时愔自秘书少监左迁沅州刺史，迟留洛阳以俟重福，为重福草制，立重福为帝，改元为中元克复。尊上为皇季叔，以温王为皇太弟，愔为左丞相知内外文事，灵均为右丞相、天柱大将军知武事，右散骑常侍严善思为礼部尚书知吏部事。重福与灵均诈乘驿诣东都，愔先供张驸马都尉裴巽第以待重福。洛阳县官微闻其谋。

【译文】

景云元年（庚戌、710年）

春，农历一月，丙寅日（十四日）夜，中宗与韦后穿便服私行观街市花灯，又放宫女几千人出宫游览，多数都没回宫。

庚戌日（二十九日），皇上驾临梨园球场，教文武三品以上官员抛球，还有分批拔河，韦巨源、唐休璟年老体衰，随着大绳而倒在地上，很久都爬不起来。皇上及皇后、妃子、公主看后，开怀大笑。

夏，四月，丙戌日（农历初五），皇上游玩芳林园，教大臣们在马上采樱桃。

起初，则天时代，长安城东边市民王纯家中的井冒出水来，逐渐扩大成为几10顷大的水池，名为隆庆池。相王的5个封为王爵的儿子府第在池的北岸。觇候云气的人说："常蔚起象征帝王的云气，近日来特别盛大。"乙未日（十四日），皇上驾临隆庆池，用彩帛结成楼船，宴会侍从的臣子，乘舟游池，牵大象去踩戏，来压倒这风水。

定州人郎岌上书说："韦后、宗楚客将要造反。"韦后对皇上说，皇上便用杖打死他。

五月，丁卯日（十七日），许州司兵参军偃师人燕钦融再上奏说："皇后淫乱，参与国家政事，她娘家强大；安乐公主、武延秀、宗楚客危害国家。"皇上召见钦融当面质问他。钦融叩头上奏，神态面色不屈；皇上无话可说。宗楚客伪造圣旨，派人快马去打死他，把他投掷在殿庭的石上，颈子断了而死。楚客大声叫好。皇上虽不追究，心中也不高兴。所以韦后和她的爪牙开始担忧害怕。

己卯日（二十九日），皇上宴请亲近的臣子，国子祭酒祝钦明自己请求表演《八风舞》，摇头溜眼，各种淫荡的姿态都有，皇上笑了。钦明一直以儒学著名，吏部侍郎卢藏用暗中对各学士说："祝公五经，扫地尽了。"

散骑常侍马秦客精医术，光禄少卿杨均善烹饪，二人由此而出入内宫，为皇后垂爱，怕事泄漏而遭杀身。安乐公主想推韦后做皇帝，自己为皇太女；便跟他们合谋，在饼里下毒。六月，壬午日（农历初二），中宗在神龙殿去世。

韦后封锁消息，不宣告中宗的死讯，自己总揽大政。癸未日（农历初三），召宰相们进入大内，征各府兵5万人驻守京城。任刑部尚书裴谈、工部尚书张锡全部为同中书门下三品，仍代东都留守。吏部尚书张嘉福、中书侍郎岑羲、吏部侍郎崔湜都同平章事。岑羲是岑长倩的侄子。

太平公主和上官昭容谋划草拟遗命，立温王李重茂为皇太子，皇后主持政事。相王李旦参议政事。宗楚客暗中对韦温说："相王辅佐政事，在道理上不通；而且跟皇后是嫂叔的关系，在朝廷朝议的时候，怎样行礼？"便率领宰相们上表，请皇后坐朝主政，罢免相王的职务。

甲申日（农历初四），中宗灵柩迁到太极殿，集合众官正式宣告中宗逝世，皇后坐朝廷代行政权，赦免天下，更改年号为唐隆。

丁亥日（农历初七），殇帝即位，当时仅16岁。尊皇后为皇太后；立陆氏妃为皇后。

壬辰日（十二日），分派纪处讷持着节符巡抚关内道，岑羲巡抚河南道，张嘉福巡抚河北道。

宗楚客和太常卿武延秀、司农卿赵履温、国子祭酒叶静能，还有韦姓诸人共劝韦后依武后旧事，南北卫军，台阁各司，皆用韦氏的子弟统率，大结党羽，朝廷内及各地方相连。楚客又秘密上书称引图箓谶纬，说韦氏应革唐朝的命，谋害殇帝，很害怕相王及太平公主，秘密和韦温、安乐公主谋划除掉他们。

相王的儿子临淄王李隆基，先被免除潞州别驾的官职，在京城秘密聚合有才智勇力的人，计划匡正恢复唐室。当初，太宗选蕃人骁勇的，穿着画有老虎花纹的衣服，骑

韦后像

用画有豹斑点鞍鞯，跟随打猎，在御马的前面射禽兽，号称"百骑"；则天时略增为"千骑"，隶属左右羽林军；中宗时称为"万骑"，并设置官员统领他们。隆基都跟其中的豪杰相交深厚。

兵部侍郎崔日用向来附从韦氏、武氏，跟宗楚客交好，得知楚客的计谋，怕祸牵连到自己，派宝昌寺和尚普润秘密求见隆基告知这事，劝他迅速发动。隆基便跟太平公主以及公主的儿子卫尉卿薛崇暕、御花园总监赣县人钟绍京、尚衣奉御王崇晔、前任朝邑县尉刘幽求、利仁府折冲麻嗣宗，计划先下手杀他们（万骑统领）。韦播、高嵩常棒打营兵立威，所以"万骑"都怨恨他们。果毅葛福顺、陈玄礼见隆基便诉冤，隆基告谕他们要杀韦氏等几个人，他们得知都激奋愿效死去干。万骑果毅李仙凫也参与计议。有人向隆基说该禀告相王，隆基说："我们干这事是为国牺牲，事成则福归于相王，不成便个人一死，

不要拖累王爷。现去禀告他而允许，则王爷就参加了这次行动；他不准许，又将坏了大计。"便没有告诉他。

庚子日（二十日），申时，隆基穿便衣跟幽求等进入禁苑，近二鼓时分，满天繁星闪亮像雪花，刘幽求说："天意顺合我们的行事，时机不能错过！"福顺拔剑直冲入羽林营，斩韦璇、韦播、高嵩示众，说："韦后毒死先帝，危害国家，今晚当跟我们一起杀掉韦氏等人，高于马鞭的都要斩杀，立相王来安定国家，敢有二心而助反叛一党的人，罪加到三族！"羽林军们都高兴从令行事。隆基按兵玄武门外，三鼓时分，听到里面呐喊，便统率总监及羽林兵而进宫。戍卫的军队在太极殿保护灵柩的，听到呐喊声，都穿上盔甲响应他们。韦后惊慌跑入飞骑营，有飞骑军人割了她的头献给隆基。安乐公主正在照镜子画眉毛，军士杀了她。在肃章门外杀武延秀，在太极殿西边杀了内将军贺娄氏。

当时，少帝在太极殿，刘幽求说："大家约定了今夜共立相王为皇帝，为何不早些定事？"隆基立即阻止他，捕搜在宫中的韦氏诸人以及各门的守卫，并一向是韦后亲信的都杀掉。快天亮时，宫内宫外都平定了。辛巳日（六月没有这天），隆基出宫拜见相王，向相王以未先禀告叩头谢罪。相王抱住他流泪说："国家宗庙没失去，全凭你的力量。"于是迎接相王进宫辅佐少帝。

于是割下马秦客、杨均、叶静能等的头悬挂示众，暴韦后的尸体在街市。崔日用率领军队在杜曲杀了韦氏宗族，婴孩都不能免，杜家冤枉被杀的也不仅仅一人。

那天，赦免天下，布告："逆贼的头目已被杀，其余的党羽全部不追究。"任命临淄王李隆基为平王，兼主管内外马政，管辖左右厢万骑部队。薛崇暕赐爵位封为立节王。任钟绍京兼中书侍郎，刘幽求兼中书舍人，同参加机要。麻嗣宗兼右金吾卫中郎将。武氏一族人均被杀死或流放。

任黄门侍郎李日知、中书侍郎钟绍京皆为同中书门下三品。太平公主的儿子薛崇训为右千牛卫将军。隆基的2个奴仆王毛仲和李守德，都跑得快，有勇力，擅长骑射，常侍卫在左右。隆基入禁苑时，毛仲躲避不随侍去，事平后过了好几天才回来，隆基并不责罚他，仍然超升为将军。毛仲原是高丽人。汴王李邕降为沁州刺史，左散骑常侍、驸马都尉杨慎交降为巴州刺史，中书令萧至忠降为许州刺史，兵部尚书；同中书门下三品韦嗣立降为宋州刺史，中书侍郎，同平章事赵彦昭降为绛州刺史，吏部侍郎、同平章事崔湜降为华州刺史。

刘幽求向宋王李成器、平王李隆基说:"相王从前就做皇帝,众望所归。今民心未安,国家的事重大,相王怎能仍守小节,而不尽快即位以安天下呢!"于是少帝下诏书传位给相王。此时少帝仍在帝座,太平公主走近他说:"天下的人心已归向相王,这里并非你的座位了。"结果牵他下来。睿宗即位,驾临承天门,赦免天下。再封少帝为温王。

任钟绍京为中书令。钟绍京少年时曾任司农录事,现掌政事,随意赏罚,众人都厌恶他。太常卿薛稷劝他上表让贤,绍京采纳。薛稷进朝向皇帝说:"绍京虽有功劳,向来缺乏才德,出身小吏,突然跳升宰相,恐有损圣朝大国的形象。"皇上认为对。丙午日(二十六日),改任户部尚书,不久调出去做蜀州刺史。

皇上将要立太子,由于宋王李成器是嫡长子,然平王李隆基功劳大,疑而不能决定。成器说:"国家安定便先立嫡长子,国家危难便先立有功的;如违反因时制宜的原则,天下人便会失望。臣死也不敢位在平王的上面。"流泪坚请,接连几天。大臣多数认为平王功大,应立为太子。刘幽求说:"臣听过,解除天下祸乱的人,当享有天下的福。平王拯救国家的危险,挽救了君父的危难,论功没有比他更大,讲道德又是最贤,是不须怀疑的。"皇上应允。丁未日(二十七日),立平王隆基为太子;隆基再上表让给成器,皇上不准许。

则天大圣皇后,恢复原号为天后。追谥雍王李贤为章怀太子。

戊申日(二十八日),任宋王李成器为雍州牧、扬州大都督、太子太师。

安置温王李重茂在内宅。

任太常少卿薛稷为黄门侍郎,参加机要。薛稷由于书法好,是皇上为相王时的部属,他的孩子伯阳娶仙源公主,因此任他做宰相。

追削武三思、武崇训爵谥号,破棺暴尸,夷平他们的坟墓。

任许州刺史姚元之为兵部尚书,同中书门下三品,宋州刺史韦嗣立、许州刺史萧至忠为中书令,绛州刺史赵彦昭为中书侍郎,华州刺史崔湜为吏部侍郎,皆同平章事。

越州长史宋之问,饶州刺史冉祖雍,犯谄媚附从韦、武,都被流放到岭南。

己酉日(二十九日),立衡阳王李成义为申王,巴陵王李陵范为岐王,彭城王李隆业为薛王;加太平公主实封满1万户。

太平公主聪敏深沉多权谋，武后认为像自己，因此在各儿女中特喜爱她，颇得参与机密计议，但是她仍怕武后的严厉，不敢招揽权势。到张易之的被杀，公主出了力。中宗时代，韦后、安乐公主都怕她，又跟太子共同杀除韦氏。已多次建立大功，更受尊重，皇上常和她商议重大政事，每次入宫奏事，坐着一谈就很久；有时不来朝廷入谒，宰相便到她府第请问。每回宰相奏事，皇上往往问："曾跟太平公主商议过吗？"又问："与三郎商议过吗？"之后批准。三郎指的是太子。公主所想，皇上没有不听许的，自宰相以下，进退都在她的一句话，其余所推荐而马上做到高阶官的人数不胜数，权过君主，奔走归顺她府第的像赶集市的那么多。

追赠郎岌、燕钦融为谏议大夫。

秋，七月，庚戌朔日（农历初一），追赠韦月将宣州刺史。

癸丑日（农历初四），任兵部侍郎崔日用为黄门侍郎，参与机要。

追复故太子李重俊位号。雪洗敬晖、桓彦范、崔玄暐、张柬之、袁恕己、成王李千里、李多祚等的罪名，恢复他们的官爵。

宋璟与姚元之同心革除中宗弊政，引进忠良，罢退不肖，赏罚全部公平，拜托行不通，伸张法治，那时和顺得都以为有贞观、永徽年间的气象。

黄门侍郎、参与机要崔日用，跟中书侍郎、参与机要薛稷在皇上面前争论。薛稷说："日用为人不正，以前附从武三思，并非忠臣；出卖朋友，不是义士。"崔日用说："臣从前虽有过，如今立了大功。稷明为国戚，秘密心向张易之、宗楚客，不是不正而是什么？"皇上因而免了二人的职。戊辰日（十九日），任日用为雍州长史，薛稷为左散骑常侍。

己巳日（二十日），赦免天下，更改年号为景云。全部韦氏的党羽尚未执行刑罚的，都赦免。

乙亥日（二十六日），废除武氏崇恩庙以及昊陵、顺陵，追废韦后为庶人，安乐公主为悖逆庶人。

韦后执政时，吏部侍郎郑愔被降为江州司马，秘密查访均州，与刺史谯王李重福以及洛阳人张灵均谋发兵杀韦氏，还没有出发而韦氏已败。重福调集州刺史，尚未动身，灵均游说重福说："大王是嫡长子，应做天子。相王虽有功，不该继位。东都士大夫和人民，都盼望王爷来。若暗入洛阳，征发左右屯营兵，袭击杀除留守官，占有东都，便像从天而降一般，然后向西攻取陕州，东取黄河南北的地方，天下便可号令而得。"重福听从他的意见。

　　张继均于是秘密和郑愔勾结，随从几十人，当时郑愔从秘书少监降调沅州刺史，停留洛阳以等重福，草拟制书，立重福为帝，改年号为中元克复。尊皇上为皇季叔，以温王为皇太弟，郑愔为左丞相主管内外事务，灵均为右丞相、天柱大将军主管武事，右散骑常侍严善思为礼部尚书主持吏部事。重福跟灵均伪装乘着驿马来东都，郑愔先已布置好驸马都尉裴巽府而等待重福。洛阳县官略知他们的计划。

卷二一一至卷二四〇

唐纪三十　玄宗至道大圣大明皇帝
天宝四载（乙酉、745年）

春，正月，庚午，上谓宰相曰："朕比以甲子日，于宫中为坛，为百姓祈福，朕自草黄素置案上，俄飞升天，闻空中语云：'圣寿延长。'又朕于嵩山炼药成，亦置坛上，及夜，左右欲收之，又闻空中语云：'药未须收，此自守护。'达曙乃收之。"太子、诸王、宰相，皆上表贺。

回纥怀仁可汗击突厥白眉可汗，杀之，传首京师。突厥毗伽可敦帅众来降。于是北边晏然，烽燧无警矣。

回纥斥地愈广，东际室韦，西抵金山，南跨大漠，尽有突厥故地。怀仁卒，子磨延啜立，号葛勒可汗。

二月，己酉，以朔方节度使王忠嗣兼河东节度使。忠嗣少以勇敢自负，及镇方面，专以持重安边为务，常曰："太平之将，但当抚循训练士卒而已，不可疲中国之力以邀功名。"有漆弓百五十斤，常贮之橐中，以示不用。军中日夜思战，忠嗣多遣谍人伺其间隙，见可胜，然后兴师，故出必有功。既兼两道节制，自朔方至云中，边陲数千里，要害之地，悉列置城堡，斥地各数百里。边人以为自张仁亶之后，将帅皆不及。

秋，七月，壬午，册韦昭训女为寿王妃。

八月，壬寅，册杨太真为贵妃；赠其父玄琰兵部尚书，以其叔父玄珪为光禄卿，从兄铦为殿中少监，锜为驸马都尉。癸卯，册武惠妃女为太华公主，命锜尚之。及贵妃三姊，皆赐第京师，宠贵赫然。

杨钊，贵妃之从祖兄也，不学无行，为宗党所鄙。从军于蜀，得新都尉；

考满，家贫不能自归，新政富民鲜于仲通常资给之。杨玄琰卒于蜀，钊往来其家，遂与其中女通。

鲜于仲通名向，以字行，颇读书，有材智，剑南节度使章仇兼琼引为采访支使，委以心腹。尝从容谓仲通曰："今吾独为上所厚，苟无内援，必为李林甫所危。闻杨妃新得幸，人未敢附之。子能为我至长安与其家相结，吾无患矣。"仲通曰："仲通蜀人，未尝游上国，恐败公事。今为公更求得一人。"因言钊本末。兼琼引见钊，仪观丰伟，言辞敏给；兼琼大喜，即辟为推官，往来浸亲密。乃使之献春绨于京师，将别，谓曰："有少物在郫，以具一日之粮，子过，可取之。"钊至郫，兼琼使亲信大赍蜀货精美者遗之，可直万缗。钊大喜过望，昼夜兼行，至长安，历抵诸姊，以蜀货遗之，曰："此章仇公所赠也。"时中女新寡，钊遂馆于其室，中分蜀货以与之。于是诸杨日夜誉兼琼；且言钊善樗蒲，引之见上，得随供奉官出入禁中，改金吾兵曹参军。

九月，癸未，以陕郡太守、江淮租庸转运使韦坚为刑部尚书，罢其诸使，以御史中丞杨慎矜代之。坚妻姜氏，皎之女，林甫之舅子也，故林甫昵之。及坚以通漕有宠于上，遂有入相之志，又与李适之善；林甫由是恶之，故迁以美官，实夺之权也。

安禄山欲以边功市宠，数侵掠奚、契丹；奚、契丹各杀公主以叛，禄山讨破之。

冬，十月，甲午，安禄山奏："臣讨契丹至北平郡，梦先朝名将李靖、李勣从臣求食。"遂命立庙。又奏荐奠之日，庙梁产芝。

上以户部郎中王鉷为户口色役使，敕赐百姓复除。鉷奏征其辇运之费，广张钱数，又使市本郡轻货，百姓所输乃甚于不复除。旧制，戍边者免其租庸，六岁而更。时边将耻败，士卒死者皆不申牒，贯籍不除。王鉷志在聚敛，以有籍无人者皆为避课，按籍戍边六岁之外，悉征其租庸，有并征三十年者，民无所诉。上在位久，用度日侈，后宫赏赐无节，不欲数于左、右藏取之。鉷探知上指，岁贡额外钱百亿万，贮于内库，以供宫中宴赐，曰："此皆不出于租庸调，无预经费。"上以鉷为能富国，益厚遇之。鉷务为割剥以求媚，中外嗟怨。丙子，以鉷为御史中丞、京畿采访使。

杨钊侍宴禁中，专掌樗蒲文簿，钩校精密。上赏其强明，曰："好度支郎。"诸杨数征此言于上，又以属王鉷，鉷因奏充判官。

【译文】
天宝四载（乙酉、745年）

春，正月，庚午日（十二日），皇上对宰相说："我在甲子日（初六）于宫中设立祭坛，替老百姓祈求福祉。我亲自用黄色的丝绢写好祷文，放在桌子上，突然飞起来升入天空，就听到天空中说：'圣寿延长。'我又在嵩山炼成了仙药，也放在神坛上。到了夜晚，左右的人打算把药收起来，又听到空中说道：'药不必收，在此自有守护。'直到天亮才收起来。"太子、诸王同宰相都上表祝贺。

回纥怀仁可汗攻打突厥白眉可汗，把他杀掉，把首级传送到京师。突厥毗伽可敦率领部众来投降。于是北边平安无事，不再有战乱发生。

回纥开拓的土地越来越广大了，东边直到室韦，西面到达金山，南面跨越大沙漠，完全占有了突厥的旧地。怀仁可汗死后，儿子磨延啜继立，号为葛勒可汗。

二月，己酉日（二十一日），以朔方节度使王忠嗣兼任河东节度使。王忠嗣年少的时候，自恃十分勇敢。及至镇抚西北边塞，一心一意把保持稳定边塞为首要任务。他经常说："太平时期的将领，只要安慰训练士卒就好了，不能消耗国家的力量来求取功名。"有一张需要150斤力量才能拉开的漆弓，时常贮存在弓袋里，表示不再使用它。军中的士卒白天夜晚都想作战，王忠嗣派许多间谍去侦察敌人的可乘之机，发现有可以获胜的机会，然后就派兵进攻，所以每次出兵必定有功。自从兼任两道的节度使以后，从朔方到云中，边地长达数千里。所有险要的地方，都建筑城堡，开拓疆土有数百里远。边疆上的人认为自从张仁愿以后，所有的将帅都比不上他。

秋，七月，壬午日（二十六日），封韦昭训的女儿为寿王的王妃。

八月，壬寅日（十七日），封杨太真为贵妃，追赠贵妃的父亲杨玄琰为兵部尚书，以贵妃的叔父杨玄珪为光禄卿，堂哥杨铦为殿中少监，杨锜为驸马都尉。癸卯日（十八日），册封武惠妃的女儿为太华公主下嫁杨锜。贵妃的3个姐姐,都赐给京师宅第,尊崇贵幸,光辉显耀。

杨钊是贵妃同曾祖父的哥哥,为人不好,品行较坏,被宗族乡党的人所轻视。在四川从军,获得新都县县尉;三年任期届满,家中贫穷,自己不能回家。新政县富民鲜于仲通曾资助他。杨玄琰在四川死后,杨钊常同他家中有来往,因而与他的第二个女儿私通。

鲜于仲通名向,以字号行于世,读过很多的书,有才能智谋,剑南节度使章仇兼琼请他做采访支使,将他当心腹任用。曾在闲谈中

杨太真杨贵妃像

对鲜于仲通说:"现在只有我一人被皇上所亲厚,如果没有宫中的援助,肯定会被李林甫所陷害。听说杨贵妃最近得到皇上的宠爱,还没有人敢归附他。您假如能替我到长安和他家结识,我就没有担心了。"鲜于仲通说:"仲通是蜀人,不曾游历过京城,恐怕会坏了先生的事情。现在替先生另外找一个人。"遂将杨钊的事从头至尾说了一遍。章仇兼琼请杨钊来相见。只见杨钊仪表丰盈而伟岸,言辞精敏而辩捷,十分高兴,即刻召为推官,来往渐渐亲密。章仇兼琼就派人到京师进献春绨。在分别的时候,对杨钊说:"我有微薄的东西在郫县,可用作您路上的费用。您经过郫县的时候,可顺便来拿。"杨钊到了郫县,兼琼使亲信送给他大量精美的蜀货,约值一万贯。杨钊特别高兴,日夜兼程赶路。到了长安,每到一个妹妹家,就将蜀货送给他们,说:"这是章仇公送的。"这时杨元琰的二女儿刚死了丈夫,杨钊就住在他的公馆里,把他带来的蜀货分一半给他。所以杨家的人都日夜称赞章仇兼琼。又说杨钊擅长玩樗蒲,带他去觐见皇上,因而可以跟随供奉官出入宫中,改为金吾兵曹参军。

九月,癸未日(二十九日),任陕郡太守、江淮租庸转运使韦坚为刑部尚

书，并撤掉其所有的官职，以御史中丞杨慎矜代替他。韦坚的妻子姜氏，是李林甫舅父姜皎的女儿，因而李林甫亲近他。及至韦坚由于挖通运粮渠道得到皇上的宠爱，因而有入朝做宰相的意图，而且又和李适之相好。李林甫因此讨厌他，便升任他一个美差，实际上是削夺了他的权力。

安禄山想要用守边的功劳来博得皇上的恩宠，所以多次侵略奚和契丹。奚和契丹分别杀掉公主叛变。安禄山率兵讨伐，把他们打败。

冬，十月，甲午日（初十），安禄山上书说："臣讨伐契丹到北平郡，梦见先朝名将李靖、李勣向臣要食物吃。"皇上于是令安禄山为李靖、李勣建庙。安禄山又奏说：进献祭品祭奠的那天，庙梁上生出灵芝。

皇上用户部郎中王鉷做户口色役使，敕命准许百姓免掉赋税。王鉷上奏，请向百姓征收运输的费用，来广开钱货的数量。又叫百姓变卖重货，购买本郡轻货，老百姓所捐输的钱财，比不免赋税时还多。以前的制度规定，戍守边疆的人，免缴租、庸税赋，以6年为限度。当时戍守边疆的将官，觉得战败十分可耻，所以士卒战死了都不造名册向政府申报，因此他们的户籍姓名并没有除去。王鉷一心想聚敛钱财，把有户籍而人不在的都看成逃避纳税，因而就依据户籍记载戍守边疆6年以上的，都征租、庸税；有的人甚至连征30年。人民无处申诉痛苦。皇上在位年久了，费用就越来越多。后宫的赏赐无节制，又不愿经常从左藏、右藏支取赏赐人的财物。王鉷很了解皇上的心意，每年贡献额外钱百亿万，贮藏在宫中的仓库里，用以供给宫中的宴乐与赏赐，说："这些钱都不是租、庸、调征来的，不影响国家的正常费用。"皇上以为王鉷能使国家富足，对待他更加优厚。王鉷残酷意剥削百姓来讨好皇上，朝中百官和全国百姓全都怨恨他。丙子日，任用王鉷为御史中丞、京畿采访使。

杨钊在宫中侍奉皇上饮宴，专管樗蒲（如今掷骰子）的记录簿。钩稽校核十分精细。皇上很欣赏他精明强干，说："是个很好的度支郎。"杨家的人多次向皇上求证这句话，又请托王鉷；王鉷因而奏请皇上使杨钊为代理判官。